WILL

WILL SMITH CON MARK MANSON

WILL

Planeta

Obra editada en colaboración con Editorial Planeta – España

Título original: *Will*

Will Smith
Mark Manson

© 2021, Treyball Content LLC
Publicado originalmente en inglés por Penguin Random House LLC

© 2021, Traducción: Montserrat Asensio Fernández y Ladislao Bapory Sité

© 2021, Editorial Planeta, S. A. – Barcelona, España

Derechos reservados

© 2022, Editorial Planeta Mexicana, S.A. de C.V.
Bajo el sello editorial PLANETA M.R.
Avenida Presidente Masarik núm. 111,
Piso 2, Polanco V Sección, Miguel Hidalgo
C.P. 11560, Ciudad de México
www.planetadelibros.com.mx

Créditos de las imágenes de interior en las páginas 457-458
Créditos de las canciones y de los textos citados en las páginas 459-460

Primera edición impresa en España: diciembre de 2021
ISBN: 978-84-08-21612-4

Primera edición en formato epub en México: febrero de 2022
ISBN: 978-607-07-8298-5

Primera edición impresa en México: febrero de 2022
ISBN: 978-607-07-8302-9

Impreso en los talleres de Litográfica Ingramex, S.A. de C.V.
Centeno núm. 162-1, colonia Granjas Esmeralda, Ciudad de México
Impreso en México – *Printed in Mexico*

ÍNDICE

EL MURO

Cuando tenía once años, mi padre decidió que necesitaba un muro nuevo en la entrada de su taller de electrodomésticos. Sería un muro grande, de unos tres metros sesenta de alto y seis de largo. El antiguo se estaba derrumbando y le entraban los mil males solo de verlo. Pero en lugar de contratar a un albañil o una empresa de construcción, pensó que este sería un buen proyecto para Harry, mi hermano pequeño, y para mí.

Papá se encargó de la demolición. Recuerdo mirar el agujero con una incredulidad apabullante. Yo estaba totalmente convencido de que ahí no volvería a haber un muro nunca más.

Cada día, durante casi un año entero, mi hermano y yo íbamos al taller de mi padre después de clase para trabajar en ese muro. Lo hicimos todo nosotros. Excavamos la base, mezclamos la argamasa y cargamos los botes. Todavía recuerdo la fórmula: dos partes de cemento, una parte de arena y una de cal. Harry se encargaba de la manguera. Hacíamos la mezcla con las palas, amontonándola en la banqueta, y luego llenábamos botes de ocho litros y colocábamos los ladrillos uno por uno. Lo hicimos sin barras de refuerzo ni piezas de madera, solo con uno de esos niveles con la burbujita de agua en el centro.

Cualquiera que sepa algo sobre construcción sabrá que hacer esto así es una maldita locura. Siendo honestos, esto se parecía más bien a los trabajos forzados que hacían los prisioneros. Hoy en día tendríamos que llamar a los servicios sociales. Era un trabajo tan pesado e innecesariamente largo que nos llevó casi un año a los dos niños que éramos, cuando una cuadrilla de adultos lo habría terminado en un par de días como máximo.

Mi hermano y yo trabajamos fines de semana, festivos y vacaciones. El verano de ese año también lo pasamos trabajando. Nada era más importante. Mi padre nunca se tomaba un día libre, así que nosotros tampoco podíamos. Recuerdo mirar el agujero con un desánimo total. No veía el fin. Las dimensiones me resultaban inabarcables. Parecía que estuviéramos construyendo la Gran Muralla del Oeste de Filadelfia: miles de millones de ladrillos rojos que se extendían infinitamente hasta perderse en el horizonte. Estaba seguro de que me haría viejo y seguiría mezclando concreto y cargando botes. No me cabía la menor duda.

Pero papá no nos permitía parar. Todos los días teníamos que estar allí, cargando botes y poniendo ladrillos. Daba igual si llovía, si hacía un calor del infierno, si yo estaba disgustado, triste, enfermo, o si tenía un examen al día siguiente. No se aceptan excusas. Mi hermano y yo intentamos quejarnos y protestar, pero a papá no le importaba. Estábamos atrapados. El muro era una constante, era eterno. Las estaciones cambiaban, los amigos iban y venían, los maestros se jubilaban, pero el muro perduraba. El muro perduraba siempre.

Un día, Harry y yo estábamos de pésimo humor. Íbamos arrastrando los pies y refunfuñando: «esto es imposible», «es que es ridículo».

—¿Por qué tenemos que construir un muro siquiera? Es una tarea imposible. No se acaba nunca.

Papá nos oyó, tiró sus herramientas al suelo y caminó hacia donde estábamos cotorreando. Me arrebató un ladrillo de la mano y lo sostuvo frente a nosotros.

—¡Dejen de pensar en el maldito muro! —dijo—. Aquí no hay ningún muro. Aquí lo que hay son ladrillos. Su trabajo es colocar bien este ladrillo. Luego pasan al siguiente ladrillo. Y después colocan ese otro ladrillo perfectamente. Y luego el siguiente. No se preocupen por ningún muro. Preocúpense por el ladrillo en cuestión.

Se dirigió de nuevo hacia su taller. Harry y yo nos miramos, sacudimos la cabeza («Este tipo es un *chiflado*») y nos pusimos a mezclar de nuevo.

Algunas de las lecciones más impactantes que he recibido las tuve que aprender a pesar de mí mismo. Me resistía, las rechazaba, pero finalmente el peso de la verdad las hizo irrefutables. El muro de ladrillo de mi padre fue una de esas lecciones.

Los días se hacían largos y, por mucho que odiara admitirlo, empecé a comprender a qué se refería. Cuando me concentraba en el muro, el trabajo se me hacía imposible, interminable. Pero cuando me centraba en un solo ladrillo, todo me parecía fácil: por supuesto que era capaz de poner un maldito ladrillo.

A medida que pasaban las semanas, los ladrillos iban escalando, y el agujero se iba haciendo cada vez más pequeño. Comencé a entender que la diferencia entre una tarea que parece imposible de conseguir y otra que parece factible es solo una cuestión de perspectiva. ¿Te estás centrando en el muro o te estás centrando en el ladrillo? Ya se trate de superar las pruebas de admisión para la universidad, de triunfar como uno de los primeros raperos de fama mundial o de desarrollar una de las trayectorias más exitosas de la historia de Hollywood, en todos esos casos lo que parecían metas imposibles de alcanzar podían dividirse en tareas manejables individualmente, muros insuperables compuestos por una serie de ladrillos que uno sí concibe colocar.

Durante toda mi carrera he sido absolutamente implacable. Me he entregado con una ética de trabajo de intensidad sin límites. Y el secreto de mi éxito es tan aburrido como sorprendente: vas y pones otro ladrillo. ¿Te enojas? Pones otro ladrillo. ¿Se estrena una película y no funciona en taquilla? Pones otro ladrillo. ¿Caen las ventas de tu álbum? Te levantas y pones otro ladrillo. ¿Tu matrimonio se está hundiendo? Pones otro ladrillo.

En los últimos treinta años, como todos nosotros, me he enfrentado al fracaso, a la pérdida, a la humillación, al divorcio y a la muerte. He visto cómo mi vida peligraba, cómo me quitaban mi dinero, cómo invadían mi privacidad, cómo se desintegraba mi familia, y, aun así, todos los días me levantaba, mezclaba cemento y ponía otro ladrillo. Da igual por lo que estés pasando, siempre hay otro ladrillo en el suelo, delante de ti, esperando a que lo pongas. La pregunta es: ¿te vas a levantar a ponerlo?

He oído que la personalidad de un niño se ve influida por el significado de su nombre. A mí mi nombre me lo puso mi padre, me dio su nombre, y con él me otorgó la mayor virtud de mi vida: la habilidad para superar las adversidades.

Me dio voluntad, que es lo que significa mi nombre en inglés, Will.

Era un día nublado y frío, y hacía casi un año desde que mi hermano y yo habíamos empezado el trabajo. En ese momento, el muro se había convertido en un elemento tan importante en mi vida que la idea de acabarlo me parecía una alucinación. Me daba la impresión de que, si algún día llegábamos a terminar, aparecería otro agujero, justo detrás del primero, que tendríamos que disponernos a rellenar de inmediato. Pero esa gélida mañana de septiembre hicimos nuestra última mezcla, llenamos el último bote y pusimos el último ladrillo.

Papá estaba de pie observando cómo lo colocábamos. Cigarro en mano, permaneció en silencio admirando nuestro trabajo. Una vez que Harry y yo colocamos y nivelamos ese último ladrillo, se produjo un silencio. Harry se encogió de hombros («¿Y ahora qué? ¿Saltamos de alegría? ¿Lo celebramos?»). Dimos un paso atrás con cierta cautela y nos quedamos cada uno a un lado de mi padre.

Los tres inspeccionamos el nuevo muro familiar.

Papá tiró el cigarro al suelo, lo apagó aplastándolo con la bota, soltó la última bocanada de humo y, sin apartar la vista del muro, dijo: «Ni se les ocurra decirme nunca que hay algo que no pueden hacer».

Y entonces entró en su taller y volvió al trabajo.

UNO

MIEDO

Yo siempre me he considerado un cobarde. La mayoría de mis recuerdos de infancia están marcados por algún tipo de miedo que sentía: miedo a otros niños, miedo a que me hicieran daño o a sentir vergüenza, miedo a que me consideraran débil.

Pero, sobre todo, me daba miedo mi padre.

Cuando tenía nueve años, vi cómo mi padre le daba un puñetazo a mi madre en la sien con tanta fuerza que se desplomó. La vi escupir sangre. Ese momento en ese dormitorio, probablemente más que cualquier otro momento de mi vida, ha definido lo que soy ahora.

Todo lo que he conseguido desde entonces, los premios y los reconocimientos, los focos y la atención mediática, los personajes y las risas, han estado marcados por un sutil deseo reiterado de pedir perdón a mi madre por mi inacción aquel día. Por fallarle en ese momento. Por no enfrentarme a mi padre.

Por ser un cobarde.

El «Will Smith» que tú conoces, el rapero aniquilador de extraterrestres, esa estrella de cine más grande que la vida misma, es en gran parte una ilusión, un personaje cuidadosamente elaborado y perfeccionado, diseñado para protegerme a mí mismo. Para esconderme del mundo. Para esconder al cobarde.

Mi padre era mi héroe.

Se llamaba Willard Carroll Smith, pero todos le llamábamos «Daddio».

Nació y se curtió en las duras calles del Norte de Filadelfia en la década de los cuarenta. El padre de mi padre, mi abuelo, era propietario de un pequeño puesto de pescado. Tenía que trabajar desde las cuatro de la mañana hasta altas horas de la noche todos los días. Mi abuela era enfermera y solía cubrir el turno de noche en el hospital municipal. Como resultado, mi padre pasó gran parte de su infancia solo, sin ninguna supervisión parental. Las calles del Norte de Filadelfia tenían su particular forma de endurecerte. O bien crecía en ti un maldito hijo de puta, o bien el barrio acababa contigo. Mi padre empezó a fumar a los once años y a los catorce ya bebía. Desarrolló entonces una actitud desafiante y agresiva que lo acompañaría toda su vida.

Cuando tenía catorce años, mis abuelos, asustados por esa actitud, reunieron todo el dinero que pudieron y lo mandaron a un internado agrícola en la Pensilvania rural, donde los niños aprendían técnicas de agricultura y nociones básicas de bricolaje. Era un lugar estricto y tradicional, y al enviarlo allí esperaban que consiguiera la estructura y la disciplina tan necesarias en su vida.

Pero a mi padre no había quien le dijera lo que tenía que hacer. Aparte de trabajar con los motores de los tractores, ni se molestaba con el resto de las tareas, que describía como «estupideces de pueblerinos». Se saltaba las clases, fumaba y seguía bebiendo.

A los dieciséis años, mi padre dio por terminada su estancia en esa escuela y estaba decidido a marcharse a casa. Pensó que lo mejor era que lo expulsaran. Comenzó a interrumpir en clase, a ignorar todas las reglas y a enemistarse con cualquiera que tuviera autoridad. Pero cuando los administradores intentaron enviarlo a casa, mis abuelos se negaron a aceptarlo de vuelta. «Hemos pagado el año completo —dijeron—. Les pagamos para que lo aguanten, así que háganlo.» Mi padre estaba atrapado.

Pero mi padre era un espabilado, y estaba decidido a encontrar la salida: en su decimoséptimo cumpleaños, se escapó del campus, caminó diez kilómetros hasta la oficina de reclutamiento más cercana y se alistó en la Fuerza Aérea de Estados Unidos. Típico comportamiento de mi padre: estaba tan empeñado en desafiar a la autoridad y rebelarse contra sus padres y contra la escuela que salió de la jaula del internado agrícola para meterse directamente en los barracones del Ejército de Estados Unidos. Acabó metido justo en la estructura y la disciplina que mis abuelos deseaban inculcarle tan desesperadamente.

Pero resultó que a mi padre el Ejército le encantó. Fue allí donde descubrió el poder transformador del orden y la disciplina, dos valores que llegó a adorar como si fueran barrotes que lo protegían de las peores partes de sí mismo. Se despertaba a las cuatro de la madrugada, entrenaba toda la mañana, trabajaba todo el día y estudiaba toda la noche. Encontró su camino. Descubrió que podía con cualquiera y empezó a sentirse orgulloso de ello. Ese era otro aspecto de su actitud desafiante. Nadie podía obligarlo a despertarse con una corneta porque él ya estaba despierto.

Con su apasionada ética de trabajo, su energía ilimitada y su innegable inteligencia, debería haber ascendido rápidamente en las filas. Pero había dos problemas.

En primer lugar, tenía un temperamento brutal, y si alguien no tenía razón, sin importar si se trataba de un oficial superior, mi padre no obedecía. Y, en segundo lugar, su forma de beber. Mi padre era una de las personas más inteligentes que he conocido, pero cuando estaba enojado o borracho se convertía en un idiota. Se saltaba sus propias reglas, subvertía sus propios objetivos y destruía sus propias cosas.

Tras unos dos años en el Ejército, esa racha autodestructiva traspasó los límites del orden y puso fin a su carrera militar.

Una noche, los chicos de su pelotón y él estaban apostando (a mi padre se le daban muy bien los dados). Les quitó a esos tipos casi mil dólares. Después de guardar las ganancias en su taquilla, salió a comer algo, pero cuando regresó del comedor los compañeros le habían robado el dinero. Hecho una fiera, mi padre se emborrachó, sacó su pistola de servicio y se lio a tiros dentro del barracón. Nadie resultó herido, pero fue suficiente para que la Fuerza Aérea lo invitara a marcharse. Tuvo suerte de que no lo sometieran a un consejo de guerra. En su lugar, se limitaron a despedirlo, subirlo a un autobús y pedirle amablemente que no volviera nunca más.

Esto generó una tensión presente durante toda la vida de mi padre. Él se exigía un estricto nivel de perfección a sí mismo, y también a las personas que lo rodeaban, pero después de tomarse varias copas de más, o cuando perdía el control, acababa destruyéndolo todo.

Mi padre regresó a Filadelfia. Sin perder el ánimo, aceptó un trabajo en una acería mientras estudiaba por las noches. Se puso a estudiar ingeniería, y mostraba un gran talento tanto para la electricidad como para la refrigeración. Un día, después de que pasaran por alto su candidatura para una promoción en la acería por tercera o cuarta vez debido a su color de piel, simplemente salió por la puerta y no volvió jamás. Ya estaba formado en refrigeración, así que decidió abrir su propio negocio.

Mi padre era un hombre brillante. Como muchos hijos, yo sentía adoración hacia mi padre, pero también le tenía pavor. Él fue una de las mayores bendiciones de mi vida y, al mismo tiempo, una de las mayores fuentes de dolor.

El nombre de soltera de mi madre era Carolyn Elaine Bright. Era una chica de Pittsburgh, nacida y criada en Homewood, un vecindario predominantemente negro en el lado este de la ciudad.

Mi madre, también conocida como «Mom-Mom», es una persona elocuente y sofisticada. Tiene un cuerpo menudo, y dedos de pianista largos y elegantes, del tamaño perfecto para ofrecer una magnífica interpretación de «Para Elisa». Fue una alumna destacada en el colegio Westinghouse y una de las dos primeras mujeres negras en estudiar en la Universidad Carnegie Mellon. Solía decir que el conocimiento era lo único que el mundo no te podía arrebatar.

Y a ella solo le preocupaban tres cosas: la educación, la educación y la educación.

Le encantaba el mundo de los negocios: la banca, las finanzas, las ventas y los contratos. Mi madre siempre tuvo su propio dinero. La vida de mi madre avanzó con rapidez, como era común entonces en aquella época. Se casó con su primer marido a los veinte años, tuvo una hija y se divorció menos de tres años después. A los veinticinco años, siendo madre soltera, probablemente era una de las mujeres afroamericanas con más formación de todo Pittsburgh, y aun así hacía trabajos por debajo de su verdadero potencial. Se sentía atrapada y a la vez sedienta de oportunidades, así que recogió sus cosas y las de su bebé y se mudó a vivir con su madre, mi abuela Gigi, a Filadelfia.

Mis padres se conocieron en el verano de 1964. Mi madre trabajaba en la notaría del Fidelity Bank de Filadelfia. Se dirigía a una fiesta con unas amigas, y una de ellas le dijo que tenía que conocer sí o sí a un hombre. Ese hombre se llamaba Will Smith.

En muchos sentidos, mi madre es todo lo contrario a mi padre. Mientras que mi padre era el centro de atención, escandaloso y carismático, mi madre es tranquila y reservada. No porque sea tímida o apocada, sino porque «solo habla para mejorar el silencio». A ella le encantan las palabras y siempre las elige con cuidado; tiene un deje sofisticado y académico. Mi padre, sin embargo, era gritón y soltaba sin parar jerga barriobajera del Norte de Filadelfia de los años cincuenta. A él le encantaba ser poético con las groserías. Un día le oí llamar a alguien «cerdo cabrón, barato y mezquino, chupavergas, rata sucia».

Mi madre no dice groserías.

Es importante señalar que, en aquella época, mi padre era el prototipo de macho. Un metro ochenta y ocho, inteligente, apuesto y orgulloso propietario de un flamante Pontiac descapotable rojo. Era un tipo divertido, sabía cantar, tocaba la guitarra. Embelesaba a la gente. Era el típico que siempre acababa con todo el mundo alrededor, con una copa en una mano y un cigarro en la otra, un narrador nato que sabía cómo mantener una fiesta animada.

Cuando mi madre vio a mi padre por primera vez, le recordó a Marvin Gaye solo que más alto. Era listo, y sabía cómo tratar con la gente. Podía llegar a donde fuera y conseguir tanto bebidas gratis como una buena mesa. Mi padre tenía una forma de moverse por el mundo como si todo estuviera bajo control y todo fuera a salir bien. Esto a mi madre le resultaba reconfortante.

El recuerdo de mi madre de sus primeros días juntos consiste en un montaje de imágenes borrosas en restaurantes y discotecas, con un torrente de bromas y risas como hilo conductor. Mi madre estaba encantada con lo gracioso que era mi padre, pero lo más importante para ella eran sus ambiciones. Tenía su propio negocio. Tenía empleados. Quería trabajar en barrios blancos, con gente blanca trabajando para él.

Iba a llegar lejos.

Mi padre no estaba acostumbrado a relacionarse con mujeres del nivel educativo de mi madre. «Carajo, esta muñequita es lista, la hija de puta», pensaría él. Mi padre tenía de sabiduría callejera el nivel que mi madre tenía de sabiduría académica.

Pero mis padres también tenían mucho en común. A ambos les apasionaba la música. Les encantaban el jazz, el blues y, más tarde, el funk y el R&B. Vivieron los gloriosos días de la Motown y pasaron gran parte de esa época bailando juntos en las sudorosas fiestas que se hacían en los sótanos y en los clubes de jazz.

También tenían cosas en común bastante sorprendentes, cosas que asustan y hacen pensar: *Esto debe de ser obra divina.* Los dos tenían madres enfermeras que trabajaban en turnos de noche (una se llamaba Helen y la otra Ellen). Ambos pasaron por matrimonios de corta duración cuando tenían veintipocos años, y ambos tuvieron hijas. Y lo que es quizá la coincidencia más extraña, ambos habían llamado a sus hijas Pam.

Mis padres se casaron en una ceremonia íntima en las cataratas del Niágara en 1966. Poco después, mi padre se mudó a la casa de mi abuela Gigi, en la calle 54 Norte en el Oeste de Filadelfia. No pasó mucho tiempo hasta que combinaron sus diferentes fortalezas y talentos formando un equipo muy eficaz. Mi madre dirigía la oficina de papá: nóminas, contratos, impuestos, contabilidad y permisos. Y mi padre hacía lo que mejor sabía hacer: trabajar duro y ganar dinero.

Más tarde, los dos hablarían con cariño de esos primeros años. Eran jóvenes, estaban enamorados, eran ambiciosos y les iba cada vez mejor.

Mi nombre completo es Willard Carroll Smith II, pero no «Junior». Mi padre siempre corregía a la gente: «¡Oye, que no es Junior, carajo!». Él sentía que llamarme Junior nos dejaba en mal lugar a los dos.

Nací el 25 de septiembre de 1968. Mi madre dice que desde el momento en el que aparecí ya era muy hablador. Estaba siempre sonriendo, balbuceando y cotorreando; me contentaba con hacer ruido.

Gigi trabajaba en el turno de noche en el hospital Jefferson, en el distrito central de Filadelfia, y me cuidaba por las mañanas mientras mis padres trabajaban. Su casa tenía un porche enorme que me servía como asiento de primera fila para las dramáticas escenas de la calle 54 Norte, y a la vez como escenario desde el que podía unirme a la actuación. Ella me ponía en ese porche y me observaba mientras yo parloteaba con todos y cada uno de los que pasaban. A esa edad ya me encantaba tener público.

Los gemelos, Harry y Ellen, nacieron el 5 de mayo de 1971. Y, contando a la hija de mi madre, Pam, éramos seis bajo el mismo techo.

Afortunadamente, el emprendedor del Norte de Filadelfia que habitaba en mi padre estaba vivo y coleando. Había pasado de reparar frigoríficos domésticos a instalar y mantener refrigeradores y congeladores en los principales supermercados. Su negocio estaba despegando y se estaba expandiendo más allá de Filadelfia, hacia los suburbios de alrededor. Comenzó a hacerse con una flota de camiones y a contratar una cuadrilla de técnicos de refrigeración y de electricidad. También alquiló un pequeño edificio para usarlo como base de operaciones.

Mi padre siempre se buscaba bien la vida. Recuerdo que un invierno particularmente gélido el negocio no iba demasiado bien, así que mi padre aprendió por sí mismo a reparar calentadores de queroseno. Estaban muy de moda en Filadelfia en ese momento. Puso un montón de carteles y la gente empezó a traerle sus calentadores rotos. Mi padre se dio cuenta de que una vez que había arreglado un calentador tenía que «probarlo» durante un par de días para asegurarse de que funcionaba bien. A veces se le acumulaban diez o doce calentadores de queroseno «en pruebas para verificar la calidad del trabajo». Tantos calentadores podían caldear fácilmente toda una fila de adosados del Oeste de Filadelfia, incluso en los inviernos más fríos. Así que mi padre canceló nuestro contrato de gas, mantuvo la familia calentita durante el invierno y además le pagaron por ello.

Para cuando yo tenía dos años, mi padre había consolidado el negocio familiar lo suficiente como para comprar una casa a un kilómetro y medio de distancia de Gigi, en un vecindario de clase media en el Oeste de Filadelfia llamado Wynnefield.

Crecí en el 5943 de la avenida Woodcrest, en una calle de tres filas de treinta adosados de ladrillo rojo grisáceo. La proximidad de las casas fomentaba un fuerte sentido de comunidad (también significaba que si tu vecino tenía cucarachas, tú no te librabas). Todos nos conocíamos. Para una joven familia negra en la década de los setenta, eso era lo más cercano posible al sueño americano.

Al otro lado de la calle estaba el colegio Beeber y su majestuoso patio de cemento: baloncesto, beisbol y chicas saltando a la cuerda doble. El clásico boxeo a mano abierta. Y en cuanto hacía buen tiempo, llegaban también los globos de agua. El vecindario estaba lleno de niños, y siempre estábamos fuera jugando. A menos de cien metros de mi casa vivían casi cuarenta niños de mi edad. Stacey, David, Reecie, Cheri, Michael, Teddy, Shawn, Omarr y muchos más, y eso sin contar ni a sus hermanos ni a los niños de las otras manzanas. (Stacey Brooks fue la primera amiga que tuve en este mundo. Nos conocimos el día en que mi familia se mudó a Woodcrest. Yo tenía dos años y ella tres. Nuestras madres empujaron nuestras carriolas hasta estar lo suficientemente cerca como para presentarnos. Yo me enamoré de ella antes de cumplir los siete años, pero ella estaba enamorada de David Brandon. Él tenía nueve.)

Eran buenos tiempos, y la gente claramente estaba teniendo sexo... y mucho.

Haberme criado en una familia de clase media contribuyó a las constantes críticas que recibí al principio de mi carrera como rapero. Yo no era un rufián ni vendía drogas. Crecí en una bonita calle y en una casa con mis dos padres. Fui a un colegio católico con una mayoría de niños blancos hasta los catorce años. Mi madre tenía formación universitaria. Y, a pesar de todos sus defectos, mi padre siempre trajo comida a la mesa y habría preferido morir antes que abandonar a sus hijos.

Mi historia era muy diferente a la que contaban los jóvenes negros que estaban lanzando el fenómeno global que más tarde se convertiría en el hip-hop. En sus mentes, yo era de algún modo un rapero ilegítimo; me llamaban «blandengue», «ordinario», «cursi», «rapero de vergüenza», y a mí esas críticas me ponían enfermo. Ahora que lo pienso, me doy cuenta de que tal vez estaba proyectando un poco, pero la razón por la que me sentaban tan mal era que, sin saberlo, estaban hurgando en lo que más odiaba de mí mismo, esa sensación de ser un cobarde.

Mi padre veía el mundo en términos de soldados y misiones, una mentalidad militar que dominaba todas las facetas de su vida. Pretendía dirigir nuestra familia como si fuéramos un pelotón en un campo de batalla y nuestra casa de Woodcrest, un cuartel. No nos pedía que recogiéramos nuestros cuartos o que tendiéramos las camas, nos daba órdenes: «Vigila tu sector».

En su mundo no existían las «cosas pequeñas». Hacer los deberes era una misión. Limpiar el baño era una misión. Hacer la compra era una misión. ¿Lavar el suelo? Nunca se trataba únicamente de lavar el suelo, se trataba de tu capacidad para obedecer órdenes, ser disciplinado y realizar una tarea a la perfección. Uno de sus dichos favoritos era: «Noventa y nueve por ciento es lo mismo que cero».

Si un soldado cometía algún fallo en su misión, tenía que repetirla hasta llevarla a cabo sin fisuras. Desobedecer una orden implicaba afrontar un consejo de guerra, y el castigo por lo general llegaba en forma de un cinturón en el trasero desnudo (nos decía: «Quítate los pantalones, no voy a darle a la ropa que he comprado yo»).

En la mente de mi padre, todo era a vida o muerte. Se dedicaba a preparar a sus hijos para prosperar en un mundo cruel, un mundo que él consideraba caótico y brutal. Inspirar miedo era, y sigue siendo en gran medida, una táctica cultural para la crianza de los hijos en las comunidades negras. El miedo se acepta como una necesidad para la supervivencia. Se cree, de manera generalizada, que para proteger a las niñas y los niños negros estos deben temer la autoridad de los padres. Infundir miedo se considera una prueba de amor.

El 13 de mayo de 1985, mi padre entró en nuestros cuartos gritándonos que nos tiráramos al suelo. Unos pocos de kilómetros al sur de Woodcrest, el Departamento de Policía de Filadelfia acababa de lanzar un par de bombas en un barrio residencial. Oímos a lo lejos el tra-tra-tra-tra-tra-ratatatra de las armas automáticas. Cinco niños y seis adultos murieron ese día en lo que ahora se conoce como el atentado de MOVE. Dos manzanas enteras de la ciudad, sesenta y cinco viviendas, quedaron calcinadas hasta los cimientos.

Las noticias siempre parecían reforzar el punto de vista de mi padre. Su ideología giraba en torno a entrenarnos mental y físicamente para afrontar las adversidades inevitables de la vida, pero lo que creó sin darse cuenta fue un ambiente de tensión y ansiedad constantes.

Recuerdo que un domingo por la tarde mi padre se había tomado el día libre, algo poco común, y estaba sentado en la sala viendo la televisión. Me llamó:

—Oye, Will.

—¿Sí, papá? —contesté solícito de inmediato.

—Corre a donde el señor Bryant y tráeme mis cigarros Tareyton 100.

—¡Sí, señor!

Me entregó cinco dólares y caminé hacia la tienda de la esquina. Yo tendría quizá unos diez años en ese momento, pero era la década de los setenta, cuando los padres podían enviar a sus hijos a comprar tabaco.

Corrí calle abajo directamente a la tienda del señor Bryant sin detenerme y casi sin aliento, como un buen soldado.

—Hola, señor Bryant. Mi padre me manda a recoger sus cigarros.

—¿Qué crees, Will? —dijo el señor Bryant—. No han llegado hoy, dile que debería tenerlos mañana. Le guardaré un cartón.

—Está bien, gracias, señor Bryant. Se lo diré.

Aún seguía en modo buen soldado, y me dirigí a casa. En el camino de regreso, me encontré con David y Danny Brandon, que acababan de comprarse una cosa nueva y extraña: una pelota de futbol Nerf. Era un balón, pero blando.

Cualquier soldado se habría detenido.

Esa cosa era increíble. No cabía en mí de fascinación por el ingenio de aquel objeto extraordinario. ¡Podías lanzarlo en invierno y no te haría daño en los dedos cuando lo atraparas! Y si no lo agarrabas y te golpeaba en la cara, ¡no te pasaría nada! Un minuto se convirtió en cinco, y luego cinco en diez, diez en veinte... De repente, David y Danny se quedaron petrificados, con los ojos clavados en un punto por encima de mi hombro.

Me giré y el estómago me dio un vuelco. Mi padre, con el torso desnudo, caminando en medio de la calle a grandes zancadas, directamente hacia mí.

—¿QUÉ DEMONIOS ESTÁS HACIENDO?

David y Danny desaparecieron. Y yo intenté explicarme enseguida.

—Papá, elseñorBryanthadichoqueloscigarrosnollegarony...

—¿QUÉ TE PEDÍ QUE HICIERAS?

—Lo sé, papá, pero es que...

—¿QUIÉN ESTÁ AL MANDO?

—¿Qué...?

—¿QUIÉN ESTÁ AL MANDO, TÚ O YO?

El corazón me latía tan fuerte que se me salía del pecho, y la voz me temblaba.

—Tú, papá.

—¡PORQUE SI DOS PERSONAS ESTÁN AL MANDO, TODO EL MUNDO MUERE, ASÍ QUE SI ESTÁS TÚ AL MANDO, DÍMELO, Y ENTONCES YO QUEDARÉ A TUS ÓRDENES!

Tenía las fosas nasales dilatadas, la vena de la sien izquierda palpitando enloquecidamente y su mirada enfurecida atravesaba mi frágil inocencia de diez años.

—Cuando te envío a una misión, hay dos posibilidades. Uno: completas la misión. O dos: ESTÁS MUERTO. ¿Me entiendes?

—Sí, papá.

Mi padre me agarró por la nuca y me arrastró hasta casa.

No pensaba que me mereciera una paliza por eso. La mayoría de las veces que me pegaban durante mi infancia, no pensaba que me lo mereciera, lo vivía como una injusticia. Yo no era el tipo de niño al que hacía falta pegar: lo único que buscaba era complacer. David Brandon sí que necesitaba una paliza. Y Matt Brown también. Si me metía en problemas, solía ser porque me distraía, se me había olvidado algo o estaba disperso. Creo que el castigo corporal en mi infancia me convenció de que yo era malo.

El miedo constante que sentí durante mi niñez afinó mi sensibilidad para captar los detalles de mi entorno. Desde muy joven, desarrollé una intuición aguda, una habilidad para sintonizarme con cada una de las emociones que me rodeaban. Aprendí a prever la ira, a anticipar la alegría y a comprender la tristeza a niveles mucho más profundos que la mayoría de los otros niños.

Reconocer estas emociones resultaba crucial y decisivo para mi seguridad: el tono de voz de mi padre, una pregunta puntual de mi madre, un tic en el ojo de mi hermana, eran cosas que yo procesaba de manera rápida y certera. Una mirada perdida o una palabra mal interpretada podrían convertirse enseguida en un cinturón en mi trasero o en un puñetazo en la cara de mi madre.

Mi padre tenía un llavero en forma de bolsita de cuero negro atado a su cinturón de herramientas con unas treinta llaves que a mí me servía como sistema de alarma. En cuanto entraba por la puerta, se oía el tintineo de las llaves cuando las colocaba de nuevo en la bolsa y se volvía a ajustar el llavero a la altura de la cadera. Desarrollé tal sensibilidad que era capaz de diferenciar su estado de ánimo por el ritmo y la intensidad con que manipulaba las llaves. Mi cuarto estaba en lo más alto de las escaleras, y daba a la puerta principal. Si mi padre estaba de buen humor, las llaves tintineaban sin esfuerzo, como si fueran más ligeras de lo habitual. Si estaba enojado, podía oír cómo le costaba ajustárselas de nuevo en la cadera.

Y si estaba borracho, las llaves importaban bien poco.

Este nivel de conciencia emocional lo he conservado toda mi vida. Paradójicamente, me ha resultado muy útil como actor y como intérprete. Era capaz de reconocer, comprender y emular con facilidad emociones complejas mucho antes de saber que me pagarían por ello.

Mi padre nació nada más terminar la Gran Depresión. Era un niño negro pobre que vivía en las calles del Norte de Filadelfia en la década de los cuarenta. Dejó los estudios a los dieciséis años. Sin embargo, a lo largo de su vida, llegó a levantar un negocio con una docena de empleados y siete camiones, vendiendo treinta mil toneladas de hielo al día a tiendas de alimentación y supermercados en tres estados. Se pasaba semanas sin tomarse un día libre, y décadas sin irse de vacaciones. Mi madre tiene recuerdos de mi padre volviendo a casa del taller en mitad de la noche, tirando miles de dólares en efectivo encima de la cama y diciéndole «Cuenta eso», para luego salir inmediatamente y regresar al trabajo.

Mi padre me daba miedo, y también fue uno de los hombres más grandes que he conocido. Era violento, pero no se perdía nuestros partidos ni las obras de teatro. Era un alcohólico, pero se presentó sobrio a todos los estrenos de todas mis películas. Escuchaba todos mis discos y visitaba todos los estudios de grabación. Ese mismo perfeccionismo tan intenso que aterrorizaba a su familia trajo comida a la mesa todas las noches de mi vida. Muchos de mis amigos crecieron sin conocer a su padre o sin tenerlo cerca. Pero mi padre me cubrió siempre las espaldas y jamás abandonó su puesto, ni una sola vez.

Y aunque nunca aprendió a vencer a sus propios demonios, sí cultivó en mí las herramientas para que yo me enfrentara a los míos.

Todos sufrimos mucho a causa de la visión militarista del amor y de la familia de mi padre, pero nadie sufrió más que mi madre. Si tener dos personas al mando implicaba que todos morían, eso significa que mi madre nunca podía estar al mando.

El problema era que mi madre no era el tipo de mujer a la que se pudiera mandar. Tenía formación, y era orgullosa y terca, y por mucho que le rogáramos que por favor se callara, ella se negaba.

Una vez, cuando mi padre le dio una bofetada, ella lo incitó.

—¡Vaya, qué hombre eres! Crees que pegarle a una mujer te convierte en macho, ¿no?

Él le asestó otro golpe que la tiró al suelo.

Ella se puso en pie de nuevo, lo miró a los ojos y le dijo con voz calmada:

—Pégame todas las veces que quieras, no puedes hacerme daño.

Eso nunca se me ha olvidado: que él pudiera golpear su cuerpo, pero, de algún modo, ella fuera capaz de controlar lo que le hacía daño. Yo deseaba ser así de fuerte.

En mi casa todos sabían pelear.

Menos yo.

Mi hermana Pam era fuerte como nuestra madre. Era seis años mayor que yo, y actuaba como una especie de guardaespaldas durante mi niñez. Se enfrentaba a quien hiciera falta en cualquier momento. Se dieron muchas situaciones en las que alguien me robaba dinero o me hacía bullying o venía llorando a casa, y entonces Pam me agarraba de la mano, me llevaba directamente afuera y gritaba: «¿QUIÉN FUE? ¡Señálamelo, Will!». Y entonces, casi sin despeinarse, le daba una buena tunda al desafortunado niño al que yo hubiera señalado. El día que Pam se mudó a la universidad fue un día triste.

Harry resultó ser fuerte también. Mientras que yo me centraba en complacer a mi padre cada vez que tenía la oportunidad, Harry imitaba el comportamiento de mi madre. Desde muy pequeño, ya prefería simplemente enfrentarse a él y recibir las palizas. Una vez le gritó a mi padre: «Me puedes pegar, pero no me vas a hacer llorar. [*Cachetada.*] No estoy llorando. [*Cachetada.*] No estoy llorando». Finalmente, al darse cuenta de que no podía con él, mi padre lo dio por imposible. Y todo ese tiempo, esa valentía de Harry, el hecho de que mi hermano pequeño fuera capaz de enfrentarse al monstruo, solo amplificó mi vergüenza. En una familia de luchadores, yo era el único débil, yo era el cobarde.

Como actor, entender los miedos de un personaje es una parte fundamental para comprender su psique. Los miedos crean deseos y los deseos precipitan acciones. Estas acciones repetidas y esas respuestas predecibles son los componentes básicos de los grandes personajes cinematográficos.

La vida real funciona más o menos igual. Nos ocurre algo malo y decidimos que no vamos a dejar que eso vuelva a suceder. Pero, para evitarlo, tenemos que ser de cierta manera. Elegimos los comportamientos que creemos que nos brindarán seguridad, estabilidad y amor, y los repetimos una y otra vez. En las películas, lo llamamos «personaje», y en la vida real, lo llamamos «personalidad».

El modo en que decidimos responder a nuestros miedos define la persona en la que nos convertimos.

Yo decidí ser gracioso.

Todos mis hermanos recuerdan esa noche en esa habitación con nuestra madre. Todos estábamos increíblemente asustados, pero cada uno de nosotros respondió de una forma diferente, una forma que definiría quiénes seríamos durante gran parte de nuestras vidas.

Harry, a pesar de tener solo seis años, intentó intervenir y proteger a nuestra madre, y lo haría muchas veces durante los años siguientes, en ocasiones con éxito. Pero esa noche mi padre lo apartó de un empujón.

Mi hermano aprendió de manera intuitiva la lección de mi madre sobre el dolor: descubrió ese lugar intocable dentro de sí mismo, ese lugar que podías golpear tanto como quisieras, pero que nunca le harías daño. Recuerdo que una vez le gritó a mi padre: «Tendrás que matarme para detenerme».

Aquella noche, mi hermana Ellen respondió huyendo a su dormitorio, acurrucándose en la cama, tapándose los ojos y llorando. Más tarde, recordaría que mi padre pasó por su cuarto y, al escucharla sollozar, le preguntó fríamente: «¿Y ahora por qué carajo lloras?».

Ellen se retrajo. No solo con mi padre, sino también con el resto de la familia. Años más tarde, esa retracción se reflejaría en una rebelión absoluta. Se pasaba toda la noche bebiendo y fumando, y ni siquiera se molestaba en llamar para decir dónde estaba.

Si Harry reaccionaba «peleando», Ellen reaccionaba «huyendo», y yo me convertí en una persona complaciente. A lo largo de mi infancia, mis hermanos y yo nos juzgamos insensiblemente unos a otros por nuestras diferentes reacciones, y esos juicios se endurecieron hasta convertirse en resentimiento. Ellen sentía que ni Harry ni yo la apoyamos. Harry sentía que yo, como hermano mayor, debería haber sido más fuerte, debería haber hecho algo. Y yo sentía que sus modos de reaccionar solo enardecían las situaciones y empeoraban las cosas para todos. Lo que deseaba era que todos se callaran y que se comportaran como yo.

Yo quería complacer y aplacar a mi padre, porque mientras él estuviera sonriendo y riendo, creía que nos mantendríamos a salvo. Yo era el que entretenía a la familia. Quería que todo fuera trivial, divertido y alegre. Y si bien esta respuesta psicológica daría frutos artísticos y económicos más tarde, también significó que mi pequeño cerebro de nueve años procesó los episodios de abusos por parte de mi padre como si de alguna manera fueran culpa mía.

Debería haber podido mantener satisfecho a mi padre. Debería haber sido capaz de proteger a mi madre. Debería haberme asegurado de que la familia permaneciera estable y feliz. Debería haber conseguido que todo saliera bien.

Y ahí, en ese deseo compulsivo de complacer constantemente a los demás, de hacerlos reír y sonreír en todo momento, de desviar toda la atención lejos de lo feo y lo incómodo hacia lo alegre y lo bonito, es ahí donde nace un verdadero intérprete.

Pero esa noche, en esa habitación, yo de pie frente a la puerta, viendo cómo los puños de mi padre impactaban en la mujer a la que más quería en este mundo, viendo cómo se derrumbaba y caía al suelo, indefensa, me quedé ahí quieto. Paralizado.

Había sentido miedo durante toda mi infancia, pero esa fue la primera vez que tomé conciencia de mi propia inacción. Yo era el hijo mayor de mi madre, y estaba a menos de diez metros de distancia. Yo era la única posibilidad que tenía de recibir ayuda.

Y, sin embargo, no hice nada.

Fue entonces cuando mi joven identidad se solidificó en mi mente. Quedó envuelta en un sedimento duro, una sensación inquebrantable de que no importa lo que haya hecho ni los éxitos que haya conseguido, no importa cuánto dinero haya ganado ni cuántas canciones número uno haya tenido ni cuántos récords de taquilla haya superado, ese sentimiento sutil y silencioso siempre palpita en el fondo de mi mente: soy un cobarde, he fallado, lo siento, mamá, lo siento muchísimo.

«¿Sabes lo que pasa cuando dos personas están al mando? Cuando dos personas están al mando, ¡todos mueren!»

Esa noche, en esa habitación, con solo nueve años, observando cómo mi familia quedaba destruida al tiempo que mi madre caía al suelo, en ese mismo instante, hice una promesa en silencio, a mi madre, a mi familia, a mí mismo:

Algún día, yo estaré al mando.

Y esto no volverá a suceder nunca más.

DOS

FANTASÍA

Sé que pensarías que iba a comenzar este libro con «Al Oeste en Filadelfia crecía y vivía sin hacer mucho caso a la policía...», y no con historias de abusos y violencia doméstica.

Tuve la tentación de hacerlo, quiero decir ¿cómo podría no tenerla? Soy un ilusionista. Y no cualquier ilusionista. Soy leyenda, un policía rebelde, un Hombre de Negro. Soy una estrella de cine. Mi primer impulso es siempre limpiar la verdad en mi mente. Para mejorarla. Sacarle brillo para que no duela tanto. La rediseño y la sustituyo con lo que más me convenga. O, más bien, lo que más te convenga a ti: soy una persona complaciente. Para eso me pagan. La «verdad» es aquello que yo decida hacerte creer, y conseguiré que te lo creas, es a lo que me dedico.

Soy un narrador nato. Pensé en presentarte la parte más bonita de mí, un diamante pulido, un ganador arrogante e inquebrantable. La imagen fantástica de un hombre con éxito. Siempre siento esa tentación de presentarlo bonito. Vivo en una guerra constante con la realidad.

Por supuesto que los paseos por la alfombra roja son reales, al igual que los coches flamantes, los peinados con degradado perfecto, los récords de taquilla rotos y el matrimonio con una buena mujer. Will Smith es la leyenda que baila al son del *«jiggy wit it»*.

Y luego está mi verdadero yo. Este libro es sobre mí.

Al Oeste en Filadelfia crecía y vivía
Y en el patio de la escuela jugaba todo el día
Todo chido para mí, *tirao* y *relajao*
Me hacían bullying y daban de palos por ser un *tarao*...

Esta debería haber sido la letra del rap. De acuerdo... Admito que yo era un niño raro. Era delgaducho, un poco bobalicón y con un gusto extraño en cuanto a ropa. Y lamentablemente también tenía pegado un par de orejotas por las que David Brandon dijo un día que mi cabeza parecía un trofeo.

Ahora que lo pienso, probablemente yo también me habría burlado de mí mismo. Tampoco ayudaba que me gustaran las matemáticas y la ciencia; eran mis materias favoritas en el colegio. Creo que las matemáticas me gustan porque son exactas. Me gusta que las cosas cuadren. Los números no te vienen con jueguecitos ni tienen estados de ánimo ni opiniones.

Además, hablaba mucho, probablemente demasiado. Pero lo más importante era que tenía una imaginación desbordante y muy viva, una vida paralela de fantasía más amplia y más longeva que la de otros niños. Mientras la mayoría de los niños jugaban con soldaditos de plástico, pelotas Nerf y pistolas de juguete, yo me imaginaba situaciones fantásticas y me perdía en ellas.

Cuando tenía ocho o nueve años, mi madre nos mandó a Pam y a mí al campamento de día de Sayre Morris, en el Sudoeste de Filadelfia. Se trataba del típico campamento urbano: sala de juegos, piscina, manualidades... Llegué a casa después del primer día y corrí a la cocina donde mi madre estaba sentada con nuestra vecina, la señora Freda.

—Hola, nene, ¿qué tal el campamento? —preguntó mi madre.

—Ay, mamá, me encantó. Tenían una gran banda de jazz con trompetas y violines y cantantes y tambores, y llevaban esa clase de trompetas que se tocan así. —Imité el movimiento de ida y vuelta de un trombón—. Y después hicimos un concurso de bailes, y había unas cincuenta personas haciendo una coreografía todas juntas...

La señora Freda miró a mi madre. ¿Una gran banda de jazz? ¿Una coreografía con cincuenta bailarines? ¿En un campamento de verano para niños?

Lo que la señora Freda no sabía era que estaba atrapada en el fuego cruzado de un juego al que jugábamos mi madre y yo, y al que continuamos jugando hasta el día de hoy. Las reglas consisten en que yo describo la situación más colorida, intensa y extravagante que se me ocurre y luego la mezclo con mi experiencia real, y mi madre tiene que adivinar cuánto de lo dicho es realmente cierto y si además debería hacer algo al respecto.

Mi madre hizo una pausa y se acercó a mi cara, nariz con nariz. Su mirada funcionaba como una especie de detector maternal de mentiras a la antigua, que podía vislumbrar la discrepancia más mínima en mis historias. Yo no parpadeé.

Había visto suficiente.

—Willard, déjate de bromas. No había ninguna banda de jazz en el campamento de día de Sayre.

—No, mamá, te lo juro, era una locura.

La señora Freda se mostró confusa y comentó:

—Pero, Carolyn, el niño ni siquiera conoce la palabra *trombón*, tiene que haberlo visto, ¿no?

—No, él hace este jueguecito todo el tiempo.

En ese momento, Pam entró en la cocina y mi madre le preguntó:

—Pam, ¿había una banda de jazz completa, un concurso de baile y un trombón hoy en el campamento?

Pam puso los ojos en blanco.

—¿Qué dices? No. Era una máquina de discos, mamá. Will se quedó ahí escuchando música todo el día; ni siquiera se metió en la piscina.

Mi madre miró a la señorita Freda.

—Te lo dije.

Yo me eché a reír. Mi madre había ganado esta vez, pero al menos engañé a la señora Freda.

Mi imaginación es un don, y cuando se combina con mi ética de trabajo, puedo hacer que llueva dinero del cielo.

Esa imaginación siempre ha sido lo que más le gusta de mí a mi madre. (Bueno, eso y que sacara buenas calificaciones.) El amor que me tiene mi madre es una extraña mezcla. Le encanta mi lado payaso, pero también necesita que sea inteligente.

En algún momento de su vida, decidió que ella solo se permitiría hablar de cosas importantes: la reforma educativa, la riqueza generacional o la financiación del sistema nacional de salud. Mi madre no «discute tonterías». Mi padre y ella lo debatían todo.

—La integración es lo peor que les ha pasado a los negros —decía mi padre vehementemente.

—Ni tú te crees tus palabras. Solo lo dices para fastidiarme —soltaba mi madre con desdén.

—¡Escúchame, Carolyn! Antes de la integración, teníamos nuestras cosas. Los negocios de los negros estaban prosperando porque los negros tenían que invertir en los negros. La tintorería, el restaurante, la ferretería, todo el mundo necesitaba a todo el mundo. En cuanto se permitió a los negros comer en McDonald's, toda nuestra infraestructura económica se derrumbó.

—Entonces, ¿preferirías criar a estos niños en la esclavitud o en la segregación? —replicaba mi madre.

—Lo que digo es que si hubiera una fuente de agua negra, se contrataría a negros para arreglarla.

Mi madre nunca se lo diría a mi padre, pero repetía todo el tiempo: «Nunca discutas con un tonto, porque desde la distancia la gente no los va a diferenciar». Así que, cuando dejaba de discutir contigo, ya sabías lo que pensaba de tu postura.

Cuando yo digo tonterías, el mundo se le hace más llevadero. Pero también necesita oírme decir cosas inteligentes. Eso hace que se sienta segura. Mi madre piensa que la única forma en que podré sobrevivir es siendo inteligente. Prefiere oír un sesenta por ciento de comentarios inteligentes y como mucho un cuarenta de tonterías. Es la mejor espectadora que he tenido. Es como si hubiera una parte oculta de ella que, inconscientemente, siempre me está alentando.

Vamos, Will, sé más payaso, más inteligente, más payaso, más inteligente...

Me gusta salirle con cosas que, en apariencia, son supertontas, y escondo la parte inteligente para ver si es capaz de encontrarla. Me gusta la expresión de su rostro cuando piensa que algo es sencillamente una tontería y luego la parte inteligente le sorprende. (Esa parte también es mi favorita.)

Y es que la comedia es una extensión de la inteligencia. Es difícil ser muy divertido si no eres muy inteligente. Y la risa es la medicina de mi madre. En cierto modo, soy como un médico para ella, y cuanto más se ríe, más tontas, inteligentes y espectaculares son las cosas que me invento.

Cuando era pequeño, me perdía en mi imaginación. Soñaba despierto todo el día, no había nada más entretenido para mí que mis mundos de fantasía. Había una banda de jazz en el campamento, yo oía las trompetas, veía el trombón, los uniformes, la gran escena de baile. Los mundos que mi mente creaba y habitaba eran tan reales para mí como la «vida real», y a veces incluso más.

Este flujo constante de imágenes, colores, ideas y tonterías se convirtió en mi lugar seguro. Y luego, poder compartir ese espacio, poder llevar a alguien conmigo, se convirtió en mi máximo exponente de felicidad. Me encanta el momento en que acaparo toda la atención de una persona y la subo a una montaña rusa en la que sus propias emociones se entrelazan con mi relato fantástico.

Para mí, la línea entre la fantasía y la realidad siempre ha sido fina y transparente, y yo cruzaba de un lado a otro sin ningún esfuerzo.

El problema es que la fantasía de un hombre es la mentira de otro. Acabé adquiriendo una reputación de mentiroso compulsivo en el barrio. Mis amigos sentían que no podían fiarse de lo que yo dijera.

Esta era una peculiaridad extraña mía que incluso continúa al día de hoy. Entre mis amigos y familiares, se comenta que hay que revisar mis historias dos o tres veces para saber qué sucedió realmente. A veces cuento algo y luego un amigo mira a Jada y dice: «A ver, ¿qué es lo que pasó de verdad?».

Pero, cuando era pequeño, lo que los otros niños no entendían era que yo no mentía sobre lo que percibía, mis percepciones me mentían a mí. Me perdía, y en ocasiones perdía la noción de lo que era real y lo que me había inventado. Se convirtió en un mecanismo de defensa; mi mente ni siquiera contemplaba lo que era verdad. Yo pensaba: *¿Qué necesitan escuchar los demás para estar bien?*

Pero mi madre me entendía, y le encantaban mis peculiaridades. Ella me daba margen para ser todo lo payaso y creativo que pudiera.

Por ejemplo, durante gran parte de mi infancia tuve un amigo imaginario llamado Magicker. Muchos niños pasan por la fase del amigo imaginario, generalmente entre los cuatro y los seis años. Esos amigos imaginarios son personajes amorfos que en realidad no tienen forma ni personalidad. El amigo imaginario quiere lo que quiere el niño, odia lo que el niño odia, etcétera. Permite que el niño se reafirme en sus pensamientos y sentimientos.

Pero Magicker era diferente. Incluso mientras escribo este libro, el recuerdo de Magicker me resulta tan vivo e intenso como cualquiera de las experiencias reales de mi infancia. Era una persona en toda regla.

Magicker era un niño blanco pelirrojo, de piel pálida y con pecas. Siempre llevaba puesto un trajecito de poliéster azul pálido, con un moño rojo fuego. Los pantalones le quedaban demasiado cortos, y hacían visibles unos calcetines blancos mal elegidos.

Mientras que la mayoría de los amigos imaginarios de otros niños servían como proyecciones y afirmaciones, Magicker tenía preferencias y opiniones distintas a las mías sobre a qué debíamos jugar y adónde deberíamos ir o qué deberíamos hacer. Algunas veces no estaba de acuerdo conmigo, y otras me hacía salir cuando yo no quería. Tenía ideas fijas sobre ciertos tipos de alimentos y sobre el carácter de algunas personas de mi vida. Incluso aquí sentado recordando nuestra relación, pienso: *¡Magicker, carajo, esta es mi imaginación!*

Magicker era una presencia tan importante en mi infancia que mi madre en ocasiones le apartaba un plato para la cena. Y si no conseguía que yo hiciera algo, a veces hablaba con Magicker. «Bueno, Magicker, ¿preparado para irte a la cama?».

Por suerte, esto era lo único en lo que Magicker y yo siempre estuvimos de acuerdo: nunca estábamos preparados para irnos a la cama.

Un efecto secundario de estar perdido en una vida de fantasía era que tenía muchas ideas excéntricas sobre lo que era genial, lo que estaba de moda o lo que era divertido. Por ejemplo, no estoy seguro de cómo se me desarrolló, pero pasé por una desafortunada aunque apasionada fase de botas de cowboy. Es que me encantaban las botas de cowboy. De hecho, me negaba a calzarme otra cosa en los pies. Me las ponía con pants, y también con jeans.

Carajo, me las ponía incluso con shorts.

Ser un niño negro en el Oeste de Filadelfia y ponerte unas botas de cowboy era como ponerte una diana en la espalda. Los niños se burlaban de mí y lo hacían sin piedad, pero yo no entendía por qué. «¡Estas botas son buenísimas!» Y cuanto más se reían, más profunda era mi fidelidad hacia esas botas.

Siempre fui un poco raro. Las cosas que me parecían normales podían resultar extrañas a los demás, y las cosas que otras personas celebraban a veces no me inspiraban lo más mínimo.

En aquella época, las bicicletas de montaña Huffy eran lo máximo. Todos los niños querían una. Y unas Navidades, todos mis amigos del barrio nos juntamos y acordamos pedirles a nuestros padres bicicletas Huffy ese año. El plan era ir todos montados en nuestras bicicletas idénticas hasta Merion Park, un pequeño parque lo suficientemente alejado de nuestro vecindario para sentir que estábamos de aventura.

Bueno, pues llegó la Navidad y Santa Claus cumplió con diez nuevas Huffy, todas combinaban. Al mediodía, salieron todos de sus casas.

Todos menos yo.

A ver, a mí no me gustaban las Huffy. ¡Las Huffy eran para *tarados*! Y esos *tarados* estaban a punto de ver una bicicleta de verdad. Porque aunque todos habían pedido bicicletas de montaña Huffy, normales y corrientes, yo no soy una oveja. Yo había pedido... una Raleigh Chopper. Las Chopper eran esas bicicletas con el asiento más bajo y con una rueda trasera grande y una delantera más pequeña, con un manubrio que sobresalía en el aire, palanca de cambios de tres velocidades y un sillín en forma de ele, también conocido como el «asiento banana». Eran como las Harley-Davidson de las bicicletas para niños. En esa cosa, te sentías como si estuvieras en una motocicleta. Era, indiscutiblemente, la bicicleta más genial del mundo.

No pude conciliar el sueño la noche anterior, imaginando la entrada que iba a hacer. Tenía pensada una escena para la gran revelación: esperaría a que todos estuvieran alineados frente a mi casa, listos para salir, pero yo saldría por la puerta trasera, para mantener el elemento sorpresa. Incluso planeé y practiqué lo que iba a decir cuando me vieran en mi Chopper. «Qué pasaaaa, *tarados*, ¿qué están esperando? ¡Vamos!». Y luego saldría pedaleando para que tuvieran que seguirme: Will Smith, el líder de la manada, el rey del barrio.

Llegó el momento. Los había estado observando tras las cortinas de mi sala. Me di cuenta de que todos estaban esperando y preguntándose: «¿Dónde está Will?». Y en ese momento salí rodando por el lateral, con el manubrio tocando el cielo, pedaleando suavemente con mis botas de cowboy: la primera velocidad de la Raleigh Chopper entraba como la seda.

Me sentía lo máximo.

Estaba flotando, y todos tenían los ojos clavados en mí. Hice un gesto de asentimiento, y les solté mi frase del guion: «Qué pasaaaa, *tarados*, ¿qué están esperando? ¡Vamos!».

Se hizo el silencio durante unos segundos. Supuse que los había dejado pasmados.

Entonces casi me caigo de mi Chopper al oír las repentinas carcajadas que estallaron a mi espalda. Teddy Allison literalmente se echó al suelo riéndose.

Aunque lloraba de la risa, se las arregló para decir:

—Pero ¿qué carajos es ese cacharro?

Apreté los frenos y me di la vuelta para observar al resto de la multitud y ver si Teddy me estaba vacilando o si hablaba por todos.

—Qué, *nigga*, ¿te crees que estás en una pandilla de motociclistas? —soltó Danny Brandon—. Pero ¡si no ves nada por encima del manubrio!

Michael Barr dijo por lo bajo:

—Esto es lo que te pasa cuando vas a colegios para blancos.

Pero no me importaba lo que pensaran, porque para mí yo era lo máximo. Esa es una de las consecuencias de tener una imaginación desbordante: podía hacer que mi mente creyera cualquier cosa. Llegué a cultivar un nivel de confianza en mí mismo casi delirante.

Y aunque esta percepción algo sesgada de mí mismo a menudo me conducía al ridículo o hacía que me llevara algunos golpes cuando era pequeño, en muchas ocasiones a lo largo de mi vida me sirvió como un superpoder. Cuando no eres consciente de que no deberías poder hacer algo, simplemente lo haces. Cuando mis padres me dijeron que no podía ser rapero porque era imposible hacer carrera en el hip-hop, no me detuve, porque sabía que los padres no entienden nada. Cuando los productores de televisión me preguntaron si sabía actuar, dije: «Por supuesto», aunque nunca había actuado, ni un día en toda mi vida. Pensé: *¡No puede ser tan difícil!* Cuando los estudios de cine dijeron que no podían contratarme porque los protagonistas afroamericanos no venden en mercados internacionales, no me sentí necesariamente ofendido, solo que no entendía cómo un mamón podía estar tan equivocado y tener ese trabajo. No era solo el racismo lo que me molestaba, era el nivel de estupidez. La gente me decía cómo se suponía que debía ser, y lo cierto es que no tenía ningún sentido. Yo sentía que esas reglas suyas no se aplicaban a mí.

Vivir en tu propio mundo con tus propias reglas puede ser una ventaja a veces, pero hay que tener cuidado. Uno no puede alejarse demasiado de la realidad. Eso tiene consecuencias.

Mi consciencia era como un parque infinito que me encantaba explorar.

Cuando era pequeño, los beneficios de mis delirios de fantasía formaban parte de un futuro muy lejano, y, sin embargo, las consecuencias estaban presentes por todos lados. La tolerancia y la apertura de mente no eran virtudes comunes en los patios de los colegios del Oeste de Filadelfia. Los niños pueden ser muy crueles. Y cuanto más excéntrico seas, menos piedad tendrán contigo.

El patio de recreo es un coto de caza donde cada niño pequeño está testando los límites de su incipiente masculinidad, tratando de demostrar que es más fuerte y dominante, enseñando músculo constantemente y desafiando a otros niños, midiéndose con ellos y castigando a los más débiles.

Yo era delgado y muy muy poco atlético. Mis extremidades y mi torso tenían una relación tristemente disfuncional. Además, tenía una imaginación desbordante, lo cual para otros niños significaba que mentía sin cesar. Todo esto provocaba que los demás me señalaran como un objetivo fácil y justificable sobre el cual demostrar su dominio. Me empujaban, me elegían el último al hacer equipos, me pegaban y me escupían. De lo malo, me lo hacían todo.

Un día, cuando tenía unos doce o trece años, estábamos unos cuantos jugando al baloncesto en la cancha de la escuela. Yo llevaba un rollo muy *cool*, con mis shorts de color verde chillón y mis botas de cowboy favoritas. En mi cabeza, yo era Magic Johnson, pero en la vida real parecía más bien un patinador artístico: las botas de cowboy no te ofrecen precisamente el agarre requerido o el soporte para el tobillo que por el contrario sí te ofrecían unos tenis de baloncesto normal.

Vaya, no paraba de tropezarme.

En algún momento, comenzó la clásica fanfarronada de baloncesto, con todos los chicos tratando de demostrar cómo podrían replicar el movimiento de sus jugadores favoritos. Un niño gritó «¡KAREEM!» mientras saltaba haciendo un gancho. Otro gritó «¡BIRD!», y metía una canasta desde la línea de tres. Pero esto era Filadelfia a principios de los ochenta, ¿cómo se atrevían al faltar el respeto a las calles de Filadelfia? Solo hay un nombre que puedas gritar en estas canchas: Dr. J, Julius Erving.

Y entonces, yo dije:

—¡Cuidado! ¡Aquí viene el DOC! ¡Quítenses todos, que voy a hacer una clavada!

Matt Brown se echó a reír.

—Negro, tú no clavas nada.

Por supuesto, yo nunca había hecho una clavada, pero en cuanto lo dije me lo creí. Cuando volví a la mitad de la cancha, me lamí los dedos y limpié la suela de mis botas de cowboy para tomar tracción. Y mientras me preparaba para empezar la carrera, juro por el Todopoderoso que no tenía ninguna duda de que estaba a punto de encestar el balón.

Mientras estiraba el hombro para prepararme a hacer una extensión completa, los chicos se pusieron a hacer las apuestas.

—¡Te apuesto tres dólares a que no puedes hacerlo, Will!

—¡Apuesten! —los reté—. ¡Prepárenme el dinero!

—¡Yo apuesto cinco! —dijo alguien.

—¡Veo todas sus apuestas! ¡Vamos!

Yo aceptaba todas las apuestas porque, en mi cabeza, esa bola ya está clavada. Todos los chicos se colocaron en un semicírculo. Hubo un momento de expectación. Me serené mientras el murmullo se calmaba. Y luego, ¡bum!, salí corriendo por la cancha. Estaba visualizando la clavada «Rock the Baby» que Julius Erving hizo en la final de 1983 contra los Lakers. Pisando fuerte con mis botas de cowboy —los pies me bailaban dentro de ellas—, aceleré. Estaba a punto de despegar, fui ascendiendo, estaba volando, las cámaras disparaban sus flashes, el público enloqueció.

Y entonces... silencio.

Y, de pronto, estaba cayendo. ¿Hacia atrás? Algo había salido mal.

¡PLAF! Sentí cómo la realidad me golpeaba con la fuerza del pavimento. No era Julius Erving.

Me desmayé. En el acto.

Cuanto mayor sea la fantasía que vivas, más doloroso será el inevitable choque con la realidad. Si apuestas por la fantasía de que tu matrimonio será feliz para siempre sin ningún esfuerzo, entonces la realidad te pagará de manera proporcional a tu nivel de autoengaño. Si vives la fantasía de que ganar dinero te llevará a ganar amor, entonces el universo te despertará de una bofetada, con la sintonía de mil voces furiosas.

Y si crees que puedes hacer una clavada como Julius Erving con botas de cowboy, entonces la realidad gravitacional te hará una retribución dolorosa y divinamente perfecta.

Rebobinemos y veamos qué sucedió en realidad.

Me había abierto paso desde la mitad de la cancha; todo seguía yendo bien cuando aceleré más allá de la línea de triple. Driblé por última vez. El despegue fue suave, no perfecto, pero estaba en el aire. Al ascender, llegué lo bastante alto como para golpear el aro con la pelota, deteniendo por completo mi impulso hacia delante, lo cual provocó que mis piernas salieran volando desde abajo hacia arriba. Ahora que lo pienso, el peso adicional de las botas de cowboy pudo haber exacerbado la torsión.

Caí de espaldas con fuerza, me di en la cabeza y la nuca, y me quedé inconsciente por el golpe.

Cuando me desperté, mi amigo Omarr estaba de pie junto a mí. Vi las luces de una ambulancia, tenía sangre en el pelo y me preguntaba dónde había ido a parar mi bota izquierda.

Oí la voz de Omarr.

—¡Está despierto! ¡Está despierto!

Omarr es mi amigo más antiguo; bueno, exceptuando a Stacey Brooks. Cuando era pequeño, tenía los dedos de los pies como las patas de un pájaro, hasta tal punto que se tropezaba, se caía y se hacía daño todo el tiempo cuando jugábamos. Sus padres decidieron someterlo a una cirugía correctiva. A los cinco años, los médicos le fracturaron ambas piernas y se las reajustaron. Omarr llevó aparatos ortopédicos todo el verano, pero cuando llegó el momento de ir a primaria, de repente era el niño más rápido de la manzana y el que mejor bailaba. ¡Hizo que todos quisiéramos esa cirugía mágica!

A medida que iba recuperando la visión, lentamente, el rostro de Omarr se enfocaba. Pude ver en sus ojos que mi caída debía de haber sido bastante fea. No se reía; estaba asustado.

—Oye, ¿estás bien?

Hice un chequeo rápido: podía mover las manos, los brazos, las piernas, los pies. Nada roto. Asentí con la cabeza.

Mientras me ataban a la camilla y me introducían en la ambulancia, vi una última vez a Omarr.

—¡Eh, O! Entró, ¿verdad?

La fantasía es un elemento normal del desarrollo psicológico. Pero a medida que crecemos, dejamos atrás nuestra faceta imaginativa simplemente porque descubrimos que vivir en el mundo real tiene más valor para nosotros que aferrarnos a nuestras fantasías. Debemos aprender a tratar con los demás, a hacer las cosas bien en el colegio y en el trabajo, a sobrevivir en el mundo material. Y es difícil hacer eso si uno no es capaz de percibir la realidad con cierta precisión.

Es por eso que todos tenemos que aprender a distinguir entre lo que es real y lo que no lo es. De hecho, algunas personas lo distinguen tan bien que, cuando se hacen mayores, lamentablemente pierden la capacidad de disfrutar de cualquier cosa que no sea una realidad material concreta.

Por alguna razón, yo no pasé por ese proceso. O, tal vez, me negué a pasar por este proceso. Y eso se debe a que esa vida de fantasía es lo que me protegía del mundo. Entre el parque infinito de mi imaginación y una realidad llena de amenazas constantes, mi mente elegía la fantasía.

Todos nos engañamos un poco cuando algo nos asusta. Nos da miedo que no nos acepten en el trabajo, en el colegio o en Twitter, así que nos convencemos de que los demás son engreídos, ignorantes o crueles. Elaboramos relatos enteros sobre la vida de otras personas cuando, de hecho, no tenemos ni idea de aquello por lo que están pasando o de lo que están sintiendo. Nos inventamos estas historias para protegernos. Damos por ciertas muchas cosas sobre nosotros mismos o sobre el mundo, no porque tengamos pruebas, sino porque solo así conseguimos evitar que ese miedo nos domine.

A veces preferimos vendarnos los ojos antes que mirar al mundo de manera objetiva y fría y verlo tal como es.

El problema es que la ilusión funciona como la miel envenenada: al principio sabe dulce, pero termina en enfermedad y desdicha. Las historias que nos contamos a nosotros mismos, diseñadas para protegernos, sostienen también los muros que impiden justo las conexiones que tan desesperadamente ansiamos. Yo me conté a mí mismo que tenía un amigo llamado Magicker porque me hacía sentir menos solo. Pero esa fantasía también era en parte la razón por la que seguía desconectado de los otros niños del vecindario. Más adelante en mi vida, me inventaría la fantasía de que volverme rico y famoso resolvería el resto de mis problemas. Pero la búsqueda y el mantenimiento de esa fantasía solo me alejó más de mis seres queridos.

Cuando era pequeño, me decía a mí mismo que si entretenía a mi padre y lo hacía reír, no haría daño a mi madre. Pero esa fantasía solo hizo que me sintiera como un cobarde, un mal hijo, a pesar de que nada de aquello era culpa mía.

Mi vida de fantasía, aunque de alguna manera me protegía, también me hacía sentir más culpa, más vergüenza y más desprecio hacia mí mismo. Todas las fantasías acaban por desmoronarse. No importa lo mucho que luches, la verdad siempre sale invicta. La realidad siempre será la ganadora indiscutible.

Mi padre solo se tomó unas vacaciones de verano en toda mi infancia. Cuando tu familia vende hielo, estás atrapado en el trabajo desde la primera semana de junio, cuando sales del colegio, hasta justo después del Día del Trabajo, cuando regresas.

Pero en el verano de 1976, mi padre decidió desconectar dos meses, alquilar una caravana y atravesar el país conduciendo. Teníamos una reunión familiar del lado de Gigi en Los Ángeles. Tomamos la ruta norte hacia Los Ángeles y la sur de regreso a Filadelfia.

Visitamos todos los rincones de los Estados Unidos. Salimos de Filadelfia y nos dirigimos al oeste hacia Pittsburgh para ver la casa en la que mi madre había pasado su infancia. Su padre, al que llamábamos «Pap-Pap», todavía vivía allí. Parecía una versión muy envejecida de mi padre. Cuenta la leyenda que Pap-Pap se enojaba tanto a veces que le sangraba la nariz, y eso podía ocurrirle simplemente viendo un partido de los Steelers.

Siguiente parada: Cleveland, para ver a la tía Tootie y al tío Walt. Luego fuimos de Chicago a los Grandes Lagos, y después a Mineápolis y las Dakotas. Vimos perros de las praderas, pero no sé por qué los llaman así: son como hámsteres altos y erguidos, parecidos a Timón de *El rey león*. A Harry le regaló un tambor hecho a mano un líder sioux en Dakota del Sur. Fue dándole golpes a esa cosa todo el trayecto a través del Monte Rushmore, la Torre del Diablo y hasta el parque nacional de Yellowstone. Vimos el Old Faithful, y me costó creer que pudieran decirte hasta el segundo exacto en que se producía cada erupción. ¡El guardabosques señalaba y *abracadabra*! Salían del suelo unos chorros enormes de agua hirviendo con un olor desagradable. Mi padre dijo que era azufre (me alegré de saberlo porque, por un segundo, pensé que había sido Ellen).

Mamá nos despertó al amanecer en la cima de una montaña en Wyoming. Estábamos por encima de las nubes. *Así es como debe de ser estar el cielo*. Pero luego nos quedamos atascados durante una hora porque un oso negro apareció en mitad de la carretera y se dirigió directamente hacia nuestra caravana. Las reglas del parque exigían detener el vehículo si había un oso a menos de quince metros. Mi padre cerró la ventana de golpe con las dos manos; es la única vez que lo he visto asustado por algo, que yo recuerde.

Unas dos semanas después, mi padre comentó que ese había sido el periodo más largo de su vida sin ver a ningún negro (aparte de nosotros, por supuesto, que también somos negros). Mi padre estaba sufriendo el síndrome de abstinencia de negros, o SAN, pero un día, en una parada que hicimos en Wyoming, vio a una pareja negra que se alejaba, los persiguió y les pidió que pararan, solo para saludarlos. A ellos les pareció muy divertido.

Papá estuvo al volante el día entero hasta llegar al Monumento Nacional de los Cráteres de la Luna, en Idaho. Se parece a la luna y, de hecho, uno se siente como si estuviera allí. Él estaba exhausto, pero mi madre no quería estar en la luna, no se sentía cómoda en ese lugar, así que no llegamos a alojarnos en el motel, y mamá condujo hacia el sur, a Salt Lake City. Cuando mi padre se despertó, nos llevó al Gran Lago Salado. Explicó cómo funciona la flotabilidad en el agua salada frente al agua dulce de los Grandes Lagos; nos mostró lo fácil que es flotar. Hizo hielo. Lo sabía todo sobre el agua.

Pero lo más increíble que yo vi en mi infancia fue el Gran Cañón.

—Todo este cañón lo moldeó el agua —explicó mi madre.

Yo estaba completamente alucinado, pero demasiado asustado para acercarme al borde. Recordé que a Peter Brady en *La tribu de los Brady* también le asombró cómo el agua podía haber formado tal cañón. «¡Guau! —dijo—. No me extraña que nos regañes cuando dejamos las llaves de casa goteando.»

Y justo cuando pensé que el día no podía ser mejor, a Harry se le cayó el tambor por el cañón. La caída pareció durar unos tres días. Estaba tan harto de oírlo golpear esa cosa que sentí que el Señor había respondido a mis plegarias.

Este viaje activó y dio alas a mi imaginación. Cada persona con la que nos encontrábamos parecía un personaje nuevo y fascinante, cada destino era un país de ensueño, y yo sentía que la vida estaba esperando que yo me inventara historias. El paisaje estadounidense era tan diverso y tan hermoso... Había montañas y praderas y valles y ríos de aguas bravas y desiertos normales y desiertos como pintados y bosques verdes y bosques petrificados y plantas de maíz hasta el infinito y secuoyas, por todas partes, tocando el cielo, que a veces estaba lleno de sol y otras se veían tornados en la distancia, y todo tipo de nubes, desde las más divertidas hasta las más aterradoras.

Fueron las mejores ocho semanas de mi infancia; todo el mundo estaba feliz.

Éramos la familia perfecta.

Aproximadamente a una manzana de Woodcrest, al final de la calle Graham, vivía un pedófilo conocido por todo el mundo. Todos los niños del vecindario lo sabíamos, y nuestros padres nos decían que nunca nos acercáramos a su casa. Rara vez lo vimos, era como un fantasma, como una leyenda urbana.

Un día, vi a una niña subiendo las escaleras de la entrada de su casa. Él estaba de pie, en el umbral de la puerta, invitándola a entrar. El corazón empezó a retumbarme en el pecho. Pensé en llamarla, pero me quedé paralizado. Estaba demasiado lejos, y podía ver al hombre. Me moría de miedo.

Corrí a casa, subí rápidamente las escaleras hacia mi habitación y cerré la puerta de un portazo. Se suponía que nadie debía entrar en esa casa. Esa era la casa del hombre malo. ¿Me habría visto? ¿Vendría por mí?

Necesitaba alejarme todo lo posible, me escondí en el armario, temblando. Sentí que Magicker estaba conmigo.

Tienes que contárselo a un adulto, Will.

—Es que no puedo. ¿Y si el hombre descubre que fui yo? ¿Y si trata de hacerme daño por delatarlo?

Will, ve a contárselo a tus padres ahora mismo.

—No puedo, no puedo, no puedo.

Will. Ve. Ahora mismo.

Pero lo único que pude hacer fue acurrucarme en el suelo del armario y llorar.

¡WILL! ¡LEVÁNTATE! ¡Tienes que decírselo a tus padres!
Magicker estaba enojado. Y él nunca se enojaba.
¡Tienes que decírselo a alguien! ¡Tienes que levantarte, ya!
Cerré los ojos, y metí la cabeza entre las manos.
—No puedo.
Era incapaz de enfrentarme a mi padre. Era incapaz de enfrentarme a los matones del barrio. Ni siquiera podía decirle a alguien que había una persona en peligro. ¿Qué me pasaba? ¿Por qué siempre estaba tan asustado? ¿Por qué era tan cobarde?
Me quedé allí acostado, temblando y avergonzado. Pasaron los minutos. Aparté las manos de los ojos.
Magicker se había ido.
Llega un momento en el que tus fantasías dan un paso atrás y te das cuenta de que sigues siendo tú. Tener amigos imaginarios o hacer clavadas de baloncesto no disipa el miedo. Puede ayudarte a olvidarlo durante un rato, pero la realidad se impone, invencible. Afortunadamente, otra persona había visto a la niña entrar en la casa y había intervenido. Pero ¿y si no hubiera sido así?
No volví a ver Magicker.

TRES

INTERPRETACIÓN

Un domingo por la mañana en la Iglesia Baptista de la Resurrección, la voz monótona del reverendo Claudis Amaker resonaba en el viejo y frágil techo de madera, imponiendo sobre nosotros la infalible palabra de Dios.

Mi abuela Gigi (pronunciado «Yi-Yi») siempre se vestía elegante para ir a la iglesia. Para ella, el atuendo dominical de uno era un acto de devoción al Señor. Se ponía uno de esos vestidos impecables con estampado floral, muy de señora devota, con los accesorios bien escogidos, las perlas para ir a la iglesia, el sombrero para ir a la iglesia y un broche de flor de satén gigante. Durante los sermones, se abanicaba con los ojos cerrados, asentía con la cabeza e intervenía («Sí, pastor, ¡dígalo otra vez!», o haciendo un ruidito afirmativo). De vez en cuando, me miraba para asegurarse de que estaba prestando atención.

Pero yo solo tenía nueve años. Los feligreses aplaudían, se bamboleaban y lloraban y rezaban, mientras mi cabecita de nueve años no podía evitar preguntarse si la misa iba a terminar algún día.

Y así siempre, excepto el tercer domingo de cada mes, cuando el reverendo invitado Ronald West subía al púlpito.

El reverendo Amaker era el pastor de la casa, y siempre hablaba sin cesar sobre el poder de Dios, pero lo que yo oía era la voz de los adultos en *Charlie Brown*: «Bla, bla, bla, bla». El reverendo West, sin embargo, te mostraba el poder de Dios. Llevaba puestos unos elegantes lentes CAZAL de color rojo y un traje de tres piezas, rematado con el típico pañuelo de bolsillo blanco inmaculado de la Iglesia Baptista. Un metro noventa y noventa y cinco kilos de gloria divina.

Era mejor no dejar que se acercara al piano, porque después de que el reverendo West lo tocara ya podías tirar esa cosa a la basura.

El reverendo West también dirigía el coro. Siempre empezaba sus intervenciones sentado, tocando el piano con la mano izquierda, y dirigiendo con la derecha, introduciendo con calma alguna balada del estilo de Mahalia Jackson para hacer entrar en calor a los de edad más avanzada.

Era la calma que precedía a la tormenta.

Lentamente, se iba transformando, permitiendo que la música lo llevara a un trance. Los ojos se le llenaban de lágrimas, el sudor se le acumulaba en la frente, mientras se hurgaba los bolsillos buscando el pañuelo para desempañarse los lentes. La batería, el bajo, las voces, todos se ponían de pie, como si imploraran al Espíritu Santo para que se mostrara allí mismo. Y entonces, sincronizados, se unían en un *crescendo* de éxtasis, y... ¡*BUM*! El Espíritu Santo llenaba la sala. El reverendo West estallaba en su asiento, le daba una patada al taburete y, con las manos como poseídas, golpeaba el piano en alabanza. Luego, con un rugido gutural, cruzaba el escenario hacia el órgano eléctrico de tres niveles, exigiéndole que hiciera lo que Dios le ordenaba: una grandiosa espiral de acordes de orquesta baptista. En una nube de sudor, la congregación rompía a cantar y bailar, y las ancianas lloraban y se desmayaban en los pasillos. El reverendo West seguía gesticulando, dirigiendo, sin perder nunca el control ni del coro ni de la banda... Hasta que su cuerpo se derrumbaba de entrega y de gratitud por la misericordiosa gracia del amor de Dios.

Cuando la música se ralentizaba, Gigi regresaba a su asiento, secándose las lágrimas de los ojos, y yo sentía que mi pequeño corazón se me salía del pecho. Ni siquiera estaba totalmente seguro de qué era esa dulce vibración que me recorría el cuerpo. Solo pensaba: *Yo quiero hacer ESO. Quiero hacer que la gente se sienta ASÍ.*

Ahora que me acuesto para dormir,
Ruego al Señor que mi alma guarde;
Si antes de despertar debo morir,
Que mi alma con Dios siempre ande.

Siempre me ha parecido gracioso el hecho de que la primera oración que me enseñó mi abuela fuera en realidad un rap.

Gigi era como un miembro de la banda de Jesús. He conocido a muchas personas que dicen ser religiosas, pero nunca he conocido a nadie que haya vivido el Evangelio de Jesús como lo hizo mi abuela. Predicaba con el ejemplo de Cristo y lo encarnaba. No se limitaba a los domingos. En su caso, eran veinticuatro horas al día, siete días a la semana, 365 días al año. Todo lo que decía, todo lo que hacía y todo lo que pensaba era para honrar a Dios.

Gigi cubría el turno de noche en el hospital, lo que les permitía a mis dos padres mantener trabajos a jornada completa. Nos cuidaba a mis hermanos y a mí durante el día y trabajaba por la noche. A la temprana edad de cuatro o cinco años, escuchar el término «turno de noche» me llenaba la cabeza de imágenes de demonios y espíritus malignos y de mi superabuela matando criaturas diabólicas solo para poder alimentarme, y yo, mientras tanto, acostado en la cama, sano y salvo, acariciando los bordes sedosos de la suave colcha de color crema.

Solía rogarle: «¡Por favor, no te vayas, Gigi! ¡Quédate aquí conmigo, por favor!». Me sentía muy culpable. Mi mente impresionable interpretaba la situación con una sensación de fracaso y de debilidad personal. Pensaba: *¿Qué clase de niño se queda en la cama mientras su abuela tiene que luchar contra los monstruos del turno de noche?*

Parecía que estuviera arriesgando su vida para protegerme. Y en cierto sentido, tal vez lo estuviera haciendo. No arriesgaba su vida, pero desde luego estaba sacrificando una gran parte de sí misma por mí, por mis hermanos y por mis padres.

—Algún día te voy a cuidar yo, Gigi —le decía.

—Ay, gracias, Don Juan. —Así me llamaba ella.

Un día estábamos sentados en el porche de Gigi. Ella estaba haciendo un suéter a ganchillo que en algún momento yo me vería obligado a ponerme, cuando pasó una mujer vagabunda. Iba vestida con ropa sucia, el rostro demacrado y oscurecido, una mezcla de roña y de quemaduras del sol. Le faltaban los incisivos, y, aunque estábamos al aire libre, percibía que emanaba un hedor intenso a orina. Nunca había visto a una persona sin hogar. A mí me parecía una bruja, y recé para que pasara de largo sin detenerse.

Pero Gigi la detuvo.

—Disculpe, señorita, ¿cómo se llama?

Horrorizado, pensé: *¿Qué haces? ¡Deja que se vaya!*

La mujer claramente no estaba acostumbrada a que le preguntaran su nombre, o al menos no en los últimos tiempos. Casi parecía tener que recordarlo.

Después de una larga pausa, lo que tardó en fiarse de mi abuela, contestó:

—Clara.

—Will, esta es la señorita Clara —dijo Gigi, como si fueran viejas amigas. Entonces bajó del porche y le puso el brazo encima del hombro a Clara—. Yo soy Helen —se presentó, y la invitó a entrar en casa.

Mi cabeza se debatía acaloradamente entre el asco y el pavor. Y la cosa iba a ponerse mucho peor.

Primero fueron a la cocina. Gigi no le dio a la señorita Clara comida del refrigerador ya hecha, sino que se puso a cocinar, solo para ella. Mientras Clara comía, Gigi le dio un vestido para que se cambiara y lavó y dobló toda su ropa.

—¿Will? —me llamó.

¿Qué querrá de mí ahora?, pensé yo.

—¿Sí, Gigi?

—Prepárale un baño a la señorita Clara.

Pensándolo bien, tal vez ese fuera el momento en el que nació una de las frases más famosas de mis películas: *¡NI DE CHISTE!*

Le preparé el baño.

Entonces Gigi llevó a la señorita Clara al primer piso, la bañó con sus propias manos, le cepilló los dientes y le lavó el pelo.

Yo tenía ganas de gritarle: «¡Gigi, deja de tocar a esa mujer, que está sucia! ¡Que nos va a dejar la bañera hecha un asco!». Pero sabía que era mejor no decir eso.

Tenían más o menos la misma talla, por lo que Gigi llevó a Clara a su armario y comenzó a acercarle prendas al pecho frente al espejo para ver cuáles le quedaban bien.

La señorita Clara estaba tan agradecida que se le entrecortaba la voz. Entre lágrimas, no paraba de decir: «Esto es demasiado, Helen, demasiado. Por favor, para ya. No me lo merezco».

Pero Gigi no cedía. Le tomó las manos a Clara y se las agitó suavemente para que la mirara a los ojos.

—Jesús te ama, y yo también —dijo Gigi. Y ahí se acabó la discusión.

Gigi no hacía distinción entre las cargas de los demás y las suyas. Realmente creía en el mensaje del Evangelio. No veía el amar y servir a los demás como una responsabilidad, sino como un honor. Nunca la oí quejarse de trabajar en el turno de noche. Nunca la oí decir ni una palabra negativa sobre mi padre, a pesar de que pegaba a su hija. Con la Biblia en la mano, recibía con los brazos abiertos no solo a nosotros, sino a todos. Aceptaba con alegría cuidar al prójimo.

Gigi se convirtió en la referencia moral por la que me he guiado toda mi vida. Ella era mi conexión con Dios. Si Gigi estaba contenta conmigo, eso significaba que Dios estaba contento conmigo. Si ella no estaba contenta, eso significaba que el universo estaba disgustado. Su aprobación significaba que el universo también aprobaba todo lo que yo estaba haciendo. En mi cabeza, ella estaba en contacto directo con Dios. Cuando ella hablaba, yo sentía que estaba recibiendo instrucciones explícitas de Dios. Así que su aprobación no era importante porque yo adorara a mi tierna y cariñosa abuela, su aprobación era mi forma de acceder y disfrutar del poder y del favor del Señor.

Gigi personificaba mi comprensión de lo sagrado y de lo divino. Hasta el día de hoy, cuando me pregunto «¿Qué hace que una persona sea buena?», mi mente evoca de inmediato imágenes de mi abuela. Cuando de pequeño me sentaba en esos incómodos bancos de madera de la Resurrección, no entendía el significado de los sermones ni las complejidades de las Escrituras. Pero tenía a Gigi. Ella vivía como había aprendido de Cristo que había que vivir. Predicaba con el ejemplo. Y, a través de ella, yo entendí el amor de Dios. Sentí el amor de Dios. Y ese amor me dio esperanza. Gigi era luz: alimentaba la posibilidad de que la vida fuera bella.

Cuando pienso en mi infancia, visualizo a mi padre, a mi madre y a Gigi, dispuestos como un triángulo filosófico.

Mi padre representaba un lado del triángulo: la disciplina. Él me enseñó a trabajar incansablemente, a ser implacable. Me inculcó la ética de que «es mejor morir que renunciar».

Mi madre, la educación. Ella creía que el conocimiento era la clave decisiva para una vida con éxito. Quería que estudiara, que aprendiera, que creciera, que cultivara una comprensión amplia y profunda de todo, para «saber de lo que estás hablando o callar».

Gigi, el amor (Dios). Yo intentaba complacer a mi madre y a mi padre para no meterme en problemas, pero complacer a Gigi me permitiría sumergirme en ese éxtasis trascendental del amor divino.

Estas tres ideas (disciplina, educación y amor) se repartirían mi atención durante el resto de mi vida.

Gigi estaba obsesionada con una obra de Broadway de los sesenta titulada *Purlie Victorious*, que se adaptó a musical en 1970. Era una historia escrita por Ossie Davis sobre un predicador negro de nombre Purlie que se trasladó a Georgia, abrió una iglesia y empezó a salvar a personas esclavizadas del malvado dueño de una plantación. Un año, Gigi decidió que todos los niños de la iglesia tenían que interpretar *Purlie*. Tuvimos que memorizar cada línea y cada canción, de principio a fin. Ella nos hacía ensayar a mis hermanos y a mí en el salón, con el equipo de música a todo volumen, mientras cantábamos y bailábamos.

Cuarenta años después, todavía me sé todas las canciones de *Purlie*.

Gigi siempre me animaba a actuar. Se autoproclamó directora de eventos especiales en la Resurrección y organizó todos los recitales de Pascua, las representaciones del belén, las comidas para los necesitados en Acción de Gracias, los concursos de talentos de las fiestas, las cenas colectivas después de los bautizos... Organizaba cualquier cosa que se le pusiera por delante. En cuanto mi hermano, mis hermanas y yo pudimos hablar, Gigi nos puso a interpretar no sé qué historia bíblica frente a toda la congregación, para que todos la vieran y «disfrutaran».

Mis padres también fomentaban la música en casa. Todos recibimos clases de piano cuando éramos pequeños porque mamá lo tocaba. Mi hermano Harry maltrató un saxofón durante un tiempo, y yo fui a algunas clases de batería en la escuela secundaria, y llegué incluso a golpear la caja en la banda de música de Nuestra Señora de Lourdes, detalle del que por suerte poca gente se acuerda. Pero el piano era el único instrumento que realmente me soportaba.

Uno de los momentos más emblemáticos de *El príncipe del rap en Bel-Air* fue la escena final del episodio piloto, donde después de discutir con el tío Phil, este sale de la habitación y yo me siento el banco del piano. Inicialmente, los productores habían planeado que me sentara de espaldas al piano para poder cerrar el plano con mi cara mientras yo reflexionaba sobre la profundidad de las últimas frases del tío Phil. Pero cuando me senté, me puse frente al piano y comencé a tocar el tema favorito de mi madre, «Para Elisa», de Beethoven. James Avery, estupefacto, me observó desde la esquina. El set se quedó en silencio; todos se dieron cuenta en ese instante de que la serie iba a convertirse en algo especial. La moraleja de la escena era precisamente no juzgar a nadie por sus apariencias. A los productores les inspiró tanto ese momento de improvisación que lo mantuvieron, y se convirtió en la premisa temática de toda la serie.

Pero mi mejor interpretación de piano tuvo lugar una década antes.

Tenía once años y Gigi había organizado un concurso de talentos para niños, seguido de una búsqueda de huevos de Pascua en el salón de actos de la Resurrección. Había estado practicando «Feelings», de Morris Albert, durante mis clases de piano. Gigi me había pedido que la tocara para ella cada noche, los últimos cuatro meses. Y entonces me lo soltó.

—Don Juan, quiero que toques esta canción en la iglesia en Pascua.

En aquel entonces era la única canción que sabía tocar, y nunca había tocado el piano para nadie que no fuera mi familia.

—Espera, Gigi, no, no puedo, no estoy listo —contesté—. Me voy a confundir con las notas.

Ella sonrió.

—Ay, cariño —dijo, acariciándome suavemente la mejilla—. A Dios no le importa si te equivocas con las notas.

Gigi tenía un poder mágico e invisible. Nunca forzaba las cosas, pero nadie se resistía a su abrumadora energía.

Y fue así que dos semanas después, en Pascua, me vi vestido con un traje a rayas de tres piezas color crema, y sentado al piano en el salón de actos de la Resurrección. Gigi sonreía entre bambalinas. Las manos me temblaban, y doscientas caras miraban hacia mí. Silencio. Gran expectación. El corazón me golpeaba con fuerza en el pecho, sentía como si quisiera marcharse, con o sin mi permiso. Y entonces Gigi asintió.

Respiré hondo y, de algún modo, encontré un fa, y empecé a tocar.

Por la forma en que el piano estaba situado en el escenario, tuve contacto visual con Gigi todo el tiempo. «Feelings», de Morris Albert sonaba en el salón de actos de la Resurrección para una audiencia de doscientas personas, pero yo solo estaba tocando para una. Y esa expresión en su rostro... Todavía me cuesta describirla. Las palabras *orgullo* o *aprobación* se quedan cortas o simplemente son poco adecuadas. Solo puedo decir que he estado persiguiendo esa mirada en los ojos de todas las mujeres a las que he querido desde entonces. Nunca me he sentido más seguro de la adoración de alguien. Durante toda mi carrera, mis actuaciones, mis álbumes... todo ha sido una búsqueda incesante e implacable para revivir la deliciosa pureza que sentí cuando interpreté «Feelings» en el salón de actos de la Resurrección para mi Gigi.

No tenía que hacer nada diferente, no tenía que ser nada diferente. En ese momento, yo bastaba tal y como era, incluso con las notas que se me iban.

Empecé a actuar muy a menudo.

Ya fuera inventándome *sketches* para mis padres, o recreando una película para mis amigos, o cantando canciones en la iglesia para Gigi, actuar se convirtió en mi pequeño oasis secreto de amor. Conseguía la calidez del cariño, pero con la protección de una máscara. Era perfecto: podía esconderme y sentirme amado a la vez, disminuyendo el riesgo de vulnerabilidad y ganándolo todo.

Me enganché.

Sin embargo, me llevaría otros cuarenta años entender que había malinterpretado la lección más profunda de mi abuela. Si hubiera entendido lo que realmente estaba tratando de enseñarme, este libro terminaría aquí. Pero, como puedes ver, hay diecinueve capítulos más.

Un año, durante la misa de Nochebuena, con el salón de actos de la Resurrección decorado desde la entrada hasta el altar con una profusión que incluso a Jesús le habría parecido demasiado cursi, Gigi estaba balanceando la cabeza con calma al son de la relajante interpretación del coro de la iglesia de «Blessed Assurance». La observé mecerse y tararear, y me quedé hipnotizado por su tranquilidad. No estaba sonriendo del todo, pero la suave elevación de las comisuras de su boca delataba una serenidad implacable. Más adelante llegué a reconocer esa expresión en la que muestran las personas cuando saben cosas que los demás no sabemos.

Ella se dio cuenta de que la miraba.

—¿Sí, Don Juan?

—Gigi, ¿por qué estás siempre tan contenta? —le susurré.

Ahora ya estaba sonriendo de oreja a oreja. Hizo una pausa, como un jardinero que se prepara para sembrar semillas esenciales. Se inclinó y me susurró al oído:

—Confío en Dios, y estoy muy agradecida por su gracia en mi vida. Sé que cada respiración mía es un regalo, y es imposible no estar contenta cuando estás agradecida. Él creó el Sol, el cielo y la Luna. Él te envió a mí, me trajo a toda nuestra familia. Y, a cambio de todo eso, solo me dio un trabajo.

—¿Cuál es tu trabajo, Gigi?

—Amar y cuidar a todos sus hijos —dijo—. Dondequiera que voy, trato de mejorar todo lo que toco—. Luego se agachó y me tocó la punta de la nariz—. Bup. ¿Lo ves?

Me han llamado «nigga» a la cara unas cinco o seis veces en toda mi vida: en dos ocasiones fueron unos agentes de la policía, un par de veces fueron unos desconocidos, y una vez lo hizo un «amigo» blanco, pero nunca me llamó así alguien que yo considerara inteligente o fuerte. Una vez oí cómo unos niños blancos del colegio «bromeaban» sobre el día de «la caza y muerte de *niggas*», aparentemente un «festivo» bastante conocido entre los vecinos. A principios del siglo XX, los vecinos de las comunidades blancas escogieron un día específico para agredir a cualquier persona negra que estuviera caminando por su barrio. Setenta años después, algunos de mis compañeros del colegio católico seguían pensando que bromear al respecto era divertido. Pero, en cada encuentro que he tenido con el racismo manifiesto, se trataba de gente que yo consideraría enemigos débiles, como mucho. Siempre me han parecido personas poco inteligentes, enojadas y, a mi parecer, gente a la que yo podría derrotar o eludir fácilmente. Por este motivo, el racismo manifiesto, aunque peligroso y omnipresente como una amenaza externa, nunca me ha hecho sentirme inferior.

A mí me criaron haciéndome creer que estoy equipado de fábrica para gestionar cualquier problema que pueda surgir en mi vida, incluido el racismo. Una fórmula compuesta por trabajo duro, formación y la mediación de Dios derribaría todos y cada uno de los obstáculos y enemigos con los que me cruzara. La única variable era el nivel de entrega en cada lucha.

Pero a medida que crecía, comencé a ser más consciente de ese prejuicio silencioso, no verbalizado y más insidioso que acechaba a mi alrededor. Me castigaban más por hacer las mismas cosas que hacían mis compañeros blancos. Me preguntaban en clase con menos frecuencia y sentía que los profesores me tomaban menos en serio.

Pasé la mayor parte de mi infancia a caballo y haciéndome camino entre dos culturas: mi mundo negro en casa y en el barrio, en la Iglesia baptista de la Resurrección y en el taller de mi padre; y el mundo blanco del colegio, de la Iglesia católica y de la cultura predominante de Estados Unidos. Yo iba a una iglesia completamente negra, vivía en una calle completamente negra y crecí jugando sobre todo con otros niños negros. Pero, al mismo tiempo, era uno de los tres únicos niños negros que estudiaban en Nuestra Señora de Lourdes, el colegio de primaria católico del barrio.

En el colegio, era imposible no sentirse marginado. Yo no vestía como los niños blancos. No escuchaba a Led Zeppelin ni a AC/DC, y nunca entendí el lacrosse. Sencillamente no encajaba. Pero en mi barrio tampoco terminaba de encajar. No hablaba como los otros niños ni usaba la misma jerga que ellos. Mi madre no me lo habría permitido. Ella trabajaba para la junta escolar de Filadelfia, y era muy estricta con la expresión oral. Un día, me escuchó gritarles a mis amigos: «Eh, ¿'ónde van a estar?».

Giró bruscamente la cabeza hacia mí con incredulidad, como la niña de *El exorcista*. «Espero que donde vayan a estar encuentren la letra "d" de *dónde*.»

En el colegio católico, no importaba lo bien hablado o lo inteligente que fuera, seguía siendo el niño negro. Y en Wynnefield, daba igual lo enterado que estuviera de lo último en música o en ropa, nunca era lo «suficientemente negro». Me convertí en uno de los primeros artistas de hip-hop considerado lo bastante «inofensivo» para un público blanco. Las audiencias negras me pusieron la etiqueta de «balndengue», porque no rapeaba sobre mierdas radicales y agresivas. Esta dinámica racial me ha afectado de diferentes formas a lo largo de toda mi vida.

Pero, al igual que en casa, actuar y el humor se convirtieron en mis mejores armas. Yo era el típico payaso de clase, contaba chistes, hacía ruidos raros y montaba un espectáculo por todas partes. Mientras fuera «el gracioso», ya no sería únicamente «el negro».

Lo divertido no entiende de colores. La comedia diluye toda negatividad. Es imposible seguir enojado, promover el odio o ser violento cuando te estás muriendo de risa.

Pero comencé a notar que una broma que sería la bomba en Nuestra Señora de Lourdes solo obtenía miradas impasibles en Wynnefield, y viceversa. Me di cuenta de que los blancos y los negros respondían de manera diferente a mi sentido del humor.

Mis amigos blancos tendían a conectar con momentos más groseros, más exagerados: cuando hacía el payaso, soltaba bromas tontas y usaba un lenguaje corporal caricaturesco. Uno de los niños blancos de Lourdes intentó una vez encender un pedo con un encendedor en el baño. A mí me pareció llegar demasiado lejos por unas risas, pero le funcionó. También les gustaban los juegos de palabras y el sarcasmo ingenioso, y exigían siempre un final feliz; todo tenía que salir bien.

Mis amigos negros preferían las bromas más realistas y crudas y exigían una dosis de verdad como parte central de la comedia. Veían mis bufonadas como una señal de debilidad; si hubiera tratado de encenderme un pedo en Wynnefield, me habrían pateado el culo. Respondían mejor cuando el humor nacía de la fortaleza, de una mentalidad más de batalla: humillaciones, insultos, desprecios y, lo más grande, callarle la boca a alguien que estaba diciendo estupideces. Les encantaba cuando alguien recibía lo que se merecía —la justicia del karma—, incluso si le tocaba a alguno de ellos. A los negros nos encanta reírnos de nosotros mismos. Cuando podemos bromear sobre algo, ya sean nuestras penas, nuestros problemas o nuestras tragedias, se hace más llevadero.

Aprendí a moverme entre estos dos mundos. Si hacía reír a los niños de la esquina, no me pateaban el trasero. Si hacía reír a los niños blancos del colegio, no era un *nigga*. Si hacía reír a mi padre, eso significaba que mi familia estaba a salvo. Hacer reír a los demás se convirtió en un sistema de defensa.

El pequeño investigador que había en mi cabeza comenzó a buscar lo que llamaba «la mejor respuesta del mundo». La mejor respuesta del mundo es el legendario chiste perfecto, que arrasaría ante cualquiera que lo escuchara, sin importar raza, credo, color, edad, origen u orientación sexual; nadie estaría a salvo del poder de ese chiste. A lo largo de mi carrera y, sinceramente, de toda mi vida ha sido una obsesión para mí. Siempre busco el guion perfecto, el tono de voz perfecto, la producción perfecta, el lenguaje corporal perfecto, el pavoneo perfecto: todo ello se fusionaría en un momento en el que alcanzaría el nirvana de la comedia y de la conexión humana pura.

A pesar de mis grandes aspiraciones, mi vida en Nuestra Señora de Lourdes se hizo cada vez más difícil. Siempre fui reacio a asociar con el racismo los crecientes problemas entre el colegio y yo. Las sutiles faltas de respeto, las múltiples expulsiones en séptimo y octavo, las exclusiones de fiestas y eventos escolares... A menudo me he preguntado si se trataba más de ser baptista en un colegio católico que de ser negro en un mundo blanco. El colegio quería que mis padres me bautizaran como católico, pero ellos se negaron, a pesar de que hacerlo habría significado una reducción del 20 % en la colegiatura anual. Sabían que el Lourdes tenía un nivel académico muy superior al de las escuelas públicas del distrito, así que insistieron en que aguantara.

El punto de inflexión llegó a la mitad de octavo. Yo jugaba en el equipo de futbol americano de mi escuela, y había demostrado ser el mejor defensa de la temporada: diecisiete intercepciones en diez partidos.

Cada año, el equipo de futbol daba un banquete, una cena que ofrecían todos los jugadores, los padres y el entrenador para homenajear al equipo al final de la temporada. Se suponía que los niños que ganaban premios debían sentarse al frente y luego subir al escenario para ser aplaudidos. Como fui yo quien consiguió el mayor número de intercepciones del equipo, ya estaba listo para recibir mi premio: Mejor Defensa del Año. Pero, una semana antes del banquete, sor Agnes me informó de que al haber sido expulsado (antes de que la temporada de futbol hubiera comenzado siquiera) no se me permitiría sentarme al frente ni se me iba a entregar un premio en el escenario. Me sentí decepcionado, pero pensé que era justo. Eran las reglas, e igualmente todos sabían que yo había ganado.

Sin embargo, la noche del banquete, vi cómo mi amigo blanco, Ross Dempsey, se sentaba al frente y se preparaba para recibir su premio, a pesar de que nos habían expulsado a los dos a la vez.

Esta injusticia me enervó. Incliné la cabeza hacia mis padres y les conté lo que estaba pasando. Sin decir una palabra se miraron, y en un momento de consenso tan inusual como poderoso se pusieron de pie y nos marchamos.

Esa noche condujimos a casa en silencio. Unos días después, durante la cena, sin levantar la vista de la comida, mi padre dijo: «Vamos a dejar ese colegio».

Y ahí se acabó.

Ese verano hizo mucho calor.

El negocio estaba en auge y llovía el dinero, por lo que mi padre se regaló a sí mismo una cámara de video Kodak Super 8 y un proyector. Era una pasada. Tenía una de esas grandes piezas de goma para el visor y una correa de cuero que se ajustaba a la muñeca para que no se cayera, algo que te podría costar unos cuantos meses de ahorros.

Si mi padre hubiera crecido en una época o un lugar diferentes, muy seguramente habría sido artista. Cuando era adolescente, uno de sus profesores del colegio le prestó una cámara y él se enamoró de la fotografía. Recorrió todo el Norte de Filadelfia sacando fotos, y luego aprendió a revelar las películas en un cuarto oscuro.

Pero cuando la fotografía empezó a consumir todo su tiempo y su atención, sus padres y los profesores le recordaron que tenía que trabajar y ganar dinero. La fotografía era un pasatiempo caro. Cuando lo mandaron al internado, lo obligaron a devolver la cámara. Eso le rompió el corazón, pero nunca perdió su amor por este arte.

Su nueva cámara Super 8 lo convirtió en uno de esos padres tan geniales en las fiestas de cumpleaños y las parrilladas, que persiguen a todos los niños para grabar todo lo que hacen, diciéndoles que sonrían y que hagan trucos o tonterías. Como la cámara no tenía sonido, mi padre nos animaba a exagerar en exceso los movimientos, al estilo de Charlie Chaplin, para contar la trama sin palabras.

Mi padre se soltaba detrás de la cámara. Cuando había trabajo por hacer, todo era orden y disciplina. Pero cuando la cámara empezaba a rodar, quería verme saltando y haciendo el payaso. Yo disfrutaba de esa atención, no había quién me sacara del plano, incluso cuando no me estaba grabando a mí. (Se me daba muy bien colarme en las fotos.)

Después de rodar, mi padre corría al sótano, colgaba una sábana en la pared e introducía cuidadosamente los delicados carretes en el proyector. Tras unos minutos de frustración y algunos intentos fallidos de encendido, la sábana se convertía en pantalla... ¡y ahí estábamos! Un viaje por carretera, una fiesta de cumpleaños... Eran nuestros momentos más familiares.

A veces, mi padre también tocaba la guitarra. Con una copa de Chivas Regal en la mesita, un cigarro Tareyton 100 pendiendo del labio inferior y los ojos entrecerrados por el humo danzante, tocaba los acordes de «The Shadow of Your Smile», de Andy Williams, o intentaba algún intrincado arreglo de jazz que sus maltrechas manos de obrero nunca llegaban a perfeccionar. Punteaba, rasgueaba e incluso cantaba. Siempre fue un tipo algo romántico, las canciones de amor parecían ponerlo de buen humor. Y a mi madre también.

La música y los videos caseros traían paz a nuestra casa. Creo que nuestros videos caseros mostraban el sueño que mi padre tenía de una familia feliz y perfecta. Y mediante una alquimia extraña, lo que era cierto en la pantalla se hacía realidad mientras mirábamos la pantalla juntos en el sótano. Aparecíamos sonrientes y divertidos en todas las imágenes, nos divertíamos. No había miedo, ni tensión ni violencia. Durante esos breves momentos en los que todos sonreíamos, nos reíamos y cantábamos, la vida de mi padre era un reflejo de su propio arte.

Los psicólogos han escrito mucho sobre cómo la relación con nuestros padres en la infancia y la adolescencia temprana crea el mapa que nos permite comprender el amor en la edad adulta. Cuando de pequeños interactuamos con nuestros padres, algunos comportamientos y actitudes nos garantizan atención y afecto y otros comportamientos y actitudes hacen que nos sintamos abandonados, inseguros y poco queridos. Los comportamientos y las actitudes que nos facilitan ese afecto suelen llegar a definir lo que nosotros entendemos por amor.

Cuando trabajaba duro y cumplía sus órdenes con ganas y rigor, papá me lo reconocía. Me aplaudía cuando mostraba disciplina colocando los ladrillos perfectos, construyendo un muro perfecto. A mamá le encantaba que usara el cerebro; aplaudía al pensador que llevaba dentro, cuando desplegaba mi ingenio y mi intelecto en todo su potencial. Mi madre es mi prototipo: paciente, brillante, formidable y cariñosa. Preferiría hacer las cosas juntos, pero le iba bien ya fuera contigo o sin ti. Mi madre es capaz de ocuparse de todo durante un tiempo si necesitas tomarte un descanso.

Gigi tenía una forma de quererme majestuosa y empoderadora. Cada vez que actuaba para ella, sentía que estaba conectado con «la Fuerza», que no podía fallar. Ella era como el sol para mí. Si pudiera hacer que el mundo me viera como me veía Gigi cuando tocaba «Feelings», entonces ya lo habría logrado todo. Esa era la cima de mi montaña.

Los conceptos de *amor* y de *interpretación* se fusionaron en mi mente. El amor se convirtió en algo que se ganaba al decir y hacer lo correcto. En mi mente, las grandes interpretaciones te conseguían amor, y las malas te hacían sentir abandonado, solo. Una interpretación exquisita te garantizaba afecto. Pero si la cagabas, acababas jodidamente solo.

Yo representaba mi papel con mi padre, para aplacar su mal humor. Actuaba para distraer a mi familia de la creciente tensión y del resentimiento que estaba destruyendo nuestro hogar. Actuaba para caerles bien a los chicos de mi barrio. Y así fue como empecé a ver mi felicidad y la de mis seres queridos en función de mi capacidad para interpretar. Si actuaba bien, todos estaríamos a salvo y felices. Si mi interpretación era floja, la cosa se ponía fea para nosotros.

Mi padre era más cariñoso detrás de una cámara o de un proyector. Por eso yo siempre quería estar delante de su cámara y él siempre me quería allí también. Fueron de las pocas ocasiones de mi infancia en las que estuvimos perfectamente alineados él y yo. A mí me encantaba aparecer en los videos caseros de papá. Me acercaban a él. Y ese profundo anhelo de su amor y aprobación, sin duda, fue un factor decisivo en mi deseo de actuar en películas más tarde.

Toda mi vida me ha perseguido la angustiosa sensación de que estoy fallándoles a las mujeres a las que quiero. A lo largo de los años, en mis relaciones de pareja, siempre hacía demasiado. Las mimaba, las sobreprotegía, trataba desesperadamente de complacerlas, incluso cuando estaban bien, sin ningún problema. Ese deseo insaciable de agradar se manifestaba como una dependencia agotadora.

Para mí, el amor era una performance, así que, si no me aplaudías, era porque yo lo estaba haciendo mal. Para triunfar en el amor, las personas a las que quería tenían que aplaudir constantemente. *Spoiler*: esta no es la forma correcta de tener relaciones sanas.

Cuando tenía trece años, mi padre le pegó a mi madre por última vez. Ella se hartó. A la mañana siguiente, se fue a trabajar y no volvió a casa. No se fue muy lejos, solo a unas pocas manzanas, a casa de Gigi, pero el mensaje estaba claro: se había cansado. Esa fue la primera de las dos únicas veces en mi vida en que tuve pensamientos suicidas. Pensé en tomarme pastillas, conocía también un lugar de las vías del tren donde un niño había perdido las piernas y había visto a personas cortarse las venas de las muñecas en una bañera en la televisión. Pero no me quitaba de la cabeza un vago recuerdo de Gigi diciendo que suicidarse era un pecado.

Mi padre recurrió a los protocolos militares estrictos. Ahora él ostentaba el mando único, e iba a encargarse de todo. Se despertó a las cuatro de la mañana al día siguiente para preparar el desayuno. Era el momento de demostrar que no necesitaba a mi madre.

A las cinco y media, los platos estaban colocados en la mesa: media manzana, huevos fritos y una rodaja de pudin de cerdo, una jarra de jugo de naranja y otra de leche. Mi madre nunca usaba jarras.

A las seis, Ellen y yo estábamos sentados a la mesa. Harry sabía que debía bajar a las seis en punto. Supongo que bajar a las seis y cuatro minutos fue la forma silenciosa de protesta que eligió mi hermano. Mi padre lo dejó pasar (normalmente nunca lo habría hecho; normalmente, un retraso de cuatro minutos significaba que no había desayuno para Harry). La comida llevaba sobre la mesa unos treinta minutos, por lo que los huevos estaban fríos y la media manzana se estaba tornando café. Ellen y yo comimos en silencio.

—Los huevos están duros —dijo Harry.

Mi padre parecía no oírlo, estaba lavando los platos. Una de las máximas de mi padre era: «Si amaneces limpiando, te mantienes limpio». La usaba para cocinar y para trabajar. Uno limpia sobre la marcha, sin acumular un caos para el último momento.

Harry se acercó la comida a la nariz.

—La manzana está toda café —se quejó.

Por favor, Harry, déjalo en paz…

—¿Y este desastre? —insistió Harry, tocando el trozo de pudin de cerdo con el dedo.

Sin mediar palabra, mi padre levantó a Harry de la silla y lo llevó en volandas hasta la puerta principal, la abrió y lo dejó fuera. Le entregó su mochila y cerró de un portazo.

Harry no volvió a casa ese día después del colegio. Fue a casa de Gigi y se mudó con mi madre.

Ver a Harry irse me resultó tan doloroso como cuando mi madre se marchó. Yo también quería estar con ella, pero estaba demasiado asustado para irme. Se me acentuaban las inseguridades más profundas. Ya no podía negar la verdad: era un cobarde.

Mi madre vivió con Gigi tres años. La veíamos todos los días. Nos traía el almuerzo y pasábamos por casa de Gigi, e incluso nos quedábamos a dormir a veces. Las casas estaban lo bastante cerca como para mantener una proximidad aparente, pero, en el fondo, nuestra familia se había roto.

Fue durante esa época cuando comencé a usar la televisión como vía de escape. Encontraba disfrute y alegría en las tramas familiares perfectamente elaboradas de mis *sitcoms* favoritas: *Happy Days*, *Good Times*, *La tribu Brady*, *Laverne y Shirley*, *Mork y Mindy* (y Jack Tripper en *Tres son multitud* me parecía lo máximo). Idealicé a las familias que veía en televisión. Hacían justo lo que yo intentaba: surgía un problema, el señor Cunningham se enojaba, Richie se asustaba, la cosa se tensaba durante unos minutos y luego los Fonz decían algo gracioso, sonaba la música, todos se reían y vivían felices para siempre.

Sí, justo eso. ¡Es que no es tan difícil, carajo!

Yo quería ser un adolescente despreocupado que se hubiera llevado siempre bien con sus padres. Quería tener una madre y un padre que se quisieran. Quería vivir con dos chicas guapas en contra de las reglas del señor Roper. Sentía que, como mínimo, me merecía un alienígena nerd que viniera de Ork y resolviera todos mis problemas.

Y, sin embargo, estaba en medio del caos.

Pero mi mayor obsesión cuando era pequeño era la serie de televisión *Dallas*. Los Ewing eran una familia del petróleo grande y rica de Texas, liderada por J. R., el patriarca con mano de hierro. Él gobernaba el clan de los Ewing de la misma forma que mi padre gobernaba a los Smith. Con la diferencia de que J. R. Ewing era muy rico. La gente te da mucho más margen cuando la residencia familiar tiene nombre. Eso me dejó impresionado. ¡Su casa tenía nombre! Southfork era un rancho de ciento veinte hectáreas en el norte de Texas. Toda la familia Ewing (hermanos, padres, abuelos, suegros, tíos, sobrinos...) vivía en Southfork. Yo deseaba que toda mi familia viviera junta también.

Nunca olvidaré la escena que cambió mi vida. Ahora que lo pienso, se trata de algo muy sutil. Un día soleado cualquiera en el norte de Texas, los Ewing se estaban incorporando al desayuno familiar obligatorio. El siguiente plano es una toma exterior de la mansión palaciega, y Sue Ellen, la esposa de J. R., llega al desayuno a caballo. Ese momento me cambió la vida. ¿Esta mujer tenía su propia casa dentro del complejo y llegaba a la casa familiar del mismo complejo en un puto caballo? Para mí, Southfork era el paraíso: una propiedad donde todos vivimos juntos y mi esposa podía venir a desayunar en un maldito caballo.

Mientras tanto, en la vida real, yo enterraba mis defectos bajo capas y capas de interpretación. Adopté una personalidad que era incansablemente alegre, optimista y positiva. Respondía a la disonancia que reinaba mi mundo manteniendo una constancia férrea: siempre estaba sonriendo. Siempre me mostraba divertido y con ganas de unas risas. No había mal alguno en mi mundo.

Algún día yo estaría al mando y todo sería perfecto. *Tendremos una mansión enorme en un complejo enorme, viviremos todos juntos y yo cuidaré de todos.*

Yo sería el hijo de oro. El salvador de mi madre. El usurpador del trono de mi padre. Iba a ser la interpretación de mi vida. Y durante los siguientes cuarenta años, nunca me salí del personaje. Ni una sola vez.

CUATRO

PODER

Paul tenía problemas. Se estaba metiendo en peleas, salía hasta muy tarde y se escapaba a Nueva York desde su casa en Jersey para pasar el rato con «malas compañías». Oí a mi madre decir que incluso había noqueado a un policía. Tenía dieciocho años y mi tía Bárbara ya no podía con él. Desesperada, llamó a la única persona que ella conocía que pudiera ayudar: mi padre.

Habían pasado algunos años desde que ninguno de nosotros hubiéramos visto a mi primo Paul. Todos lo recordábamos como un niño dulce y serio a la vez. Pero cuando apareció en Filadelfia en el verano de 1983 era todo un hombre.

Paul ahora era alto, tenía las espaldas anchas y era musculoso. En los nudillos tenía rasguños, cortes y queloides que seguro no se había hecho cocinando. Lucía un afro enorme y, en la parte superior, llevaba un peine con el puño del Poder Negro, pero una edición especial, con el signo de la paz grabado en el mango, que era la muñeca del puño. Y si eso no llamaba lo bastante la atención, Paul iba a todas partes con un pastor alemán adiestrado para el ataque llamado *Duke*.

Paul acababa de convertirse en cinturón negro de kung-fu y caminaba con orgullo por el Oeste de Filadelfia con su traje y sus tenis de kung-fu. Estaba metido de lleno en esa fase de militante del

Poder Negro. Era como Bruce Leeroy, el protagonista negro de la comedia ochentera de acción *El último dragón*, pero en la vida real y sin andarse con chiquitas.

Paul no hablaba mucho, pero cuando lo hacía era exageradamente cortés: hacía la reverencia de karate todo el tiempo y terminaba cada frase con «sí, señor» o «no, señora». Permanecía callado y no molestaba a nadie, pero si te metías con él o se le cruzaba un cable..., se podía resumir en dos palabras: tierra quemada.

En ese momento, el negocio de mi padre, ACRAC (siglas en inglés de Aire Acondicionado, Refrigeración y Compresores de Aire), estaba en su apogeo. Se había expandido y ampliado más allá de la reparación de refrigeradores. Cuando vendía a sus clientes equipos de refrigeración nuevos, solían pagarle también para retirar los electrodomésticos viejos de las tiendas. Su taller se convirtió en una especie de cementerio de refrigeradores y máquinas de hielo. Pero en lugar de enviarlos al desguace, mi padre trabajaba día y noche para rehabilitarlos y reacondicionarlos. Antes de que pudiera darse cuenta, era capaz de producir miles de kilos de hielo al día con máquinas que otros habían considerado chatarra. Y así, nuestra familia se introdujo en el negocio de los cubitos de hielo, fabricando, embolsando y transportando hielo por toda Filadelfia, Jersey e incluso Delaware.

El problema era que embolsar miles de kilos de hielo cada día requería mano de obra. Mucha mano de obra. Y como el hielo es barato, la mano de obra también debía serlo. Empezamos conmigo, Harry, Ellen y mis dos hermanas Pam, y luego todos nuestros amigos. Y después mi padre comenzó a reclutar a familiares más lejanos y a todos sus amigos. La legislación sobre explotación infantil era muy diferente en su día, así que muy pronto todos los niños del vecindario acabaron embolsando hielo. ACRAC era un modo de mantener a los chicos alejados de las calles y de que ganaran un dinerito para el verano. Mi padre se había convertido en una especie de encantador de chicos en Wynnefield. Como tenía una mentalidad militar, inculcaba estructura y disciplina a un nivel que la mayoría de estos chicos nunca había experimentado. ¡Y pagaba en efectivo! Si un niño llegaba tarde, lo enviaba de vuelta a casa. Si alguien decía groserías o se peleaba, acababa fuera. A los padres de los niños les encantaba: sus hijos ganaban dinero y aprendían respeto y disciplina. Mi padre estaba como pez en el agua.

Cuando Paul empezó a meterse en problemas, mi tía Bárbara lo envió a Filadelfia con la esperanza de que la estructura (y el dinero) de la fábrica de hielo de mi padre cambiara la trayectoria de su vida.

Pero fue mi trayectoria la que terminaría cambiando para siempre.

Paul se mudó con nosotros a finales de mayo, justo a tiempo para la fiebre del hielo del verano. Me hizo recorrer con él el vecindario. Le mostré dónde estaba la tienda del señor Bryant y se lo presenté a mis amigos. No paraba de presumir de mi genial primo. A Paul le encantaba pasar el rato conmigo; yo le parecía muy gracioso. Me enseñó un poco cómo conectar con *Duke*, e incluso compartió conmigo las órdenes de ataque secretas, en alemán (un pastor alemán entrenado en alemán me parecía fregonsísimo). Y lo mejor de todo era que me enseñaba kung-fu. Ese verano Paul se convirtió en algo así como el hermano mayor que nunca tuve.

Mi padre dirigía ACRAC de la misma manera que dirigía nuestra casa: como un comandante. Gritaba, despotricaba y maldecía. Todos estábamos aterrorizados, como si aquello fuera un campo de minas, temiendo el momento en que él volvería a explotar. Pero Paul fue la primera persona que conocí a la que no le molestaba en lo más mínimo ni la ira ni los arrebatos de mi padre. Cuando mi padre se alteraba, Paul permanecía totalmente calmado y se quedaba quieto, sin apartar los ojos de él. El lenguaje corporal de Paul era muy claro: «Tú di lo que quieras, viejo, pero dilo desde allí, porque si vienes aquí, dos palabras: tierra quemada».

Yo estaba asombrado. Paul y mi padre se llevaban genial. Me fascinaba que alguien pudiera enfrentarse a la versión ogro de papá y sobrellevar esa tormenta de rabia y furia... para terminar desarmándolo con poco más que una mirada y unas risas. Nunca había presenciado esa clase de poder. El entrenamiento de Paul en artes marciales le permitía someterse a la autoridad de mi padre. Lo respetaba, pero no le tenía miedo porque en el fondo Paul sabía que, llegado el caso, podía matarlo.

Y mi padre también lo sabía.

Por primera vez en toda mi infancia, Paul me hizo sentir seguro en mi propia casa. Él era un tipo poderoso. Si Paul estaba cerca, nadie se metía conmigo. Ni los niños del vecindario, ni los chicos blancos de la escuela... ni siquiera mi padre.

Y justo cuando pensé que era imposible que mi primo fuera más genial, me introdujo en el mundo del hip-hop.

En ese entonces, el hip-hop no era lo que es ahora. Había habido un par de éxitos, pero todavía era algo sobre todo *underground*. No había álbumes ni sencillos populares, ni programas de radio ni videoclips. Tenías que conocer a alguien que conociera a alguien que pudiera conseguirte una cinta de casete de una de las actuaciones en vivo que ocurrían en el epicentro: la ciudad de Nueva York. Literalmente alguien se ponía de pie, entre el público de una fiesta, y sostenía un radiocasete, que sobresalía entre las cabezas del público, para grabar los en vivo. Así es como se crearon las mixtapes (cintas de mezclas): la gente iba en persona a una fiesta y sostenía en alto esos radiocasetes enormes durante una hora, o dos horas, y luego hacía copias de la cinta y se las pasaba a sus amigos. Los de Nueva York grababan una cinta de alguno de sus cantantes favoritos de hip-hop, la copiaban y entonces se la llevaban a su amigo de Boston, enviaban por correo otra a su hermano en Los Ángeles y le ponían una a su primo pequeño de Filadelfia. Estas mismas cintas se intercambiaban, se vendían, se copiaban y se vendían de nuevo. Este intercambio de mano en mano por todo el país fue lo que disparó la expansión del hip-hop. Fue un fenómeno de base. Fue algo viral antes de que nadie supiera lo que era «volverse viral». Vino directamente de la calle al corazón de la gente.

En la década de los setenta en la ciudad de Nueva York, las comunidades negras organizaban fiestas en los barrios. Bloqueaban una manzana y el DJ, abreviatura de *disc-jockey*, sacaba un tocadiscos y una caja de vinilos y pinchaba en la calle para que todos bailaran. Dado que eran los setenta, la mayor parte de lo que se pinchaba era funk y disco.

Las canciones tanto de funk como de disco siempre tenían fragmentos instrumentales en mitad del tema. La canción iba a buen ritmo, y luego empezaba a ascender hasta llegar a un *crescendo* con todos los instrumentos a todo volumen, y entonces, ¡BUM!, se quedaba solo la batería. A esta parte se la llamó «*break*». Las bases rítmicas de los *breaks* se concebían de modo que tuvieran un toque extra. El *break* era un momento para que cantantes como James Brown exhibieran sus pasos de baile, pero resultó que los *breaks* se convirtieron en la parte más candente de las canciones y siempre acababan incendiando toda la fiesta.

Como a todo el mundo le encantaba bailar al ritmo de los *breaks*, un día en una fiesta de barrio en el Bronx, a un tipo llamado DJ Kool Herc se le ocurrió la idea de sacar dos tocadiscos y de pinchar el mismo disco en ambos. De ese modo podía alternarlos, pinchando solo el *break* y manteniéndolo indefinidamente. Con dos tocadiscos y una mesa de mezclas también podía pasar de James Brown a los Winston y volver a James Brown, luego a Sly and the Family Stone, de *break* a *break* y otra vez a *break*, reproduciendo únicamente los diez segundos preferidos de los discos favoritos de todo el mundo. Esto generaba un nuevo estilo de fiesta de baile frenético. Y así nació el DJ moderno.

Como el DJ pinchaba con dos tocadiscos y una mesa de mezclas, surgió otra innovación: el *scratching*. El *scratching* se hacía permitiendo que el disco avanzara hacia adelante y moviéndolo después hacia atrás, creando un sonido nuevo y salvaje. Uno de los discos podía hacer *scratch* mientras en el otro sonaba el *break*. Entonces se liberaba el disco con el que se hacía *scratch* en el momento preciso para no perder el ritmo, y luego se hacía lo contrario para que el *break* pudiera continuar tanto como la gente quisiera escucharlo.

Y lo único que faltaba en esta ecuación para convertirlo en hip-hop era rapear.

Ahora los DJ tenían que cargar con dos tocadiscos y el doble de vinilos. Las nuevas exigencias del oficio requerían cada vez más atención, lo que impedía a los DJ interactuar con la multitud tanto como solían hacerlo. Así que comenzaron a traer a su hermano o a uno de sus colegas para tomar el micrófono. Estos «maestros de ceremonias» (o MC) hablaban con el público, lo animaban, se jactaban del DJ y en general entretenían a la pista: «¡Chicas, quiero oírlas!», «¿Quién lleva cien dólares en la cartera?», «¡¿Qué pasa, Brooklyn?!».

Finalmente, los MC más creativos se pusieron a hablar rimando al ritmo de los *breaks*, un estilo importado por los inmigrantes jamaicanos conocido como «rapear».

Las fiestas de barrio empezaron a arder. Sobre todo cuando las rimas eran ingeniosas, divertidas, poéticas o, lo mejor de todo, gritaban el nombre de tu barrio.

La ecuación ahora ya se había completado: DJ + MC = hip-hop.

Y el mundo... no estaba preparado.

Las problemáticas escapadas de Paul a la ciudad de Nueva York le habían dado acceso a todas las mixtapes. Conocía a gente que se movía con un grupo llamado la Zulu Nation, un colectivo de entusiastas del hip-hop que tenía como base la zona de Nueva York y Nueva Jersey. Podía conseguirme cualquier cinta; Grandmaster Flash, Melle Mel y los Furious Five, los Treacherous Three, Kool Moe Dee en batalla con Busy Bee Starski, y mi favorita de todos los tiempos: Grandmaster Caz y los Cold Crush Brothers.

Grandmaster Caz fue, sin lugar a dudas, la mayor influencia en mi vida hiphopera. Él era el prototipo del Fresh Prince. Y era uno de los primeros narradores de historias del hip-hop. Caz era ingenioso, inteligente, sus rimas te trasportaban y te mantenían al borde del asiento cuando lo escuchabas rapear, siempre preguntándote qué iba a pasar a continuación. Y, sobre todo, sabía cómo rematar una estrofa. Yo quería ser como Caz. De hecho, mi primer sencillo famoso, «Girls Ain't Nothing But Trouble», estaba inspirado en... Bueno, influido por... De acuerdo, básicamente, estudié cada línea de un rap *freestyle* (de estilo libre) de una cinta de mezclas de Grandmaster Caz que se llamaba «Yvette», y luego escribí mi propia versión de la historia que él contaba. Supongo que la razón por la que conecté con él es que tuve una experiencia similar a la que él describe en «Yvette», aunque a mí nunca se me ocurrió escribir unas rimas al respecto. De algún modo, Caz me hizo sentirme válido y desató una faceta creativa en mí que nunca pensé que a nadie le interesaría. Me dio permiso para ser yo.

> It was a long time ago, but I will never forget
> I got caught in the bed with this girl named Yvette
> I was scared like hell, but I got away
> That's why I'm here talking to you today...
> I was outside of my school, shootin' up the rock
> A crowd of people gathered round listening to my box
> It was me, the L, the A, and the Al'
> And then I slipped away to make a phone call
> And to this very day it was a move I regret
> but I didn't know then, so I called Yvette[1]

GRANDMASTER CAZ, «YVETTE»

Probablemente no sea necesario señalar las similitudes, pero para complicar el asunto: siempre me gustó que Caz estuviera en una cancha de baloncesto cuando llama por teléfono a Yvette. En el rap de la sintonía de *El príncipe del rap en Bel-Air* yo también situé a

---

1 «Pasó hace mucho tiempo, pero nunca lo olvidaré / Me atraparon en la cama con una chica llamada Yvette / Estaba asustado, pero conseguí escapar / Por eso estoy hoy aquí, contándotelo a ti... / Estaba en frente de mi escuela, practicando a mi rollo / Un grupo de personas se acercaron a escuchar mi *beatboxing* / Ahí estaba yo, la T y la O y dándolo TO' / Y luego me escabullí para hacer una llamada / Y hasta el día de hoy me arrepiento, / pero entonces no sabía lo que pasaría, así que llamé a Yvette.» *(N. del T.)*

mi personaje en una cancha de baloncesto. Un discreto homenaje a la leyenda.

No estoy del todo seguro de cuándo me convertí en «rapero». Por aquel entonces, el hip-hop no era algo que hiciéramos, era algo que éramos. El hip-hop no era solo nuestra música, era baile, moda, arte callejero, política, justicia social. Lo era todo. Era la vida, éramos nosotros. Los que no formaban parte de ello no lo vieron como un género de música legítimo al que uno pudiera dedicarse y perfeccionarlo, pero nosotros no pensábamos sobre el hip-hop en esos términos. Era algo nuevo, fresco, divertido y emocionante que crecía a nuestro alrededor y en nuestro interior. Ninguno de nosotros pensó que explotaría y dominaría el mundo como ocurre en la actualidad, y si alguien hubiera preguntado «¿Dónde crees que acabará el hip-hop en cuarenta años?», probablemente no habría dicho: «Pues será uno de los géneros de música con más impacto en la historia de la humanidad». Simplemente nos encantaba lo que hacíamos, y seguimos haciéndolo.

Todavía recuerdo las primeras rimas que escribí. Tenía doce años:

> Cuando tenía un año, ya sabía lo que valía.
> Cuando cumplí dos, ya era MC y todos lo sabían.
> Cuando cumplí tres, ya ofrecía garantías,
> Soy un tipo inteligente, ya mi nombre lo decía.

Afortunadamente, mejoré. Gracias a las cintas y a los ánimos de Paul, acabé obsesionándome. Yo ya era un conversador y un payaso incansable. Pero ahora iba por ahí todo el día balbuceando en silencio y rapeando para mí mismo, elaborando nuevas rimas, recitando mis versos favoritos, tratando de hacer *freestyle* sobre lo que estaba sucediendo a mi alrededor. Me compré uno de esos cuadernos de redacción moteados en blanco y negro y comencé a escribir rimas y a practicarlas en mi cuarto, frente al espejo.

De mi mente, impulsadas por la fantasía, salían todas esas páginas, a veces incluso sorprendiéndome a mí mismo. Mi caudal creativo estaba desatado. Para mí, el rap era lo más espontáneo del mundo.

Y así, del caparazón de un niño tímido marcado por el bullying, surgió un MC nato.

El colegio Overbrook estaba ubicado a poco más de un kilómetro de distancia de Nuestra Señora de Lourdes, aunque bien podría haber estado en otro planeta. Ambos entornos no podían ser más diferentes. Mientras que Lourdes limitaba con el barrio rico y blanco de Lower Merion, Overbrook estaba en el centro de una zona llamada Hilltop, un enclave de los barrios negros más pobres del Oeste de Filadelfia.

Nuestra Señora de Lourdes era un colegio católico pequeño, con solo unas pocas decenas de niños por curso, la mayoría de ellos blancos. Yo había sido uno de los tres o cuatro niños negros de todo el colegio.

Pero a Overbrook se le conocía como «el castillo de la colina». Era gigantesco, una estructura absolutamente monstruosa. Levantado en 1924, cuando usaban materiales de verdad para construir edificios, abarcaba dos manzanas de la ciudad y se cernía sobre el vecindario como una fortaleza de piedra. Tenías que trepar una etapa de treinta escalones solo para llegar desde la banqueta hasta la puerta principal, y si sobrevivías a esa subida, lo que encontrabas dentro eran casi mil doscientos estudiantes, el 99 % de ellos negros.

Enjambres de niños zumbaban por los pasillos de la escuela. En el Lourdes, todos sabían quién era, pero cuando pisé Overbrook mi primer día de clase, era completamente desconocido.

Estaba intimidado y aterrorizado. Cuando miro hacia atrás con mi nivel de comprensión actual, veo que estaba al borde de un ataque de pánico. El corazón me latía acelerado, me temblaban las manos, pero para entonces ya había desarrollado una estrategia infalible contra mis miedos: entretener. Si conseguía hacerlos reír o sonreír, entonces me sentiría seguro.

Todavía no tengo claro por qué hice lo que hice ese primer día. Fue un reflejo, un extraño mecanismo de defensa automático, como si mi sistema inmune emocional se hubiera activado y hubiera tomado el control de mi boca.

Empecé a hablar antes de saber lo que iba a decir, y así comencé mi carrera en la escuela con la que tal vez fuera la mayor tontería que había hecho en mi vida hasta ese momento.

Justo antes de las ocho en punto de la mañana, hora estándar del Este de Estados Unidos, un par de cientos de niños se reunieron en la cafetería para una sesión de orientación. Éramos los nuevos, y estábamos allí para aclimatarnos, para que nos asignaran nuestras aulas y para que nos dieran oficialmente la bienvenida al colegio Overbrook. Cuando entré en la cafetería, la creciente presión de la ansiedad empezó a superarme. Levanté las manos al aire y dije gritando:

—Disculpen, disculpen, ¿pueden prestarme atención todos, por favor?

La sala se quedó en silencio; doscientos estudiantes se dieron la vuelta y me miraron, a mí.

—Que ya llegué... —dije, señalándome—. Relájense todos, porque ya estoy yo aquí... De nada, eh. Vamos, ya pueden volver a lo que estaban haciendo... Yo seguiré por aquí por si me necesitan.

Se produjo un extraño silencio. Desde luego, fue una experiencia educativa esencial para muchos de los chicos. Un par de ellos se rieron entre dientes, y luego la mayoría se limitaron a volver a lo que estaban haciendo antes de esa interrupción tan bizarra. No estoy seguro de qué respuesta esperaba de aquella multitud, pero ese arrebato al menos purgó gran parte de mi ansiedad y mis nervios.

Al adentrarme en aquella sala, pasé junto a un tipo al que claramente no le había impresionado mi gran anuncio. Sin levantar la vista, dijo:

—Chico, a nadie le importa un carajo que estés aquí.

Sin perder un segundo, me incliné hacia él y le contesté:

—Oye, tú dame diez minutos, que a tu chica le va a importar.

«¡Uuuuuhhhh!», resonaron las voces a nuestro alrededor, e incluso hubo un par de aplausos.

El chico me miró un segundo, pero no dijo una palabra. Asintió con la barbilla rígida. No era un asentimiento de acuerdo, sino un «Bueno, bueno, ya veo cómo te las gastas».

Seguí caminando victorioso, pensando: *Tal vez esto de la escuela no va a ser tan malo.* A las 8:31 acabó la orientación y los alumnos quedamos libres para jugar y hacer el payaso por los pasillos de Overbrook hasta localizar nuestras aulas.

Mi aula era la 315, y mientras rodeaba las escaleras entre el segundo y el tercer piso vi al tipo del comedor con el rabillo del ojo, que se acercaba sigilosamente por detrás de mí. Entonces vi un flash azul, sentí un dolor agudo en la sien derecha... y luego nada.

Lo siguiente que recuerdo es el sabor de la sangre, después un clamor de voces; tenía el labio superior hinchado, los dientes de delante flojos y el peor dolor de cabeza que he sufrido jamás. El tipo había tomado uno de esos candados antiguos, de los que usábamos todos para cerrar los casilleros. Se había puesto el candado en la palma de la mano y el cierre de acero sobre el dedo de en medio, creando un improvisado puño americano. Al cruzarse conmigo, me pegó en el lado derecho de la cabeza con el candado. Me desplomé de inmediato, y al caer me golpeé la boca contra las escaleras. Sangre por todas partes, niños gritando, maestros corriendo, todos tratando de averiguar si había muerto.

Las luces de la oficina del director me estaban destrozando los ojos. Estaba secándome la boca con una toalla cuando entró mi padre. Muy pronto llegó la policía, y yo conté murmurando lo que recordaba. Mi padre estaba furioso. La policía hablaba con el director sobre presentar cargos. En mi neblina mental, solo pensaba: *Esperen, esperen, no vayan tan deprisa. Todo esto está sucediendo demasiado rápido.*

Lo único que quería era ponerlo en pausa y rebobinar. Deseaba que nada de eso hubiera ocurrido. No quería estar allí, no quería que nada de eso fuera verdad.

—Listo —dijo mi padre—. Vámonos.

Me puse de pie.

Los pasillos estaban vacíos. Papá parecía un león que no encuentra presa a la que matar. Salimos por la puerta lateral. Solo había estado en Overbrook una hora y media. Me resultaba extraño no estar en clase en mitad del día. Había una tienda, Sugar Bowl, al otro lado de la calle. Yo quería un helado y un *pretzel*. Mi padre no parecía estar de humor, así que no se lo pedí.

Mientras nos alejábamos en coche, vi que se llevaban al chico esposado en su primer día de escuela y lo metían en la parte trasera de una camioneta. Más tarde lo expulsaron y ni siquiera llegué a saber cómo se llamaba.

Era de noche. La luz de la luna se reflejaba en mis labios hinchados y cubiertos de vaselina. El primer momento de consuelo en un día de locura total y absoluta. Acostado en mi cama (sobre el lado izquierdo), me preguntaba: *¿Qué carajos pasó? ¿Como llegué hasta aquí?*

En ese instante, Gigi entró a ver cómo estaba. Me cambió la bolsa de hielo, me colocó la almohada y volvió a ponerme el vendaje en la cabeza. Debo admitir que no está tan mal tener una enfermera como abuela.

Le conté toda la historia. Ella nunca sermoneaba ni regañaba. Simplemente dijo:

—¿Sabes? Si dejaras de hablar tanto, tal vez verías venir alguno de esos golpes.

Luego me besó y salió del cuarto.

No podía parar de pensar en las palabras de Gigi. Tenía razón, yo siempre estaba hablando, bromeando, no callaba nunca. No hablaba porque tuviera algo particularmente importante que decir, sino porque estaba asustado. Empecé a darme cuenta de que mi sobrecompensación y mi falsa bravuconería eran en realidad otra manifestación más insidiosa de mi yo cobarde.

Mis pensamientos entraron en una espiral. Me llevaron al momento en que Gigi encontró mi primer cuaderno de rap.

Como la mayoría de los niños pequeños que emulan a sus ídolos del hip-hop, había estado escribiendo rimas llenas de groserías y vulgaridades, hábiles y sarcásticas, y en un descuido había dejado el libro en la cocina.

Gigi lo encontró y lo leyó. Nunca me dijo nada, pero me escribió una nota en el interior de la portada.

> Querido Willard:
> Las personas verdaderamente inteligentes no tienen que usar un lenguaje como este para expresarse. Dios te ha bendecido con el don de la palabra. Asegúrate de utilizar tu don para estimular a otros. Muéstrale al mundo que eres tan inteligente como creemos.
> Con amor,
>
> Gigi

Me acosté en la cama, abrumado por la vergüenza. ¿Había usado mis palabras para estimular a otros? Pensé en ese chico sentado en una celda de alguna cárcel. *¿Qué estará haciendo su abuela en este momento?* Probablemente había echado su vida a perder, una pérdida tal vez no causada, pero, sin duda, provocada por mis palabras. Sabía con certeza que yo no quería ser ese tipo de persona.

Pero la vergüenza que sentía comenzó poco a poco a dar paso a una asombrosa comprensión del poder de las palabras. Sabía que, sin quererlo, yo había causado lo ocurrido ese día. No sabía exactamente cómo, pero tenía la absoluta certeza de que lo había hecho. Por primera vez no me sentí débil. De hecho, me sentía infinitamente poderoso, aunque no aún tenía control sobre ese don. Mi imaginación se estaba sobreexcitando con tantas posibilidades. Dios de verdad me había bendecido con el don de la palabra. Y esa noche estaba vislumbrando por primera vez la capacidad que esas palabras tenían de alterar y dar forma a mi realidad.

Y entonces me pregunté: *Si tengo tanto poder, ¿no debería usarlo para hacer el bien?* Las palabras pueden afectar la manera en que las personas se ven a sí mismas, cómo se tratan entre sí, cómo se mueven por el mundo. Las palabras pueden estimular a las personas o pueden derribarlas. Esa noche decidí que quería usar mis palabras para empoderar a otros, para ayudar en lugar de hacer daño.

Nunca volví a decir groserías en mis rimas. Y se me criticó y ridiculizó durante años por esa decisión. Pero no había presión de grupo que superara ni de cerca la presión de Gigi.

Esos primeros meses de escuela fueron un poco difíciles, pero yo ya no era desconocido. Y de la misma manera que el poder de mis palabras casi me había destruido, ahora empezaba a entender cómo utilizarlo para hacer realidad mis sueños.

A mediados de ese curso escolar, el hip-hop había comenzado a brotar en Filadelfia, y ahora todos tenían su propio primo Paul, alguien que conocían en Nueva York que podía conseguirles mixtapes. El éxito de «Rapper's Delight», de la Sugarhill Gang, estaba rompiendo los muros del mercado más comercial. Todo el mundo escuchaba esa canción, todo el tiempo.

Caminar por los pasillos de Overbrook ese año era como caminar por un campo de batalla de hip-hop. Puede que el hip-hop no estuviera en la televisión, puede que no estuviera en la radio, pero en Overbrook todo el mundo rapeaba. Nadie sabía todavía que yo había estado escribiendo rimas todos los días durante los últimos ocho meses. Tenía páginas y páginas de conceptos, chistes e historias diferentes. Empecé a mantener un arsenal memorizado y listo para usar. Me acercaba a grupos de niños que rapeaban y me unía, y poco a poco comencé a granjearme una reputación de rapero bastante bueno.

Lo nuevo era el estilo libre o *freestyle*. Alguien hacía *beatbox* con la boca y el rapero o rapera improvisaba en el momento sobre lo que estuviera a su alrededor: los zapatos graciosos de un niño, el examen de matemáticas que reprobaste, la chica que te gustaba, lo que fuera.

Esta fue siempre mi mayor fortaleza. Había estado haciendo bromas toda mi vida. Ahora solo tenía que conseguir que rimaran y la gente se volvía loca.

El mejor *beatboxer* de la escuela era un tipo llamado Clarence Holmes, todos lo llamaban Clate. No solo era capaz de generar los graves más potentes, sino que también imitaba los sonidos reales de las bases más conocidas. Y, además, Clate sabía hacer efectos de sonido. Era capaz de imitar el ruido de un pájaro en el pasillo de manera tan realista que la gente se daba la vuelta para ver quién había dejado entrar un pájaro allí. Pronto me di cuenta de que cada vez que Clate hacía *beatbox* para mí, yo sonaba mejor. Empecé a buscarlo todos los días después de clase. Llegaba y lo saludaba como hacíamos habitualmente:

—Qué pasa, C, ¿estás listo para darle?

—Sabes que sí —me decía él.

Clate siempre estaba preparado para actuar. Siempre. Tanto era así que todos comenzamos a llamarlo «Ready Rock C».

Muy pronto, lo que empezó como sesiones casuales de estilo libre, rimando y tratando de medirse con los demás, se transformó en lo que se conoce como batallas de rap. Yo daba un paso al frente y rapeaba una estrofa, luego otro chico intentaba superarme. Tal vez se burlaría de mi pelo o de mi ropa. Luego, cuando terminaba su estrofa, yo tenía que volver a entrar y responder con estilo libre. El modo de decidir quién había «ganado» era principalmente por las risas u ovaciones que cada uno cosechaba del público. Si te ganabas al público, ganabas la batalla.

Yo era invencible. En dos palabras: tierra quemada.

Había algunos chicos más inteligentes que yo, que tenían un verbo más conseguido o mejores voces, o una poética más desarrollada. Pero nadie era tan divertido como yo. Nadie sabía sorprender al público con un chiste como lo hacía yo. Lo que no entendían era que no se puede derrotar al humor. Puedes escupir toda la mierda típica de rapero agresivo que quieras, rimar sobre todo el dinero y todas las mujeres del mundo, pero si llevas los pantalones un poco demasiado cortos, y alguien dice:

> Mírate, hermano, queriendo ser un galán
> Pero con esa facha no eres más que un chalán

y cuarenta personas se echan a reír, estás acabado. *Game over.*
Rapear lo cambió todo para mí. Por primera vez en mi vida, era
popular. Estaba recibiendo atención y respeto. Ready Rock y yo
éramos de Wynnefield, pero Overbrook estaba en Hilltop. Muchas
veces, en estas batallas, representábamos a Wynnefield. Así que
muchos de los mismos chicos del vecindario que solían molestarme
y burlarse de mí ahora se exaltaban cuando me veían aparecer. Estaba haciendo nuevos amigos, las chicas comenzaban a fijarse en mí.
Ready Rock y yo nos volvimos inseparables.

La otra razón por la que nunca perdí una batalla de rap fue porque me había criado en casa de mi padre, moldeado y cincelado por
su implacable ética de trabajo. Practicaba incesantemente. A diferencia de los otros chicos, que estaban empezando a fumar marihuana y a saltarse las clases, yo pasaba horas y horas rellenando
cuadernos con rimas todos los días. Me ponía frente al espejo y
practicaba mis versos, asegurándome de que mi rostro y mi lenguaje corporal estuvieran perfectamente emparejados para reforzar y
acentuar las punch lines (remates). Estaba afinando mucho el fraseo
y consiguiendo un tono más grave. Cada descanso entre clases, y
antes y después de la escuela, siempre buscaba a algún *tarado* que
quisiera perder. Libraba batallas de rap contra cualquiera: en el comedor, en el estacionamiento, en las canchas o en el patio. En clase,
comencé a divertirme con mis profesores, rimando respuestas
cuando me pasaban al pizarrón. Rapeaba cuando mis padres me
llamaban, contestaba al teléfono rapeando. Muchos adultos fingían
que lo odiaban, pero yo sabía que les encantaba.

La combinación de hip-hop y humor me hizo imbatible. Había
encontrado mi voz. Elegía mis palabras de manera poética y cómica.
Y ahora, por primera vez, estaba experimentando una cuota superior
de poder sobre mi propia vida. Los profesores me adoraban. Si llegaba
tarde a una clase o no hacía la tarea o me atrapaban haciendo el payaso
en la parte de atrás de clase, no eran capaces de regañarme sin reírse.

Empecé a notar que nunca me castigaban. Una de mis maestras favoritas era la señorita Brown. Enseñaba álgebra 2, funciones elementales y trigonometría. Tenía una piel color chocolate negro impecable y unos ojos cafés grandes con mirada firme. Medía menos de un metro cincuenta, pero tenía una personalidad de dos metros. Parecía entender a la perfección mi estrategia. Por aquel entonces, yo era al menos treinta centímetros más alto que ella, y cuando tenía que revisar mis tareas, caminaba hasta mi pecho y me decía: «Baja de ahí, que tengo que hablar contigo».

Aprender es realmente fácil cuando te sientes querido por tus profesores. La señorita Brown comenzó a llamarme, bromeando, «Príncipe Azul». Con sarcasmo, decía cosas como: «Vaya, miren, el Príncipe Azul nos ha honrado con sus tareas esta mañana del lunes. Qué amable de su parte».

Los niños se reían y yo disfrutaba. Mientras se estuvieran riendo todos, me parecía bien.

En los años ochenta, la palabra *fresh* (*fresco*) era la nueva moda en la jerga del hip-hop. Todo el mundo la decía cada dos palabras, como «chévere» en los setenta o «chido» en los noventa; en los ochenta, si algo estaba de moda, decías: «Hombre, eso está fresco». Un día entré corriendo a la clase de la señorita Brown solo cuarenta y cinco segundos después, literalmente, de que sonara la campana y, ella miró su reloj y dijo:

—Su Alteza el Príncipe, llega dos minutos tarde...

La corregí rápidamente:

—No, señorita Brown, los dos sabemos que apenas llego treinta segundos tarde. Y, si no le importa, de ahora en adelante exijo que se refiera a mi persona como «Fresh Prince».

El aula rompió a reír a carcajadas. Y yo me quedé con ese nombre.

Para sentirte seguro de ti mismo, primero debes contar con algo con lo que ya te sientas seguro. Todos queremos estar a gusto con nosotros mismos, pero muchos no somos conscientes de cuánto trabajo requiere esto realmente.

El poder y la confianza internos nacen de la perspicacia y de la competencia. Cuando uno entiende algo o es bueno haciendo algo, se siente fuerte y siente que tiene algo que ofrecer. Cuando uno ha cultivado adecuadamente las habilidades y los dones que tiene, entonces la idea de salir e interactuar con el mundo le emociona. Y lo que aprendí de Paul fue que ser bueno en algo te permite estar tranquilo en mitad de una tormenta, sabiendo que podrás gestionar lo que venga. Hay una cita genial de Bruce Lee que siempre recuerdo. Uno de los alumnos de Lee le preguntó una vez: «Maestro, nos habla constantemente de la paz, pero todos los días nos entrena para luchar. ¿Cómo concilia estas ideas contradictorias?», a lo que Bruce Lee le respondió: «Es mejor ser un guerrero en un jardín que un jardinero en una guerra».

Rapear no solo me granjeó el reconocimiento de mis compañeros, cosa que yo ansiaba desesperadamente. Me dio una sensación de poder. Pero yo tenía claro que era algo fugaz, algo que me exigía atención y cuidados constantes. Sabía que era algo bueno, pero también era consciente de que conllevaba trabajo.

No era algo que iba a llamar a mi puerta. Tenía que salir yo a buscarlo.

La veía siempre en los pasillos, incluso había soñado con ella, pero éramos de dos pandillas diferentes. Como yo rapeaba, me movía con los chicos más geniales, y ella, sin embargo, llevaba unos lentes enormes y andaba con todos sus amigos de la rama de arte, siempre cargando con esas carpetas enormes.

Pero Melanie Parker era preciosa. Se fijó en mí poco después del lamentable incidente del candado. Era una belleza con un toque afroasiático, y tenía ese estilo de nerd torpe, pero guapísima, una cautivadora mezcla de inseguridad y extravagancia que envolvía una esencia plena de brillantez artística.

Llevábamos echándonos el ojo el uno al otro algunas semanas, y yo me di cuenta de que ella era demasiado formal para ser la primera en decir algo. Tenía unos ojos caoba preciosos y una sonrisa primaveral que, como descubriría más adelante, estaba pintada sobre capas ocultas de tristeza. Melanie era un ángel herido, y desde el momento en que la vi yo solo quería cuidar de ella.

Así que le entré.

—¿Qué pasa, linda? Soy el Príncipe —dije.

Ella sonrió cortésmente y contestó:

—¿Cómo te llama tu madre?

Yo pensé: *Mierda, mi madre me llama como me llama el Ayuntamiento.*

—Bueno, ella me llama Willard —respondí—, pero tú puedes llamarme...

—Willard —interrumpió ella—. Encantada de conocerte, Willard. Soy Melanie.

Nunca me llamó Will, nunca me llamó Príncipe, sí que me llamó imbécil un par de veces. Pero hasta el día de hoy me llama Willard.

—Vaya, esa bolsa es enorme —dije—. ¿Puedo llevártela a tu próxima clase?

Melanie hizo una pausa. Sentí que ya le gustaba, pero que tenía que ponérmela difícil. Me entregó la bolsa sin decir una palabra y se fue a clase. La seguí, ya completamente enamorado. Cuando llegamos a su aula, le devolví la bolsa.

—Creo que deberías dejar que te la lleve a casa también, esta tarde —sugerí—. Para que descanses los músculos artísticos.

Empecé a acompañar a Melanie a casa desde Overbrook todos los días. Ella se asombraba o sorprendía con facilidad: todo le resultaba interesante. Era una de esas personas que podía detenerse y mirar un árbol durante diez minutos. Como ella vivía en dirección opuesta a Woodcrest, yo andaba diez minutos hasta su casa cargando con su enorme bolsa todo el camino y luego veinte minutos hasta la mía, pensando en esos ojos todo el trayecto a mi casa.

Melanie nació y se crio en Mineápolis. Su casa estaba marcada por la violencia hasta un extremo trágico: su madre terminó matando a su padre y fue a la cárcel por ello. Con su madre cumpliendo condena, Melanie se mudó a Filadelfia para vivir con su tía, una musulmana estricta que acogió en casa a su sobrina, pero que tenía una opinión muy intransigente sobre cómo debía comportarse una adolescente.

Nunca me enteré de la historia completa, pero en una ocasión Melanie y su tía tuvieron un desencuentro muy serio que se intensificó hasta el punto de que su tía la echó de casa. Legalmente, sin un lugar donde quedarse, podrían haber enviado a Melanie de regreso a Minnesota a una casa de acogida. Yo estaba muerto de miedo. Le conté a mi madre toda la historia y le rogué que dejara que Melanie se quedara con nosotros.

—Mamá, será solo por un tiempo —le dije—. Conseguiré un trabajo, haré lo que tenga que hacer para ganar un montón de dinero, y Melanie y yo tendremos un sitio para nosotros. La quiero, mamá. Por favor, ¿puede quedarse con nosotros hasta que pueda resolverlo?

Los ojos de mi madre se llenaron de lágrimas, lágrimas de una compleja mezcla de emociones. Por un lado, ese era exactamente el tipo de hijo que esperaba criar: cariñoso, responsable y comprometido. Pero, por otro, conocía por experiencia personal la frágil realidad del amor joven.

—¡Ni de chiste! —dijo mi padre—. Carolyn, sabes exactamente a lo que se van a dedicar.

Pero ya se lo había prometido a mi madre: «Nada de sexo». Melanie se quedaría en el sótano; yo dormiría en mi habitación dos pisos más arriba. Era algo temporal. Mi padre protestó, pero mi madre se salió con la suya esa vez.

Todavía no estoy seguro de por qué hice lo que hice esa noche. Hasta el día de hoy, no tengo ni idea de en qué estaba pensando. De todas las experiencias que estoy contando en este libro, este es el comportamiento que he tenido que menos sentido tiene.

Antes de revelar lo que sucedió, me gustaría empezar por dejar claro que yo estaba profunda y totalmente enamorado de Melanie Parker. Íbamos a casarnos, íbamos a tener cuatro hijos preciosos con sus ojos, y nuestra historia conviviría con los relatos románticos más épicos: Romeo y Julieta, Tristán e Isolda, Tupac y Janet e incluso Eddie y Halle en *Boomerang*.

Pero a las cuatro de la mañana, antes de cumplir tres meses como pareja de refugiados, mi madre debería haber estado dormida, pero por desgracia decidió que quería una taza de café. Y con unas pantuflas demasiado silenciosas para defender su delicada sensibilidad, se acercó al umbral de la cocina. Todavía ajena a lo que estaba pasando, apretó el interruptor de la luz como lo había hecho decenas de miles de veces antes. Pero esa vez sus ojos recayeron sobre su hijo mayor y su novia, cometiendo un acto amoroso imprudente. Durante la adolescencia, aparte de una lesión grave, nada duele más que el hecho de que tu madre los descubra a ti y a tu novia en la postura del perrito en el suelo de la cocina.

—«PERO ¡WILLARD!» —gritó mi madre, y apagó las luces. Salió pisoteando con rabia las escaleras, y el portazo de la puerta de su dormitorio funcionó como un signo de exclamación desastroso.

¡Ahora sí hacía ruido!

Gracias a Dios, esos pocos días en Woodcrest le permitieron a la tía de Melanie calmarse y dejarla volver a casa. Yo solo tenía dieciséis años, pero iba por todo, estaba más decidido que nunca a conseguir un sitio para nosotros, donde Melanie y yo pudiéramos construir una vida juntos.

Había sacado el permiso para conducir poco antes de cumplir los dieciséis. A Ready Rock y a mí nos encantaba conducir por el Oeste de Filadelfia todos los días después de clase, buscando gente con la que hacer batallas. Entonces eran bastante fáciles de encontrar, un grupo de jóvenes haciendo un círculo en una esquina, uno de ellos con las manos ahuecadas a la altura de la boca, cabeceando hacia delante y hacia atrás, la postura universal del *beatboxing*.

Parábamos el coche, salíamos, hacíamos la pose clásica de raperos, con los brazos cruzados, y empezaba la cosa. En menos de un minuto ya estaba yo dando lecciones a los novatos. Con mis frases remate, la gente con las manos en el aire y gritando: «¡Carajo! ¡Madre mía! ¿OÍSTE?». Los chicos inteligentes desistían cuando se daban cuenta de que me había ganado al público, porque una vez que el público está en tu contra, cualquier cosa que digas te hace parecer más tonto. Pero algunos *tarados* no lo hacían, intentaban seguir, y entonces dos palabras: tierra quemada.

En mi tercer año de escuela, ya me había granjeado una reputación en el Oeste de Filadelfia.

Me uní a un grupo de chicos un poco mayores, nos llamábamos Hypnotic MCs. El diseño del grupo se basaba en Grandmaster Caz y los Cold Crush Brothers. Teníamos un DJ y cuatro MC. DJ Groove en las mesas, Jamie Fresh, Sheihkie-D, mi amigo Mark Forrest, también conocido como Lord Supreme, y yo, Fresh Prince. (Ready Rock entraba y salía del grupo, pero a decir verdad no encajaba con estos chicos.)

Me tomé muy en serio mi papel en los Hypnotic MCs. Lo afronté con la disciplina que mi padre me había inculcado. Pero en aquel entonces todavía no había aprendido que la mayoría de la gente no tenía la misma ética de trabajo que yo.

Quería ensayar todos los días, con un horario. Ellos se lo tomaban como algo más informal. A veces llegaban tarde al ensayo y otras ni llegaban. Yo quería que actuáramos en todas las fiestas del barrio y que juntáramos dinero para comprar equipo, repartir folletos para publicitarnos y sacar nuestras propias cintas. Como era el más pequeño, siempre se reían de mí y descartaban mis ideas. Al final convencí a todos de que pusieran doscientos dólares por cabeza para que pudiéramos comprar la nueva caja de ritmos con sampler SP-12. Hice horas durante unas semanas en la fábrica de hielo y junté mi parte. Ya teníamos una caja de ritmos, cuatro micrófonos, dos tocadiscos y todos los discos que necesitábamos. Como Groove era el DJ, acordamos mantener todo el equipo en su casa.

Hicimos un puñado de presentaciones en vivo bastante buenas juntos durante un periodo de seis meses, pero la mayoría del equipo se quedaba sin usar en el sótano de Groove. Yo me estaba frustrando, nadie quería sudar un poco yendo a buscarlo. Mi ética de trabajo y mi constante empuje abrieron una brecha entre el grupo y yo. Ellos estaban resentidos conmigo por molestarlos siempre y arruinar lo que para ellos se suponía que era un pasatiempo divertido. Yo estaba molesto con ellos por no esforzarse en hacer que la cosa marchara lo mejor posible.

Recuerdo estar en los ensayos con ellos y sorprenderme gritando el axioma de mi padre: «¡El noventa y nueve por ciento es lo mismo que cero!».

Empezamos a discutir y pelear por todo: por las letras, por qué bases iban mejor y con qué armonías para el *break*, por ver quién hacía qué estrofas... Cada decisión se convertía en una tarea desagradable. Sabiendo lo que sé ahora, veo que no había modo de que pudiera funcionar, pero en aquel entonces yo tenía la mentalidad de que todo podía arreglarse.

Finalmente, después de meses sin avanzar con ninguna de las grabaciones, fui a la casa de Groove y les dije a los chicos que dejaba el grupo. Para ellos, yo era el niño odioso que de todos modos estaba matando la buena onda de todos ellos. Se encogieron de hombros, compartieron una carcajada entre ellos y se despidieron de mí haciéndome el símbolo de la paz con los dedos.

Agarré mi micrófono y mis auriculares y, en honor a la justicia, les ofrecí comprarles la SP-12.

—No está en venta —dijo Groove. Había una frialdad diferente en su voz.

—Vamos, hombre, ni siquiera están usando esa cosa —repliqué—. Mi padre me echará una mano con el dinero.

Me ignoraron y siguieron hablando entre ellos. No se trataba de la SP-12, ni siquiera era resentimiento. Se trataba de poder, me faltaban el respeto porque podían. Sabían que yo no podía hacer nada.

—Está bien, está bien —dije—. Denme mis doscientos dólares y se la pueden quedar.

Se sonrieron levemente los unos a los otros y luego Groove contestó:

—No.

Sin discusión. Nadie levantó la voz. Solo un «no» después de otro.

De puertas afuera me mantuve tranquilo, pero empezaba a acumularse una furia en mi interior. Había sufrido acoso y abusos en mi casa y durante toda mi infancia. Y estaba ya harto de esa mierda.

—De acuerdo —dije con calma—. Ya nos veremos.

Pero cuando me disponía a marcharme, me di cuenta de que la SP-12 estaba allí mismo. Así que me acerqué a ella, me detuve un momento y entonces la agarré, arranqué violentamente los cables de la pared, la sostuve en alto sobre mi cabeza con los botones hacia abajo y, ¡ZAS!, la estrellé contra el suelo de concreto del sótano. Se desintegró; botones, carcasa, transistores... los pedazos saltaron por todas partes.

—¿Qué mierdas estás haciendo? —gritó Groove.

Y salí echando maldiciones por las escaleras del sótano hacia la calle. Me siguieron de cerca al principio, pero yo era el más joven. Corrí como alma que lleva el diablo, con los ojos clavados en el suelo y sin mirar atrás unas ocho manzanas. Cuando finalmente reduje la velocidad, no había nadie detrás de mí.

Ahora estaba solo.

Todas las ventanas de la nueva camioneta Chevrolet de mi padre estaban rotas. La radio y todas sus herramientas habían desaparecido.

Era Paul quien llevaba la camioneta cuando sucedió. Y estaba al borde de las lágrimas, pidiendo perdón a mi padre. Mi padre trataba de calmarlo.

—Estas mierdas pasan, hombre, para eso tenemos seguro —dijo mi padre.

Pero algo en el código interno de Paul consideraba esto imperdonable. Sentía que la camioneta estaba bajo su responsabilidad, que se le había confiado a él. Yo nunca lo había visto así. Paul sentía que de algún modo había fallado y deshonrado a mi padre. Mi padre vio esa sensación creciendo en Paul, la misma sensación que lo trajo a él al Oeste de Filadelfia.

—Oye, Paul, mírame —dijo mi padre—. ¿Sabes cuántas veces han entrado tipos a robarme mis cosas?

—Sé exactamente quién lo hizo, tío Will —dijo Paul.

—Que se jodan esos mierdas, Paul —respondió mi padre—. Tenemos demasiadas cosas que hacer. Olvídalo.

Pero Paul no podía dejarlo pasar. Se estaba enrollando con una chica que se llamaba Shelley que había estado involucrada con un capo al que llamaban Black. Black controlaba Wynnefield. Se pasaba el día en la esquina frente a la tienda del señor Bryant, junto a siete u ocho de sus colegas. Black medía más de uno noventa y siempre iba sin camisa. Nada le importaba un carajo. Fumaba marihuana en la calle a plena luz del día.

Paul caminó hasta meterse en medio del grupo, donde estaba Black.

—¿Tocaste tú la camioneta de mi tío? —preguntó Paul.

Toda la esquina se rio.

—Sí, fui yo. ¿Qué vas a hacer al respecto?

ZAS.

En un par de segundos, Black tenía la nariz rota. Pero él aún no lo sabía. No se enteraría hasta más tarde, cuando recuperó la consciencia.

Nunca había visto una pelea como esa excepto en las películas. Paul les dio a todos. Todos los tipos de la esquina acabaron sangrando, escapando o tirados en el suelo.

Paul no regresó a casa esa noche. Ni la siguiente. Había desobedecido a mi padre. Supongo que eso le pareció demasiado.

Pasarían treinta y cinco años antes de que lo volviera a ver.

CINCO

ESPERANZA

Mamá y Harry se mudaron de nuevo a Woodcrest. Mi familia no era de hablar las cosas. Yo nunca me enteré de lo que mi padre y ella habían decidido. Ni pregunté ni me lo contaron. En cualquier caso, él nunca volvió a ponerle una mano encima.

Estábamos a mitad de mi último curso. Acababan de darme las calificaciones del examen de acceso a la universidad: un 1200 bajo. No era ni mucho menos una puntuación perfecta, pero para un joven negro de un bachillerato de Filadelfia, esos números eran más que suficientes para tener muy buenas opciones de cara a la universidad. Mi madre estaba eufórica. Bailaba por toda la casa mientras llamaba a todas sus amigas de Carnegie Mellon y del MIT. Cualquiera habría pensado que era ella la que volvía a la universidad.

Las ciencias y las mates eran mis puntos fuertes. En 1986, había cada vez más universidades ofreciendo carreras de informática y de ingeniería. Mamá se creó su propia sala de guerra. Tenía un mapa de Estados Unidos y cruzaba «facultades de ingeniería» con «ciudades y estados donde teníamos familiares» y «costo de la vida» con «distancia a Filadelfia». Con toda esa información, redujo a cinco o seis mis opciones para las mejores universidades y las ordenó de mayor a menor probabilidad de que me aceptaran. Después rellenó todas las solicitudes, se encargó de la logística del alojamiento y sopesó todas las cuestiones relacionadas con el viaje y con las ayudas económicas. Por aquel entonces, trabajaba en el consejo escolar de Filadelfia, así que en lo que respecta a educación, su nivel de organización y su ejecución consiguieron elogios incluso de mi padre.

Teníamos algunos amigos de la familia en Wisconsin y, de repente, mi madre decidió hacer un breve viaje familiar para ir a verlos. El patriarca, Walter McCallum (le llamábamos «tío Comosediga»), tenía una relación estrecha con el responsable de admisiones de la Facultad de Ingeniería de la universidad. Mi madre ya había logrado que mi hermana Pam entrara en la Universidad de Hampton y, al parecer, yo era el siguiente. Sus sueños más locos como madre se estaban haciendo realidad: todos sus hijos iban a ir a la universidad.

Ella era la comandante a cargo de la misión «Will a la universidad». De repente, se sintió muy cómoda con la idea de que «si hay dos personas al mando, todos mueren».

Era un viernes por la noche y mi chica Judy Stewart celebraba su fiesta de cumpleaños en la misma manzana. Me encontré con Ready Rock después de la escuela.

—Eh, ¿vas a la fiesta de Judy esta noche? —preguntó.

—Qué va, hombre, me la hizo. Llevo dos años siendo el DJ de su fiesta y esta vez llamó a otro y a mí ni me avisó.

—No es solo que haya llamado a otro, es que ha llamado a Jazzy Jeff.

—¡¿En serio?! He oído hablar de él, pero nunca lo he visto pinchando.

—Sí, hombre. Es un fregón —dijo Ready—. Pero es del sudoeste y va a estar en nuestro barrio. ¿Se lo vamos a permitir?

Ready Rock sabía cómo encenderme para una batalla. Aunque tampoco es que yo necesitara mucho combustible.

—¿Y cómo se llama su rapero? —le pregunté.

—MC Ice. Pero no te llega ni a la suela.

—Ni él ni nadie.

A Ready Rock le encantaba que me pusiera así de arrogante. Me chocó los cinco. Mi mente empezó a maquinar las rimas de batalla y a ordenarlas para la matanza de esa noche.

—¿Sabes qué? Vamos a ir a esa fiesta esta noche y vamos a reventar a esos pendejos —dije—. Tenemos que representar a Wynnefield.

—¡Hecho! ¡Ready Rock C y Fresh Prince contra Jazzy Jeff y MC Ice! Nos vemos allí a las ocho.

—Ya estás. Nos vemos.

Jeffrey Allen Townes se crio en Rodman Street, en el Sudoeste de Filadelfia, a unos seis o siete kilómetros de Wynnefield. Jeff creció en una familia de músicos. Su padre solía ser el maestro de ceremonias de la leyenda del jazz Count Basie. Sus hermanos mayores tocaban en grupos de funk y fusión y sus hermanas cantaban todo el día temas de la Motown. Él era el benjamín de la familia y una esponja musical que absorbía y procesaba todo el increíble talento que había a su alrededor.

A los quince años, a Jeff le diagnosticaron un cáncer, un linfoma no Hodgkin. Tras pasar por varios tratamientos complicados y dolorosos, logró vencer a la enfermedad, pero su madre se volvió, como es comprensible, demasiado protectora. Jeff pasaba los días en el sótano de casa, rodeado de diez mil discos de jazz, funk y blues de su padre y sus hermanos. Se pasaba el día rebuscando, escuchando de todo, desde John Coltrane y Charlie Mingus hasta Stevie Wonder y James Brown, observando los diferentes estilos, la musicalidad y la instrumentación.

A los diez años, Jeff había empezado a ser DJ. Sus conocimientos enciclopédicos lo convertían en una maravilla musical. Todos lo llamaban «Jazz» por su capacidad para mezclar a la perfección complejas melodías de jazz con ritmos modernos de funk, disco o hip-hop. Con el tiempo, su apodo se amplió a «Jazzy Jeff».

Probablemente, no lo sepas si eres muy joven, pero en aquella época los DJ eran más famosos que los MC. El rap era aún bastante rudimentario. No habíamos desarrollado el ingenio rítmico y lingüístico que tenemos a día de hoy. En cambio, el DJ era el innovador, el centro de atención.

No es fácil explicárselo a la gente que no conoce la vieja escuela, pero la capacidad de Jeff para crear ritmos y mezclar sonidos era, y sigue siendo, en su mayor parte, incomparable. Inventó técnicas y estilos en aquellas fiestas en sótanos de Filadelfia cuando era un adolescente. Aún hoy miles de DJ las utilizan. Manipulaba los discos de una forma que nadie había visto ni oído nunca. Manipulaba también las notas y los compases y alteraba los sonidos, uno de los cuales bauticé más tarde como el «*scratch* Transformer», porque me recordaba al efecto de sonido que hacían los dibujos animados de los *Transformers*. Hacía que las voces de dos discos «hablaran» entre sí, creando «conversaciones» a partir de dos canciones completamente distintas.

Y podría seguir sin parar. Pero me detendré y diré que hay un motivo por el que muchos, yo incluido, consideran que Jeff es el más grande de todos los DJ de hip-hop que ha habido nunca. Todavía hoy, más de treinta años después, los expertos en este arte lo veneran y lo toman por uno de los mejores del mundo.

La cuestión es la siguiente: sé que soy el sujeto de las películas taquilleras, pero entonces, en los ochenta, la estrella era Jazzy Jeff. Era yo el que lo acompañaba a él.

Aquella noche aparecí pronto en casa de Judy. Hice mi entrada en el sótano con pantalones de mezclilla Lee de dos tonos, negros por detrás y blancos por delante con un «Fresh Prince» en la pernera izquierda en letras rojas, y con una chamarra Lee a juego. Había quitado el parche con el logo de Lee de la cintura de los pantalones y lo había atado a una cadena plateada que llevaba al cuello.

Quizá iba demasiado elegante para aquella fiesta.

Cuando entré, recordé la última vez que había estado en el sótano de Judy. Los acontecimientos desgarradores que documenté en mi primer sencillo, «Girls Ain't Nothing But Trouble», en realidad ocurrieron allí mismo. Estaba una noche con una de las amigas de Judy en el sótano, cuando el padre de Judy se despertó a eso de las dos de la madrugada con los inconfundibles sonidos de un exquisito acto de amor (los míos, no los de ella). Le oí gruñir desde el piso de arriba y bajar las escaleras.

—¿QUIÉN CARAJOS ANDA EN MI CASA?

Me levanté a toda prisa y corrí desnudo por el estrecho pasillo trasero. Abrí la puerta de atrás, que para mi horror estaba enterrada bajo treinta centímetros de nieve.

Hacía menos un grado y tenía que tomar una decisión.

—¿Dónde está? ¿DÓNDE ESTÁ? —rugía el padre de Judy.

Decisión tomada.

Eché a correr una manzana entera, con el culo al aire, por la nieve, hasta llegar a casa. Estuve más de diez minutos ahí fuera haciendo bolas de nieve, intentando darle a la ventana del dormitorio de Harry. Por fin, la ventana se abrió y vi a Harry mirar hacia abajo.

Nunca antes había oído a mi hermano reírse tan fuerte. Y nunca lo oiría desde entonces.

Fue también en el sótano de Judy donde conocí a Jeff. No sé qué tipo de magia tenía Judy en el sótano a mediados de los ochenta, pero parece que tanto Jeff como yo le debemos nuestras carreras. Gracias, Judy.

Cuando llegué, Jeff aún estaba instalándose. Judy nos presentó.

—¿Qué pasa, hombre? Soy Jazz —se presentó.

—Prince —dije mientras me señalaba la pierna.

Pensaba: *¿Y este es Jazzy Jeff?* Iba con unos lentes enormes y no tenía su nombre en la ropa. ¿Cómo podía saber alguien entonces que él era Jazzy Jeff? Llevaba una tirita en el dedo de en medio con el que se hace el *scratching* de la mano izquierda. Al parecer, había hecho tanto *scratching* que tenía el nudillo superior del dedo algo torcido. Todo el mundo hablaba maravillas sobre este sujeto. Pero a mí no me impresionó en absoluto. *Si este personaje es el mejor DJ de toda la ciudad, qué pena me da Filadelfia.* Muchos de los DJ famosos de la época eran extravagantes, hacían volteretas, saltaban sobre los platos y todo. Jeff era tranquilo, delgado, de voz suave, y parecía más bien un nerd de la escuela que un portento en los platos.

Me senté y me relajé mientras Jeff seguía preparándose la mesa. Siempre conviene llegar temprano cuando tienes una batalla, así puedes fichar bien todo el material. Estaba planeando los chistes que iba a soltar sobre sus lentes y su tirita, pero en realidad la batalla era contra Ice. Así que, tras unos minutos, le pregunté:

—Eh, Jazz, ¿dónde está Ice?

Jeff ni siquiera levantó la mirada. Me di cuenta de que era un tema delicado.

—Buena pregunta. Lo he llamado como cinco veces. No me ha devuelto la llamada.

En aquella época no había celulares y no se podía contactar con la gente como ahora. Los invitados de Judy ya estaban llegando, pero de Ready Rock no había señales. La fiesta empezaba. Veía que Judy se estaba poniendo nerviosa e intuía que Jeff no se sentía del todo bien tampoco. Entonces, nuestro «animador» se puso en marcha, con todo.

—Oye, si quieres le doy contigo hasta que llegue Ice —solté.

Jeff, aliviado, respondió:

—Pues estaría genial. Gracias. Odio tener que tomar yo el micrófono.

—No te preocupes —dije—. A mí no hay nada que me guste más que tomar el micrófono.

Los dos nos reímos. Judy gritó de emoción y aplaudió.

Hay momentos raros como artista que no se pueden medir ni cuantificar. Da igual cuánto lo intentes, rara vez puedes reproducirlos. Y es casi imposible describirlos. Pero todos los artistas sabrán de lo que hablo: esos momentos de inspiración divina en los que la creatividad fluye de forma tan brillante y sin esfuerzo que, de alguna manera, eres mejor de lo que nunca antes lo habías sido.

Aquella noche con Jeff fue la primera vez que saboreé esa sensación. Ese estado que los atletas llaman «la zona». Parecía como si ya existiéramos como grupo y solo tuviéramos que ponernos al día con nosotros mismos. Todo natural, cómodo, como en casa.

Jeff entendía el estilo de mis rimas. Siempre sabía cuándo se aproximaban mis chistes, cuándo tenía que soltar la pista para que la gente pudiera oír perfectamente el remate. Y yo podía adivinar, según la mano que estaba utilizando, el tipo de *scratch* que iba a hacer. Prefería hacer ciertos *scratches* con la mano izquierda que hacerlos con la derecha. Al notarlo, podía llamar la atención del público hacia el tipo de *scratch* que él iba a hacer por la mano con la que hacía la transición. Elegía las pistas y ajustaba los tempos según lo que consideraba que acentuaba mejor la estructura narrativa y la fluidez de mis rimas. Y justo cuando la música iba *in crescendo*, yo soltaba una daga en forma de rima y Jeff dejaba caer el ritmo con la mierda más funky, fuerte y fiestera que aquellos chicos de Filadelfia hubieran visto nunca en sus vidas.

Esa noche fue una locura. Cuando terminó la fiesta, Jeff y yo nos quedamos en la entrada recuperando el aliento y refrescándonos. Todavía nos duraba la emoción.

—Oye, lo del eco de la película *Truck Turner* que hiciste fue genial —le dije.

—¡Y tu verbo encaja perfectamente con esa melodía de bajo de Chic! —respondió Jeff—. Para la próxima, usamos el «Bounce, Rock, Skate, Roll» y luego hacemos una transición a Chic.

—¡Ya estás!

Las ideas salían disparadas de nosotros como balas y la creatividad nos rebotaba de uno a otro. Todo lo que él decía desencadenaba tres ideas más en mi cabeza. Y mis respuestas le hacían llevarse las manos a la cabeza y caminar en círculos.

Nunca hablamos de ello, nunca lo hicimos oficial, pero aquella noche salvaje de noviembre en el sótano de Judy Stewart, él se convirtió en mi DJ y yo en su rapero. Desde ese momento, seríamos DJ

Jazzy Jeff and the Fresh Prince, dos chicos del Oeste de Filadelfia, compañeros, amigos y hermanos.

Y lo seguimos siendo.

Durante los dos meses siguientes, Jeff y yo nos involucramos a fondo. Ensayábamos todos los días y actuábamos todos los fines de semana. Él vivía en el sótano de su madre. Era su santuario, su taller de magia. Cuando entrabas, parecía que estabas echando un vistazo detrás de la cortina del mago.

Jeff fue el primer amigo que tuve que trabajaba más que yo, así de simple. Creo que sería un error decir que «ensayaba mucho». No es que ensayara, es que no hacía otra cosa. Nunca verías a Jeff en la cocina o viendo la tele. Si llegabas a su casa, nunca lo verías subiendo las escaleras de la entrada volviendo de las compras. No iba de compras. Supongo que los magos no tienen que ir a comprar sus cosas. Jeff estaba ahí de pie frente a su plato entre catorce y dieciocho horas al día, siete días a la semana, 365 días al año. Es literalmente la única imagen que tengo de Jeff en la casa de su infancia.

Jeff era un científico loco y le encantaba la tecnología. Siempre estaba esperando a que le llegara por correo un nuevo artilugio que solo podía conseguir un constructor de guitarras de setenta y ocho años con una historia en Viena cuando menos cuestionable. Jeff estaba pasando de solamente pinchar a hacer ritmos y grabaciones. Consiguió una grabadora TASCAM de cuatro pistas y empezó a experimentar creando sus propios discos. Ahora tenía un miniestudio.

Jeff es tres años mayor que yo, así que ya se había graduado. Pero yo tenía que seguir yendo a la escuela y trabajar en la fábrica de hielo. Por eso, cuando yo llegaba para ensayar sobre las cuatro, Jeff llevaba ya diez horas. Me daba dos temas para escribir. Al día siguiente, yo iba con uno escrito y él me daba seis más. Y así fue durante los primeros meses de colaboración. DJ Jazzy Jeff era un Terminator del hip-hop. No comía, no dormía y no paraba por nada del mundo hasta que te morías.

Yo intentaba aguantar su ritmo. Me quedaba hasta que mi madre o mi padre me llamaban para preguntarme si sabía qué hora era. Esos primeros meses en el sótano de Jeff conformaron una de las épocas más creativas que he vivido. Todo era vanguardista. Todo era la última moda, experimental e inspirador. No quería irme nunca. Buscábamos nuestro sonido, pero acabamos encontrándonos a nosotros mismos.

Una noche, estábamos ensayando en el sótano de Jeff cuando un tipo que llevaba un polo de Lacoste, unos chinos cafés con el pliegue del planchado y unas Adidas se coló por la ventana del sótano. Con toda la parsimonia, se fue a sentarse en lo que parecía considerar claramente su rincón. La música sonaba y Jeff y yo estábamos metidos de lleno en nuestras bromas artísticas, así que supongo que no quería interrumpirnos. Jeff no reaccionó en absoluto a su presencia. Pasaron unos minutos, hasta que intenté romper la incomodidad que al menos yo sí sentía.

—Eh, hombre, ten cuidado con llevar esos pantalones. *A chi-no* vas a ligar.

Yo solo intentaba romper el hielo, pero el tipo me miró desafiante y soltó:

—Ah, con que esas tenemos. ¿Así empezamos? Porque podríamos hablar de esas puertas de coche que tienes por orejas...

—Qué va, qué va, amigo. Estaba bromeando. Soy Will. Me llaman Fresh Prince.

Por fin, Jeff despertó de su trance de profesor chiflado y se quitó los auriculares.

—¡Carajo! ¿Qué pasa, JL? —dijo Jeff—. ¿Cuándo llegaste tú?

James Lassiter era el mejor amigo de Jeff desde la infancia. JL creció una manzana más allá, en la avenida Hazel. Cuando Jeff estaba enfermo, su madre no le dejaba salir del porche, así que JL iba y se sentaba horas y horas con Jeff, haciéndole compañía. Esta tradición siguió mucho después de que Jeff se recuperara y hasta bien entradas sus vidas adultas.

JL era un tipo muy serio. Cuando lo conocí, estudiaba derecho en Temple. Se pasaba el día ñoñeando y por la noche trabajaba en el hospital de la Universidad de Pensilvania. Se pasaba por la casa de Jeff las dos últimas horas del día, ya fuera para desconectar, por costumbre o para contemplar desde primera fila la evolución del mejor DJ que jamás ha existido.

Nuestro ascenso en la escena hip-hop de Filadelfia fue meteórico. Ya habíamos hecho todas las presentaciones en vivo posibles: fiestas de barrio, bailes escolares, graduaciones, fiestas en sótanos, cumpleaños, fiestas benéficas en estacionamientos de iglesias... Hacíamos lo que nos pidieran. Nos habíamos ganado una reputación de fiesteros, divertidos, creativos y cautivadores. Finalmente, a principios de 1986, conseguimos nuestro primer concierto de verdad en un lugar importante: el famoso Wynne Ballroom. Wynne era la abreviatura de Wynnefield: mi barrio, mi gente y con mi nuevo DJ. Y la armamos. Éramos el dúo de hip-hop más rompedor de las calles de Filadelfia.

Pero sería en septiembre de 1986 cuando llegaría nuestra gran oportunidad. A Jeff lo invitaron a competir en el New Music Seminar Battle for World Supremacy.

La Battle for World Supremacy era un campeonato de batallas de DJ y MC de la vieja escuela que se celebraba anualmente en Nueva York. Todas las leyendas del hip-hop habían actuado y competido allí: Grandmaster Flash, Busy Bee, Mantronix, Melle Mel, etcétera. Era como las Olimpiadas del hip-hop de principios de los ochenta.

La DJ de la radio local, Lady B, es una pionera icónica del hip-hop de Filadelfia. Ella ya pinchaba rap en la ciudad cuando nadie más lo escuchaba, en esa época en la que solo se podía oír en la emisora WHAT AM. Llamó a Dave «Funken» Klein, que era uno de los coordinadores de aquel evento, y le dijo que tenía a un DJ en Filadelfia que estaba revolucionando el panorama. Lady B presionó a Funken Klein para que incluyera a Jeff en la competencia.

Aunque estaba solo a dos horas en coche, el viaje parecía una peregrinación. Nueva York era la meca del hip-hop. Nunca había estado allí. La idea de que la música pudiera ser mi pasaporte a nuevos mundos me entusiasmaba y me inspiraba. Allí estaba yo, caminando por la ciudad de Nueva York, yendo al evento más increíble del planeta. Y todo por el rap.

El campeonato se celebraba en el gran salón del hotel Marriott Marquis en Times Square. Llegamos hechos un relajo, con todo el *swag*, gorras rojas de beisbol de los Phillies por toda la sala. Estábamos tan intimidados como asombrados, pero no se notaba por el ruido que hacíamos: Filadelfia ya estaba allí.

Jeff se acercó a la mesa de inscripciones. Yo estaba tras él, con los brazos cruzados, la cabeza alta y la postura de rapero machote. Melle Mel pasó por mi izquierda, entrando en la pista. Mi postura de rapero ya no era tan de machote. Entonces, Grandmaster Flash entró justo detrás de él. Por comodidad, puse los brazos a un lado. Y de repente, oí algo por encima de mi hombro, ese estallido que se oye cuando dos viejos amigos no se han visto durante un tiempo. Reconocí vagamente una de las voces. *¿De qué conozco esa voz?*

Y por fin me di cuenta. Nunca lo había visto en persona, pero sabía que era él. No tenía postura de rapero, ni ropa llamativa ni un séquito tras él, pero la multitud se dividió cuando pasó. El favorito indiscutible para el concurso de MC: Grandmaster Caz.

Cuando pasó por mi lado, me aguanté todo lo que pude para no gritarle «¡TE QUIERO, CAZ!». Por suerte, se marchó rápido y no me delaté, pero no sé cuánto tiempo más podría haber aguantado sin hacerlo. Jeff terminó de firmar, me metí las manos en los bolsillos y me fui tranquilamente a buscar un asiento.

Había dos secciones en la Battle for World Supremacy: la de MC y la de DJ, con ocho contrincantes en cada una y tres rondas eliminatorias. Gana el último hombre en pie. Las batallas se organizaron de manera que cada contrincante tuviera tres espacios de treinta segundos en cada ronda para hacer lo suyo. Iban y volvían a hacer sus números y, al final, los jueces puntuaban según sus técnicas y su actuación, pero también según la reacción del público.

Los MC fueron los primeros. No hubo justicia. Ronda tras ronda, caía un rapero tras otro ante el ingenio y el carisma de mi ídolo. Grandmaster Caz se coronó como World Supreme MC y yo ya no me pude contener:

—¡TE QUIERO, CAZ!

Los DJ eran los siguientes. Por aquel entonces, esa era la batalla que la gente realmente quería ver.

Como novato, en la primera ronda, a Jeff lo emparejaron con DJ Cheese, el campeón del año anterior. La mayoría de los DJ se habían trabajado dos, tres o cuatro números y los habían repetido durante la competencia. Pero Jeff se había pasado la semana anterior preparándose nueve números distintos de treinta segundos. Se dio cuenta de que, si había tres rondas, cada una de ellas con tres espacios, podría pasar todo el torneo sin repetir un solo número. Pero lo llevó un paso más allá: cada número estaba perfectamente cronometrado para terminar en treinta segundos. Así, mientras que a otros DJ se les veía descuidados cuando los cortaba la alarma o tenían una intro de veinte segundos y nunca llegaban a arrancar sus números, los de Jeff, medidos al milímetro, tenían punch lines que entraban justo al segundo veintinueve. El efecto era que la alarma del tiempo se convertía en la señal para que el público estallara.

La primera ronda ya estaba lista para empezar. Jeff cruzó el escenario, quizá con excesivo entusiasmo, un poquito demasiado feliz de estar allí. Extendió una mano para saludar a DJ Cheese. Este miró a Jeff de arriba abajo y le hizo una seña (se negó a darle un apretón). Cuando Jeff volvió a su modo DJ, su actitud alegre ya había desaparecido y sus ojos se habían vuelto gélidos. Si Cheese hubiera sabido lo que se le venía, habría aceptado estrecharle la mano a Jeff o, mejor, habría intentado rompérsela.

Cheese iba primero y salió con fuerza. Pero Jeff le devolvió el golpe con una de las favoritas de Filadelfia, un *scratch* rítmico bastante complejo. La gente cruzaba miradas, murmuraba, sin saber muy bien lo que acababan de ver. DJ Cheese observaba a Jeff, intuyendo que eso era solo el principio. Nadie había visto nunca pinchadas de ese nivel. El público estaba clavado al borde del asiento.

DJ Cheese lanzó su segundo número y, de nuevo, lo clavó. Aplausos del público, puntuaciones altas por parte de los jueces. Y entonces el público se acomodó para ver qué nueva artillería había traído el chico de Filadelfia. Sin anuncios ni algarabías, Jeff presentó al mundo su *scratch* Transformer. En 1986, eso era la mayor locura que se había oído nunca. Y eran solo los diez primeros segundos. Terminó el número pinchando «Pump Me Up», de Grandmaster Flash and the Furious Five. Hay una estrofa al final del tema que dice:

> Was a bow-legged brother, there'll never be another
> I bought a mansion for my mother[2]

Jeff hizo un corte, dividiendo la última línea en sílabas:

> And I bought
> a
> man-
> sion,
> for
> my

Y luego lo aguantó, dejando que el reloj se agotara, y justo a los veintinueve segundos, antes de la alarma, soltó esa última palabra:

> mother

La alarma sonó y el público perdió la puta cabeza. Los jueces se levantaron de sus asientos y echaron a andar de un lado a otro con las manos en la cabeza. Los *scratches* de Jeff eran tan limpios, nítidos

---

2 «Yo era un negro de piernas arqueadas como nunca habrá otro / Le compré una mansión a mi madre.» *(N. del T.)*

y calculados que todos se dieron cuenta de que estaban asistiendo a la evolución de la forma artística. DJ Jazzy Jeff estaba avisando de que el camino hacia la World Supremacy pasaba por Filadelfia.

Jeff estuvo impecable esa noche. Y cuando todo estaba dicho y hecho, el World Supreme DJ de 1986 era un chico que había pasado la mayor parte de su vida en un sótano del Sudoeste de Filadelfia: mi DJ, DJ Jazzy Jeff.

Después, todos nos amontonamos en nuestra habitación individual del Marriott Marquis. Sabíamos que acababa de ocurrir algo grande. Eric B. y Rakim vinieron a la habitación para felicitar a Jeff personalmente. No sabíamos muy bien hacia dónde iba todo esto, pero sentíamos que se acababa de encender una mecha.

Nos pasamos toda la noche despiertos, entre risas, sueños y planes. Aquella fue la primera noche en la que me di cuenta de que las posibilidades que me ofrecía el hip-hop superaban con creces cualquier otra cosa a la que me hubiera atrevido a aspirar. Toda mi vida, las esperanzas de mis padres se habían basado en la educación y el trabajo duro. Tenía que ir a la universidad. Tenía que conseguir un buen trabajo. Debía ascender en el mundo. Y como hijo perfecto autodesignado, siempre me comprometí a estar a la altura de las esperanzas de mis padres. No podía imaginármelo de otra forma.

Pero cuando volvimos a casa a la mañana siguiente, con Nueva York a nuestras espaldas, me asaltó una convicción abrumadora: *No voy a ir a la universidad.*

Dana Goodman tenía dinero.

Medía alrededor de metro setenta y era corpulento: no gordo, pero sí ancho. Podía hacerte daño si hacía falta. A punto de cumplir los cuarenta, era un veterano de Wynnefield. Si lo veías por las esquinas, era por poco tiempo, porque estaba por encima de cualquier idiota. Él hacía mierda de la buena.

Dana era el hermano pequeño de Lawrence Goodman, fundador de Pop Art Records, uno de los primeros sellos de hip-hop con sede en Nueva York. Lawrence era de Filadelfia, pero la estaba armando en Nueva York.

Esos primeros meses ya de vuelta en Filadelfia, Jeff y yo estábamos a tope. Jeff dedicaba el 80 % de su tiempo a grabar discos y el 20 % restante a pinchar. Teníamos ya seis o siete canciones en la TASCAM de cuatro pistas de Jeff. Las había mezclado lo mejor que pudo, pero cada vez estaba más frustrado porque su equipo no era capaz de reproducir del todo los sonidos que tenía atrapados en su cabeza.

Hacía poco me había comprado un Sharp 777, el radiocasete original del hip-hop. Fue una de las primeras veces que me di cuenta de que una gran empresa respondía a las demandas de nuestro arte floreciente. La 777 era una radio ruidosa y pesada. Había que estar fuerte para poder llevarla, porque por algún motivo, si la ponías en el suelo, se agotaban las diez costosas pilas D mucho más rápido. Lo mejor es que tenía capacidad para copiar casetes a alta velocidad de forma dual, así que me llevaba a casa los casetes que Jeff y yo hacíamos y me quedaba toda la noche grabando nuestras demos a alta velocidad. Eran esos viejos tiempos en los que había que grabar las cintas de una en una. Era aburrido y monótono, como construir una pared de ladrillos con nueve años. Pero había que hacerlo, así que lo hice.

Luego repartí esas cintas a todo el mundo. Me daba igual si no sabías qué era el hip-hop, si tenías dos orejas y un reproductor: soy Fresh Prince, lo dice aquí mismo en mis pantalones, y tengo una cinta que tienes que escuchar.

El colegio Overbrook se encontraba en Hilltop. Y Hilltop estaba gobernado por una treintena de tipos que se hacían llamar los «Hilltop Hustlers». Uno de los mejores raperos de esa banda era Steady B, el sobrino de Lawrence Goodman. Decían que su tío acababa de firmarle un contrato y que iba a sacar música ese mismo año. Yo quería que Steady le hiciera llegar mi cinta a Lawrence, el problema era que yo era del otro lado del puente, de Wynnefield, y si había algo que un muchacho de Hilltop nunca haría, era ayudar a un tipo de Wynnefield.

Pero entonces me di cuenta: *¡Dana Goodman vive en Wynnefield! Tal vez le pase a Lawrence nuestra cinta.* Dana y Lawrence, como muchos hermanos, tenían un poco de rivalidad. Dana vio el dinero que ganaba su hermano con la disquera y esperaba poder crear su propio sello. Nos llamó a Jeff y a mí y nos dijo que quería reunirse con nosotros. Lo invitamos a casa de Jeff para que nos escuchara.

Dana llevaba una sudadera de terciopelo azul oscuro de Sergio Tacchini, con bandas elásticas rojas y blancas en las muñecas y los tobillos. El cierre de la sudadera se abría lo suficiente como para dejar ver sus siete u ocho finas cadenas de oro que rebotaban en la pelambrera afro de su pecho. Era ese tipo mayor que casi se hacía pasar por joven gracias a su vestimenta, salvo por el detalle de los calcetines de traje. Dana siempre iba con lentes de sol: en interiores, en exteriores, a mediodía, a medianoche, en la cancha de baloncesto, en la iglesia... Nunca veías a Dana sin sus lentes de sol.

Aquel día, Dana se detuvo frente a la casa de Jeff en un flamante Audi 4000 CS Quattro de cinco velocidades, cuatro puertas, color azul metalizado y por primera vez en mi vida vi un teléfono en un coche. Era el primer teléfono de coche de la historia: un fijo de marcación rotativa que, de algún modo, funcionaba en su coche. Dana salió a la calle Rodman. Era un capo. Hacía mucho ruido, era un espectáculo. El sol se reflejaba en su anillo del meñique. Jeff y yo estábamos en el porche de su madre. Dana nos vio, abrió los brazos y, con su voz grave y curtida de barítono, les gritó a los niños que jugaban y a los vecinos que pasaban:

—¡MIREEN! ¡Ahí los tienen! —Y nos señalaba a Jeff y a mí—. ¡Ahí los tienen, gente! Será mejor que consigan sus autógrafos ahora. ¡Esos son DJ Jazzy Jeff and the Fresh Prince! ¡Esos chicos están a punto de triunfar!

Nos dijo a Jeff y a mí que bajáramos.

—¡Vengan aquí! ¡Denme un poco de amor!

Jeff y yo bajamos a la banqueta y Dana nos abrazó como un padre orgulloso.

—¡Me impresiona lo que hicieron en Nueva York, defendiendo a Filadelfia!

Jeff y yo sonreímos.

—Bueno, ya sabes, es lo que hay que hacer —dije.

Justo entonces, uno de los vecinos de Jeff, un tipo unos años mayor llamado Keith, soltó:

—¡Eh! ¡Dana! ¿Eres tú? Caray, pero si es Dana Goodman. ¿Qué haces visitando los barrios bajos, hombre?

Keith y Dana se dieron la mano en uno de esos largos y elaborados apretones de manos con varios pasos de una generación ya pasada, lo que tampoco iba con la sudadera de Dana.

—¿Qué te trae por estos lares? —preguntó Keith.

—Pues ya sabes. Aquí estoy, para hablar con estos chicos de un pequeño negocio —respondió Dana.

—¿Negocio? —Keith nos miró a Jeff y a mí. Su energía cambió ligeramente, pero nuestra juventud y nuestra emoción eran ciegas a las sutilezas.

Keith apartó a Dana y le rodeó con el brazo.

—Sabes que este es el hermano pequeño de Jimmy Townes, ¿no?

Dana miró a Jeff.

—¿El hermano de Jimmy Townes?

Keith se acercó mucho a Dana y le susurró algo al oído que no pudimos oír.

Dana miró hacia abajo y luego comenzó a asentir:

—Sí, sí, te entiendo, hombre. Esto es solo un negocio. Estoy intentando ayudarlos.

—Familia —dijo Keith lo suficientemente alto como para que lo oyéramos esta vez. Luego se despidió y se alejó calle abajo.

Dana bajó al sótano. Jeff y yo lo dejamos escuchar todo lo que teníamos. Dana eligió las dos canciones que más le gustaron. La primera fue «Just One of Those Days», un tema con un ritmo lento de 92 BPM en el que yo rapeaba sobre uno de esos días en los que todo sale mal. Para el estribillo, Jeff sampleó «Puttin' on the Ritz», de Irving Berlin, un grupo de ragtime de 1928 que fue la primera canción interpretada en una película por un conjunto interracial. Era Jazzy Jeff en estado puro, mezclando música antigua y de alto nivel con los *scratches* y ritmos del hip-hop. Aquello cristalizó nuestra dinámica musical: la sofisticación y los profundos conocimientos de Jeff junto con mi naturalidad para contar historias y mi humor.

La segunda canción fue «Girls Ain't Nothing But Trouble», inspirada en «Yvette», de Grandmaster Caz. Para esta, Jeff sampleó el tema de la famosa *sitcom* de los años sesenta *Mi bella genio*. Utilizó la flamante caja de ritmos Roland 909 y desafinó los toms para que sonaran como una línea de bajo. Yo contaba la historia de la noche en el sótano de Judy Stewart en la que mi exquisito acto de amor casi me deja congelado, literalmente. A Dana le encantó, se carcajeaba.

—Hombre, ¿eso pasó de verdad? No mientas: ¿pasó de verdad?

—Sí, amigo —confesé—. Fue una noche terrible.

Se partió de risa.

—Son unos chicos divertidos y con mucho talento —soltó.

El hip-hop ha evolucionado tanto a lo largo de las décadas que, cuando ahora escucho esas canciones, me avergüenzo. Suenan tan simplistas y repetitivas... Pero en aquel entonces lo que hacíamos era revolucionario. Jeff y yo jugábamos con la estructura de las canciones de una forma que nadie más en el hip-hop había hecho nunca. Teníamos estribillos sin letra, estrofas que eran mitad *samples*, mitad raps. Construía estrofas que, a su vez, contaban una historia completa. Cada estrofa te llevaba a la siguiente, rogándole al oyente que escuchara hasta el final de la canción para saber cómo acababa la historia. Era un nuevo amanecer. Me atrevería a decir que... era algo fresco.

Dana movía la cabeza al ritmo de la canción, daba palmas y zapateaba. Y finalmente, haciendo como si no pudiera aguantar más, dijo:

—¡Ya está bien, ya está bien, apágalo!

Jeff le dio al botón de stop del cuatro pistas.

Si aquello hubiera sido un episodio de dibujos animados, Dana habría tenido signos de dólar girando en sus ojos. Pero en la vida real se apretó las cadenas de oro del pecho y dijo:

—¡Chicos! ¿Qué les parece si sacamos un disco?

Jeff y yo pusimos la máquina en marcha. Estábamos impactados.

Saltando, chocándonos los cinco, gritando. Éramos tan ingenuos que pensábamos que ya estaba, que eso era todo. Solo había que invitar a un tipo a tu casa y que te dijera «¡Vamos a sacar un disco!» y, bum, ¡ya eras una estrella!

No nos dimos cuenta de que Dana no tenía siquiera un sello aún. No tenía distribución y contaba con pocos contactos en la radio y la tele.

Y DJ Jazzy Jeff and the Fresh Prince fuimos su primera incursión en la industria musical.

Una semana después, estábamos entrando en Studio 4, un estudio de grabación profesional que Dana encontró en el centro de Filadelfia.

No es fácil describir la cara de Jeff cuando entró en la sala de control principal. Era como si un muchacho virgen de diecisiete años entrara en el set de una película porno y descubriera que él es la estrella. Dana nos puso por delante un contrato de grabación y lo firmamos.

Nunca antes habíamos estado en un estudio de verdad, así que no sabíamos muy bien qué había que hacer ni cómo funcionaba aquello. Dana había participado con su hermano en muchos de los éxitos del Pop Art. Tenía alguna idea de cómo debía ser y de lo que quería escuchar. El contrato estipulaba que Dana era el productor y compositor de nuestra música. Empezó a decirle a Jeff que cambiara los tempos, los tonos, que añadiera cortes y ajustara sonidos. Jeff no estaba de acuerdo con muchas de sus decisiones creativas, pero para Dana, como estaba pagando el estudio, era él quien debía estar al mando. Jeff estaba que rabiaba, pero esta era nuestra gran oportunidad y no queríamos estropearla.

«Just One of Those Days» se fue a la mierda en esa sesión de grabación. Los tempos entre la estrofa y el estribillo cambiaron. La canción pasó inexplicablemente a otro tono. La mezcla era horrible. Jeff aún odia esa canción, aunque más tarde la volveríamos a grabar.

Pero «Girls» sí logró superar las sesiones casi sin problemas y se mantuvo como canción. A pesar de las quejas de Jeff, se decidió que este tema sería nuestro primer lanzamiento como sencillo y «Just One of Those Days» sería la cara B. Los lanzaríamos para darnos a conocer mientras grabábamos el primer álbum completo.

El sencillo «Girls Ain't Nothing But Trouble» salió en marzo de 1986. Salió, pero nadie lo sabía, porque lo hizo con el nuevo sello de Dana, Word-Up Records, que no tenía oficinas, ni empleados ni distribución... El sencillo no estaba ni en las tiendas. Dana vendía los vinilos desde la cajuela de su coche. No estaba pasando nada. Pero a su favor cabe decir que estaba haciendo todo lo que sabía hacer. Era un buscavidas, se gastaba su propio dinero y creía por completo en DJ Jazzy Jeff and the Fresh Prince.

Aunque nadie sabía que teníamos un disco, la victoria de Jeff en la Battle for World Supremacy de Nueva York hizo que los promotores comenzaran a llamarle para que diera conciertos. Yo acudí como parte del paquete. Empezamos a ir a los mejores clubes alrededor de Filadelfia. Tocamos en Delaware y en Atlantic City.

Los shows eran lo suficientemente grandes como para incluir un contrato. En una ocasión, teníamos que firmar y enviar por fax uno antes de las cinco del mismo día o nos quedábamos sin concierto. Jeff y yo tuvimos que darnos prisa. ¿A quién carajo conocemos que tenga una máquina de fax?

JL estaba sentado en su «rincón de JL» en el sótano de Jeff, en su propio mundo, «leyendo» la contraportada de un disco de Ohio Players. Sí, el de la chica desnuda en el interior con miel por todo el cuerpo. Jeff y yo estábamos cada vez más desesperados, intentando evitar que esos mil quinientos dólares se esfumaran, y cada vez quedaba menos para las cinco.

Ninguno de nosotros dos tenía fax. Supuse que mi madre podría tener uno en el trabajo, pero ya era viernes y tarde. A mi padre no le gustaban esas «mierdas novedosas». Y Word-Up Records solo tenía un teléfono de coche de marcación rotativa en su oficina comercial móvil.

JL estaba sentado en silencio, mientras Jeff y yo nos íbamos exaltando el uno con el otro.

—¿Tienes toda esta mierda de computadoras aquí abajo, pero no tienes un puto fax? —dije—. ¿Puedes conseguir un pedal de guitarra para los *samples* a través de un nazi de Viena y no tienes forma de enviar un puto contrato por fax?

—¿Y por qué es mi trabajo? ¿Qué haces tú en el grupo?

JL no levantaba su mirada. Con una voz monótona de aburrimiento nos soltó a Jeff, a mí y a la chica de Ohio Players:

—Yo tengo una máquina de fax.

Y así fue como James Lassiter se convirtió en nuestro mánager.

Hay una cita magnífica de Jim Rohn: «Fíjate en las cinco personas con las que pasas más tiempo, porque son lo que eres».

Esta idea siempre la he entendido, de forma innata. En lo más profundo de mi ser, sabía que mis sueños se cumplirían o se romperían según la gente de la que decidiera rodearme. Confucio tenía razón: es casi imposible que la calidad de tu vida sea superior a la calidad de tus amigos. Y, por suerte, no ha habido ni un solo momento en mi vida en el que haya mirado a mi izquierda o a mi derecha y no haya visto a un amigo extraordinario, alguien que creyera en mí y estuviera ahí para lo que hiciera falta.

JL estaba en su último año de la carrera de derecho. Aunque para Jeff y para mí fuera un acto fortuito de conveniencia el contratarlo como nuestro mánager, enseguida nos dimos cuenta de que JL no era un tipo «fortuito». Empezó a ponerse en contacto con todos nuestros locales y promotores de conciertos y a solicitarle a Dana documentación e información financiera sobre las ventas de discos y los costos del estudio. No quedando satisfecho con las respuestas, contrató a un abogado de Nueva York para que supervisara todos nuestros negocios. JL era uno de esos sujetos a los que no les importa el dinero ni la fama. No era pretencioso ni quería ropa elegante ni joyas caras. Su orgullo era el de defender a la gente que quería.

JL leyó el contrato de grabación que habíamos firmado con Dana. Subrayó, rodeó y marcó con cruces las cláusulas, pero no importaba porque ya lo habíamos firmado. Sentado en su «rincón de JL», preguntó con mirada perpleja:

—¿Leyeron este contrato?

Jeff y yo nos miramos.

—Yo no lo leí, ¿y tú? —respondí.

Jeff negó con la cabeza y luego le dijo a JL:

—No. ¿Qué dice?

Esa no era la respuesta que JL esperaba recibir.

—Que son unos imbéciles.

Dana estaba siempre de buen ánimo, contándonos lo mucho que estaba trabajando y el dinero que estaba gastándose en promocionar el disco. Jeff lo había escuchado un par de veces en WHAT, sobre la medianoche, y algunos amigos y familiares lo habían comprado. Pero estaba teniendo una difusión irregular, en el mejor de los casos.

—Hay que sobornar a las emisoras de radio, invitar a gente a cenar. Ya saben, es una competencia. Han intentado estafarme, pero lo ponen. ¡No lo entienden! Solo necesito un poco de tiempo y van a ser FAMOSÍSIMOS.

Desde que decidí en secreto que no iba a ir a la universidad, dejé de hacer las tareas, de estudiar para los exámenes y de ir a muchas de mis clases. En cuanto a mi padre, con que fuera disciplinado en la fábrica de hielo, hiciera mis tareas de forma impecable y no me arrestaran o mataran, a él ya le parecía bien. Pero mi madre era amiga de todos mis profesores de Overbrook, y ella sí se enojó.

La supermisión de mi madre era que tanto yo como el resto de sus hijos fuéramos a la universidad. Para ella, la universidad lo era todo. Era el motivo por el que había tomado sus cosas y se había mudado a Filadelfia. Era la razón por la que aún aguantaba el alcoholismo y la violencia de mi padre. Y también fue en gran parte por lo que se mudó de nuevo a Woodcrest. Para ella, la educación universitaria era la base fundamental de una vida de éxito. Y, sin eso, yo estaba perdido.

La esperanza es el motor de la vida. La esperanza es el elixir de la supervivencia en los momentos de mayor oscuridad. La capacidad de prever e imaginar días mejores le da sentido a nuestro sufrimiento y lo hace soportable. Cuando perdemos la esperanza, perdemos nuestra fuente principal de fuerza y resistencia.

Las esperanzas que mi madre depositaba en sus hijos la habían sustentado durante los años más oscuros de su matrimonio. Pero ahora yo había desarrollado mis propias esperanzas. Tenía esperanza en el hip-hop. Tenía esperanza en los discos y en el escenario, ante cincuenta mil personas gritando «¡Uuuuuh!» a mi señal. Estas esperanzas me infundían ánimos y me sustentaban a mí. Me habría muerto de haber tenido que renunciar a ellas. Ni podía ni quería.

Una tarde, hacia el final de mi último año, la situación llegó a su clímax. No había vuelto a casa después de clase, me había ido directamente a casa de Jeff para ensayar. Eran alrededor de las diez de la noche cuando llegué a casa al final del día. Pude sentir a mi madre incluso antes de meter la llave en la cerradura de la puerta principal.

Y, efectivamente, estaba en la cocina, esperándome.

—¡Hola, mamá! —saludé disimulando alegría.

—¿Tienes algún problema? —dijo igualmente.

—No, todo bien, mamá.

—No. Parece que tienes un gran problema. O por lo menos estás a punto de tenerlo.

—¿Qué pasa, mamá? ¿Qué pasó?

—Acabo de hablar con la señora Stubbs. ¿Después de cuatro años se te ha olvidado dónde son tus clases?

—No, mamá, es que estoy haciendo un montón de cosas.

—¿Qué cosas son esas, que son más importantes que entrar en la universidad? Sabes que van a mirar tus calificaciones finales del último año, ¿no? Hemos llegado demasiado lejos como para que tires ahora tu vida por la borda. ¿Qué problema tienes?

La voz y la postura de mi madre denotaban enojo, pero vi otra cosa más: estaba aterrorizada. Se me encogió el corazón.

—Mamá, llevo casi un año trabajando con Jeff. La gente dice que es el mejor DJ del mundo. El rap está arrasando. Suena en la radio, en la MTV... Run-DMC ha estado en Japón. En serio, mamá, estamos haciendo canciones que son tan buenas como las de cualquier otro artista. Cada vez que actuamos, la gente se vuelve loca. Hemos encontrado a un productor que está poniendo el dinero, tenemos mánager... Nadie en Filadelfia rapea mejor que yo. Todos dicen que vamos a ser estrellas. Solo necesito algo de tiempo para hacerlo realidad.

—No. No puedes ser rapero —dijo sin rodeos.

—¿Qué? ¿Por qué no?

—Porque ni siquiera sé lo que es eso. Escúchame ahora mismo. No faltarás más a clase, no te perderás ningún otro examen. Vas a hacer todas las tareas que te manden. Vas a ir a la universidad en otoño. Punto.

—¡Mamá! ¡Tú escucha la música!

—¡Llevo toda la vida escuchándote para arriba y para abajo por aquí! Eso es un hobby, no una carrera. Buenas noches.

Se levantó de la mesa de la cocina, se dio la vuelta para marcharse, y yo la detuve con lo peor que probablemente le he dicho a mi madre en la vida.

—Mamá, no voy a ir a la universidad.

Ahí estaba, sobre las espaldas de generaciones anteriores que habían luchado con sacrificio ante las adversidades. Era el bendito heredero de un largo linaje de afroamericanos que se esforzaban por tener una vida estable, con educación y de clase media en Estados Unidos. La generación de mi madre y mi padre creció en medio de la segregación y de una inmensa pobreza. La familia de Gigi había escapado del sur y de su legislación racista Jim Crow. Mi madre había luchado durante décadas contra las burocracias de los distritos escolares, contra la incertidumbre financiera y contra las estupideces de mi padre para que yo llegara al punto en el que me encontraba. Y se iba a ir todo al diablo si no iba a la universidad por culpa de la música que hacía en fiestas de sótanos con unos colegas llamados Jazz y Ready Rock.

Nuestras esperanzas habían colisionado. Y estas esperanzas eran inherentemente incompatibles. Una debía ceder. A uno de nosotros se le iba a romper el corazón.

Si algo he aprendido sobre los consejos a lo largo de los años es que nadie puede predecir el futuro con exactitud. Pero todos creemos que sí. Así que los consejos, en el mejor de los casos, son la perspectiva limitada de una persona sobre las infinitas posibilidades que existen. Los consejos de la gente se basan en sus miedos, sus experiencias, sus prejuicios... Y, al fin y al cabo, sus consejos son eso: suyos, no tuyos. Cuando te dan un consejo, se basan en lo que ellos harían, en lo que ellos pueden percibir y en lo que ellos creen que tú puedes hacer. Pero la conclusión es que, aunque sí, es cierto que todos estamos sujetos a una serie de leyes universales, patrones, corrientes y mareas (que son predecibles en cierta medida), la primera vez que has existido en toda la historia es siendo tú. TÚ y AHORA forman un acontecimiento único. Y tú eres la medida más fiable de todas sus posibilidades.

Siempre me ha encantado la escena de *En busca de la felicidad* en la cancha de baloncesto, en la que el personaje de Jaden lanza el balón y grita: «¡Voy a ser un profesional!». Mi personaje, Chris Gardner, le quita la idea de seguir con el baloncesto, pero entonces se retiene: «Nunca dejes que nadie te diga que no puedes hacer algo. Ni siquiera yo. Si tienes un sueño, tienes que protegerlo. Las personas que no son capaces de hacer algo te dirán que tú tampoco puedes. Si quieres algo, ve por ello. Y punto».

La educación universitaria de mi madre le salvó la vida y eso para ella sentó una premisa fundamental: la educación universitaria es la única armadura contra la brutalidad de este mundo. Sin una educación universitaria, estamos condenados a la destrucción segura. Este no era un «consejo» que me daba. Era «la verdad». Para ella, ser rapero era imposible.

Pero yo no soy mi madre. E igual que su educación la había salvado y protegido de las penurias de su vida temprana, actuar y el hip-hop me salvaron a mí de las mías. Ahora lo veo más claro cuando echo la vista atrás. Cuando nos atascábamos, chocábamos y discutíamos, la realidad era que ambas cosas eran ciertas: una era cierta para ella y la otra para mí.

Pero por aquel entonces ninguno de los dos podía ceder, porque significaría destruir todo lo que representábamos.

Mi padre estaba en medio, atrapado. Mi madre lo obligaba a hacerme ir a la universidad y yo le suplicaba que, por favor, entendiera lo que yo le estaba diciendo.

Estaba claro que él iba a tener la última palabra. Mi padre iba a ser el juez, el jurado y el verdugo de las esperanzas y los sueños. Tenía que escoger entre los de su mujer y los de su hijo.

Mi padre deliberó durante una semana. A mí me llevaba a dar una vuelta en coche y a mi madre a pasear. Nos preguntaba y nos escuchaba. Mientras tanto, en Woodcrest hacía tanto frío como en la fábrica de hielo. Mi madre y yo manteníamos la cordialidad: nos contentábamos con un «hola» y un «adiós». Y entonces, una noche, mi padre nos llamó a los dos a la cocina. Mi madre y yo nos sentamos a la mesa y él se apoyó en la estufa.

Mi padre ya había pasado por ahí, solo que la última vez estaba en mi lugar, cuando sus padres le habían dicho lo que podía y lo que no podía hacer, cuando disfrutaba tanto con su cámara, pero le decían que eso era solo un hobby y no una carrera. En el fondo, mi padre era un artista al que le habían robado sus sueños y pasiones porque eran «poco realistas y poco prácticos». Pero también conocía de primera mano la crueldad de este mundo hacia un chico negro sin educación. Todo lo que mi padre había hecho en su vida lo había hecho tras oír a alguien decir que no podía hacerlo. Se suponía que debía conseguir un trabajo porque no había forma de que pudiera abrir su propio negocio. Decían que era imposible que los blancos trabajaran para él. Que no había forma de que los supermercados de verdad le compraran el hielo a un negro. Siempre vivió con un viento de frente cargado de dudas y desaliento, pero igualmente lo hizo todo.

—Bien, esto es lo que vamos a hacer —empezó mi padre—. Tienes un año. Tu madre ha dicho que puede hacer que todas las universidades retengan tu aceptación hasta el próximo septiembre. Te ayudaremos y apoyaremos para que hagas todo lo que creas necesario para triunfar. Pero si en un año no lo has conseguido, vas a ir a la universidad que tu madre decida. ¿Te parece?

En mi cabeza, un año era una eternidad. Estaba eufórico.

Se giró hacia mi madre:

—¿Te parece?

Está claro que a mi madre no le hizo mucha gracia, pero era un acuerdo mutuo que mantenía vivos sus sueños. Solo pronunció una palabra:

—Sí.

Y con eso, mi padre volvió al trabajo.

Mi experiencia con mi padre es una mezcla de cosas, por resumir. Pero aquella noche en la cocina del 5943 de la avenida Woodcrest demostró el liderazgo más exquisito que he presenciado jamás.

Así es como un padre debe ser.

Unas semanas después, mi madre llamó al decano de la Universidad de Wisconsin, la escuela en la que me habían aceptado. Le contó todo al decano.

—Es terrible —dijo—. Mi hijo quiere tomarse un año sabático. Está haciendo algo llamado «rapear». Tiene un mánager y una empresa le paga para que grabe un disco. A mí todo me suena muy vago, pero nos preguntábamos si usted podría guardarle el lugar hasta septiembre del 87.

El decano escuchó con paciencia.

—Me parece increíble, señora Smith.

—¿Qué? —respondió mi madre.

—¿Un joven de esa edad? Nunca podría tener ese tipo de experiencia de vida aquí. Debería hacerlo sin ninguna duda.

Mi madre se quedó de piedra.

—Y por supuesto que le guardaremos el lugar. Si lo del disco no sale bien, puede venir el año que viene. Sin problema.

Varias semanas más tarde, a principios de mayo, más o menos un mes antes de mi graduación, me encontraba embolsando hielo en ACRAC. Por si te lo estás preguntando, embolsar hielo es tan aburrido y monótono como parece. Y siempre acabas con dolor de espalda. La pala de aluminio agarraba como dos kilos de hielo: dos palas y media llenaban una bolsa de cinco kilos, que luego se giraba para torcer la parte superior y después dejarla caer en la máquina que la sellaba. Por último, se echaba en el carro de la compra, donde, apiladas correctamente, cabían unas veinticuatro. En el congelador, había que sacar las bolsas de una en una y apilarlas dentro. En una sesión de cuatro horas, una persona podía hacer entre doscientas y doscientas cincuenta bolsas. Es repetitivo y sirve para desconectar unas horas mientras trabajas.

A mí me gustaba hacerlo siempre por la noche, porque era cuando Power 99 ponía hip-hop. Escuchaba el top 9 del programa, perdiéndome en mi propio mundo y poniéndome al día de las novedades del hip-hop. Rapeaba, memorizaba mis canciones favoritas y, mientras tanto, movía la pala siguiendo el ritmo e inventándome mis propias rimas.

Pero aquella noche estuve callado. Por primera vez entendí el viejo dicho que dice: «Ten cuidado con lo que deseas, porque puede hacerse realidad». Me había mantenido firme ante mis padres y ellos habían cedido. Pero era el momento de demostrarlo.

—¡Número cinco-cinco-cinco! Tenemos el nuevo tema de Kool Moe Dee, «Go See the Doctor».

> I... was... walking down the street, rocking my beat,
> clapping my hands and stomping my feet.
> I saw a little lady, so neat and petite,
> she was so sleek, yes, I wanted to meet—[3]

A ver, soy tan bueno como Kool Moe Dee, pensaba intentando mentalizarme. Pero mi madre se había metido en mi cabeza. *¿Y si tiene*

3 «Estaba... caminando por la calle, dándole a mi ritmo, / Dando palmas con las manos y marcando con los pies. / Vi a una señorita, pulcra y menudita, / superelegante, y la quería conocer...» *(N. del T.)*

razón? *¿Y si ser rapero no es algo de verdad? ¿Y solo un año? ¿Es suficiente? Este último año se me pasó volando. A lo mejor debería ir a la universidad. He hecho todo esto con Jeff mientras iba a la escuela, quizá podría ir a la universidad y seguir con la música.*

Pala, bolsa. Pala, bolsa. Pala, bolsa.

Estoy intentando no vivir en casa. Necesito mi propio sitio, mi propio dinero, mi propio coche...

—¡¡¡Número CUAAAATROO!!! Los Beastie Boys han vuelto con «Hold It Now, Hit It».

> Now I chill real ill when I start to chill,
> When I fill my pockets with a knot of dollar bills
> Sippin' pints of ale outta da windowsill
> When I get my fill I'm chilly chill[4]

Pala, bolsa. Pala, bolsa. Pala, bolsa.

Hombre, la verdad es que soy tan bueno como los Beastie Boys. Solo que ellos están en la radio y yo metiendo hielo en bolsas. A lo mejor meter hielo en bolsas es mi destino. Pero, hombre, si estoy atrapado aquí con mi padre en diez años, me corto yo mismo la cabeza con el extremo mellado de esta pala.

A ver, Run-DMC y los Beastie Boys habrán tenido su propio hielo que meter en bolsas, ¿no? O tal vez fue fruto de la casualidad, una oportunidad entre un millón...

—¡¡¡Número-número-número TRES!!! Aquí la tienen, recién salida del disco debut de Stetsasonic, *On Fire*. Esta es una nueva que han estado pidiendo. Ahí va: «My Rhyme».

Pero yo soy uno entre un millón. Jeff es uno entre un millón. Mi madre no es mi público objetivo. ¿Cómo cree que va a saber si un rapero es bueno o no? Juzga cosas que ni siquiera entiende. ¿Y qué pasa con Melanie? No puedes mantener una novia si te vas a cualquier universidad donde sea. Se irá por ahí con otro mamón en un par de semanas.

Pala, bolsa. Pala, bolsa. Pala, bolsa.

---

4 «Ahora cuando me relajo, me relajo a tope / Cuando me lleno los bolsillos con fajos de dólares / Bebiendo tarros de cerveza desde mi ventana / Cuando me lo llevo muerto, el relax es extremo.» (N. del T.)

—¡¡Y ya estamos de vuelta con el número DOOOOS!! Sí, chicos, un clásico de sus favoritos: ¡RUN-DMC! con «My Adidas».

Esta era mi canción. Me sacó de la depresión. Volví a meter la pala con el ritmo y a rapear.

> My. Ahhhh-didas walk through concert doors
> And roam all over coliseum floors
> I stepped on stage, at Live Aid
> All the people gave, and the poor got paid[5]

Se me aceleró la pala de manera totalmente involuntaria. *Este es el poder del hip-hop*, pensé.

> My Adidas touch the sand of a foreign land
> With mic in hand
> I cold took command[6]

Pero mi ensoñación duró poco. No podía sacarme a mi madre de la cabeza. No había conseguido protegerla de mi padre. No fui lo suficientemente valiente para marcharme con ella cuando se fue de casa. Y ahora yo le estaba escupiendo en las esperanzas que tenía para mí y los sueños que la habían mantenido en pie en medio de todo su dolor y sus problemas. No podía deshacerme de esa sensación de que le estaba fallando otra vez.

Terminó de sonar «My Adidas» y Power 99 hizo una pausa publicitaria. Me di cuenta de que me había perdido el final de la canción.

Carajo, pensé. *Ni siquiera «My Adidas» puede sacarme de esta.*

Llevé el último carro al congelador. Ya había terminado por esa noche. Conté las bolsas mientras sonaban los anuncios de ofertas de colchones nuevos «hasta fin de existencias».

5 «Mis Aaaaaa-didas atraviesan puertas de los conciertos / Y deambulan por todos los pisos del Coliseo / Me subí al escenario, en Live Aid / Todos dieron, y todos los pobres recibieron.» *(N. del T.)*

6 «Mis Adidas tocan suelo en un país del extranjero / Con micrófono en mano / Tomé de repente el mando.» *(N. del T.)*

Tal vez podría dedicarme a vender colchones, pensé. *Esa mierda no será tan difícil. Podría hacer raps sobre colchones.*

Duerme bien y sueña, lo importante es descansar
Tengo colchones dobles, litera y cama individual.

Tiré la pala a un lado y apagué las máquinas.

—¡Y ya estamos de vuelta con nuestro top 9. Esta noche tenemos una recién llegada a nuestra lista de éxitos...

Al apagar las luces, me di cuenta de que no tenía las llaves. Ya las había perdido varias veces y mi padre había tenido que venir a recogerme. Miedo me daba la idea de tener que llamarlo para que fuera a buscarme. Ahí estaba yo, exigiendo mi independencia, a punto de llamar a mi papi para que me recogiera porque no encontraba mis putas llaves.

—¡Los teléfonos han estado ardiendo todo el día! Nos pedían escuchar a estos chicos, así que prepárense para nuestros chicos de Filadelfia, los mismísimos DJ Jazzy Jeff and the Fresh Prince. Esto es... «Girls Ain't Nothing But...».

Me quedé completamente helado. La boca me llegaba al suelo. Por algún motivo, el corazón me latía desbocado. Quería gritar, quería saltar, pero al mismo tiempo no quería hacer nada que trastocara el universo y sacara mi disco de la radio. Entonces llegaron esas palabras. Esas palabras que tan bien conocía y que había repetido cientos, tal vez miles, de veces, pero esta vez venían de la radio:

Listen, homeboys, don't mean to bust your bubble
But girls of the world ain't nothin' but trouble![7]

Era mi voz. Era yo. En la radio. *Yo. Mis rimas. ¡Mi voz!* Quería llamar a la gente, pero no quería perdérmelo.

---

7 «Escuchen, colegas, no quiero estropearles la fiesta / Pero ¡todas las chicas del mundo solo traen problemas!» *(N. del T.)*

Just last week when I was walking down the street
I observed this lovely lady that I wanted to meet[8]

Salí corriendo. Quería agarrar a alguien y decirle: «ESE SOY YO, HOMBRE, SOY YO».

Pero eran las diez. No había nadie. Me eché a reír. Fue una reacción instintiva que aún conservo hoy cuando me enfrento a circunstancias emocionales extremas. No podía parar de reír. Era una risa alegre y feliz. La alegría pura de un niño que se despierta el día de Navidad. La alegría del descubrimiento. De la esperanza renovada. De una nueva vida.

La alegría de haber acertado conmigo mismo.

---

8 «La semana pasada cuando caminaba por la calle / Observé a una hermosa dama que quería conocer.» *(N. del T.)*

SEIS

IGNORANCIA

No sabíamos una mierda.

El autobús de la gira se detuvo en Woodcrest. Acordamos quedar en mi casa porque mi calle era la más ancha. Toda mi familia se reunió para despedirnos. Mi madre, mi padre, Gigi, Ellen, Harry... Pam también estaba en casa en ese momento. Melanie había dicho que no podía soportar verme marchar, así que nos habíamos despedido la noche anterior.

Los niños del vecindario nunca habían visto un autobús de gira, de ahí que se pasaran a ojear los neumáticos, abrir los compartimentos para el equipaje y charlar con el conductor.

De alguna manera, Dana lo había logrado. «Girls Ain't Nothing But Trouble» pegó en las emisoras locales en mayo de 1986, por fin. Cuando salió por primera vez en marzo, tuvo sus tropiezos, pero a finales de mayo despegó. Nos dijeron que la estaban tocando en Delaware, en Nueva Jersey e incluso en la ciudad de Nueva York.

Yo me gradué del bachillerato en junio, lo que significaba que tuve un mes entero como alumno de último año con un éxito en la radio (y eso es demasiado poder para un joven de diecisiete años). Cuando bajé del escenario vestido con toga y birrete, agitando mi diploma, corrí a abrazar a mi madre. Pero ella, bromeando, se negó a abrazarme, me arrebató el diploma de las manos y dijo:

—Chico, esto es MÍO.

Ya en julio, Dana nos tenía a Jeff y a mí encerrados en Studio 4, en el centro de Filadelfia, grabando nuestro álbum debut, *Rock the House*. Jeff y yo llevábamos haciendo canciones juntos desde el día en que nos conocimos, así que terminamos el álbum a la velocidad de la luz. Pero Dana siguió jugando con las canciones, remezclándolas y rediseñándolas, y finalmente arruinando la producción. Nuestra relación con él ya se estaba agriando, pero no había tiempo para centrarse en eso. Teníamos un sencillo de éxito y en ese momento debíamos averiguar cómo sacar provecho.

Dimos algunos conciertos en la Costa Este con LL Cool J y Whodini, incluidos un par de conciertos con entradas agotadas en la ciudad de Nueva York. Luego firmamos nuestra primera gira completa: abriríamos para Public Enemy y 2 Live Crew, dos de los grupos de hip-hop con más público en esa época.

Metimos nuestro equipaje en el autobús de la gira. Mi familia biológica me entregó solemnemente a mi nueva familia del hip-hop. JL era el nuevo «padre», era el maduro, el adulto del grupo. Les dio a mis padres nuestro itinerario completo, con la ruta del autobús, las fechas, los nombres y números de teléfono de los hoteles, las direcciones de los locales, y nombres e información de contacto de los agentes.

JL tenía veintiún años, pronto cumpliría veintidós. Era el mayor, y mis padres se sintieron aliviados de que estuviera al mando. Omarr era el más pequeño, solo tenía dieciséis años, e incluso a esa edad su sentido de la moda era la bomba. Siempre llevaba los mejores accesorios y era la única persona que yo conociera que viajaba con una plancha. La mayoría de los grupos tenían al menos dos bailarines para una puesta en escena más simétrica, pero la cirugía de la pierna de Omarr había sido tan eficaz que solo lo necesitamos a él. Él y yo habíamos crecido a diez puertas el uno del otro, por lo que había sido testigo de casi todos los acontecimientos importantes de mi vida hasta el momento. Había vivido conmigo mis bicis Raleigh Choppers, mis botas de cowboy, había metido en bolsas más hielo del que le correspondía e incluso me había mentido mientras me metían en la parte trasera de una ambulancia. «Sí, hombre, en serio, de veras que hiciste la clavada.»

Omarr no acababa la secundaria hasta el año siguiente, por lo que JL tuvo que ir hasta su casa para prometerle a su madre que él se haría responsable de que Omarr hiciera las tareas y mantuviera su estatus de alumno con honores (la señorita Brown, que ya había desempeñado un papel clave al elegir el nombre de Fresh Prince, había impuesto esto como condición para permitir que Omarr viniera de gira con nosotros).

—Señora Rambert, no tiene por qué preocuparse —le dijo JL a la madre de Omarr—. Yo me gradué de Overbrook, Will se graduó de Overbrook, y les doy mi palabra: me aseguraré de que Omarr se gradúa de Overbrook.

Durante el año siguiente, JL ayudó a Omarr con sus tareas en las habitaciones de hotel, en los autobuses turísticos, durante las paradas para descansar, e incluso se perdieron nuestro concierto en el parque de atracciones Six Flags Over Georgia por culpa del teorema de Pitágoras.

Ready Rock se había ido de fiesta la noche anterior, y estaba agotado. Tiró sus maletas en el autobús y se quedó profundamente dormido en su litera, antes incluso de que arrancáramos.

Jeff acababa de conseguir fundas Anvil nuevas para transportar sus tocadiscos, vinilos y cajas de ritmos. En ese momento, por la emoción, no me di cuenta, pero Jeff estaba callado y ensimismado. Años más tarde, nos confesó que debido a que había sido un niño sobreprotegido, cada vez que teníamos que salir de Filadelfia sufría fuertes ataques de ansiedad y otras reacciones físicas. Tenía episodios de vómitos que duraban treinta o cuarenta minutos, pero durante mucho tiempo no dijo ni una palabra.

Todos coincidimos en que si íbamos a viajar por todos esos pueblos y ciudades extrañas, sería imprudente ir sin seguridad. Y en los primeros tiempos del hip-hop, la «seguridad» se definía como el amigo más alto y corpulento al que no le gustara sonreír. La nuestra era Charles Alston, también conocido como Charlie Mack.

Charlie Mack se crio en el Sur de Filadelfia, una de las zonas más conflictivas de la ciudad. Sus padres estaban separados y vivía con su madre. Se mudaron muchas veces durante su infancia, hasta que el caos de su vida familiar lo empujó a las calles.

Charlie comenzó a traficar cuando solo tenía once años. Poco después, pasó al siguiente nivel: armas y tráfico de drogas más serias. Cuando lo conocimos, medía un metro noventa, pesaba casi ciento cuarenta kilos y ya nadie se metía con Charlie Mack.

Apareció ese día con una bolsa de basura verde llena de billetes de uno y de cinco dólares. Claramente se trataba de los ingresos de la noche anterior de su suministro de productos farmacéuticos para el barrio. Llevaba la bolsa de basura colgada del hombro como un Santa Claus del gueto.

—Charlie. No puedes andar por ahí con una bolsa de basura llena de billetes —dijo JL.

—¿Qué te pasa, qué te pasa, qué dices? No voy a ir a ninguna parte sin mi dinero —refunfuñó Charlie.

La voz de Charlie es demasiado profunda y habla demasiado rápido para medir casi dos metros. Y cuando se emociona, no tiene ningún problema con decir la misma palabra o frase tantas veces como sea necesario hasta que accedas. «Colega, colega, colega, colega —una y otra vez—, espera, espera, espera, espera.» Esto detendría a cualquiera ipso facto: el timbre y la velocidad de la repetición lo hacen apenas comprensible, pero, mágicamente, incitan a la obediencia en el oyente.

Así que lo dejamos que se calmara, y Jeff, JL y yo hablamos con él más tarde. Hablamos de nuestros sueños y de lo que todos deseábamos construir juntos. Le ofrecimos a Charlie una alternativa: podía seguir siendo un traficante de drogas o podía tomar esta oportunidad con nosotros para llevar vidas plenas. No podíamos pagarle tanto como ganaba en las calles, pero le prometimos que lo haríamos cuando fuera posible.

Charlie se detuvo. Me di cuenta de que estaba sopesando su vida entera. Él también tenía sueños. Y en alguna parte profunda y oculta de su alma, sabía que estaba viviendo por debajo de sus posibilidades, solo necesitaba que alguien se lo dijera en voz alta.

—Creo que podré con esta mierda de ustedes —dijo.

Y básicamente Charlie dedicó su vida a DJ Jazzy Jeff and the Fresh Prince. Fue un compromiso que no estuvo exento de vueltas y revueltas, pero hubo una constante a partir de ese día: nunca más volvió a vender drogas.

Finalmente cargamos las bolsas. Todos se habían despedido ya. La pandilla había montado en el autobús. Abracé a mi familia y atravesé la puerta del vehículo. Tres escalones de goma sucios, el umbral hacia mi nueva vida, una puerta estelar, el portal que separaba mi infancia de lo infinitamente inconcebible: estar yo solo, donde mi padre ya no podía hacerme daño, pero donde tampoco podía protegerme. Lejos de la vergüenza de fallarle a mi madre, lejos del miedo en sus ojos, que parecían decir: «Está echando su vida a perder».

Cuando las puertas comenzaron a cerrarse, miré a Gigi. Ella sonrió con la misma sonrisa que yo había visto en la Iglesia Baptista de la Resurrección todos los domingos de mi vida.

—No te olvides, Don Juan —dijo—, de ser amable con todos los que te cruzas en la subida, porque puede que te cruces con ellos en la bajada.

El sol se estaba poniendo mientras nuestro autobús cruzaba el puente de la bahía de Chesapeake. Pensilvania se había convertido en Delaware, Delaware se había convertido en Maryland y la emoción inicial se había calmado. El zumbido de la carretera me meció el corazón hasta un ensueño.

Un pensamiento se apoderó de mí: *Ahora yo estoy al mando.*

Nunca me había enamorado como lo estaba de Melanie Parker. Quería construir una vida para los dos, protegerla del caos en el mundo. Quería hacer las cosas bien.

Desde que tenía cinco años, siempre quise casarme. Quería tener mi propia familia, incluso cuando de pequeño jugaba con mis hermanos: solíamos jugar a ser la típica familia blanca. Ellen era «Kathy», Harry era «Dickie» y yo era «Junior».

Más tarde, mis fantasías de adolescente nunca implicaron tener varias novias ni orgías salvajes. En ellas siempre había una única mujer. Quería devorarla con mi afecto y una devoción completa y exclusiva. Quería ser el mejor hombre que hubiera conocido, cumplir todos sus sueños, resolver todos sus problemas, calmar todo su dolor. Quería que me adorara. Quería ser tan digno de confianza y tan empático emocionalmente que superara cualquier impresión que le pudiera causar cualquier otro hombre. Y si pudiera matar un dragón por ella, trepar por su cabello, entrar en un castillo fuertemente custodiado y luego hacer que mi beso funcionara como un antídoto contra el veneno que hubiera ingerido, todo eso habría sido solo una pequeña cereza de mi gran pastel de amor.

Tenía dieciocho años.

Desde el día en que la conocí, Melanie había sido el centro de mi vida. Sanar el dolor de sus traumas se convirtió en una preocupación constante para mí. La mirada de Melanie se convirtió en el sustituto de la mirada de aprobación de Gigi. Siempre he necesitado una mujer por la que lograr cosas. Cuando actuaba, en ese momento actuaba por Melanie. Cuando comencé a ganar dinero rapeando, en mi mente estaba ganando dinero por ella. Vinculé mi autoestima a la escala fluctuante de su felicidad. Si ella era feliz, eso significaba que yo era una buena persona. Si ella no estaba contenta, eso significaba que yo era un monstruo.

Llegamos a Tallahassee en la primera etapa de nuestra ruta hacia el sur. El resto de los muchachos iban pronto al lugar del concierto para los preparativos y las pruebas de sonido, y como todo lo que yo tenía que hacer era rapear, podía llegar hasta cuarenta y cinco minutos antes de la hora del espectáculo. En esa primera noche, entré en el vestuario y encontré a todo el equipo sentado con seis o siete chicas. Pantalones de mezclilla Jordache y aretes de bambú por todas partes. El camerino olía como la sección de perfumería de un mercado.

De manera educada, les pedí a Keisha, Mercedes, Cinnamon y las demás que se marcharan. Y convoqué una reunión de todo el equipo.

—Tenemos que poner reglas —dije—. No quiero chicas en los camerinos ni chicas en el autobús, y sea cual sea la planta del hotel donde nos alojemos, tampoco quiero que haya chicas allí. No quiero oler ningún perfume ni escuchar risas ni mierdas. Estoy enamorado de Melanie, tenemos una relación seria y no estoy aquí para hacer tonterías.

Todos los chicos se miraron unos a otros como diciendo: «No puede hablar en serio». Ready Rock levantó la mano y yo le señalé.

—¿Qué pasa, hombre?

Ready Rock, algo confundido, dijo:

—Entonces, ¿'ónde nos vamos a coger a todas las grupis?

—Si tienes suerte, te las puedes coger donde dejaste la «d» de *dónde* —respondí.

—Will, eso es una locura, hombre —se quejó Charlie Mack—. No estás aquí tú solo. Estamos todos. ¿Tomas decisiones unilaterales?

—Escucha, hombre, estoy a punto de proponerle matrimonio a mi chica, nos vamos a casar. Y no lo voy a estropear por un montón de perros del gueto cachondos.

—Hermano, respeto que estés enamorado y todo eso —dijo Omarr—. Pero eso no me convierte en un perro.

Me estaba convirtiendo en un santurrón. Y eso a los chicos no les hacía ninguna gracia. Pero cuando me centro en una idea o cuando me comprometo con una causa, solo hay dos opciones: una, cumplo con mi misión.

O dos, estoy muerto.

No sabíamos una mierda.

No nos habíamos dado cuenta de que teníamos que pagarle al conductor del autobús nosotros mismos, y que, si no lo hacíamos, podía largarse. No sabíamos que algunos locales se llevarían dinero, que mentirían sobre cuántas entradas habían vendido. No sabíamos que el público rebelde arrojaba cosas al escenario si no les gustaba el concierto: centavos, botellas, pilas, zapatos e incluso un explosivo M-80 una noche en Oakland. No sabíamos que había todo tipo de leyes sobre toques de queda y normas sindicales en diferentes estados que permitían cancelarte la presentación si no acababas a tiempo y salías del escenario lo suficientemente rápido. No sabíamos que tenías que agradar a la seguridad del local si no querías que tus cosas desaparecieran. No nos dábamos cuenta de que un par de centímetros en un mapa podría equivaler a doce horas en un autobús.

La gente suele decir que la ignorancia es una bendición.

Puede serlo... hasta que ya no lo es.

Nos castigamos por no saber esas cosas. Siempre nos quejamos de lo que podríamos o deberíamos haber hecho, y del grave error que cometíamos al hacer cierta cosa, esa cosa tan imperdonable. Nos castigábamos a nosotros mismos por ser tan tontos, nos arrepentíamos de nuestras decisiones y de las terribles alternativas por las que optamos.

Pero la realidad es que la vida es así. Vivir es el viaje de no saber a saber. De no comprender a comprender. De la confusión a la claridad. Por defecto universal, naces en una situación desconcertante, naces desorientado, y tienes una única responsabilidad como ser humano: resolver esa mierda.

La vida es aprendizaje. Y punto. Superar la ignorancia es el objetivo del viaje. Se supone que al principio no tienes por qué saberlo. El objetivo de aventurarse en la incertidumbre es precisamente arrojar luz sobre nuestra ignorancia. Una vez escuché un gran dicho: «La vida es como el colegio, con la gran diferencia de que en el colegio primero recibes la lección y luego haces el examen, mientras que en la vida real haces el examen y es tu responsabilidad extraer una lección».

Todos estamos esperando obtener conocimiento profundo, sabiduría y un nivel de certeza antes de aventurarnos. En realidad, es al revés: es aventurándonos como conseguimos el conocimiento.

Durante los años siguientes nuestra ignorancia nos causó diluvios de dolor y sufrimiento, y cuando miro atrás, veo claramente que no podría haber sido de otra manera. El universo solo enseña a través de la experiencia.

Así que, incluso cuando no tienes la menor idea de lo que estás haciendo, solo tienes que respirar hondo y subirte al maldito autobús.

No se podía subir al mismo escenario a tres grupos más diferentes entre sí que DJ Jazzy Jeff and the Fresh Prince, Public Enemy y 2 Live Crew. Pero en aquel entonces el hip-hop era así.

Me sorprendí a mí mismo estudiando al público incluso más que a los intérpretes. Cada grupo conectaba con aspectos totalmente diferentes de la experiencia del público.

Public Enemy encendía la conciencia social: la gente pataleaba, gritaba y vitoreaba, expresando su descontento con la autoridad. Me di cuenta de cómo la sensación de seguridad en el edificio, sobre todo en el sur, aumentaba cuando Chuck D enardecía al público para que criticara lo que todos sentíamos que era una injusticia.

Como parte de su presentación, tenían a un actor que se vestía como un miembro del Ku Klux Klan. Representaba una escena en la que se le condenaba por crímenes de lesa humanidad, y luego, en el momento más impactante de todo el espectáculo, le ponían una soga al cuello y lo colgaban en el escenario. Durante treinta segundos, el cuerpo suspendido se sacudía y convulsionaba hasta su último estremecimiento, mientras la multitud lo observaba. Y luego, silencio. El cuerpo sin vida se balanceaba sobre el centro del escenario... y entonces:

YES! The rhythm, the rebel![9]

Chuck D daba paso a «Rebel Without a Pause», mientras se desataba el caos. Y aunque he visto otros conciertos que han iguala-

9 «¡SÍ! ¡El ritmo, el rebelde!» *(N. del T.)*

do el nivel de intensidad que Public Enemy era capaz de conjurar, nunca lo he visto superado.

En cambio, 2 Live Crew conectaba con un tipo de energía completamente diferente. Luther Campbell, también conocido como Luke Skyywalker o el tío Luke, salía al escenario y gritaba a la multitud: «¡¿Eeeeeeeeyyyyyyyy?!», y quince mil personas contestaban: «WE WANT SOME PUSSY!! (¡¡QUEREMOS VAGINA)», incluidas las ocho mil mujeres que probablemente formaban parte del público. (Yo sigo sin entenderlo del todo.) Nunca habíamos oído hablar de 2 Live Crew, pero en Florida eran los cabezas de cartel. Su sencillo con más éxito era precisamente «We Want Some Pussy». Le estaban dando permiso al público para desatar, al menos verbalmente, a sus perros interiores. Todo esto se amplificaba aún más con los actos sexuales lascivos que simulaban en sus presentaciones. Y, siendo sincero, algunas noches no eran simulaciones.

Pero lo que verdaderamente me llamaba la atención era lo inteligentes que eran todos. En aquella época la «autoridad» —ya fuera el Gobierno, las empresas, las fuerzas del orden, e incluso muchos padres— se mostró escéptica y temerosa ante la creciente influencia del hip-hop y ante los raperos. Los conciertos de rap se topaban con un escrutinio riguroso, sobre todo en los estados sureños. Cuando estabas de gira con Public Enemy y 2 Live Crew en Georgia, Carolina del Sur, Misisipi y Alabama, dabas por supuesto que tu trasero sería examinado rigurosamente.

Antes de cada concierto en el sur, manteníamos reuniones con sheriffs y jefes de policía para informarnos sobre las leyes y normas locales que dictaban los tipos de comportamiento tolerable en el escenario. Se nos informaba de que cualquier infracción conllevaría el fin inmediato del espectáculo, y de que nos sacarían del escenario a la fuerza y nos arrestarían. No hace falta especificar que las felaciones en público y ahorcar a miembros del Ku Klux Klan no eran cosas bien vistas en Misisipi.

Teniendo en cuenta lo que estaba en juego, estas reuniones inevitablemente se convertían en sesiones de debate social y de interpretación jurídica. Chuck D conocía la ley: contaba con activistas locales, líderes comunitarios y juristas académicos que lo equipaban con los contraargumentos y la información necesarios para defender los derechos derivados de la Primera Enmienda. Y cuando todo eso fallaba, tenía dinero reservado para las fianzas. Pero lo que no podía permitir era que un sheriff local le dijera que no podía hacer su presetación exactamente como él quería hacerla. Colgó a un miembro del Ku Klux Klan todas las noches de esa gira.

Luke Skyywalker, sin embargo, deseaba que lo arrestaran. Lo veía como una forma de publicidad sumamente eficaz. El tío Luke era un empresario brillante, era dueño de su propia compañía discográfica, su distribuidora, su agencia y su servicio de merchandising, además de peluquerías, supermercados y clubes nocturnos. Todavía no había descubierto cómo expandir sus negocios más allá de su presencia regional, pero sabía que si lo arrestaban en Macon (Georgia), entonces se agotarían las entradas en Baton Rouge y Shreveport (Luisiana) en menos de veinticuatro horas tras publicarse la noticia. (Y, además, se la habría pasado muy bien en el escenario.) También era muy consciente de la creciente atención nacional e internacional que la cuestión del arte frente a la moralidad estaba recibiendo. En ese momento, Tipper Gore, entonces esposa del senador Al Gore, lideraba las acusaciones de blasfemia contra las figuras de la industria del entretenimiento. En aquel entonces, las reglas de la FCC (la Comisión Federal de Comunicación de Estados Unidos) prohibían la difusión de blasfemias, y 2 Live no tenían un solo álbum que no contuviera blasfemias. (Incluso arrestaban a los propietarios de tiendas de discos acusados de delitos de obscenidad por vender esos discos.) El tío Luke se hizo con un barco, habilitó una emisora de radio en él y lo mantuvo en alta mar, en aguas internacionales, desde donde podía transmitir legalmente a Estados Unidos. Luke vio cómo 2 Live Crew se situaba en el ojo del huracán de esta batalla, y se propuso aprovechar estos vientos para expandir su negocio en todo el mundo.

Al final, el Tribunal de Apelaciones de Estados Unidos dictaminó que el rap estaba protegido por la Primera Enmienda. (Más de veinte años después, Luther Campbell, más conocido como Luke

Skyywalker, terminó postulándose para alcalde del condado de Miami-Dade.)

Recuerdo estar sentado en esas reuniones, con tantas ganas de levantar la mano y decir: «Disculpe, señor oficial de la oficina del sheriff, no hace falta que me mire así porque mi abuela ya me ha dado esta charla. Pero lo cierto es que podría arrestarlos ahora mismo, porque Chuck va a colgar a un miembro del Ku Klux Klan esta noche seguro, y Luke nunca pasa del primer estribillo antes de enseñar los dos testículos. ¡Sin embargo, nuestro concierto, señor oficial, es bueno, sano y divertido para toda la familia! Jeff es el mejor DJ del mundo. ¡Ready Rock C puede hacer sonar la melodía de *Sanford and Son* como si estuviera bajo el agua! Omarr ni siquiera fue capaz de caminar hasta los seis años, pero se ha convertido en el mejor bailarín desde... ¿a quién podría conocer usted?... A ver, dígame un buen bailarín blanco... ¡¿Fred Astaire?! Y si alguna vez has querido que tu hija, Becky o como se llame, trajera a casa a un buen chico negro, ya te aseguro que ese sería yo. No vas a tener ningún problema con nosotros. ¿Podemos irnos ya?».

No recuerdo que JL abriera la boca ni una sola vez en ninguna de esas reuniones. En lugar de eso, llenaba cuadernos con sus notas. Estudiaba cada palabra, y volvía a releer la legislación. Se reunió con los mánagers de Public Enemy, se hizo amigo de los promotores de las giras y consultaba a menudo a Luke Skyywalker sobre las grandes disqueras frente a la autodistribución. JL pasó cada vez menos tiempo yendo con nosotros de gira, a discotecas o a parques de atracciones, y cada vez más estudiando el negocio de la música desde todos y cada uno de los ángulos.

Las giras nos habían abierto los ojos a la industria y a las complejidades de su verdadero funcionamiento. Public Enemy disponía de una empresa de representación, contables, representantes y *road managers*. Nosotros solo teníamos a JL. Word-Up Records, el sello discográfico de Dana, todavía no tenía ningún otro artista contratado. Dana no nos decía cómo iban las ventas, y nuestro disco aún no estaba disponible en ninguna tienda fuera de Filadelfia.

Pero el punto de inflexión para mí llegó cuando descubrimos que Dana no había respondido las llamadas de Russell Simmons. En aquel entonces, Russell era posiblemente la persona más influyente del mundo del hip-hop. Llevaba representando artistas y produciendo discos desde 1977. Fue cofundador de Def Jam Records, el sello de hip-hop más grande de los años ochenta. Y había preparado, dirigido y producido a los más potentes, como los Beastie Boys, Run-DMC, LL Cool J y Whodini.

Por lo visto, Russell había estado tratando de comunicarse con nosotros durante meses, pero no nos llegaba ninguno de sus mensajes porque se los dejaba a Dana.

Estábamos muy enojados.

A Russell le encantaba DJ Jazzy Jeff and the Fresh Prince. Estaba entusiasmado con el principio de «Girls Ain't Nothing but Trouble», en el que digo: «Aw my eye, my eye / Man this guy just walked up to me and punched me in my eye, man / Talkin' 'bout how I was just trying to talk to this girl, man / I don't even know her, man!».[10]

—Esa mierda es lo más genial que he escuchado —dijo Russell—. ¿Qué rapero admite que le han dado un puñetazo en el ojo?

Russell veía en nosotros honestidad, vulnerabilidad y humor autocrítico, algo inaudito en el hip-hop en ese momento, como si tuviéramos un pasaporte para viajar a lugares a los que los raperos nunca habían llegado. Russell quería trabajar con nosotros, pero, por desgracia, Dana se negaba a hablar con él.

Siempre me han maravillado las reacciones opuestas de JL y de Dana ante el entusiasmo de Russell. Mientras que Dana se sentía amenazado por el interés de Russell, JL veía a Russ como un posible maestro y como alguien que nos ofrecería nuevas oportunidades.

Así que JL ideó un plan: aunque Dana controlaba el proceso de grabación de nuestra música, JL controlaba la gestión de nuestra carrera. JL negoció la cesión de la gestión de DJ Jazzy Jeff and the

---

10 Ay, mi ojo, mi ojo / Hombre, este tipo se me ha acercado de repente y me ha dado un puñetazo en el ojo, hombre / Dice que yo estaba ligando con su chica / ¡Ni siquiera la conozco, amigo! *(N. del T.)*

Fresh Prince a Russell Simmons y Lyor Cohen de Rush Management, con tres condiciones: 1) Jazzy Jeff and the Fresh Prince irían de gira con sus artistas más importantes; 2) contratarían a JL para supervisar nuestras cuentas, y 3) formarían a JL en el negocio.

Russell aceptó el trato.

Me resulta muy doloroso que las personas que me importan dejen pasar una oportunidad para crecer. Me he visto en este tipo de situaciones unas cincuenta veces durante mi carrera. Yo estoy dispuesto a escalar y apuntar a lo más alto, dentro de lo humanamente posible, y tengo el deseo de llevar conmigo a mis seres queridos. Pero una y otra vez, en momentos críticos, cuando se presenta la necesidad de pasar al siguiente nivel, algunas personas están a la altura de las circunstancias, como JL, y otras se retiran. Ya sea porque no comparten una visión más ambiciosa o porque no pueden soportar la presión del nuevo desafío, o porque se atrapan en las profecías autocumplidas, he sufrido en repetidas ocasiones el dolor de tener que despedirme desde el nuevo barco a los que se quedan rezagados de pie en la orilla.

—Tienes que liberarnos del contrato con Dana —le dije a JL.

—No es tan sencillo —contestó.

—Entonces, ¿no hay nada que podamos hacer para que deje de ser un lastre? ¿No tiene alguna responsabilidad legal?

—Tiene un contrato —dijo JL—. Pero tú céntrate en los discos. Déjame a mí resolver esto.

El hip-hop era ahora un negocio global, y DJ Jazzy Jeff and the Fresh Prince estaban preparados para ponerse un envoltorio y venderse al mundo. Necesitábamos una distribución nacional y mundial.

Jive Records tenía su sede en Londres. (Jive se haría famoso más tarde por ser el cerebro detrás de las carreras de Britney Spears, NSYNC y los Backstreet Boys, pero en los ochenta eran el sello de hip-hop más grande de Europa.) Con Dana controlando nuestro disco en los Estados Unidos, JL orquestó un acuerdo de distribución internacional con Jive para vender *Rock the House* en el extranjero. Jive contrató a Word-Up Records, la disquera de Dana, para ser la distribuidora oficial de DJ Jazzy Jeff and the Fresh Prince en Estados Unidos.

En principio, parecía una victoria fácil para Dana. Él podría seguir vendiendo nuestros discos en Estados Unidos mientras nuestro perfil se elevaba por todo el mundo y los costos de grabación se pagarían con el dinero de Jive. Básicamente, Jive cubriría todos los gastos, pero Dana aún obtendría un flujo de ingresos en el mercado doméstico. Dana estaba ansioso por firmar ese contrato, recibió un gran cheque y vendió nuestros derechos en el extranjero a Jive.

Inmediatamente después, en marzo de 1987, Jive remasterizó y relanzó *Rock the House*, con una portada nueva y una energía más explosiva, y se convirtió en un éxito mundial. También vendieron esta nueva versión como una importación en Estados Unidos. Dana se dio cuenta de que había optado por un pago único, en lugar de por regalías, y de que no tenía poder sobre las importaciones. Así que exigió más dinero y amenazó con rechazar la colaboración con Jive.

Hubo una batalla legal. Y en cuanto los abogados empezaron a investigar, se dieron cuenta de que yo tenía diecisiete años cuando firmé el contrato con Dana. Según la ley de Pensilvania, nadie menor de dieciocho años puede firmar legalmente un contrato sin la presencia de un progenitor o tutor. Yo había firmado el mío a la entrada de un estudio justo antes de una sesión de grabación, por lo que, en términos legales, nuestro contrato con Dana nunca fue válido.

Y así, de repente, Dana Goodman se quedó fuera del negocio de DJ Jazzy Jeff and the Fresh Prince.

Dana se puso hecho una fiera. Al principio, culpó a Jive y a Russell Simmons. Pero al no contar con abogados y dinero para litigar, decidió vengarse con su segunda mejor opción: ir por mí.

La gente del vecindario me dio el aviso: «Oye, amigo, Dana está muy molesto. Ten cuidado».

Entonces, una noche, condujo hasta nuestra casa, se estacionó en nuestra calle y se quedó allí sentado. Yo estaba aterrorizado, pero mi padre no se inmutó: sin decir una palabra, abrió la puerta delantera, se acercó al coche de Dana y se inclinó hacia la ventana delantera del lado del pasajero, que estaba abierta. Vio que tenía un arma en el salpicadero.

—¿Te puedo ayudar en algo? —dijo mi padre.

—¿Dónde está ese hijo de puta? —respondió Dana bruscamente.

—Bueno, si el hijo de puta al que buscas es Will, está en casa. Puedes entrar y matarlo ahora mismo. El resto de la familia también está en casa, así que si tocas a Will, tendrás que matarnos a todos... No vamos a aguantar ni una amenaza tuya.

Acto seguido, mi padre le dio la espalda a un hombre que podría sin problemas haberle disparado y haber entrado en nuestra casa. No estoy seguro de si fue por haber recibido una formación militar o por haberse criado en las calles del Norte de Filadelfia, pero ese día me enseñó una lección muy valiosa: es mejor morir que caminar asustado.

Yo estaba en la sala, mirando desde detrás de la cortina. Vi cómo Dana prendía el coche y se esfumaba.

SIETE
AVENTURA

Si este libro fuera una película, ahora llegamos a la típica escena en la que entra la música («For the Love of Money», de los O'Jays) y todo va sobre ruedas.

Nuestro héroe no puede fallar. Las tiene todas consigo: acierta cada disparo, cada beso que da arde con la pasión de mil soles, no puede llegar al banco lo suficientemente rápido para cobrar todos los cheques... Su nombre sale de los labios y resuena en los oídos de los poderosos. Ya no está estampado en el lateral de sus pantalones: ahora su apodo rebota en oro sobre su pecho. Veinticuatro quilates con forma de espina de pez y diamantes de origen ético.

Aquel año quedaría claro que nunca iría a la universidad.

Nuestro disco debut, *Rock the House*, encabezado por «Girls Ain't Nothing But Trouble» como primer sencillo, y ahora conectado al sistema de distribución internacional de Jive Records, terminó siendo disco de oro (con más de medio millón de discos vendidos) y alcanzando el puesto 83 en la lista Billboard 200. Aunque por aquel entonces aquello no tenía que considerarse necesariamente un éxito, la Cenicienta acababa de llegar al baile.

Ahora no quiero ser el viejo hablador de la barra del bar que habla sobre lo mucho mejor que era la música en su época y sobre cómo los jóvenes de hoy en día no tienen ni idea del rap de verdad. En realidad, existen teorías científicas sobre cómo las canciones que escuchamos durante nuestra adolescencia se quedan grabadas en la memoria emocional, aumentando su poder nostálgico más allá de cualquier otra etapa de nuestra vida.

Bien, pues ese no es el caso. Entiendo que le puede pasar a otras personas, pero esto no es una opinión inducida por la dopamina o cegada por los recuerdos nostálgicos de una adolescencia de cuento de hadas. No. Lo que digo es objetivamente un hecho real: los últimos años de la década de los ochenta fueron la mejor época de la historia del hip-hop. Y punto. Amén.

Pero, por favor, quédate sentado, permíteme exponer mis argumentos.

Desde el momento en que Jeff y yo subimos a ese autobús de gira a finales de 1986, realizamos casi doscientas presentaciones en vivo hasta el verano de 1988. Me gustaría enumerar solo algunos de los íconos del hip-hop con los que compartimos escenario (imagínatelo con mi voz de intentar no ser un imbécil):

Run–DMC
LL Cool J
Whodini
Public Enemy
2 Live Crew
Salt–N–Pepa
Eric B. & Rakim
N.W.A
EPMD
UTFO
J. J. Fad
Beastie Boys
The Geto Boys
Heavy D and the Boyz
Sir Mix–A–Lot

Kid 'n Play
MC Lyte
Queen Latifah
Grandmaster Flash
Ice-T
Mantronix and Just-Ice
Eazy-E
Too Short
MC Hammer
Doug E. Fresh and Slick Rick
Big Daddy Kane
Biz Markie
Roxanne Shante
MC Shan y la Juice Crew al completo
A Tribe Called Quest
Leaders of the New School
Naughty by Nature

¿Sigo o ya está bien?

Esa fue una de las mejores épocas de mi vida. Todo era nuevo. Estábamos definiendo la cultura. Éramos parte de la ola, del tsunami que llevaba el hip-hop a todo el mundo. Cada artista era único. En cada concierto ocurría algo que suponía una novedad en el hip-hop. Actuábamos ante multitudes en las que, a veces, el 50% del público no había visto nunca antes a nadie rapear. Se quedaban pasmados. Había una energía embriagadora de descubrimiento y aventura.

Fue una etapa de mi vida llena de primeros encuentros y de nuevas experiencias enriquecedoras. La ejecutiva que llevaba nuestras cuentas en Jive era una japonesa llamada Ann Carli. Al principio, Jeff y yo estábamos un poco confusos sobre cómo iba a dirigir nuestras carreras, pero entonces empezó a hablar. Había estado en el corazón de los primeros estallidos del hip-hop en Nueva York. Nos alimentó a Jeff y a mí con una dieta global de los diversos colores del hip-hop en todo el mundo. Sentí cómo despertaba en mí el espíritu aventurero. Descubrí la importancia vital de los viajes. Aportan una perspectiva crítica. Las cuestiones que habían sido problemas desmoralizantes en mi cabeza en las calles del Oeste de Filadelfia apenas existían en una arena de rodeo en Omaha, Nebraska. Me hice la promesa de que comería cualquier cosa que comieran los lugareños. Y vaya si he comido: caimán carbonizado, babosas de mar, camello, grillos recubiertos de chocolate... (Todo sabe a pollo. *Nah*, en realidad no, pero siempre he querido decir eso.) Quería ver y hacer de todo.

Tras el éxito moderado pero sólido de *Rock the House*, Jive Records estaba deseando que grabáramos un segundo disco lo antes posible. En otoño de 1987, teníamos planeado nuestro primer viaje internacional: seis semanas en Londres, donde Jive tenía su sede, para grabar en los estudios de la disquera.

Pero dos semanas antes de la fecha, JL me hizo una de esas llamadas a la una de la madrugada en la que hasta el tono de llamada hace que se te salga el corazón.

—Jeff tuvo un accidente de coche —dijo.

Desorientado, respondí:

—¿Qué pasó? ¿Dónde está? ¿Está bien?

—No lo sé. Voy al hospital. Te llamo pronto.

En esa época no había mensajes de texto ni podías llamar a alguien que iba en el coche ni podías estar informado minuto a minuto de cómo se encontraban tus seres queridos. Te asegurabas de que la línea fija estuviera libre, comprobabas si había tono de llamada y esperabas. Y cuanto más esperabas, más gráficas y perturbadoras eran las imágenes que se dibujaban en tu mente, hasta que tenías toda la certeza de que no ibas a volver a verlos jamás.

Sobre las tres y cuarto de la madrugada, el teléfono sonó de nuevo. Esta vez, el tono era más fuerte de lo normal, como si estuviera llamándome directamente a mí en lugar de avisándome de que tenía una llamada.

Descolgué.

—Dime.

—Está bien —dijo JL—. Se rompió la pierna derecha y le pusieron una escayola desde la cadera hasta el tobillo. Por lo demás, está bien. Pero el médico le dijo que no debe volar. Tenemos que posponer el viaje unas ocho semanas.

Pude oír a Jeff gritando de fondo:

—Me importa un carajo lo que diga ese médico. En dos semanas estamos en el avión yendo a Londres.

Fiel a su espíritu decidido, dos semanas después, estábamos haciendo el check-in en el Holiday Inn Swiss Cottage. Charlie y yo compartíamos una habitación diminuta y estrecha. JL, Ready Rock, Jeff y su escayola, otra. No éramos más que cinco chicos de Filadelfia, en las sombrías noches y los fríos y húmedos días ingleses, pero con un estudio de grabación privado reservado solo para nosotros por cuenta de Jive.

Pasamos más de un mes en Londres, y no sería capaz de contar absolutamente nada sobre la ciudad. No paseamos por Hyde Park ni visitamos Westminster. No vimos el Buckingham Palace ni subimos a la Torre de Londres. No nos sentamos en un pub milenario a comer *fish and chips*. Y, por supuesto, no fuimos tampoco a ningún partido de futbol.

Ni siquiera pudimos recuperarnos del *jet lag*. Nos levantábamos a las cuatro de la tarde, íbamos al estudio a las seis y trabajábamos hasta las seis de la mañana. Desayunábamos gratis en el buffet del Swiss Cottage y nos íbamos a dormir sobre las siete de la mañana. Tuvimos ese horario durante unas seis semanas.

Y fue una delicia.

Bueno, excepto por la noche en la que Jeff decidió que quería que le quitaran la escayola. Su cita a las seis semanas para quitársela tuvo lugar cuando aún estábamos en Londres. La pierna empezaba a picarle. Pero no se fiaba de la salud pública británica. Se sentía más cómodo si lo hacíamos Charlie Mack y yo.

Por regla general, si alguien me pregunta si puedo hacer algo, la respuesta siempre es sí. Es un rasgo delirante que sale del corazón y que tanto Charlie Mack como yo compartimos.

—Es una escayola. Quiero decir, es solo una escayola. Vamos a quitársela —dijo Charlie con indiferencia.

Yo también tenía confianza en la simpleza de una operación tan básica. Solo era una escayola.

Llamé al servicio de habitaciones y pedí un cuchillo para carne. No sabía que en los hoteles británicos no tienen cuchillos para carne (les facilitaría demasiado el proceso de cortar la carne). Sin inmutarme, dije:

—Bueno, ¿y pueden subirnos treinta cuchillos para untar, por favor?

Los cuchillos para untar de Swiss Cottage tenían un pequeño filo dentado en la punta (lo que sugiere que en realidad no eran cuchillos para untar). Mi plan era darle a Charlie quince cuchillos y que él empezara a cortar por la zona del tobillo. Yo tomaría los otros quince y comenzaría desde la cadera.

Según mis cálculos, para cuando hubiéramos gastado los filos dentados de los «cuchillos para untar», ya deberíamos habernos encontrado en la rodilla de Jeff y podríamos chocar los cinco antes de hacer el último corte de la ceremonia. Tenía un vago recuerdo de que este proceso de dos extremos que se encuentran en el medio se había aplicado con éxito en la construcción del canal de Panamá o del sistema ferroviario de Estados Unidos.

Empezamos con los cortes. O con la falta de cortes. Los cuchillos para untar iban doblándose y cayendo uno tras otro mientras la confusión se convertía en frustración en el rostro de Charlie, bañado en sudor.

—Oye, estos cuchillos no hacen una mierda —dijo.

Tenía doce años la última vez que me escayolaron, y en aquella época se hacía con yeso. Al parecer, la ciencia había ido avanzando desde entonces y la escayola de Jeff estaba hecha de un nuevo material extraño que, según descubrí más tarde, era fibra de vidrio.

Seis cuchillos más tarde, pedí tiempo muerto. Decidido a lograrlo, sugerí que Jeff se metiera en la bañera. Pondríamos el agua tan caliente como pudiera soportarla y ablandaríamos a nuestro amiguito. Le aseguré a Jeff que saldría enseguida. Él aceptó.

Charlie y yo ayudamos a Jeff a meterse en la bañera, con las dos piernas totalmente sumergidas. Luego esperamos. Muy pronto, la mirada de Jeff se inundó de preocupación.

—Oigan, amigos, tienen que quitarme ya esta mierda. Me está apretando —dijo.

Recuerdo que pensé: *¿Qué haría MacGyver? MacGyver* era una serie de televisión muy popular en los ochenta en la que el protagonista, Angus MacGyver, se metía en todo tipo de problemas y encontraba una solución ingeniosa. Mientras trataba de sacar mi MacGyver interior, oí que se abría la puerta de la habitación del hotel y que, unos segundos después, JL asomaba la cabeza en el baño.

En ese momento, Jeff se retorcía y gemía de dolor en la bañera mientras Charlie Mack y yo estábamos de rodillas sujetando dos «cuchillos de untar» con otros veintiocho esparcidos por el suelo del baño. JL hizo una pausa larga, como para intentar descifrar la situación.

Entonces, perplejo, vociferó:

—¿QUÉ CARAJOS ESTÁN HACIENDO?

—¡JL! ¡JL! —gritó Jeff—. ¡Tienes que quitarme esta mierda de la pierna!

—¿POR QUÉ ESTÁS EN LA BAÑERA?

JL se había pasado los dos años anteriores trabajando en un hospital. Así que, aunque tampoco era su especialidad, al menos sabía que no se puede mojar una escayola de fibra de vidrio en agua caliente mientras sigue en la pierna de alguien.

—NO PUEDEN MOJAR ESA ESCAYOLA.

—¡Quítenmela ya y punto! —dijo Jeff chillando.

—Deja de lloriquear, hombre, tampoco es para tanto —soltó Charlie.

—SÁQUENLO DE LA MALDITA BAÑERA —bramó JL.

—¡NO TIENES QUE GRITARNOS, JL, ESO NO AYUDA UNA MIERDA! —respondió con otro grito Charlie.

Charlie y yo sacamos a Jeff de la bañera siguiendo las indicaciones y lo recostamos en el suelo del baño. Habíamos guardado comida en lata en nuestras habitaciones del hotel porque el servicio de habitaciones del Swiss Cottage no era demasiado bueno. JL se acercó rápidamente y abrió una lata de estofado de carne. Con el borde dentado de la tapa de aluminio, se acercó a la escayola de Jeff y, al contrario que Charlie y yo, que habíamos intentado cortar verticalmente la escayola, JL hizo suaves movimientos horizontales. Como el iceberg del Titanic, en menos de noventa segundos había hecho una incisión completa desde la que Charlie y yo pudimos forzar la escayola con facilidad.

Jeff era libre al fin.

Aún enojado, JL tiró la parte superior de la lata de estofado de carne a la basura y, mientras salía, refunfuñó:

—Son unos tremendos imbéciles.

En situaciones médicas tal vez fuéramos dos tontos muy tontos. Pero en el estudio, éramos puro fuego. Aquellas sesiones de grabación pudieron ser fácilmente la experiencia creativa más pura de toda mi carrera. Grabamos tantas canciones y a la disquera le encantaron tantas de ellas que decidieron intentar algo que nunca se había probado en el mundo del rap: DJ Jazzy Jeff and the Fresh Prince lanzarían el primer álbum doble del hip-hop.

Jeff y yo no teníamos ni idea de lo que iba a conseguir ese disco: si era algo que los fans querían escuchar, si a la MTV le iba a gustar, si las emisoras de radio lo iban a poner, si las figuras del hip-hop lo iban a ignorar... Pero nada de eso se nos pasó por la cabeza. Lo único que nos importaba era que el proceso creativo nos inspirara y nos emocionara. Nos divertíamos, éramos mejores amigos y el núcleo de nuestra nueva familia y estábamos a la vanguardia de una forma de arte global que florecía.

Volábamos alto, pero, echando la vista atrás, también se estaban sembrando semillas imperceptibles de descontento inminente.

Hay quien prospera en las alturas, pero otros no pueden respirar. ¿Y qué hacemos cuando subimos a una montaña y nos damos cuenta de que el aire es demasiado escaso? Intentamos bajar lo más rápido posible. Quincy Jones llamaba a esto «mal de altura».

En el bachillerato, Ready Rock y yo éramos mejores amigos. Andábamos todos los días haciendo batallas y creando. Éramos inseparables. Pero a medida que DJ Jazzy Jeff and the Fresh Prince empezaban a tomar forma, el *beatboxing* fue perdiendo peso dentro del grupo. La disquera tampoco estaba interesada en canciones con *beatboxing*. Y el resultado fue que Clate se vio relegado a los márgenes de la nueva familia. Yo insistía en que no se preocupara: «Estoy contigo», le decía. Viéndolo en retrospectiva, fueron demasiados cambios demasiado rápido, y la experiencia exigía un nivel de madurez emocional que estaba muy por encima del de cualquiera de nosotros.

Y para hacer las cosas más duras y complicadas aún, Charlie Mack y yo empezábamos a ser uña y carne. No solo compartíamos una habitación de hotel, sino todos los aspectos de nuestras vidas. Incluso hay una canción en el disco que celebra mi relación con Charlie, «Charlie Mack (The First Out the Limo)». La canción surgió de la exageración de Charlie en su trabajo de seguridad: se sentaba en la parte delantera de la limusina con el conductor y se enojaba si Jeff o yo nos bajábamos antes que él. Gritaba: «¡Cabrones, déjenme asegurar el perímetro antes de que salgan!».

No hay ninguna canción en el disco sobre Ready Rock.

Desde 1987 hasta 1990, yo no salía a la calle sin que Charlie Mack me acompañara. Mientras que Jeff y JL eran personas tranquilas e introspectivas, Charlie y yo éramos ruidosos, estridentes y el centro de atención en las fiestas. Siempre buscábamos algún problema en el que meternos. A los dos nos encantaba la fiesta, nos encantaba hablar, nos encantaba viajar, apostar y los coches rápidos; y nosotros les encantábamos a las mujeres. Charlie no solo coincidía con mi espíritu aventurero, sino que lo desafiaba. El muy vivo nunca quería dormir. Si solo estábamos diez horas en una ciudad, él no veía razón alguna para pasar un solo minuto en la habitación del hotel. Muchos días llegó a sacarme literalmente de la cama para ir a Paisley Park en Mineápolis o para ir a escuchar el discurso de algún activista en Chicago, o para exigir que nos hiciéramos una foto en «la Franja», que es como Charlie llama a los Campos Elíseos de París.

—Vamos, amigo —decía—. Ya dormirás todo lo que quieras cuando estés muerto.

El otro elemento de nuestra química era que Charlie y yo somos increíblemente competitivos y absolutamente ilusos en lo referido a nuestro amor propio. Nos pasábamos días enteros discutiendo sobre quién corría más rápido, quién conducía mejor, quién lanzaba el balón más lejos, quién era más hábil, quién era más gracioso, quién era más listo y, sobre todo, cuál de los dos gustaba más a las chicas.

Lo que menos soportaba Charlie era que una mujer pasara por delante de él para ligar conmigo. No podía entender que una mujer quisiera perder el tiempo conmigo pudiendo tenerlo a él. Al final, concluyó a regañadientes:

—Amigo, lo único por lo que las chicas quieren ligar contigo es porque eres famoso.

A lo que yo respondí:

—No, Charlie, es al revés. Soy famoso porque todas las chicas quieren estar conmigo.

Éramos el yin y el yang, llenábamos los vacíos de la experiencia vital del otro. Veíamos los puntos ciegos del otro y potenciábamos sus deficiencias.

Charlie, al igual que mi padre, tenía un instinto callejero agudo. Solía llamarlo su «radar del gueto». Charlie sabía cuándo estaba a punto de pasar algo malo. Estábamos en algún sitio, todo iba bien y, de la nada, Charlie me susurraba al oído:

—Vámonos.

Yo decía:

—¿Qué? Amigo, pero si acabamos de llegar.

Y luego él decía con más contundencia:

—Que te levantes. Ya. Ahora. Dije que nos vamos.

Recuerdo que pensaba que Charlie Mack era el equivalente humano de un detector de humo demasiado sensible que no para de sonar a las dos de la mañana cuando no hay fuego. Y como es un detector de humo, no puedes ignorarlo, porque un día puede haber fuego de verdad. Pero Charlie Mack era un detector de humo infalible, perfectamente calibrado. Yo siempre me seguía quejando en el estacionamiento al irnos cuando empezaban a sonar disparos en la fiesta de la que acabábamos de salir.

Compensábamos las debilidades del otro. Charlie conocía las calles y yo los patrones emocionales más amplios. Yo tenía más conocimiento teórico y me llevaba bien con lo *mainstream*. Mientras que el aspecto físico de Charlie daba miedo e intimidaba, yo sabía cómo sonreír, cómo hacer sentir segura a la gente y cómo hacer que pudiéramos entrar en cualquier sitio.

Ambos teníamos deficiencias brutales, pero juntos formábamos una persona muy capaz.

Yo era el pase de Charlie a los sitios a los que nunca le habrían invitado. Y Charlie era el martillo que caía sobre cualquiera que se atreviera a hablar mal de mí. Me animó a defenderme físicamente. Por aquel entonces, el coro de críticas de que yo era «cursi» y un «blandengue» empezaba a aumentar. No decía groserías, rapeaba sobre mis experiencias escolares y utilizaba mucho el humor. Me decían que no era un «verdadero MC» o, peor aún, que no era «lo suficientemente negro» y que mi música no era «hip-hip de verdad». «¡Tú dale un puñetazo al hijo de puta en la cara y listo! —solía decir Charlie—. Así no te volverá a decir mierdas la próxima vez.»

De esta forma, con él cubriéndome las espaldas, comencé a hacer justo eso: si alguien me decía mierdas, le soltaba un puñetazo en la cara. (Y luego me escondía detrás de Charlie.)

He's the DJ, I'm the Rapper se lanzó el 29 de marzo de 1988. Con «Brand New Funk» y «Parents Just Don't Understand», el disco alcanzó el número 4 en el Billboard 200 y fue triple platino (con más de tres millones de ventas).

Lo innovador del disco era que la mitad era una demostración de fuerza y destreza centrada en el DJ, un «disco de *scratch*» donde Jeff hacía arder los platos de acero, y la otra mitad era la parte del rapero, donde se me permitía dar rienda suelta a la hipercreatividad y al juego poético de mi mente de diecinueve años.

Entonces ocurrió lo impensable. Se anunció que la 31.ª edición de los premios Grammy sería la primera en incluir una categoría de rap. Y «Parents Just Don't Understand» fue nominada junto a «Push It», de Salt-N-Pepa, «Going Back to Cali», de LL Cool J, «Wild Wild West», de Kool Moe Dee, y «Supersonic», de J. J. Fad.

Aquella fue la primera vez que vi a Jeff llorar. Mi emoción superó cualquier otra cosa que había sentido en mi vida, pero no soy muy de llorar por los éxitos. No era lo bastante maduro como para preguntárselo entonces, pero siempre quise saber qué era exactamente tan emotivo para Jeff. ¿Estaba pensando en el cáncer que tuvo? ¿Era porque su madre y su familia musical llevaban tantos años intentando conseguir esto e iba a ser él quien se llevara el honor? ¿Tenía miedo? ¿Se había dado cuenta de que no había vuelta atrás, de que su antigua vida había desaparecido para siempre y de que el listón estaba ahora muy alto?

Charlie Mack, que acababa de unirse a la Nación del Islam, dijo:

—Esta es la voluntad de Dios. Se han alineado con la voluntad de Dios. Ganaron. Se los digo, ganaron. Ninguna de esas grabaciones va a superar la suya. Lo que Dios ordena, ningún hombre lo frena.

Charlie Mack llevaba meses hablando con rimas espirituales. Y al puro estilo de Charlie Mack, el 22 de febrero de 1989, Bobby McFerrin ganó la mejor Grabación del Año por «Don't Worry, Be Happy»; el Álbum del Año fue *Faith*, de George Michael; Tracy Chapman ganó el premio a Mejor Artista Novel; y el ganador de la Mejor Interpretación de Rap fue DJ Jazzy Jeff and the Fresh Prince por «Parents Just Don't Understand», convirtiéndonos en los primeros raperos de la historia en recibir un Grammy.

Finalmente acabamos boicoteando la ceremonia porque NARAS, el comité de los Grammy, se negó a televisar la entrega del premio de rap. Nos pareció un bofetón en toda la cara. La música rap había vendido más que toda la industria ese año y nos merecíamos estar allí. Russell Simmons y Lyor Cohen organizaron el boicot de Jazzy Jeff and the Fresh Prince, junto con Salt-N-Pepa, Ice-T, Public Enemy, Doug E. Fresh y Slick Rick, Stetsasonic y muchos otros.

Y aunque no estuvimos en los Grammy, Jazzy Jeff and the Fresh Prince estaban en todos los demás lugares. La vida cambió para siempre (bueno, casi). La madre de Jeff planeó una cena de celebración para Jeff y para mí después de nuestro primer American Music Award. Aparecimos por la manzana como los héroes locales que volvían a casa. La gente salía para aplaudir, ovacionarnos y estrecharnos las manos. Tardamos veinte minutos en poder entrar en la casa de la madre de Jeff. Cuando por fin lo conseguimos, nos abrazó con orgullo y alegría. Luego, le dio cinco dólares a su hijo y una lista de la compra.

—Jeffrey, quiero que vayas a la esquina y traigas pan, bicarbonato y que mires si tienen esos camotes que vienen en lata.

—Pero, mamá... —respondió Jeff.

—Nada de peros, jovencito, ve por todo lo que te acabo de decir.

Y así, DJ Jazzy Jeff and the Fresh Prince tuvieron que caminar entre sus fans hasta llegar a la tienda.

No tenían esos camotes.

Russell Simmons estaba orquestando la destrucción global de todas las barreras del hip-hop. Jeff y yo éramos uno de sus arietes. Éramos el grupo «limpio», el grupo «respetable». Para Russell, éramos el arma perfecta contra todo detractor. Estábamos en la punta de la lanza. Sacamos Yo! MTV Raps, con lo que llevamos el hip-hop a la televisión diurna. Aunque los hoteles Four Seasons habían negado el alojamiento a los artistas del rap durante sus giras, Russell los convenció para que permitieran que DJ Jazzy Jeff and the Fresh Prince se quedaran allí, abriendo las puertas para que los futuros artistas del hip-hop pudieran utilizar los hoteles de la cadena. A la radio diurna le aterraba poner en vivo a raperos, así que siempre nos obligaban a grabar previamente las entrevistas para asegurarse de que no decíamos ninguna barbaridad. Jeff y yo fuimos de los primeros raperos a los que dejaron hablar en vivo en la radio durante el día.

Nuestros shows eran cada vez más grandes y el público hacía cada vez más ruido. Una noche en Detroit, en el Joe Louis Arena, me emocioné más de la cuenta y se me olvidó la letra de «Parents Just Don't Understand». No me había pasado nunca. Se me cayó el alma al suelo. Pocas cosas dan más vergüenza que olvidarse de la letra de una canción que ochenta mil personas han pagado por escuchar. Pero entonces ocurrió el milagro. Todo el público empezó a cantarme la letra. Todos se sabían cada una de las palabras. Extendí el micrófono hacia el público y terminaron ellos la canción. Me costó muchísimo no echarme a llorar. Miles de personas me repetían mis palabras. Me sentí querido, protegido, arropado por una multitud de desconocidos.

Estábamos al rojo vivo y éramos imparables.

A los veinte, era un rapero de fama mundial, ganador de un premio Grammy y un millonario novato.

Tiraría el micrófono, pero es que lo necesito para el siguiente capítulo.

Durante meses, Gigi había estado ahorrando para mudarse a un departamento en la planta dieciséis de un edificio con vistas al Main Line. Era un lugar precioso, muy adecuado para la vida de las personas mayores. Su casa en la calle 54 Norte se había convertido en una carga para ella: demasiadas escaleras y, en general, demasiados inconvenientes para su avanzada edad. Con mi primer sueldo, sorprendí a Gigi comprándole ese departamento para el que había estado ahorrando. Ella pensaba que solo íbamos a verlo, pero entonces el agente inmobiliario le hizo entrega de las llaves.

—¿Don Juan? —dijo ella, y se llevó las manos a la boca—. ¿Cómo lo hiciste?

—Pues verás, Gigi, hay una cosa llamada música rap... —dije mientras la rodeaba con mis brazos.

Melanie y yo nos mudamos a la antigua casa de Gigi en la calle 54 Norte. La casa de mi infancia era ahora nuestro nuevo hogar. Le había prometido a Melanie que iba a cuidar de ella. Y ahí estaba, dándole el primer hogar seguro de su corta vida.

Había ganado. Todos mis sueños estaban haciéndose realidad con sonido THX y en Technicolor.

Había conquistado la vida.

OCHO

DOLOR

E ra un negro de piel clara con los ojos claros. Yo odiaba a los tipos así. Siempre me han intimidado esos mamones tipo Christopher Williams. Las chicas siempre han pasado por delante de mí para mirar boquiabiertas a Al B. Sure! o El DeBarge.

Yo acababa de llegar a casa después de una gira de dos semanas en el noroeste del Pacífico; actuamos en Seattle, en Portland y en un montón de pueblos entre esos dos lugares. Solía salir corriendo del escenario, entraba en el coche e iba de inmediato al aeropuerto para volver con Melanie lo antes posible. No quería dejarle espacio a mi perro interior y que este tomara el volante y fuera por ahí conduciendo borracho, poniendo en peligro mi vida.

Había quedado con Melanie en casa de su tía. Pedí que el coche me dejara allí directamente desde el aeropuerto. Íbamos a caminar desde la casa de su tía hasta nuestra nueva casa. Íbamos a pasar por el colegio Overbrook, en honor a los viejos tiempos, y a ir a la tienda Sugar Bowl a comprar un helado y un *pretzel* de Filadelfia, como habíamos hecho miles de veces.

Me encantaba que Melanie me echara tanto de menos. Incluso durante mis bolos de fin de semana... Cuando regresaba los lunes por la mañana, era como si me hubiera ido durante meses. Sabía cómo hacer que un hombre se sintiera feliz de volver a casa.

Cuando llegué después del viaje al noroeste, su tía y ella estaban en la cocina, cocinando, como habían hecho tantas veces antes. Estar en la carretera puede ser insoportablemente solitario, sientes casi como si el corazón se te deshidratara. Su tía iba vestida con su habitual hijab azul oscuro y tenía los lentes en la punta de la nariz para ver el interior de las ollas. El olor de la comida me reconfortaba. Melanie llevaba puesta una de sus batas artísticas que hacía las veces de delantal. (Siempre pensé que eso era algo raro; esa bata no era para la cocina, la pintura está hecha con productos químicos.)

Miré a Melanie. Todo parecía igual, pero pasaba algo. Había una energía extraña, algo iba mal. Por el entorno en el que crecí, a veces siento como si tuviera incorporado un dispositivo que me da descargas eléctricas de forma que cuando percibo que algo se ha torcido, que el comportamiento externo de alguien no está en sintonía con lo que está pasando por su mente y por su corazón, me recorre el cuerpo una corriente eléctrica ascendente y gradual. Siento un *bzzzzzz*. Y luego algo parecido a un temblor, aunque no tenga frío.

Hacía calor en la cocina, pero a mí me estaban dando escalofríos.

Nos sentamos. Cenamos. Hablamos de los perros del vecino. La tía de Melanie había estado una vez en Portland. No le gustaba esa parte del país, llovía demasiado. Melanie se reía más de lo normal.

Bzzzzzz.

Después de la cena vimos *De mendigo a millonario*. Me sé de memoria cada frase de Eddie Murphy en esa película, era mi ídolo. Melanie y yo la habíamos visto al menos diez veces, pero esa noche ella se reía demasiado.

BZZZZZZZZZZ.

Su tía se fue a la cama. Al fin estábamos solos. Melanie se acurrucó contra mí. La había extrañado mucho durante este viaje. Nos besamos. Pero sus besos me resultaron menos cariñosos, más parecidos a algo que ella pensaba que sería mejor hacer si quería ocultar bien el hecho de que se había acostado con otro.

BZZZZZ. BZZZZZ. BZZZZZ. BZZZZZ.

Hasta el día de hoy no sé cómo lo supe ni por qué le hacía tanto caso a mi instinto como para tirarme a la piscina como lo hice. Le retiré el brazo de alrededor de mi cuello y, alejándome, me puse de pie y grité:

—¿Te crees que soy IDIOTA?

—¿Cómo? —contestó Melanie. Pero no con la suficiente convicción.

—Sé lo que hiciste, carajo. Deja de mirarme como si fuera idiota.

Lo tenía clarísimo, me las jugué todas a una carta. No titubeé y ella acabó confesando.

—Lo siento —dijo, echándose a llorar—. Solo sucedió una vez. Pero no lo quiero, lo siento mucho. Yo te quiero a ti. Éramos solo amigos, pero... ¡Te habías ido! No sabía lo que estabas haciendo por ahí. Te extrañaba. Te juro por Dios que no lo volveré a hacer.

¿Qué? ¿Yo tenía razón? Pero... ¿por qué?

Ya me habían noqueado en el pasado. Mi primer día en Overbrook cuando me golpearon en la cabeza con ese candado: primero ves un destello azul, y de pronto te encuentras en un extraño universo paralelo donde todas las cosas en las que alguna vez creíste ya no se sostienen. La gravedad, la relación causa-efecto, el amor, o si llueve o no en el sur de California.

Esto no puede ser. Lo he hecho todo bien. Estoy ganando. Soy el mejor. Conseguí una casa para nosotros. He pasado meses discutiendo y peleando con una manada de perros del gueto hambrientos para mantener a las chicas fuera de los autobuses y de las habitaciones del hotel. No he tocado ni besado ni apenas mirado a ninguna otra mujer. Vengo directamente a casa desde el aeropuerto. Hemos hablado de tener hijos y de cómo construir un hogar mejor que los que nosotros tuvimos. ¿Cómo es posible que me hagas esto? ¿Cómo pudiste hacernos esto?

Por fuera, sin embargo, me mostraba extrañamente tranquilo, porque no estaba procesando ninguno de esos pensamientos como sentimientos reales. Quería estar furioso. Me refiero a que se supone que debes enojarte cuando alguien te engaña, ¿verdad? Pero no sentí nada.

Melanie se cubrió la cara con las manos, sin parar de llorar, sentada en el sofá.

Dan Aykroyd estaba atacando a Eddie Murphy. Eddie suplicaba por su vida: «Fueron los Duke. Fueron los Duke».

Yo me quedé allí, como anestesiado. Cuando alguien te engaña, tienes que hacer algo. Pero ¿qué? No sentía nada, pero no iba a ser un cobarde. Esta vez no.

¿Qué haces cuando alguien te engaña? Sabía que tenía que hacer lo de salir dando un portazo. Y también sabía que tenía que hacer algo violento para acentuar mi salida de escena. Escaneé la habitación en busca de opciones. Me fijé en que junto a la chimenea había una de esas cosas puntiagudas de hierro forjado con las que pinchas los leños. Pero ¿qué iba a hacer con eso? *Ojalá sintiera alguna emoción que me dirigiera de algún modo...*

Aun así, la tomé. En la entrada principal a la casa de la tía de Melanie había un precioso atrio de madera con cien paneles de vidrio. Me quedé de pie un instante, mirando a Melanie llorar, sin comulgar en absoluto con mi ataque, aún por determinar, pero absolutamente obligatorio. Con calma, llevé la cosa puntiaguda de hierro hacia la puerta principal y comencé a romper las ventanas una por una.

Supongo que rompí unas doce, tal vez quince, antes de sentir que había cumplido lo suficiente con mi papel de cornudo veinteañero. Tiré la cosa puntiaguda al suelo y me pegué un susto tremendo, porque sonó mucho más fuerte de lo que esperaba. *Mierda, ¿y si la tía de Melanie oyó eso?*, pensé. *Probablemente debería irme.*

Se suponía que Melanie y yo íbamos a volver juntos a casa andando, pero en lugar de eso decidí caminar hasta Woodcrest solo.

Mi madre por fin había tenido suficiente. Había echado de casa a mi padre mientras yo estaba de gira, esta vez para siempre. Mi padre se había mudado a los departamentos de encima de la oficina de ACRAC. Yo sabía que mi madre estaría sola en casa.

Fue una caminata de unos veintidós minutos. No podía creer que acabara de romper todas esas ventanas. No entendía de qué parte de mí había salido aquello. Me parecía muy extraño romper cosas

Mi padre en 1971, en la oficina de ACRAC. Probablemente no esté hablando con nadie, pero se hace el interesante.

Mi madre y mi padre, fotografiados justo antes de marcharse a concebirme.

La casa de Woodcrest en el Oeste de
Filadelfia. Aquí es donde crecí.

Mi nombre completo es Willard Carroll
Smith II. Nací el 25 de septiembre de
1968. Bajo esa manta, estoy desnudo.

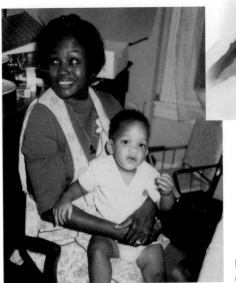

Mi abuela Gigi y yo, en su casa
de la calle 54 Norte.

Mi padre siempre nos enseñaba a construir y crear cosas con las manos.

Mi madre con mis hermanos gemelos, Harry y Ellen. Qué hermoso el afro.

En la casa de Woodcrest con Pam, Harry y Ellen. Practicando mi sonrisa.

La flota de ACRAC, bloqueando lo que ahora es la calle «Will Smith, Sr.» en el Oeste de Filadelfia. (La camioneta azul oscuro con letras blancas es la que tenía Paul cuando le robaron.)

Con mi madre, mi padre, Pam, Harry y Ellen en Woodcrest,
a principios de los setenta.

En la cocina de Woodcrest. Era un niño muy asustadizo.

En el gran viaje por carretera de mi infancia en 1976.

El Gran Cañón fue lo más genial que había visto en mi vida.

A la escuela Overbrook se le conocía como «el castillo de la colina». Abarcaba dos manzanas de la ciudad y se cernía sobre el barrio como una fortaleza de piedra.

JL con la camiseta azul y Jeff, sin camiseta, en los escalones de la casa de la madre de Jeff.

El equipo que salió del oeste de Filadelfia en nuestra primera gira importante en 1986. En el sentido de las agujas del reloj, desde arriba a la derecha: yo, el bailarín Omarr, el *beatboxer* Ready Rock, el mánager James Lassiter, DJ Jazzy Jeff y la seguridad, encarnada por Charlie Mack Alston (quien, si no lo has notado, nos tiene a Jeff y a mí en brazos).

En los primeros días del hip-hop, la «seguridad» la encarnaba el amigo más corpulento y alto que tuvieras y que no sonreía. En esta foto con Jeff, Charlie Mack no estaba en horario de trabajo.

Con JL en Londres en el otoño de 1987. Esto fue lo más turístico que hicimos.

Discos de oro para DJ Jazzy Jeff and the Fresh Prince. De izquierda a derecha: JL, Jeff, Russell Simmons y Lyor Cohen. A Russell le encantaba DJ Jazzy Jeff and the Fresh Prince.

Bucky Davis medía un metro sesenta y cinco, máximo. No había absolutamente ninguna razón para que se inclinara en esta fotografía.

Mimi Brown es una de las locutoras más emblemáticas de la historia de Filadelfia. Ella era la voz seductora y sensual de nuestros sueños juveniles, y conocerla en persona no decepcionó.

Tanya y yo, hace ya un tiempo. De esta foto todo me parece bien, menos los pantalones arremangados... y mi postura ... y lo de ir sin camiseta... y llevar lentes de sol durante la noche... y ¿qué estoy mirando?

Quincy Jones y yo, en la primera temporada, en el set de la sala de estar de *El príncipe del rap en Bel-Air*.

Las grabaciones de los viernes por la noche de *El príncipe del rap en Bel-Air* eran tan geniales como cualquier discoteca a la que hayas ido. De pie, de izquierda a derecha: Benny Medina, Joseph Marcell, Alfonso Ribeiro, James Avery, Tyler Collins, Kadeem Hardison (protagonista de la serie *Un mundo diferente*), yo, Quincy Jones y Al B. Sure! Sentadas, de izquierda a derecha: Tatyana Ali, Janet Hubert y Karyn Parsons.

Karyn y yo en el set de *El príncipe del rap en Bel-Air*. No es culpa mía ser tan sexy, no te pongas envidioso.

Sheree Zampino es de Nueva York. Pero no de la ciudad de Nueva York,
sino de Schenectady (casi en Canadá). Aquí con nuestros respectivos padres
el día de nuestra boda en 1992.

Con Sheree y Trey en 1993. Tenía los ojos de su madre y las orejas de su padre.

Oye, me encontré a este niño en la piscina. Dice que se llama Trey. Yo no sé nadar, así que probablemente alguien debería ocuparse.

Parece que mi sastre usó toda la tela que sobró del conjunto de Jada.

Detrás de todo gran hombre hay generaciones de mujeres fuertes.
Con Fawn, Gammy, Gigi, mi madre y Jada.

—¡Marti Maaaar!
—¡Big Will-aaaay!

Esta es la toma de *Dos policías rebeldes* que me convirtió en una estrella de cine, a pesar de mi error de actor novato: el dedo en el gatillo.

porque pensaba que debía hacerlo y no porque sintiera un impulso emocional por hacerlo. Esta discordancia me resultaba cómica. De pronto, empecé a reírme entre dientes, mientras la escena se repetía en mi cabeza. Pensaba: *Will, eres un absoluto lunático.* Y eso me hizo reír aún más. Toda esta mierda me pareció graciosísima.

Cuando llegué a Woodcrest, mi madre estaba sentada en el escalón de la entrada. A todas luces, había hablado con la tía de Melanie. Ella nunca se sentaba en el escalón de la entrada. Tenía los ojos llenos de lágrimas, le rezaba a Dios para que yo estuviera bien, pero se estaba preparando para la tormenta. Conocía bien a su hijo.

Cuando le vi los ojos, la sentí completamente conectada con mi dolor. Ya no era solo mío, era nuestro. Y como si una ráfaga de dinamita demoliera la presa que contenía el río de mi agonía, me derrumbé en la banqueta, a tres metros de donde el autobús de la gira me había alejado de ella.

Mi madre bajó corriendo y me arropó con sus brazos mientras yo lloraba. El hogar de mi infancia era ahora testigo mudo de mi angustia. Había llegado a creer que después de irme de Woodcrest no tendría que sentirme así nunca más.

—¿Cómo pudo hacer esto, mamá? ¿Por qué Dios permitió que esto pasara?

Mi madre no dijo nada. Solo me abrazó. Ahora era un adulto y mis problemas iban más allá de sus soluciones. Noté que sus lágrimas me caían por la nuca.

Me levantó y me llevó a casa.

El desamor debería considerarse un trastorno: induce un estado debilitante similar al de una enfermedad mental. El dolor que estaba sufriendo era tan intenso que habría preferido que me apuñalaran, me golpearan o me sacaran un diente sin anestesia.

Mi novia me había engañado, lo que era una prueba para mi mente destrozada de que yo era un pedazo de mierda. Pensé que no me habría engañado si yo hubiera sido lo suficientemente bueno. Le había fallado a otra mujer.

Necesitaba alivio desesperadamente. Pero como la pastilla para el desamor no existe, recurrí a los remedios homeopáticos de las compras y el sexo desenfrenado.

Compras: la semana siguiente, volé con diez de mis amigos de Filadelfia a Atlanta y cerré la tienda de Gucci.

—Lo que quieran, yo me ocupo —dije, tirando mi American Express sobre el mostrador.

Ahora tenía una tarjeta American Express. Y, a diferencia de mi corazón, era irrompible. El dinero llovía a raudales. Acabábamos de lanzar la «línea telefónica de DJ Jazzy Jeff and the Fresh Prince». El 1-900-909-JEFF fue el primer número 900. Los números de teléfono de tarifa premium eran una nueva y revolucionaria forma de conectar con los fans (y, básicamente, el precedente de las redes sociales modernas). Los fans llamaban a diario a nuestro número y nosotros dejábamos mensajes de unos minutos de duración sobre dónde estábamos y qué estábamos haciendo. Costaba dos dólares el primer minuto y cuarenta y cinco centavos cada minuto adicional. En el apogeo de popularidad de la línea, recibíamos cinco mil llamadas al día.

Haz tú los cálculos. Mi American Express no solo era irrompible, era invencible.

Sexo desenfrenado: hasta ese momento de mi vida, solo había tenido relaciones sexuales con una mujer además de Melanie. Pero durante los siguientes meses, me convertí en un perro del gueto. Tuve relaciones sexuales con tantas mujeres, y me resultaba tan soberanamente desagradable, que desarrollé una reacción psicosomática al tener un orgasmo. Me provocaba náuseas, literalmente, y a veces incluso vomitaba. Con cada una de ellas, sin embargo, yo esperaba por Dios que esa preciosa desconocida fuera «la elegida», la mujer que me amaría, que me sanaría, que haría desaparecer ese dolor.

Pero las náuseas llegaban sin falta, y me sentía enfermo. Y las miradas de esas mujeres agravaban mi agonía. Estaba haciendo exactamente lo que odiaba de mi padre: hacer daño a las mujeres.

Estaba deprimido, así que me compré mi primera casa, una mansión frente a Merion Park, en el barrio rico al otro lado de City Line. La había visto en mis sueños: suelos de madera blanca, techos de dos pisos en el salón y un jacuzzi en el dormitorio principal (no en el baño, en el dormitorio). Lo primero que compré para la casa, antes que las camas, los sofás, las toallas o incluso los cubiertos, fue una mesa de billar.

Acabé comprando una cama también. Era la primera vez que dormía en una cama de dos por dos metros. Harry y yo habíamos dormido en la misma cama la mayor parte de nuestra infancia. Charlie Mack y yo habíamos compartido habitación en las giras. Esa primera noche en Merion Road me di cuenta de que nunca había dormido solo. No me gustaba. El corazón me estaba sangrando, me estaba muriendo de amor por Melanie Parker.

Quería volver con ella.

Mi mente en ese momento todavía asociaba el amor con interpretar un papel. Toda la base de mi autoestima dependía fundamentalmente de si mi novia era feliz. Mi amor propio estaba ligado sin remedio a la opinión y el nivel de aprobación de las mujeres de mi alrededor. Pensé que, dado que no estaba recibiendo el amor que tanto ansiaba, tenía que deberse a un defecto mío como personaje principal. Si hubiera desempeñado mejor el papel de «novio», ella no me habría engañado.

Como probablemente puedes imaginar, eso me llevó a la agonía, en un tren bala con boleto de primera clase.

Melanie trabajaba en el Merry-Go-Round, una cadena de ropa, del Gallery, un centro comercial en el centro de Filadelfia. Yo ya lo tenía todo planeado: un gran gesto romántico de perdón. Entraría en la tienda, nuestras miradas se cruzarían, yo la perdonaría y ella caería rendida en mis brazos derramando lágrimas de gratitud y remordimiento. Entonces le diría que quería casarme con ella y que ninguna esposa mía tiene por qué trabajar en una tienda de mierda. Le sacaríamos el dedo de en medio a su jefe, nos subíamos a mi flamante Mercedes Benz 300CE y yo la llevaría a su nueva mansión en Merion Road, la que tiene el jacuzzi en el dormitorio, no en el baño.

Encontrar dónde estacionarse en el Gallery era complicado, así que le pedí a Charlie Mack que condujera. De esa manera él se quedaría en el coche y lo mantendría estacionado justo frente a la tienda para que yo pudiera acercarme en plan Romeo, hacerla caer a mis pies y llevarla en brazos cruzando el umbral hasta el Mercedes que nos esperaba.

¡*Bip, bip!* Charlie tocó el claxon.

—Oye, colega, sabes que no tengo licencia. Así que, si viene la policía, me largo —dijo Charlie.

Este mamón me estaba arruinando toda la producción.

—¿Por qué no te sacas la puta licencia? —grité.

—¡Sabes que tengo antecedentes por tenencia de armas! ¡Todavía no puedo sacarla! ¡Tú vete a buscar a Melanie, hombre, date prisa antes de que llegue la policía!

Corrí hacia la tienda. Era un día tranquilo, el sitio estaba casi vacío.

Melanie estaba detrás del mostrador, doblando unos pantalones de mezclilla Jordache. No me vio, y pude observarla un minuto (la habría observado más tiempo, pero Charlie no tenía licencia). En esos pocos segundos, supe que no quería vivir sin ella. Lo que fuera que estaba vacío dentro de mí se llenó en cuanto la vi. Todo lo que me dolía se calmó, todo lo que tenía sed se sació.

Ella levantó la vista y nuestras miradas se encontraron. Tuve un breve pero innegable momento de lucidez. Melanie me amaba, sin lugar a dudas. Y yo la amaba a ella.

Bzzzzzzz.

Mierda. El maldito dispositivo eléctrico. No sabía qué era, pero confié en él. Centré mi atención en Melanie, aún más si cabe. Me acerqué; nos abrazamos. Algo seguía sin cuadrar.

BZZZZZZ.

Dejé de abrazarla. Sonreímos. Eché un vistazo a la tienda.

Un negro de piel clara con los ojos claros. Odiaba a los tipos así.

BZZZZZZZZZ.

Miré de nuevo a Melanie. Ella fingía doblar la ropa más rápido.

—Mi descanso para el almuerzo es en quince minutos, podemos ir a comer algo —dijo.

BZZZZZZZZ.

Volví a mirarlo a él. Ahora me rehuía la mirada.

Ya te vio, hijo de puta.

Atravesé la tienda y me abalancé sobre él. Intentó escapar: culpable. Pero no había dónde esconderse en esa tienda. Estaba encima de él. Melanie se puso a gritar. De repente, apareció Charlie Mack y me apartó. La tienda estaba hecha un desastre, igual que los bonitos ojos verdes del tipo. Charlie me arrastra y yo arrastro a Melanie. Subimos al coche y emprendemos la huida.

—Carajo, hombre, te dije que tengo cargos pendientes por arma de fuego. ¿Qué pasa contigo? —gritó Charlie mientras nos alejábamos.

Ese fue el último día de Melanie en el Merry-Go-Round. Prometió no volver a ver a ese tipo nunca más. La llevé a casa, a su nueva mansión en Main Line. La que tiene el jacuzzi en el dormitorio, no en el baño.

Nos prometimos que lo nuestro funcionaría. Mi juramento secreto y tácito fue: *Si vuelves, te prometo que seré suficiente.*

JBM son las siglas de Junior Black Mafia. Su lema en Filadelfia era «o bajas la cabeza o acabas bajo tierra». Es decir, o estabas con ellos o contra de ellos, o eras parte de ellos o estabas muerto.

Cuando eres un rapero de veinte años del centro de la ciudad de Filadelfia que acaba de ganar su primer millón de dólares, las únicas personas que pueden permitirse pasar el rato contigo son otros raperos, deportistas profesionales o traficantes de drogas.

Yo elegí a los traficantes de drogas.

Bucky medía un metro sesenta y cinco, máximo. Era un excampeón de los Guantes de Oro y uno de los mejores lugartenientes de la JBM. Siempre tenía la primera y la última palabra. Si había un desacuerdo, él estaba más que feliz de quitarse las joyas por valor de treinta mil dólares y salir a resolverlo fuera. Pero si le faltabas al respeto, las joyas no importaban, porque no llevaba anillos en el dedo del gatillo.

A Bucky le encantaba reírse. Se deleitaba con mi sentido del humor. Con los ojos de hoy, puedo ver que venía a Merion Road para tomarse un descanso, un pequeño respiro del estrés y la brutalidad de la calle. Yo era su bufón personal de la corte. Le encantaba escucharme metiéndome con la gente, las bromas con insultos eran sus favoritas y, casualmente, ese era mi fuerte.

Una noche, sin embargo, cometí el error de hacer una broma sobre la altura de Bucky.

—Oye, Buck, ¿te cargo o quieres un taburete para el próximo trago en la barra?

Nadie se rio. Buck mantuvo la calma, lo cual era muy mala señal. La sala se quedó en silencio. Caminó hacia mí, su barbilla apenas llegaba a mi pecho. Simplemente se quedó ahí parado. Yo sabía que eso significaba que tenía que inclinarme para que él pudiera hablarme. Me agaché como un gorila espalda plateada en la jungla, rindiéndome al nuevo alfa.

Buck me susurró al oído:

—Que seas una estrella no quiere decir que no te pueda hacer abandonar el planeta.

La lógica de la metáfora no era del todo perfecta, pero el mensaje subyacente se entendió bien. Jamás volví a bromear sobre Buck.

Merion Road era ahora el centro de todas las fiestas. En cualquier momento, había veinte personas o más en casa, con la música a todo volumen, jugando al billar, y montones de bocadillos de carne y queso, típicos de Filadelfia, por valor de miles de dólares ensuciando la cocina. (Probablemente podría haber comprado Overbrook Pizza con la cantidad de dinero que me gasté allí.) Había peleas de boxeo en el patio de atrás y una cancha de baloncesto... en la sala.

Y se hacían apuestas sin parar; nos lo jugábamos todo. No hace falta decir que no era un entorno propicio para las aspiraciones artísticas de Melanie.

—Willard, ¿puedes bajar un poco la música? —decía ella a menudo.

—Perdona, nena, dame como una hora. Estoy enseñando a estos tontos.

Sentía que mi perdón había sido un gesto de amor tan gigantesco que ella debía sentirse agradecida solo por estar allí.

La verdad es que nunca llegué a perdonarla.

Los fines de semana la armábamos en grande.

No era raro que unos ciento cincuenta mil dólares cambiaran de manos entre el viernes por la noche y el domingo por la mañana. Mi colega Bam era el mejor jugador de billar, siempre acababa llevándose nuestro dinero. Pero un sábado por la noche yo tuve una buena racha, no fallaba una. Me salía todo como quería, las bolas iban donde yo pusiera el ojo. Buck se quedó corto (¡perdón!), quiero decir, se quedó sin dinero tras una mala racha de treinta mil dólares. Envió a uno de sus muchachos por más efectivo. Pero Buck vivía en el Sudoeste, que estaba al menos a cuarenta y cinco minutos de viaje de ida y vuelta, así que cubrió su apuesta poniendo las llaves del coche sobre la mesa. La estancia estalló en un «¡Uuuuuh!». El corazón me dio un vuelco, pero me duró un segundo, porque no soy ningún mariquita. Puse las llaves de mi nuevo Mercedes Benz 300 verde turquesa justo al lado de las llaves de su BMW 325i descapotable negro personalizado.

—Coloca las bolas —dije.

Saqué cuatro bolas del triángulo, bolas altas. Se hizo un silencio religioso en la sala. Bucky calculó su primer tiro: dos bolas fáciles en la esquina. Se dejó la siete en la banda, muy bien colocada. Luego fue demasiado agresivo y acabó en peor posición, en la esquina; tuvo que volver a posicionar la cuatro. Pero Buck tampoco era un marica. Se trabajó todo el triángulo, y lo único que podía hacer era observar con impotencia, poniéndole tiza a mi taco de billar personalizado para un tiro que tal vez nunca llegara.

Bucky apuntó a la bola ocho. Tiro de banco, esquina cruzada. La ocho avanzaba a cámara lenta hacia la tronera de la esquina. La gravedad de la bola ocho pretendía llevarse las llaves de mi coche hasta el abismo. Un rugido del público presente acompañó a la bola: «Ooooooooooh...».

Pero... ¡no! La bola ocho acabó deteniéndose al filo de la tronera. La sala explota.

Me queda una sola vida, pero tengo que tirar a matar. Aún tengo tres bolas por meter antes de que pueda darle lo suyo a la ocho de la esquina, y si fallo una, Bucky volverá a la mesa y no fallará.

Mi primera bola es el temido tiro recto, a lo largo de la mesa. Nada de jueguecitos; apunto, tiro y cae justo en el centro de la tronera. Me quedan dos. El segundo tiro sería en la tronera lateral, pero mi tercer tiro es en la esquina, lo que significa que tengo que hacer un inglés con la bola blanca (me marco un «draw», es decir, la golpeo muy abajo para conseguir un movimiento de rotación hacia atrás). De lo contrario, podría rodar directamente hacia la esquina, derrapando y asegurando la victoria de Bucky.

Mi técnica de billar consiste en no reflexionar demasiado tiempo sobre cada tiro. Apuntas y tiras. Alineas el siguiente, y tiras. No hay tiempo para dejar que la mente me castigue con dudas o indecisiones. Charlie Mack siempre decía: «Dinero con miedo no llama a dinero». Y eso se convertiría en uno de los lemas de mi vida. Pero esa noche fue mi mente fría como el hielo la que me hizo imbatible.

Y al igual que el resto de la noche, no fallaba una. Lo único que podía hacer Bucky era observar con impotencia, poniéndole tiza a su taco para un tiro que nunca llegaría. Recorrí la mesa, metí la bola ocho y recogí, respetuosamente, los juegos de llaves de ambos coches.

Bucky estaba que trinaba, pero era demasiado bravucón para dejar que se le notara. Salió bruscamente de la casa, abriendo la puerta con fuerza, solo para darse cuenta de que tenía que llamar a un taxi.

Fui corriendo tras él.

—Oye, Buck —dije.

—Ahora no, hombre, dame un minuto —contestó, con toda la actitud de gánster que podía mostrar un tipo que está a punto de pedir aventón.

—Buck, toma. —Le tendí las llaves del coche—. No pienso llevarme tu maldito coche.

—¿Cómo? —respondió, confundido.

—Eres mi colega. No voy a quedarme con tu coche.

—¿Estás bromeando? —dijo, mirándome como si me hubieran salido cuatro cabezas.

—Buck, ¿cómo voy a invitarte a mi casa y quedarme con tu coche? Soy un pendejo, pero no tanto. —Le puse las llaves en la mano.

No me di cuenta en ese momento, pero más adelante me quedaría claro que se trataba de un gesto de humanidad que no se daba en el entorno en el que Bucky se vio obligado a sobrevivir. Él sí se dio cuenta, y se emocionó visiblemente.

—¿Por qué te pones así, Buck? No es para tanto... —dije yo.

Se recompuso, tomó las llaves con fuerza y respondió:

—Porque yo sí me habría quedado con tu coche.

Me di la vuelta para entrar en casa. Bucky hizo pitar su coche al abrirlo con el control y me gritó:

—¡Oye! Si alguien te jode alguna vez, va a tener un problema conmigo.

Y lo decía en serio.

En ese momento, no relacionaba mis caprichos ni mi comportamiento generalmente errático con el estado convaleciente de mi corazón. Cuando me compré un Chevrolet Camaro IROC-Z de color rojo manzana de caramelo y pinté las llantas a juego, no lo percibí como parte de un cuadro clínico. Tampoco relacioné la compra de mi Chevrolet Suburban personalizado con cuatro altavoces para bajos de medio metro que ocupaban toda la mitad trasera del coche con mis sentimientos de insuficiencia, de pérdida o de traición. Simplemente pensé que era divertido que cuando fuera a buscar a alguien, no tuviera que llamar con antelación: ponía el volumen al nivel siete, y enseguida sabían quién llegaba.

Estaba conteniéndome muy poco y se me estaba pasando la mano. Me compré mi primera motocicleta, una Suzuki Katana 600 azul. Ni siquiera sabía conducirla, y tuve un accidente la primera semana. Estaba fanfarroneando demasiado para ir con una moto con rasguños, así que me compré otra nueva, el mismo modelo en rojo.

JL estrelló esa moto; el daño no fue tan grave, solo algunas marcas en los paneles laterales. Pero luego, para superar a JL, Harry la siniestró. Pensé que todo esto era una señal, tal vez las motos no eran para mí, así que me compré un Corvette T-top turquesa.

Estacioné todos los coches y las motos en fila delante de mi casa e invité a mi padre para que viera lo bien que me iba. Mi padre se detuvo en su camioneta Chevy azul en dos tonos, la del trabajo. Siempre creyó que los vehículos deberían tener una utilidad. Yo lo esperaba frente a mi casa, con orgullo, cuando él salió de la camioneta. Nos dimos un abrazo.

—Me trajeron el Corvette la semana pasada —dije.

—¿Son todos tuyos? —preguntó él, mirando mi nueva flota con desdén.

—Sí —respondí orgulloso. Tenía los brazos a los lados en una postura respetuosa, pero en mi cabeza estaba dedicándole una pose de rapero con los brazos cruzados.

—Chico, ¿para qué quieres tres coches? —soltó él—. Solo tienes un culo.

Esa no era exactamente la respuesta que yo esperaba. Pero su opinión matemática cayó en oídos sordos, porque el Grammy de 1988 a la Mejor Interpretación de Rap fue para DJ Jazzy Jeff and the Fresh Prince por el sencillo «Parents Just Don't Understand».

Melanie y yo ya no nos acostábamos.

Algo se había roto. Los dos queríamos arreglarlo por encima de todo, pero apenas teníamos veinte años. Nuestros sueños románticos eran demasiado frágiles como para sobrevivir a la brutalidad de nuestra propia inmadurez.

Empecé a viajar mucho a Los Ángeles. Por primera vez fui consciente de la vibración de una ciudad. En el momento en que el avión aterrizaba en el aeropuerto, algo dentro de mí se despertaba y se equilibraba. Una parte de mí y una parte de Los Ángeles formaban una combinación perfecta. La energía de la ciudad me mantenía a tono. Necesitaba dormir menos, siempre me sentía fresco, mi piel tenía mejor aspecto, comía mejor y quería hacer ejercicio. Estaba inspirado. Desde entonces me he dado cuenta de la importancia fundamental del entorno. Elegir bien la ciudad en la que vives es tan importante como elegir a una compañera de vida.

Y yo acababa de conocer a Tanya Moore. Ella encarnaba el sol de Los Ángeles y las posibilidades que definían la ciudad: un verdadero portento de la Costa Oeste. Una mujer buenísima, sofisticada, pero con sabiduría de barrio. Sabía por qué vecindarios podía pasear y por cuáles debía ir en coche. Sabía que debía quitarme mi gorra roja de beisbol de los Phillies en cuanto aterrizara en el aeropuerto y que podía volver a ponérmela tan pronto como cruzara el Misisipi en el vuelo de vuelta.

Pooh Richardson era el base estrella del equipo de baloncesto de la Universidad de California en Los Ángeles (UCLA), lo cual, junto con ser un rapero millonario, era el listón más alto al que podía aspirar un chico negro de veintidós años. Nació y creció en el corazón del Sur de Filadelfia, y se paseaba por el campus de UCLA como el maldito alcalde. Pooh lo era todo en ese campus, y cuando aparecían sus amigos de Filadelfia, lo dejaba claro.

Él estaba saliendo con la prima de Tanya, Tgia, quien básicamente le gestionaba la vida. Elegía lo que él comía, el periódico que leía y le ordenaba el cuarto cuando necesitaba prepararse para los entrenamientos; una clase de relación que, en ese momento, me pareció muy madura. Pooh era la estrella, pero no era capaz de encontrar sus propios tenis, literalmente. Su único cometido era jugar bien al baloncesto. Tgia hacía todo lo demás. Cuando los vi juntos supe que eso era lo que yo quería. Actuaban como dos socios de la «Sociedad para la llegada de Pooh Richardson a la NBA» (acabó jugando diez años en la liga).

Charlie Mack y yo llegamos al estadio Pauley Pavillion, donde el UCLA jugaba contra el Stanford. Vimos a Pooh en el vestuario después del partido.

—¡Filadelfia está en la casa! —gritó él.

Lo primero que nota un tipo de Filadelfia cuando uno de sus amigos se muda a otra ciudad es lo mal que te hacen un degradado en la peluquería. Filadelfia es famosa por sus degradados perfectos: los inventamos nosotros, y los hacemos bien.

—Oye, colega, tu peluquero no sabe nada —le tuve que decir obligatoriamente. Aunque es probable que lo hubiera dicho aunque fuera un buen corte. Cuando eres de Filadelfia y alguien se corta el pelo en otra ciudad, tienes que decir que está mal hecho.

—Sí, aquí todavía no dominan la técnica —bromeó Pooh, tocándose los lados de su degradado. Si eres de Filadelfia, también tienes que responder con algo en esa línea.

Me presentó a Tgia y a su prima Tanya. Seguramente mi impresión respecto a la belleza de Tanya fue demasiado obvia, porque Pooh tomó una toalla y me la acercó a la boca.

—Oye, colega, estás babeando y no quiero que te resbales con tu propia saliva y te caigas.

Aparté la toalla, un poco avergonzado, pero manteniendo mi sonrisa y mi encanto.

—Vamos, carajo, haz los honores.

Me reí, girándome para presentarme a Tanya.

—Debe de haber algo en el agua en Filadelfia —dijo ella—. Salen todos bien de allí.

Pooh intervino:

—Eh, Tanya, te digo yo que este negro va a ser lo máximo. ¡Será mejor que lo caces ahora porque va a despegar y va a llegar muy lejos!

¿Cazarme? Pero si yo estaba prendado desde que dijo lo del agua.

JL era el único de mis amigos que me había visto llorar. Un día, en un viaje en tren a Nueva York, me derrumbé cuando le conté la historia de Melanie; le dejé el pecho empapado. JL no es un tipo sensible y yo no me contuve. (Más tarde me diría que en ese momento me convertí en una prioridad para él. Me dijo que sabía que debía protegerme.)

Un día me llevó aparte para hablar conmigo.

—Oye, amigo, últimamente te estás metiendo en muchas peleas. ¿Qué pasa?

Hubo un par de meses en los que literalmente me peleaba todos los fines de semana. No estoy seguro de si era porque sabía que Bucky me guardaba las espaldas, o que Charlie Mack estaba siempre a mi lado, o si era la única droga que me podía calmar el corazón herido, pero comencé a repartir golpes por todos lados, incluso a cualquiera que me mirara de refilón. Estaba enojado, porque ni siquiera un Grammy, millones de dólares o un IROC de color rojo manzana de caramelo me llenaban lo más mínimo los vacíos que tenía.

Lo que suele pasar con el dinero, el sexo y la fama es que, cuando no los tienes, puedes justificar tu desdicha. *Carajo, si tuviera dinero, sexo y fama, ¡me sentiría genial!* Por muy equivocada que sea esa idea, psicológicamente te insufla esperanza. Pero una vez que eres rico, famoso y tienes éxito, y aun así te sientes inseguro e infeliz, te empieza a acechar un pensamiento aterrador: tal vez el problema soy yo.

Por supuesto, descarté esa tontería enseguida. Solo necesitaba más dinero, más mujeres y más premios Grammy.

La compañía discográfica estaba lista para nuestro siguiente álbum, *He's the DJ*. Llevábamos tres millones de discos vendidos, y el primer premio Grammy de la categoría de rap, pero este nuevo álbum iba mucho más allá.

JL quería que hiciéramos una grabación preliminar en la casa de la madre de Jeff. Mientras yo compraba coches, ropa y casas, Jeff había convertido el sótano en un estudio de grabación casero al nivel de *Star Trek*. JL pensó que lo más rentable sería plasmar nuestras ideas en el Sudoeste de Filadelfia y luego ir a Londres para la grabación final. Jive tenía en propiedad unos estudios de grabación allí, y nos ofrecieron unas buenas tarifas.

Pero Jeff y yo teníamos otra idea. Jeff había oído hablar de un famoso estudio de grabación en las Bahamas, Compass Point Studios, en Nasáu. Sugirió que grabáramos allí. Después de todo, Mick

Jagger, Grace Jones, David Bowie, Sade e incluso Iron Maiden habían grabado en Compass Point. Como ya éramos famosos, y teníamos un disco multiplatino, me pareció apropiado que grabáramos donde graban los artistas multiplatino. Jeff estaba impaciente por llegar al estudio y probar su tecnología. Y yo no veía el momento de probar los dos enormes casinos que acababan de construir en Nasáu.

Estábamos impresionados. JL protestó un poco, pero acabó perdiendo dos a uno. Nuestras sesiones plenarias eran rápidas en el sótano de la madre de Jeff. El viernes siguiente salimos rumbo a las Bahamas... Diez de nosotros.

Yo nunca había estado en las Bahamas.

Hacía treinta y dos grados y mucho sol cuando aterrizamos. Tanto nuestro equipaje como el equipo se quedaron retenidos en la aduana, así que nos fuimos a la playa. Ron y *fingers* de pollo hasta que se puso el sol, y luego al casino, hasta el amanecer. Y esa fue la «grabación» de nuestro nuevo álbum durante la primera semana.

Habíamos programado seis semanas para grabar y habíamos reservado el estudio, lo que significaba que teníamos que pagarlo tanto si lo usábamos como si no. Nuestra primera sesión completa en el estudio, el noveno día en las Bahamas, fue más como salir una noche de fiesta: Jeff pinchando música mientras todos los demás estábamos sentados con las chicas, la comida y las bebidas. De vez en cuando, me levantaba y tomaba el micrófono, actuando para la multitud más que tratando de innovar o de crear música nueva.

Después de esa primera sesión, JL nos llevó a Jeff y a mí a un lado y nos advirtió de que estábamos gastando diez mil dólares al día, y que, si no empezábamos a grabar, nos iba a cortar el suministro. Jeff y yo nos ofendimos un poco.

—No entiendes el proceso creativo —repuse—. Este entorno, la gente, todo lo que estamos haciendo forma parte de nuestra fuente de inspiración.

—Sí, J —intervino Jeff—, no nos cortes el *flow*.

—Déjanos hacer lo nuestro y tú haz lo tuyo —le dije.

JL asintió con la cabeza muy despacio, como diciendo: «Está bien, ya veo lo que hacen».

Tras un mes de nuestro «proceso», y un par de cientos de miles de dólares gastados, la luz roja de grabación no se había encendido ni una vez. Todavía no habíamos acabado ni una sola canción.

Supongo que lo que JL hizo tenía su justificación. Entonces me costó creer que hubiera sido capaz. Yo nunca lo habría hecho. Pero supongo que sintió que era un momento de desesperación, por lo que empleó medidas igualmente desesperadas.

Era un viernes por la noche. Aproximadamente veinte de nosotros estábamos holgazaneando en el estudio. Nuestro equipo de Los Ángeles había volado a las Bahamas para ayudar con el «proceso creativo». Yo llevaba ya unos cinco vasos de ron encima, y había pasado de los *fingers* de pollo a la barbacoa caribeña y los frijoles negros con arroz. Supongo que hacía calor y por eso no llevaba camiseta.

Da igual la edad que tengas, hay algunas imágenes de la infancia que siempre te provocan un escalofrío que te recorre la columna vertebral o que te siguen dando un vuelco en el estómago. Yo estaba haciendo el payaso en mitad del Estudio A de Compass Point cuando la puerta comenzó a abrirse. Al abrirse más la puerta, primero vislumbré a JL, y luego...

A mi padre.

La habitación se quedó muda. Los que sabían quién era, sabían lo que iba a pasar, y los demás lo adivinaron.

Mi padre contempló la escena con calma. Su hijo mayor, semidesnudo. La habitación apestaba a ron y barbacoa caribeña. Bikinis bahameños desperdigados y descontrolados. Y estábamos «trabajando». Para mi padre, eso era Sodoma y Gomorra.

Hizo una pausa, y luego:

—Todo el mundo fuera, carajo —bramó—. Tengo que hablar con Will y con Jeff.

Aterrizamos en el Aeropuerto Internacional de Filadelfia a las 14:38. Dormí todo el vuelo. No recuerdo ni despegar ni aterrizar. No sé si se considera una enfermedad de verdad, pero estoy seguro de que entré en un coma de la vergüenza. James «JL» Lassiter me la había jugado y había ido de soplón con mi padre. Era una espiral de mierda.

Al menos, en cuestión de dos semanas, nuestro tercer álbum, *And in This Corner...*, estaba terminado.

Tras su aparición diabólica en el estudio Compass Point, mi padre había hecho una evaluación negativa, aunque bastante convincente, de nuestro comportamiento.

—Chicos, están desperdiciando una oportunidad con la que la mayoría de la gente ni siquiera es capaz de soñar. ¿Una gran empresa financia su proyecto y ustedes llenan el estudio de chicas y de mierda? Mantengan la verga dentro de sus pantalones y lejos del dinero que no es de ustedes. Hagan las pendejadas que quieran, pero no mientras están trabajando. Esto no va a durar para siempre.

Si bien la intervención de mi padre en las Bahamas nos había salvado de una catástrofe inmediata, la primera pieza del dominó ya se estaba inclinando. No quedaba presupuesto, así que rápidamente improvisamos con los mejores temas que pudimos escribir. Pero el álbum no tenía ni un concepto sólido ni continuidad. Jeff y yo estábamos muy dispersos y poco sintonizados.

And in This Corner... estaba condenado desde su nacimiento.

NUEVE
DESTRUCCIÓN

L a espiral de decadencia había comenzado.

And in This Corner... salió en Halloween de 1989 y lo que consiguió fue un *cri, cri, cri...* Absoluto silencio. En un intento desesperado por salvar algo de aquel desastre, nos lanzamos a la carretera para actuar, hacer promoción y todo lo posible para darle algo de vida al disco. Pero ya llegó muerto.

El invierno de 1989 fue un espectáculo de mierda cada vez más aborrecible.

Primero lo de Ready Rock. Había grabado un montón de canciones, de las cuales ninguna acabó entrando en el disco. Era uno de los mejores *beatboxers* que había habido nunca y, en nuestras presentaciones, se llevaba algunas de las mayores ovaciones. Pero el hip-hop estaba cambiando; los *beatboxers* eran cada vez menos protagonistas en este arte. Se sentía despreciado y ninguneado.

Así fue como nuestros desacuerdos empezaron a dividirnos y, a su vez, la división se convirtió en un conflicto abierto hasta que Ready y yo nos encontramos al borde de la guerra.

Clate comenzó a llegar tarde a todo: vuelos, pruebas de sonido, reuniones. Se pasaba todo el día durmiendo y toda la noche de malas.

A lo largo de la gira, las discusiones fueron en aumento, tanto en frecuencia como en intensidad. En su mente, Jeff y él eran las atracciones principales y a mí solo me llevaban para acompañar.

—Jeff y yo somos los únicos con talento aquí. El resto solo se arrima al sol que más calienta —gritó Clate durante uno de nuestros innumerables encontronazos.

Todo llegó al límite una noche en Kansas City. En torno a la mitad de nuestro espectáculo, presentábamos a Ready Rock. Salía y él y yo teníamos una rutina de quince minutos antes de que se marchara y de que Jeff y yo cerráramos el concierto. Tenía una gran entrada. Yo estaba rapeando y en la última barra gritaba: «¡Ready Rock C, échale una mano a Jeff!». Después, señalaba de forma dramática a un lado del escenario, los focos se encendían y él hacía un efecto de sonido de helicóptero que dejaba al público impactado. Podía abrir y cerrar la mano sobre el micrófono para cambiar la frecuencia y dar la ilusión de que el helicóptero se movía de izquierda a derecha.

Al público le encantaba.

Aquella noche grité, señalé, los focos se movieron, pero nada de Ready Rock. Jeff siguió con el ritmo y, tras cuatro barras más, dije de nuevo: «¡Ready Rock C! ¡Échale una mano a Jeff!».

Clate no salió.

Sin perder el ritmo, Jeff se lanzó con el siguiente tema y seguimos con el espectáculo como si nada.

Mientras escribo este capítulo, no puedo evitar sentir un dolor increíble, porque aquellos conflictos y malentendidos en realidad eran muy fáciles de resolver. Sin embargo, nuestra inmadurez nos hacía sufrir consecuencias insoportables para poder aprender las lecciones fundamentales de las relaciones humanas. Hoy me resulta tan evidente lo duro que debió de ser para Clate pasar de ser mi mejor amigo y mi mano derecha creativa a ser alguien a quien los fotógrafos excluían y apartaban cada vez más y a quien le pedían que se quitara de las fotos... Y lo que es peor: nunca llegamos siquiera a hablar de ello.

Pero aquella noche éramos como dos carneros adolescentes.

Después del concierto, me fui al *backstage* hecho una fiera.

—¿Dónde mierda está Clate? —grité.

Entré corriendo al camerino y allí estaba, sentando en mi silla, con los lentes de sol puestos, comiéndose tranquilamente un paquete de Doritos.

—Hombre, ¿dónde carajos estabas?

Clate no respondió. Solo estaba ahí sentado masticando.

—¿Por qué no salisteo? —grité.

Él siguió masticando. Tras unos segundos, tragó y dijo:

—Es que no me dio la gana actuar esta noche.

Me quedé sorprendido e indignado, pero no dije nada.

Nos miramos fijamente. A cada segundo, nuestra nueva realidad se iba endureciendo. En lo más profundo de mi corazón sentí que quedaban como diez segundos para que el cemento de esa realidad se solidificara.

Nueve, ocho, siete, seis.

Masticaba. *Crunch*. Mirada fija.

Cinco, cuatro, tres.

Crunch. Mirada fija.

Dos.

—Muy bien, *cool* —dije, mientras me daba la vuelta y salía.

Nunca más volví a llamar a Ready Rock al escenario.

La noche siguiente, Jeff y yo modificamos el espectáculo. Clate estaba de pie junto al escenario. Llegó la parte en la que normalmente se le llamaba. Nos la saltamos y pasamos a la siguiente canción. Igual en Dallas, igual en Houston. Más de lo mismo en San Antonio.

Dejamos de hablar. Clate empezó a viajar en los autobuses de otros grupos, y cuando viajaba con nosotros, se quedaba en su litera. Un día, casi al final de la gira, oímos un sonido extraño procedente de su litera.

Clic-clac. Chas. Clic-clac. Chas.

La litera de Charlie Mack estaba justo encima de la de Clate. Charlie, irritado por el sonido, se asomó a la litera para investigar. Abrió la cortinilla.

—Oye, hombre, ¿qué carajo estás haciendo? —gritó Charlie, bajando de un salto de su litera.

Clate estaba limpiando un subfusil Uzi semiautomático. No tenía balas, pero estaba practicando cómo preparar un cartucho y apretar el gatillo.

Clic-clac. Chas. Clic-clac. Chas.

Atrás quedaba mi amigo de la escuela. La risa fácil, la emoción de batallar en las esquinas de Overbrook, la alegría de toparnos con un sonido nuevo. En su lugar, quedó una persona que ya no era capaz de reconocer. En toda mi vida, pocas cosas han sido más dolorosas que ver autodestruirse a alguien a quien quiero. Mi padre solía decir: «Se puede evitar un homicidio, pero no se puede evitar un suicidio». Ready Rock se ganaba un buen sueldo haciendo lo que le gustaba. Actuaba delante de miles de personas y veía mundo. Tenía un grupo de amigos que darían la vida por él. Sin embargo, había una parte rota o ciega en él que, por algún motivo, era incapaz de percibir el potencial de la oportunidad que tenía ante sí. Se había abierto camino en el tramo abundante del Río Grande para luego acabar rascando y arañando su trayecto de vuelta al desierto.

A lo largo de mi carrera, he visto repetirse este patrón una y otra vez. He dado puestos de trabajo a cientos de personas, muchas de las cuales han terminado resquebrajándose y desmoronándose bajo la presión de las posibilidades. Como decía el gran poeta negro Charlie Mack: «La presión rompe las tuberías, colega».

Todos tenemos que lidiar con los procesos naturales de destrucción. Todo es transitorio: tu cuerpo se hace viejo, tu mejor amigo se gradúa y se muda a otra ciudad, ese árbol al que trepabas frente a la casa de Stacey Brooks se derrumba en una tormenta. Tus padres se mueren. Todo cambia: sube y se cae. Nada ni nadie es inmune a la entropía del universo.

Por eso la autodestrucción es un crimen tan terrible. La cosa ya es bastante dura de por sí.

Cuando volvimos a Filadelfia, Ready Rock tomó su bolsa y yo la mía. No hubo despedidas ni contacto visual. Lo vi alejarse por Woodcrest. No miró atrás ni tan siquiera una sola vez.

Debido a mis experiencias de la infancia con la vena destructiva de mi padre, siempre he tenido muy poca tolerancia cuando reconozco energías similares en la gente que me rodea. Lo curioso es que siempre me resulta evidente cuando las percibo en los demás, pero soy ciego como un murciélago cuando se trata de ver esas mismas energías en mí.

El primer (y único verdadero) sencillo del tercer disco se llamaba «I Think I Can Beat Mike Tyson». He utilizado la invencibilidad de Mike a menudo para explicar la diferencia entre la destrucción natural y la autodestrucción.

Imagina que tienes que librar una batalla por el título contra Mike Tyson en su mejor momento. Temiendo por tu vida, contratas al legendario entrenador Freddie Roach, te comprometes a seguir la dieta perfecta, la rutina de entrenamiento perfecta, haces todo lo que está en tu mano para enfrentarte a Iron Mike. Te subes al cuadrilátero en una condición física y psicológica impecable, y Mike te destruye en quince segundos. Tú has hecho todo lo que podías hacer, pero, aun así, has perdido. Simplemente no eres tan buen luchador como Mike Tyson. Y esa es una pérdida soportable, lo que yo llamo «destrucción natural».

Pero si en los entrenamientos eras perezoso, no comías bien y dejaste que te entrenara tu primo el enclenque y, por supuesto, luego Mike te noquea en quince segundos, ahora tienes que lidiar con una pérdida insoportable. Te toca vivir el resto de tu vida preguntándote lo que podría haber pasado si hubieras dado lo mejor de ti, sin saber la respuesta. En el fondo de tu mente, sabrás que no solo perdiste contra Mike Tyson, sino que también perdiste contra ti mismo. La pelea no fue contra Tyson. Fueron Mike y tú contra ti.

Así me siento respecto a *And in This Corner...* El negocio de la música no es constante: hay discos que funcionan y discos que no. A veces hay un tema que crees que va a ser todo un éxito y a nadie le gusta, y después aquel al que ni siquiera habías prestado atención se convierte en fenómeno. Ese es el camino natural, el inevitable flujo y reflujo del universo. Pero si desperdicias trescientos mil dólares en ron y *fingers* de pollo, y tu padre tiene que volar y llevarte de la oreja a casa, y luego montas como puedes unos temas en el sótano de la madre de tu mejor amigo, estás librando una batalla injusta. Son dos contra uno: el universo y tú contra ti.

Es respetable perder contra el universo, pero es una tragedia perder contra ti mismo.

And in This Corner... fue un fiasco. De los grandes. Veníamos de vender tres millones de discos (triple platino) y del primer Grammy de la historia del rap. Las expectativas y las inversiones eran muy altas. Y nos estrellamos.

Sabíamos que el disco era un triple que no iba a entrar. Pero las previsiones no se materializaron hasta que volvimos a salir de gira. El público era más escaso. No estaba tan entusiasmado por vernos. Ya no cantaban mis letras. Y nuestras tarifas de actuación disminuyeron casi un 70%. Hicimos bien en tomárnoslo como «promoción».

Echando la vista atrás, yo intuí el impacto inminente, pero no sabía qué hacer ni cómo detenerlo. Y, desde luego, no pensé que fuera a ser tan grave como fue.

Para entonces, Melanie y yo vivíamos en esa terrible zona fronteriza entre los viejos días plenos de felicidad, amor y esperanza, y los inevitables días de resentimiento, ira y destrucción que se acercaban a toda prisa. Estábamos atrapados en ese desamor horrible y silencioso en el que dos personas conviven en la misma casa, pero rara vez en la misma habitación. Donde en el aire se respiran palabras apáticas que aún no están impregnadas de veneno, pero que carecen voluntariamente de bondad alguna. Ese infierno único en el que sabes que ya se acabó todo, pero no del todo aún.

Charlie y yo pasábamos cada vez más tiempo en Los Ángeles. En cuanto aterrizaba, Tanya ya estaba en el aeropuerto con un coche de alquiler, las llaves del hotel, las reservas para la cena y lo que fuera que necesitara. Las chicas de Los Ángeles siempre parecían organizadas y con mente de empresarias. Estaban todo el día volando y persiguiendo algún tipo de sueño o alguna oportunidad. Había algo en la cultura de Los Ángeles que fomentaba esa mentalidad del ascenso. Tanya nunca me pidió nada. Así era como ella se desenvolvía. Y me hizo sentir como en casa.

Nos conocíamos desde hacía casi un año, pero nunca nos habíamos besado.

Tenía el presentimiento de que Tanya y Los Ángeles iban a desempeñar un papel importante en mi supervivencia. Supongo que estaba buscando inconscientemente el faro y el bote salvavidas para la tempestad que iba oscureciendo el horizonte. Las palabras de Gigi resonaban en mi mente: «No te olvides, Don Juan, de ser amable con todos los que te cruzas en la subida, porque puede que te cruces con ellos en la bajada».

Saltar a la fama es lo más divertido que ofrece el mundo material. Ser famoso provoca sentimientos encontrados. Pero caer de la fama al olvido es una mierda.

Advertía las señales de aviso, algunas provenían precisamente de mí mismo. Veía los rostros silenciosos del público al final de nuestras actuaciones. Me daba cuenta de que las llamadas de negocios que antes nos devolvían en dos horas ahora tardaban dos semanas, o no nos las devolvían nunca. Y lo peor es que mi tarjeta de crédito no se rompía, solo se doblaba la hija de puta. En mitad de toda esa distorsión, mi sutil brújula interna seguía apuntando al infierno.

Charlie también lo intuía.

Él se encargó de indagar, escarbar y engatusar todo lo que se le pusiera por delante para labrar y materializar un futuro mejor. Charlie no tenía vergüenza. Me presentaba a todo el mundo que estuviera a su alcance, incluso a desconocidos.

—¡Little Richard! ¡Little Richard! —exclamó en los premios Soul Train. Después, lleno de emoción, me dijo—: Will, ese es Little Richard, con Diana Ross. Vamos, tómate una foto con ellos.

—¡Carajo, Charlie, están hablando! Déjalos en paz —repuse muy avergonzado.

—¿Quieres la foto o no quieres la foto? Tienen que verte con la gente.

Entonces me arrastró hasta Little Richard y Diana Ross y, básicamente, se puso a enumerarles mi discografía.

—Sé que todos lo han escuchado. Ganó un Grammy. Ahora están todos juntos, como... ¡el Club de los Grammy!

Charlie Mack es más grande que la mayoría de los seres humanos y, la verdad, más grande que la seguridad de la mayoría de la gente. Una vez que decidía que quería algo, ya sea una foto o una conversación, los obstáculos tendían a apartarse de su camino.

Los Ángeles puso de manifiesto los límites de mi fama. Era enorme en el mundo del hip-hop, pero en Hollywood yo no era nadie. En un partido de los Lakers, nadie. En el Roxbury, yo no era absolutamente nadie. Resultó humillante, vergonzoso y frustrante.

Recuerdo que una noche en Los Ángeles, E. U. (Experience Unlimited), la banda de gogó de Washington, D. C., tocaba en el Palladium. Habían sido nuestros teloneros en el 88 y el 89 y habíamos entablado una amistad con el cantante principal, Sugar Bear, y con el resto del grupo. Spike Lee acababa de poner su canción «Da Butt» en la película *School Daze* y ahora, E. U. era el grupo de moda en todo el país. Charlie y yo planeamos descansar de la carga emocional de ser unos don nadies en Hollywood y, por una noche, refugiarnos en el mundo de la música.

Nos dirigimos al Palladium y nos acercamos a la entrada del *backstage*. Hordas de grupis y fans les suplicaban a los porteros diciendo que su primo había olvidado una entrada, pero que la taquilla ya estaba cerrada (la mierda habitual que hace que los guardias de seguridad los miren por encima del hombro ignorándolos). Entonces, Charlie hizo lo de siempre: acercarse al frente y hablar por mí.

—Eh, amigo, estoy aquí con Fresh Prince.

—¿El qué? —dijo el guardia de seguridad, mirando más allá de Charlie, hacia mí.

Odio ese tipo de momentos en los que tengo que estar ahí de pie y tratar de parecer reconocible, porque todos te miran para ver si eres lo suficientemente famoso como para superar la «prueba del gorila». Estás en la cuerda floja. Y cuando acabas de fracasar con un disco, es más bien un hilo fino.

—Fresh Prince, hombre. Fresh Prince. Ya sabes, Jazzy Jeff y tal —aclaró Charlie.

El portero me echó esa mirada que, universalmente, significa: «Estoy revisando la lista mental y... *nop*, no estás dentro».

—Si no tienen entradas, para atrás.

En ese instante, se abre la puerta y Sugar Bear de los E. U. asoma la cabeza y echa un vistazo alrededor. Entonces cometí un error de novato: me sobreexcedí. Pero es que, al ver una cara conocida, me sentí como si me lanzaran uno de esos salvavidas redondos que te tiran cuando te estás ahogando en un mar cada vez más profundo de insignificancia e irrelevancia. Antes de que pudiera detenerme, solté:

—¡Ey! ¡Sugar Bear!

Sugar Bear me miró justo a mí. Hubo un instante de reconocimiento. Señalé al guardia de seguridad como diciendo: «Eh, colega, dile a este tipo que se mueva y nos deje entrar».

Sugar Bear se detuvo. Miró al guardia de seguridad y sacudió sutilmente la cabeza. Echó otro vistazo a la multitud para ver si la persona que buscaba estaba ahí fuera. No estaba, así que se giró y regresó adentro.

Me di la vuelta y me alejé, intentando digerir con dignidad la vergüenza del exfamoso. Por dentro, estaba furioso, pero como era mi estado emocional habitual, por fuera estaba totalmente tranquilo. No sabía adónde iba, pero manzana tras manzana me limité a caminar. Charlie no pronunció palabra alguna, pero me siguió el paso justo detrás de mí. Anduvimos durante kilómetros en silencio.

¿Qué diablos estaba pasando? Desde que volvimos de la gira, Jeff se había retirado al sótano de su madre. Su reacción ante el inminente invierno de nuestras carreras fue hibernar. Había rechazado la posibilidad de hacer un concierto en África y una gira por Australia. Me jodió que él ahora se escondiera. Me pareció una cobardía por su parte. Y eso resonó con violencia en mi interior. Había luchado toda mi vida para no ser un cobarde. Creía que teníamos que enfrentarnos a los obstáculos que se nos presentaran en el camino, pero sin él no podía hacerlo. Me sentí traicionado.

JL se quejaba de que Charlie y yo pasáramos tanto tiempo en Los Ángeles.

—Están perdiendo el tiempo. Tienen que regresar a casa para que podamos volver al estudio, a escribir y grabar —nos dijo.

Melanie y yo apenas nos hablábamos. Y ahí me encontraba yo, en las calles desiertas de Hollywood, un jueves por la noche, anónimo y a la deriva.

Charlie Mack era como un viejo entrenador de boxeo cuyo púgil acababa de recibir una paliza en el asalto anterior. Si no estuviéramos en Hollywood Boulevard, sin duda habría estado echándome agua helada en los calzones. Estaba herido, pero sabía que me quedaba otro asalto.

Nos acercamos a un paso de peatones y la mano roja me hacía la señal directamente a mí. Alto. Detente. Respira. Piensa. Mi rabia se calmó. La contemplación pasó a ser pasión y, después..., una decisión.

—Eso no va a volver a pasar nunca, jamás —dije—. Te lo prometo.

Charlie no abrió la boca. Solo asintió con la cabeza. Sabía que algo grande estaba ocurriendo dentro de mí. Y estaba dispuesto a lo que hiciera falta.

El semáforo se puso en verde y seguimos caminando.

No pagaba mis impuestos.

No es que se me olvidara. Es más tipo... Que no pagaba mis impuestos, simplemente. En enero de 1990, el Tío Sam decidió que ya me había divertido bastante y que quería lo suyo.

Debía impuestos a Hacienda por unos tres millones de dólares en ingresos. Creo que, por encima de un millón de dólares, el Tío Sam pasa de ser desagradable a ser irritable. Y si ya está por encima de los 2.3 millones de dólares, pasa a ser agresivo y cascarrabias.

Así que, siguiendo mi enfoque general para la resolución de problemas durante este periodo de mi vida, acudí a JL.

—Espera, ¿que no has pagado ningún impuesto? —dijo. Aunque hablábamos por teléfono, pude darme cuenta de que se había sentado.

A día de hoy, JL es la persona más austera, sensata y fiscalmente responsable que he conocido nunca. No gasta dinero en nada, nunca. Ni coches de lujo, ni joyas, ni viajes, ni jacuzzis en su habitación ni en su baño. Mientras Jeff y yo derrochábamos nuestro botín como salvajes, JL nunca se movió de su dormitorio de la infancia. De hecho, estaba al teléfono en la cocina de su madre.

—No. Nada —respondí.

—O sea, ¿nada nada?

—Sí. No. A ver... sí. Nada.

—Son unos putos imbéciles —soltó JL—. Entienden que esto es un problema enorme, ¿verdad?

En ese momento no me di cuenta, pero JL seguía hablando de «ustedes», denotando una pluralidad de imbecilidad. Más tarde descubriría que Jeff tampoco pagaba sus impuestos. Y, para empeorar la situación, JL se había descuidado a la hora de facturar sus comisiones, así que no solo habíamos gastado todo nuestro dinero, sino también la parte de JL.

Estábamos sin un peso.

JL contrató a un abogado fiscalista (para mí y para Jeff, porque él sí pagaba sus impuestos), concertó una reunión y le enseñó las notificaciones de Hacienda. Además, contrató a una empresa de contabilidad, Gelfand, Rennert & Feldman, para que supervisara nuestras hipotéticas futuras ganancias.

Primero se fueron todos los coches. Luego mis motos. Los equipos de música son muy caros cuando se instalan, pero cuando se desmontan no valen nada. Entonces se tomó la terrible decisión: Hacienda, el abogado y los contables se pusieron de acuerdo por unanimidad. Tendría que vender la casa de Lower Merion, mesa de billar incluida.

Yo era rico y famoso, pero sin la parte de ser rico, y sin la de ser famoso.

Estaba peor que en la ruina. Estaba en el hoyo. Las paredes se caían. Había disfrutado mucho más de Sodoma y Gomorra que de Jericó.

Hay algo extraño que ocurre cuando alguien cae: tu declive demuestra en cierto modo a todos los que no estaban de acuerdo contigo que ellos tenían razón y que tú estabas equivocado. Desarrollan una satisfacción vanidosa y parecen disfrutar brutalmente del hecho de que Dios por fin te castigue. La gente tiende a tener una relación esquizofrénica con los ganadores. Si estás demasiado tiempo abajo, te conviertes en alguien indefenso y se sienten impulsados a animarte, a apoyarte. Pero si alguna vez tienes la desgracia de estar en la cima demasiado tiempo, será mejor que te pongas un casco.

Una noche, en mitad de lo que serían las últimas partidas de bola ocho en mi primera mesa de billar de Merion Road, Melanie bajó las escaleras. Iba con una minifalda de color azul y una chamarra de cuero a juego. Llevaba unos tacones de diez centímetros (nunca llevaba tacones). De sus orejas colgaban unos grandes pendientes de bambú que le había comprado y que nunca se había puesto. Su maquillaje era perfecto, iba sin lentes aquella noche y con *eyeliner*. En casa de su tía no se habría aprobado su escote, así que ¿por qué creía que se aprobaría en la mía?

Se paseó entre Charlie, Bam, Bucky, un par más de mis chicos de la JBM y yo. Los de la JBM tenían un código: siempre respetaban a las mujeres de los demás.

—¿Adónde vas? —pregunté, mientras fallaba una bola once fácil en el lateral.

—Fuera —respondió Melanie.

Lo único que podía pensar era: *¿Por qué carajo está haciendo esto ahora? ¿De verdad va a montar un numerito en una sala con algunos de los gánsteres y asesinos más temidos de Filadelfia? ¿En medio de la confiscación de Hacienda de todas mis mierdas? ¿Vestida con la ropa que yo pagué? ¿Haciéndome fallar una bola once fácil en el lateral?*

BZZZZZZZ.

—¿Dónde es fuera? —pregunté mientras Charlie se preparaba

para su próximo tiro, a punto de llevarse cien dólares que yo no tenía.

—No lo sé. —Se encogió de hombros—. Fuera.

—Pues me parece que no vas a salir —contesté, trazando una línea en la arena e intentando guardar las apariencias—. Deberías volver arriba.

—Lo que tú digas, Willard —dijo mientras se dirigía hacia la puerta.

—Si sales por esa puerta, te prometo que la cosa se va a poner fea.

Nos miramos fijamente. A cada segundo, nuestra nueva realidad se iba endureciendo. En lo más profundo de mi corazón sentí que le quedaban como diez segundos para volver a subir antes de que el cemento de esa realidad se solidificara.

Nueve, ocho, siete, seis.

Charlie hundió una bola alta en el lateral

Cinco, cuatro, tres.

Eyeliner. Escote. Pendientes de bambú.

Dos.

—Nos vemos luego, Willard.

Melanie se fue.

Una hora después, estaba solo en casa. Melanie y yo ya no estábamos en esa zona fronteriza desmilitarizada y sin amor. Los viejos días plenos de felicidad estaban dando paso al fin a los inevitables días de resentimiento, ira y destrucción.

El taxi de Melanie llegó sobre las dos de la madrugada. Yo me había encargado de recoger todo lo que le había comprado: ropa, zapatos, bolsos.

Cualquier cosa que prendiera.

Había empapado todo en líquido para encendedores.

Nuestras miradas se cruzaron.

Encendí el cerillo.

PSHHH.

Ahora escribo este capítulo sin haber vuelto a ver ni a hablar con Melanie desde entonces. Me he puesto en contacto con ella en múltiples ocasiones a lo largo de estos años, pero sin obtener respuesta. Ella fue la víctima de uno de los momentos de mi vida en los que toqué fondo. Sí, éramos jóvenes. Sí, nos hicimos daño. Pero no se merecía que la tratara así. No se merecía cómo terminó.

Charlie Mack estaba enamorado de Mimi Brown, una de las locutoras de radio más emblemáticas de la historia de Filadelfia. Era la voz seductora y sensual de nuestras fantasías infantiles, y verla en persona no nos decepcionó. Charlie no perdió ninguna oportunidad de llevarme a la emisora. Siempre me encontraba haciendo entrevistas en WDAS FM, en el programa de Mimi. Era como si Charlie fuera ahora mi publicista y tuviera un solo contacto en la industria musical: Mimi Brown.

Era mi tercera entrevista con Mimi en un periodo de dos semanas. Había lanzado un programa llamado *Rap Digest*. Ya me estaba quedando sin cosas de las que hablar, pero Charlie creía que no estábamos dando con los puntos críticos necesarios.

—Mimi, ¡madre mía!, ¡madre mía! ¡En serio! ¡A la gente le encantan sus charlas! ¡Son dinamita pura! ¡Tenemos que seguir haciendo esto! —decía Charlie en un tono casi romántico.

Mimi había sido una de las primeras en apoyar y defender a DJ Jazzy Jeff and the Fresh Prince. Fue una de las primeras en poner nuestros discos y una de las pioneras de Filadelfia en llevar el hip-hop a la radio diurna. Y le encantaba apoyar a chicos de su ciudad. Con Mimi siempre ocurría lo mismo: estuviéramos en la onda o fuera de ella, con un gran disco o sin él, siempre quería que su estudio fuera como un hogar. Siempre éramos bienvenidos.

Era una situación de la que todos salíamos ganando. Mimi se llevaba una gran entrevista, yo me sentía respetado y apreciado y Charlie podía aprovechar la oportunidad.

El estudio era una sala pequeña y acogedora, insonorizada, con cristales en dos lados. La gente de la emisora podía pasar y ver las entrevistas y a los artistas que se presentaban. Mimi y yo siempre supusimos una atracción especial. Nos reíamos y bromeábamos mucho, y poníamos una interesante mezcla de hip-hop y R&B que para aquella época era revolucionaria. Parecía un espectáculo en vivo, porque incluso interactuábamos con los empleados que se situaban tras el cristal.

Una tarde me puse a rapear en vivo. Hoy en día no parece gran cosa, pero te prometo que en aquella época fue algo asombroso. Era una de las primeras veces que ocurría en la radio de Filadelfia. Tienes que entender que, en aquel momento, muchas emisoras se promocionaban con eslóganes como: «¡Todo música, nada de rap!».

Tras la ventana, el público creció y empezó a enloquecer. Algunos porque se dieron cuenta de que estaban presenciando el nacimiento de una nueva era y otros porque probablemente pensaron que estaban siendo testigos de la muerte de la carrera de Mimi Brown. Mientras cantaba y actuaba para el público improvisado, de pronto me paré en seco al darme cuenta de que... estaba cara a cara con Dana Goodman, mirándolo justo a los ojos. Me debió de haber escuchado en la radio y decidiría presentarse aquí.

«Si el hijo de puta al que buscas es Will, está en casa. Puedes entrar y matarlo ahora mismo.»

Dana me miró fijamente, sin emoción, y susurró al oído del tipo que lo acompañaba. El tipo asintió y se dirigió a la puerta del estudio. Seguí actuando, con los ojos clavados en Dana. Intenté hacerle un gesto a Charlie, pero estaba pendiente de Mimi.

La puerta se abrió. El hombre entró en la cabina y se puso junto a Charlie. El radar del gueto de Charlie volvía a funcionar. Charlie se deslizó de manera casi imperceptible hacia una distancia prudencial de ataque. Ya no miraba a Mimi. Terminé de rapear. El público aplaudió. Mimi y yo nos sentamos para continuar con nuestra entrevista.

—Tienes que darle las gracias a Dana Goodman —gritó el hombre.

—Oye, amigo, están en vivo en la radio. Cálmate —susurró Charlie.

—Tienes que darle las gracias a Dana Goodman —volvió a gritar, esta vez con más fuerza.

—Socio, podemos hacer lo que quieras fuera. Pero aquí te vas a callar —dijo Charlie con más ímpetu.

El tipo puso la palma de la mano en el pecho de Charlie para empujarlo.

—Dile a tu hombre que le dé las gracias a Dana G...

Antes de que sus labios pudieran formar la primera «o» de Goodman, Charlie le propinó un derechazo mortal y la cabeza del tipo explotó como una sandía. Fue como si Charlie hubiera disparado su puño con un cañón. El tipo se estrelló contra el estante de metal que tenía los casetes de ocho pistas, esparciéndolos por toda la sala. Estaba en el suelo y fuera de combate. Charlie nos agarró a Mimi y a mí y nos llevó al estacionamiento trasero.

—Charlie, Dana está ahí fuera —grité.

—Tú solo sigue, no te pares —dijo Charlie.

Salimos al estacionamiento mientras un hombre de seguridad de la emisora agarraba a Mimi. Charlie me metió en el coche y nos fuimos.

Nunca había estado en una celda. Era demasiado pequeña y éramos demasiados juntos. Francamente, sentí que todos merecíamos algo mejor.

Al parecer, hay una ley arcana en Pensilvania (la «cláusula del amo y el esclavo») que establece que si una persona comete un delito «bajo el control o la influencia directa de un amo», entonces el «amo» es legalmente responsable de las acciones de la parte sumisa o esclava. El equipo jurídico de aquel tipo argumentó que, debido a mi relación «dominante» con Charlie, yo era culpable de sus acciones. A Charlie ni siquiera lo arrestaron, aunque fue él quien le había roto la cuenca del ojo izquierdo al hombre y le había dañado la córnea de forma irreparable. Evidentemente, el equipo jurídico del hombre pensó que yo era un tipo con dinero y llegó a la conclusión lógica de que era un objetivo financiero mejor que Charlie.

Pero la broma se les arruinó. Yo no tenía ni un dólar a mi nombre. Pero mientras estaba sentado en aquella celda, enfrentándome a cargos de asalto agravado, conspiración criminal, asalto simple e imprudencia temeraria por un puñetazo que ni siquiera había dado, por fin entendí una expresión que ya había escuchado muchas veces antes: *tocar fondo*. Estaba literalmente tirado en los bajos de un calabozo. Todo lo que tenía y había construido, la mujer a la que amaba, todo se había desvanecido. Y yo estaba roto. Y ahí tirado en posición fetal, tratando de entender cómo carajo había llegado allí, cometí el grave error de aferrarme al axioma universal de la esperanza: *Bueno, supongo que ya no puede ser peor…*

Esperemos que nunca necesites esta información, pero, si puedes evitarlo, procura que no te arresten un viernes. Me soltaron el lunes por la mañana (no dejan salir a nadie en fin de semana). Fui directo a Woodcrest a ver a mi madre. No había hablado con ella. Estaba seguro de que sería un desastre.

Lo fuerte es que, cuando vi un coche de policía delante de la casa de mi madre, ni me pasó por la cabeza que estuviera ahí por mí.

Uno de mis amigos de la infancia, Lil' Reggie, se había convertido hacía poco en policía. Tenía ese tipo de corazón que todos buscan en un agente de policía. Reggie era el hombre del vecindario: mi madre lo quería y todos lo respetaban.

Cuando entré, mi madre y Reggie estaban sentados en la cocina. Ella me abrazó…

BZZZZZZ.

Carajo, el puto dispositivo. ¿Qué mierda le habrá estado diciendo Reggie a mi madre?

Le choqué los cinco a Reggie, nos abrazamos y nos pusimos un poco al día. Se había enterado de todo lo que había pasado con Charlie y de mi fin de semana en la cárcel.

—Quiero que sepas que estoy contigo —dijo Reggie.

BZZZZZZ.

—Claro, Reggie, lo sé —respondí.

—Voy a hacerte un par de preguntas y necesito que seas cien por ciento sincero.

BZZZZZZ.

—¿Conoces por casualidad a...?

Dijo cuatro nombres. Los cuatro eran del JBM. Tipos con los que había estado apostando (y cuyos coches no me había quedado) durante los últimos dos años.

Se me hizo un nudo en la garganta. Hice lo que pude por tragármelo.

—Puede que los conozca... ¿Por qué?

—Willard, ¿los conoces o *no*? —soltó mi madre, tratando de que me dejara de mierdas.

—Mira —dijo Reggie—, estoy aquí para ayudar. Sabes lo que hacen, ¿verdad? ¿En lo que están metidos?

Asentí.

—Will, estás yendo bien con la música. Esos tipos son malos. El FBI los está vigilando. Y los federales están a punto de acabar con todo. Se dice que tienen fotos de ellos entrando y saliendo de tu casa, fotos tuyas conduciendo sus coches y viajando con ellos. Sabes que es un delito dar y recibir dinero suyo, ¿verdad?

No podía respirar.

—Pues no tiene buena pinta, la verdad —dijo Reggie—. Tienes que alejarte de ellos. Ya. El FBI viene con todo, y mandar a una gran estrella del rap a la cárcel solo sería la cereza del pastel.

La cara de mi madre era un cuadro. Un cuadro terrorífico, con fuego por todas partes. Todo esto era justo el motivo por el que tenía que llevar mi culo de imbécil a la universidad.

—No te involucraste en ninguna de las cosas que hicieron, ¿verdad? No puedo ayudarte si no me dices la verdad. Estás limpio, ¿no? —insistió Reggie.

—Sí, sí, totalmente. Solo jugamos al billar y nos divertimos —dije.

—Está bien, pero tienes que pasar desapercibido un tiempo.

Quizá marcharte de Filadelfia. Las cosas están a punto de ponerse feas.

Llamé a Tanya y le pregunté si podía quedarme una temporada con ella. Ella estaba encantada.

El problema era que no podía pagar el boleto de avión. Mi tarjeta de crédito estaba, ahora sí, rota. Literalmente. Decidí que tenía que arriesgarme.

Llamé a Bucky.

Nos encontramos en Fairmount Park, cerca del Plateau. Me subí al asiento del copiloto de su BMW 325i negro. Me encantaba su coche. Tenía el reproductor de CD Alpine, con capacidad para doce discos. Cuando compré el mío, solo podía permitirme el de seis.

Se lo conté todo. Que los federales estaban merodeando, que yo me mudaba a Los Ángeles y que él también debería irse. Se rio un poco y recostó la cabeza en el asiento, como si supiera que había estado viviendo en una montaña rusa desbocada que desde el principio estaba predestinada a llegar a un final fulminante. Cerró los ojos y nos quedamos en silencio.

Eran cerca de las seis de la tarde. Había un vuelo a Los Ángeles en dos horas.

Lamenté tener que interrumpirlo para pedirle dinero.

—Oye, Buck, necesito algo de dinero para ir a Los Ángeles —dije en voz baja.

—Pero ¿qué vas a hacer en Los Ángeles? —preguntó Buck sin abrir los ojos.

—No lo tengo muy claro. Me encanta estar allí. Hay una chica que me gusta. Nuestro disco fue un fiasco, así que... podría intentar conseguir algún papel, actuar.

—Ya ves, sí podrías hacer esa mierda de actuar —dijo sonriendo mientras parecía reproducir mentalmente algunos de mis momentos más divertidos—. Eres el negro más payaso que conozco, eso seguro. —Se reía ahora a carcajadas—. ¿Cuánto necesitas? —preguntó.

—No mucho. Lo justo para marcharme, conseguir un departamento y poder moverme un poco.

—Claro, tengo diez de los grandes aquí. Si necesitas más podemos, ir al sitio.

—*Nah*, es suficiente.

Buck tenía un compartimento secreto bajo la alfombra del asiento del conductor. Tomó diez de los grandes, metió la mano en el asiento trasero, sacó una caja de pastelitos Tastykake Butterscotch Krimpet de una bolsa de papel café y metió el dinero en ella. Me la entregó, pero cuando la agarré, no la soltó.

Me miró directamente a los ojos.

—Sabes que no eres mejor que yo, ¿verdad? —dijo.

—Por supuesto, Buck, lo sé —respondí algo confuso.

—Soy igual que tú. Somos iguales. —Se quedó callado un momento y luego añadió—: Yo podría hacer toda esa mierda que tú haces. Pero la jodí. Nacimos en lugares diferentes, nada más.

—Sí, eso es cierto —contesté.

Bucky soltó el dinero.

—Tú haz lo correcto, hombre —dijo.

—Ni lo dudes, Buck. Voy a devolverte esto rápido.

Se rio de nuevo, como si de alguna forma supiera que nunca lo iba a necesitar.

—Cuando me recupere, deberías pasarte por Los Ángeles.

Bucky soltó la misma risa de antes.

—Claro, hombre, lo haré.

Nos chocamos los cinco.

Llegué a mi vuelo.

Tres días más tarde, Bucky estaba muerto.

DIEZ
ALQUIMIA

anya nos había arreglado un departamento en Marina del
Rey. Conocía a alguien que conocía a alguien, y solo costaba
mil trescientos dólares al mes. A mí me importaba poco.

Quedaban siete mil setecientos dólares en la bolsa de papel café
de Bucky. Le habían disparado en la cabeza frente a su casa. Le tendieron una trampa. Reggie me explicó que era algo típico: cuando
los federales se acercan, todos se enfrentan entre sí.

No salí del departamento durante semanas. En parte por miedo
y en parte por cansancio; estaba en estado de shock. Mi vida entera
se había ido a la mierda.

Supongo que mi estado depresivo y debilitado provocó un acto
divino de misericordia por parte de Tanya: en realidad nunca lo
hablamos, pero ambos sabíamos que ahora ella era mi chica. Y se
dedicó a la angustiosa tarea de devolverle los ánimos a mi espíritu.
Pasábamos todo el tiempo juntos. Tanya me mimó, me consoló y
cuidó de mí, lloró conmigo y me ayudó a llevar el luto. Hablábamos
durante horas. Conocí a su madre y a su abuela. Ella no cocinaba,
pero se le daba muy bien pedir comida para llevar.

Nos enamoramos. Me habría quedado escondido en ese departamento con ella para siempre.

Pero, después de unas semanas, como si un reloj cósmico hubiera hecho sonar una alarma —a una frecuencia imperceptible para mi audición, pero no para la suya—, esa fase se agotó. Tanya cambió de velocidad como un camionero borracho cruzando la península de Texas.

—Ya está bien —dijo—, es suficiente. Es hora de volver a la vida normal.

—¿Qué? —dije yo, al tiempo que notaba cómo la fría realidad inundaba nuestro nido de amor en Marina del Rey.

—Tienes que hacer algo. Ya tomaste un descanso, y eso es bueno. Lo necesitabas. Pero esa bolsa de papel está casi vacía. ¿Qué vas a hacer?

—¿Qué quieres decir con qué voy a hacer? —repuse, agitado.

—¿Qué parte de «¿Qué vas a hacer?» te resulta difícil de entender? —respondió Tanya con la misma agitación—. Tienes que salir.

—¿Salir y hacer qué? ¿Ir a dónde? —grité.

—¡Y yo qué diablos sé! —me replicó—. Pero ¡sea lo que sea, no lo vas a encontrar en esta cocina! Solo sal... No sé... Habla de nuevo con Arsenio.

The Arsenio Hall Show era el programa de entrevistas más popular de Estados Unidos en ese momento. Todos los que eran alguien aparecían en el programa de Arsenio. Era como el canal de Panamá de los famosos: todos los caminos hacia la fama pasaban por *The Arsenio Hall Show*. Charlie llevaba meses intentando convencerme. «Tenemos que ir a los sitios que interesan», decía. Arsenio y yo habíamos hecho migas durante mi nominación a los Grammy con Jeff. Salimos en el programa y yo le hice gracia.

—¿Ir a Arsenio a hacer qué? —grité.

—¡A Arsenio le caes bien! Solo ve al programa a pasar el rato. A conocer a gente.

—Suenas como una loca —le dije—. A ver, ¿quieres que vaya a *The Arsenio Hall Show* y que me quede por allí de pie como un imbécil para socializar un rato?

—Pues sí, exacto, ¡para que socialices un rato!

—No voy a seguir con esto. Es una estupidez, y no estoy de humor para estas mierdas.

Llegué a *The Arsenio Hall Show* alrededor de las cuatro y media de la tarde. El programa empezaba a las cinco. Esa media hora antes era el mejor momento para relacionarse. Charlie Mack estaba como pez en el agua.

—¡Amigo, vino Eddie! Te lo traigo —dijo Charlie.

Eddie Murphy salía en el programa ese día. Él sabía quién era yo: no paraba de llamarme «Young Prince». Arsenio era un imán para los momentos mágicos. Muchos dirían que el momento en que Bill Clinton tocó el saxo en su programa consolidó su victoria electoral. Michael Jackson, Mariah Carey, Miles Davis, Madonna... Incluso Magic Johnson apareció en el programa de Arsenio veinticuatro horas después de anunciar que era seropositivo.

De pie en el *backstage* fue cuando sentí esa corriente eléctrica que se siente en los lugares llenos de oportunidades, chispas por aquí y por allá, era como un bosque frondoso con frutas maduras en cada árbol. El programa era como un haz de luz, un nexo, un jardín cósmico de posibilidades que Arsenio cultivaba de manera consciente y deliberada. Si Tanya lo hubiera explicado así, no me habría comportado como un idiota.

Charlie y yo fuimos casi todos los días durante meses. Su técnica consistía en acercarse a desconocidos famosos y arrastrarlos contra su voluntad para que vinieran a conocerme. Y así conocí a todo el mundo: políticos, actores, músicos, deportistas, ejecutivos...

Benny Medina era un representante en Warner Bros. Yo no sabía quién era, pero por lo visto Charlie pensaba que era lo suficientemente importante como para acosarlo y traerlo a rastras. Benny había trabajado con Berry Gordy en la Motown. Por aquel entonces, en Warner Bros, se dedicaba a llevar a algunos de los artistas de hip-hop más importantes, incluidos Queen Latifah, De La Soul y Big Daddy Kane. Medía alrededor de un metro setenta y era un tipo robusto, de piel morena, pelo rizado y ropa elegante; se notaba que se creía un tipo genial. Sabía cómo llamar la atención. No hacía concesiones, era un francotirador. Benny sonreía cuando llegaba el momento adecuado, que era la mayor parte del tiempo, pero se ponía como loco si alguien ponía trabas a sus artistas o a sus deseos.

—Mira, Will, este es Benny Medina. Benny, este es Fresh Prin-ce; bueno, ya sabes quién es —dijo Charlie Mack.

Benny sabía todo sobre mi música. Hablamos un poco sobre hip-hop, el impacto que la tecnología estaba teniendo en la industria y el futuro del video bajo demanda, y luego, de la nada, preguntó:

—¿Y tú actúas?

¿Actuar? ¿Te refieres a realizar acciones para provocar alegría y pasión en quienes me rodean? ¿Quieres decir distorsionar mi autopercepción como un medio para esconderme? ¿Hablas de creer profundamente en historias que no existen, que nunca existieron y que nunca podrían existir? ¿O a interpretar el papel de quien todos a mi alrededor quieren que yo sea, en lugar de quien soy en realidad?

Por regla general, si alguien me pregunta si puedo hacer algo, la respuesta siempre es sí.

—Sí, claro, por supuesto, claro que sé actuar, sí, señor —dije, en demasiadas palabras—. Sí.

—Me imaginaba que sabías —contestó Benny—. Lo noto en tus videoclips. Puede que tenga algo de lo que hablar contigo. Mantengamos el contacto.

No le di importancia. En Filadelfia, siempre nos reíamos de tipos como este. «Ir en plan Hollywood» es lo peor que uno puede hacer: es la definición pura de la falta de sinceridad. Momentos como ese ocurren todo el tiempo en Los Ángeles. Seguí con lo mío y lo olvidé. Sin embargo, esa corta «charla en plan Hollywood», de tres minutos, se convertiría en una de las conversaciones más importantes de mi vida.

Benny Medina es el verdadero príncipe de Bel-Air.

Benny era huérfano y creció con unos parientes en las viviendas sociales del Este de Los Ángeles. Más adelante, cuando era adolescente, lo acogió la adinerada familia judía de un amigo suyo que vivía en Beverly Hills. Benny era afrolatino y fue a parar a la preparatoria de Beverly Hills. Era un buen chico, pero el abismo entre los dos mundos le sometió a un choque cultural constante que resultó en una fuente de tensiones... y de comedia.

Cuando lo conocí en *The Arsenio Hall Show*, Benny Medina estaba planeando empezar a hacer televisión.

El universo no es lógico, es mágico.

Un aspecto importante del dolor y de la angustia mental que experimentamos como seres humanos se debe a que nuestras cabezas buscan, y a menudo exigen, lógica y orden en un universo que es ilógico. Nuestras mentes desean desesperadamente que las cosas cuadren, pero las reglas de la lógica no encajan con las leyes de lo posible. El universo funciona bajo las leyes de la magia.

Estuve en Detroit unas semanas después de mi «charla en plan Hollywood». JL había montado un par de conciertos para ayudarnos a salir de nuestro atolladero financiero colectivo. El Joe Louis Arena siempre era una locura, nos encantaba actuar allí. Regresamos a la habitación del hotel. Por extraño que parezca, nos resultaba reconfortante estar todos juntos de nuevo en un espacio tan pequeño. Jeff estaba haciendo bases con los audífonos puestos, Omarr veía la televisión y Charlie se cortaba las uñas de los pies. Yo odiaba que hiciera eso, me hacía sentir como el puto Braveheart, como si tuviera que tomar mi escudo escocés y ponerme las pinturas de guerra de color azul.

Ninguno de nosotros sabía que esa era la última vez que íbamos de gira juntos. JL irrumpió en la habitación.

—Eh, levántate. ¡Quincy Jones quiere hablar contigo!

—¿Quincy Jones? ¿Conmigo? ¿Para qué? ¿Qué hice? —Todavía estaba conmocionado por los acontecimientos del último capítulo.

—¿Hablaste con un tal Benny Medina? —preguntó JL.

—Sí, el sujeto de la Warner.

—Bueno, pues trabaja con Quincy —susurró JL, casi dándome en la cara al acercarme el teléfono.

—Te lo dije —soltó Charlie.

—Hola, señor Jones, ¿qué tal está? —dije con un tono y una dicción que habrían enorgullecido a mi madre, a mi padre y a Gigi—. Estoy genial, señor, gracias. Detroit. Sí, en Joe Louis. Actuamos mañana por la noche.

—Eh, hombre, ¿qué está diciendo? ¡No oímos nada! —preguntó Charlie Mack, tras detener la metralla.

—¡Shhh! —chistó JL.

—Oye, no me mandes callar, J, que ya soy mayorcito.

—¿Quieres callar tu culo mayorcito? —saltó Jeff.

—Ah, claro —dije—. ¿Cuándo es? Bueno, vaya, pues genial... Bueno, sí, por supuesto. No actúo hasta mañana por la noche. Gracias. Gracias, señor. Perfecto. Nos vemos entonces.

Colgué el teléfono lentamente. Todos me miraban, como si me acabara de hacer una prueba de embarazo.

—Quincy Jones quiere que vaya a su fiesta de cumpleaños —me dije tanto a mí mismo como al grupo.

—¿A hacer un concierto? —preguntó Omarr.

—*Nah.* Él y el tipo este, Benny Medina, tienen una idea para una serie de televisión que quieren presentar.

—¿Cuándo tienes que estar allí? —preguntó JL.

—Esta noche.

La fiesta de Quincy Jones se celebró la misma noche que los Soul Train Music Awards. Le iban a entregar el premio Heritage a su trayectoria y la fiesta de cumpleaños y el *after-party* se celebraban en su mansión de Bel-Air. JL me consiguió un vuelo a las tres de la tarde desde Detroit y aterricé en Los Ángeles justo cuando el sol se estaba poniendo.

Todo me parecía surrealista, incluso desconcertante. Había volado solo, lo cual era poco común y se me hacía raro. Cuando el tráfico se ralentizó en la autopista, tuve un momento para pensar: *¿Por qué diablos estoy yendo a la casa de Quincy Jones?*

Había unos treinta minutos desde el aeropuerto hasta la casa de Quincy. Al llegar, me recibió el *valet parking*. Quincy Jones tenía servicio de *valet parking* en su casa: veinte chicos vestidos de rojo en su entrada. Parecía que iba a llegar la familia real británica. Carajo, esto estaba a la altura del caballo para ir a desayunar de Sue Ellen Ewing.

Cuando llegué, la fiesta estaba a tope. Allí estaban todos, desde Steven Spielberg hasta Tevin Campbell; Stevie Wonder y Lionel Richie estaban llegando cuando detuve el coche. Eso ya me pareció demasiado. Sabía que yo no me merecía estar ahí. Y justo antes de que mi frágil autoestima me convenciera para largarme, vi a Benny Medina: un rostro familiar, un salvavidas para no ahogarme en otro mar de insignificancia e irrelevancia.

—¡Eh, hombre! —gritó Benny—. ¡Has venido!

Yo tenía ganas de responder: «Sí, sí, hombre, pero a la mierda, me largo». En cambio contesté:

—Oye, no te quites esa chamarra; créeme, no la volverías a ver.

Benny llevaba una de esas chamarras de Versace que parecían de Picasso. Se rio, agarró la solapa y dijo:

—Si esta noche va bien, es tuya. Venga, vamos a presentarte a Quincy.

Me pareció demasiado rápido. *¿No puedo al menos tomar una copa primero? ¿O uno de esos canapés de queso o de salmón, o algo así? Carajo, ¿me vas a presionar para conocer a Quincy Jones ya desde la entrada? Necesito relajarme, que voy a parecer sobreactuado.*

El centro de la fiesta era el enorme salón de Quincy: techos abovedados de dos pisos y unos doscientos pesos pesados y celebridades de primer nivel de Hollywood. Quincy era el centro de atención, un hechicero con una chamarra de diseño con un piano bordado en el lado izquierdo. Benny y yo entramos, y antes de que Benny pudiera hacer la presentación, Quincy y yo nos miramos.

—¡Eyyyy! —gritó Quincy—. ¡Escuchen todos, ha llegado Fresh Prince!

Me habría sentido avergonzado si a alguien le hubiera importado un bledo. Pero me dio igual, porque a la persona más importante de la fiesta sí le importaba un bledo. Quincy es así: le encanta y disfruta de la gente. A sus ojos, cada persona es una obra de arte única. No tiene favoritos entre los famosos. Él es capaz de encontrar algo interesante en cualquier persona.

Quincy cruzó la habitación con los brazos abiertos y nos atrapó a Benny y a mí en un solo abrazo.

—Bienvenido, hombre, bienvenido —dijo Quincy.

—Gracias, señor Jones. ¡Esta casa es la bomba! —lo halagué yo esta vez.

—¿Te gusta? ¡Esto es Bel-Air! Benny pretende que la serie se desarrolle en Beverly Hills. ¡Y yo no paro de decirle que a la mierda Beverly Hills! ¡Comparado con Bel-Air, Beverly Hills son viviendas sociales! ¿Benny te ha hablado ya de la serie?

—Bueno, un poquito. Quiero decir, bueno, me contó que había crecido en Watts, y que luego se había mudado con una familia rica...

—¿De dónde eres tú? —preguntó Quincy.

—De Filadelfia —respondí, con el estilo y el orgullo obligatorios que los habitantes de Filadelfia usamos para asegurarnos de que queda claro que nuestra ciudad es mejor que la tuya.

—¡Ah, me encanta Filadelfia! —Se inclinó y susurró—: Me pasaron algunas cosillas en Filadelfia que ni te voy a comentar. —Luego se rio y asintió varias veces con la cabeza, indicando que fue una época salvaje e innombrable de su juventud.

—Bueno, está todo bien, es perfecto: tu personaje es de Filadelfia. ¡Will de Filadelfia! ¡Y luego se muda a Bel-Air! —Ahora ya estaba hablando de nuevo a todo volumen.

A todas luces había estado empinando el codo un poco. Era su casa, y su cumpleaños, y su premio a su trayectoria, así que si quería estar borracho y hacer ruido, entonces, *¡qué diablos, Quincy, emborráchate y haz ruido!*

—¡Brandon! ¡Brandon! —gritó Quincy desde el otro lado de la sala a un chico blanco de cuarenta y tantos años.

El tipo tenía un aspecto discreto, pero todos le prestaban total atención mientras hablaba. Bueno, hasta que Quincy lo interrumpió, gritando su nombre, sobresaltándolo a él y a casi todos los demás. Luego le hizo señas para que se acercara.

—¡Brandon! ¡Ahora vamos de Filadelfia a Bel-Air!

Brandon Tartikoff era el director de la NBC y el directivo más poderoso de la cadena. Él decidía qué programas se financiaban y se emitían por la cadena. Se acercó con su segundo al mando, Warren Littlefield (Littlefield terminaría dirigiendo la cadena).

—¡Vengan a conocer a Fresh Prince! —exclamó Quincy.

Todos nos dimos la mano. Me miraron de una manera que me pareció extraña entonces, pero que hoy entiendo: es la mirada que ponen los ejecutivos cuando ya han tenido lugar decenas de horas de conversaciones sobre ti a tus espaldas y todavía no han decidido del todo si se la van a jugar contigo.

—A ver, ¿me pueden prestar atención todos? —gritó Quincy—. Vamos a hacer una prueba. ¡Retiren los muebles del salón!

Yo miré a mi alrededor, pensando: *Guau, una prueba en mitad de una fiesta, ¡qué cosa! ¡Quincy es un jefazo! Me pregunto a quién le va a hacer la prueba.*

—Consíguele a Will una copia de ese guion de Morris Day en el que estábamos trabajando —dijo Quincy. Al principio despacio, y luego con pesar, recordé que mi nombre era Will. Mi padre me había dado ese nombre. Y como él no estaba aquí y nadie más se movía...

La realidad se impuso. Quincy Jones me estaba pidiendo que hiciera una prueba improvisada frente a algunos de los íconos más grandes, presentes y pasados, de toda la industria del entretenimiento, sin mencionar a los altos cargos de la National Broadcasting Company, que habían emitido *El show de Bill Cosby*, *Cheers*, *Los años dorados*, *Se hará justicia* y *Seinfeld*. Me temblaban las rodillas. Empezaron a desplazar los sillones y alguien me entregó un guion.

Agarré el brazo de Quincy, probablemente un poco más fuerte de lo que se consideraría respetuoso.

—Quincy, no, espera, no, no puedo hacer esto ahora mismo —le susurré al oído.

Quincy me miró con una alegría inquebrantable producto de la ebriedad.

—¡Sigan despejando! —ordenó a los presentes en la sala—. Voy a hablar con Will en la biblioteca.

Quincy Jones entiende de magia.

Él ve el universo como un terreno de juego infinito, lleno de posibilidades mágicas. Reconoce el potencial milagroso de cada momento, y en todas las cosas y las personas que lo rodean. Su superpoder es que ha aprendido a presentarse ante el universo como un pararrayos, colocándose en la posición ideal para capturar y canalizar los destellos mágicos de brillantez, siempre presentes y recurrentes, que nos rodean a todos.

Quincy Jones es un intuitivo y brillante cazador de tormentas. Es capaz de sentir los destellos sutiles de lo imposible cuando está a punto de suceder. Se preparó durante décadas, estudiando música, dando miles de conciertos, aprendiendo de maestros, rodeándose de los intérpretes y los artistas más destacados. Quincy solía decir: «¡Las cosas siempre son imposibles hasta que no lo son!». Aprendió a trabajar el ambiente y a dejar entrar la energía. Se veía a sí mismo como un «director», tanto en el sentido musical como en el energético. Su principal tarea era evitar que nos perdiéramos el milagro en cuestión, que bloqueáramos esa sutil y mágica oportunidad que era tan obvio (para él) que se estaba presentando.

Mi abuela, Gigi, tenía una mentalidad similar. Siempre decía: «No bloquees tus bendiciones». A pesar de que estas oportunidades fluyen de manera abundante y perpetua a nuestro alrededor, podemos llegar a pasarlas por alto o, lo que es peor, bloquearlas o repelerlas.

A Gigi le encantaba contar la historia bíblica de la muerte de Lázaro. Lázaro era un gran amigo de Jesús, así que cuando cayó enfermo y murió, las hermanas de Lázaro, Marta y María, quedaron desoladas. Habían enviado un mensaje a Jesús, rogándole que se diera prisa. Jesús tuvo que caminar dos largos días, entre polvo y calor, desde el otro lado del río Jordán. Estaba exhausto; había trabajado toda la semana predicando durante la Fiesta de la Dedicación. Cuando llegó a Betania, Lázaro ya estaba muerto y llevaba enterrado cuatro días. Cuando Jesús se acercó a la tumba, vio que la piedra todavía estaba colocada en la boca de la cueva, como dictaba la tradición funeraria de la época.

Jesús lloró, perturbado, y dijo (no textualmente): «A ver si lo entiendo... ¿Me hicieron caminar quince putos campos de futbol —perdonen la expresión— hasta la bendita Betania, donde los fariseos y los saduceos se arrastran como cucarachas esperando una oportunidad para darme una tunda, para realizar el milagro de resucitar a su patriarca de entre los muertos, y devolverle así a su familia la plenitud y la luz, y ustedes ni siquiera pueden apartar la piedra de delante de la tumba? Si voy a resucitar a este tipo de entre los muertos, ¡lo menos que pueden hacer todos ustedes, mamones holgazanes, es mover la bendita piedra!».

Quincy entendía esta idea a la perfección. La magia exige conciencia (fe: hay que creer en la magia), preparación (mover la piedra: debemos detectar y erradicar obstáculos venenosos e impedimentos de nuestro interior) y, luego, entrega (desbloquear el camino y confiar en que la magia hará lo que tiene que hacer). Quincy ayudaba a las personas a quitar las piedras del camino de la luz, esa luz que siempre está intentando brillar. ¡El universo quiere que el milagro te llegue! Pero ¡tienes que quitar la maldita piedra! Quincy pidió que apartaran los muebles, pero en realidad estaba intentando que todos nosotros (Brandon, Benny, yo, incluso él mismo) apartáramos las piedras de nuestro camino.

La biblioteca de Quincy era de caoba oscura. Sillones de cuero con respaldo alto, y alfombras que no sé si serían de Persia, pero parecían caras. No recuerdo mucho más de la estancia, porque estaba cegado por el resplandor de la barbaridad de premios Grammy, Tony, Emmy y Oscar esparcidos como cuchillos para untar en el baño del Swiss Cottage. Un póster enmarcado de *El color púrpura*, con Oprah Winfrey, a mi izquierda; una placa en honor a las ventas de *Thriller*, de Michael Jackson, a mi derecha: 48 000 000 de discos vendidos (podrían haber escrito la palabra *millones*, pero querían que sintieras el peso de los ceros). Sentí que Michael me miraba de puntillas en la clásica pose de «Billie Jean», como diciéndome: «¿Qué vas a hacer, Will?».

Tomé asiento. Quincy estaba de pie frente a mí. Una escena familiar para él, es a lo que se dedica. Se gana la vida moviendo piedras.

—Cuéntame, chico de Filadelfia —dijo—. ¿Qué necesitas?

—Quincy, no... no estoy preparado para hacer una prueba —balbuceé—. Cuando me llamaste, no sabía, ya sabes, lo que íbamos a hacer ni nada de todo esto.

—Son solo un par de escenas. Tengo a gente ahí que va a leer contigo. Solo tienes que ser tú mismo y divertirte.

—Quincy, no puedo hacer una prueba en medio de una fiesta. Necesito prepararme, necesito algo de tiempo para trabajarlo un poco.

—De acuerdo, lo entiendo. ¿Cuánto tiempo necesitas? —preguntó Quincy.

—A ver, dame una semana, y me busco un *coach* para actores y me lo estudio; así sí puedo actuar, y no solo leer.

Quincy sopesó mis palabras.

—Está bien, entonces ¿necesitas una semana?

—¡Sí, una semana, una semana es perfecto!

—Muy bien, ¿sabes lo que va a pasar en una semana? —preguntó Quincy. Pero antes de que pudiera responder, dijo—: A Brandon Tartikoff le va a surgir una urgencia en una de sus series y tendrá que volar a Kansas para despedir a alguien. Y entonces tendrá que buscar hueco para la semana siguiente.

—¡Ah, bueno, bueno! Dos semanas es incluso mejor —dije, sin entender la sutileza del mensaje de Quincy.

—Sí, dos semanas. Entonces Warren Littlefield se acordará de una reunión en el colegio de sus hijos que se le había olvidado que tenía en su agenda y a la que no puede faltar porque su mujer lo mata si no se presenta. Y tendrá que buscar otro hueco dos semanas después de eso.

—Ya —dije, comenzando poco a poco a entender su mensaje—. Entonces, ¿un mes...?

Quincy se inclinó, los ojos claros como el cristal, con una mirada repentinamente avispada, pero totalmente sobria.

—En este preciso instante, todos los que tienen que decir que sí a esta serie están sentados ahí fuera, en ese salón, esperándote. Y estás a punto de tomar una decisión importante para el resto de tu vida.

Lo asimilé. Primero miré a Michael, y luego a Oprah. Me devolvieron la mirada. «Lo sabemos, cariño, es difícil.»

—¿Qué vas a hacer, chico de Filadelfia?

—A la mierda —dije—. Dame diez minutos.

No guardo un recuerdo claro sobre la prueba, tengo en la cabeza más bien una especie de *collage* borroso de bromas, risas, chistes e improvisaciones por parte de Quincy, y luego de Brandon y de Benny; veinte minutos mágicos que culminaron con una ovación de toda la sala. El aplauso, como un desfibrilador, me devolvió al momento presente, restableciendo así mi línea de tiempo mental.

Quincy se puso de pie y señaló agresivamente a Brandon Tartikoff.

—¿Te gustó? —le gritó.

—Sí, sí. Me gustó, Q —contestó Brandon con calma, haciéndose de rogar.

—¡No me vengas con mierdas! ¡Sabes a lo que me refiero! ¿TE GUSTÓ?

Brandon sabía exactamente a qué se refería Quincy.

—Sí, Quincy, me gustó —dijo Brandon con firmeza y seguridad.

—¡Sí! —gritó Quincy, aplaudiendo y girándose para señalar a otra persona, que resultó ser el principal asesor legal de Brandon Tartikoff, y que había sido invitado «estratégicamente» a la fiesta de Quincy—. ¡Usted! —le dijo al hombre, que en ese momento estaba mordiendo una mini-pizza—. Usted es el abogado de Brandon.

Ha oído lo que acaba de decir. ¡Redácteme un acuerdo preliminar ahora mismo!

Yo pensé: *Carajo, Quincy Jones tiene mucho poder. ¡Ese ni siquiera es su abogado! ¡Está dando órdenes a los abogados de otros, un miércoles, a las nueve de la noche, en una fiesta!*

El abogado miró a Brandon. Brandon intentó intervenir.

—Quincy, escucha...

—¡DEMASIADO ANÁLISIS CAUSA PARÁLISIS! —gritó Quincy—. ¡Redáctame un memorándum de oferta, AHORA MISMO!

Brandon accedió y le hizo un gesto afirmativo con la cabeza a su asesor legal, que se dirigió a la limusina de la NBC, donde pasaría las dos horas siguientes redactando un acuerdo preliminar.

A continuación, Quincy volvió a señalar con el mismo dedo índice agresivo/varita mágica, solo que esta vez me apuntó a mí.

—¿Tienes abogado?

—Bueno, no, no, no en esta fiesta... —respondí yo tartamudeando.

Quincy se giró de nuevo, ahora en modo total de director de magia, apuntando con su varita a una nueva víctima.

—¡Pónganme al teléfono con Ken Hertz! ¡Es el nuevo abogado del chico de Filadelfia!

(Un dato curioso: Ken Hertz estaba en el pabellón de maternidad de Cedars-Sinai, donde acababa de nacer su segunda hija. Pero cuando eres un abogado joven, con una familia nueva, y te entra una llamada de Quincy Jones a las diez de la noche, teniendo en cuenta que el pabellón de maternidad del Cedars-Sinai está a veinte minutos de la casa de Quincy, llegas en dieciocho minutos. Conocí a Ken Hertz esa misma noche. Me representó en las negociaciones con NBC y en todos los demás acuerdos desde entonces. Sigue siendo mi abogado hasta el día de hoy. A su hija la llamó Cori.)

He mencionado que Quincy había estado bebiendo, ¿verdad? No había ninguna razón para que se comunicara con el volumen que estaba utilizando, la estancia no era tan grande. Todos lo oíamos sin problemas. Pero tal vez sabía que no estaba intentando llegar a nuestros oídos: estaba gritando para llegar a las cavernas detrás de las grandes piedras, y de manera simultánea, conjurando y acogiendo la magia del universo. Supongo que pretendía gritar lo suficientemente fuerte como para asegurarse de que el milagro no pasara de largo.

«¡DEMASIADO ANÁLISIS CAUSA PARÁLISIS!», gritaba Quincy una y otra vez. Repitió este mantra casi cincuenta veces durante dos horas. Era su respuesta a todas las preguntas, su respuesta a la tartamudez, su solución a todos los problemas legales, hasta que, dos horas después, Quincy Jones, Brandon Tartikoff, Benny Medina y Will Smith llegamos a un acuerdo para rodar un piloto de una serie de televisión titulada provisionalmente *El príncipe del rap en Bel-Air*.

Y esta es la historia, pongan atención, de cómo mi vida se transformó. Cambió de arriba abajo lo que nunca pensé, y llegué a ser el príncipe de todo Bel-Air.

Seis semanas antes, estaba en posición fetal en Marina del Rey, perdido, deprimido y aterrorizado. Y, de repente, el universo me había dado una nueva familia: James Avery, Janet Hubert-Whitten, Alfonso Ribeiro, Tatyana Ali, Karyn Parsons y Joseph Marcell.

James Avery: el tío Phil. Uno noventa y tres, ciento cuarenta y cinco kilos. Actor shakespeariano. Nueva figura paterna. Me exigía el mayor nivel de entrega con el oficio. «Aquí no eres un rapero, eres actor. Así que actúa como tal.» Me pasé la mayor parte de los siguientes seis años buscando su aprobación.

Janet Hubert-Whitten: la primera tía Viv. Tres superpoderes: cantante, bailarina y actriz. Parte de la élite en todos los sentidos. Protagonista en *Cats*, en Broadway. La conciencia de la serie. Luchó incansablemente para mantener una representación dignificada de los afroamericanos en *El príncipe del rap en Bel-Air*. Viéndolo con distancia, la serie sufrió tras su partida.

Alfonso Ribeiro: Carlton Banks. Actor desde los nueve años. «El niño del claqué.» Broadway, televisión y cine. Aliado inquebrantable, gran amigo, cabalgaba conmigo pasara lo que pasara. Me dio el mejor consejo de mi vida («Oye, he oído que los productores están debatiendo nombres para tu personaje. Hazme caso, ponle tu nombre a tu personaje, Will Smith, porque la gente te va a llamar así el resto de tu vida», Carlton).

Tatyana Ali: Ashley Banks. Once años y aun así tenía más experiencia que yo. Cantante, bailarina, actriz: *Plaza Sésamo*, *Star Search*, *Raw (El show de Eddie Murphy)*, donde actuó con Samuel L. Jackson. Pasaría sus años de adolescencia en el set y finalmente se formaría en la Universidad de Harvard. Una de las personas más disciplinadas que he conocido.

Karyn Parsons: Hilary Banks. La menos experimentada junto conmigo. Derrotó a una gran cantidad de nombres importantes de Hollywood para llevarse el papel. Fue lo bastante inteligente como para decirme «ni de chiste» cuando traté de explicarle que no éramos realmente primos y que estaría bien que saliéramos. («Te juro que no estropeará nuestra relación laboral.» Pero ella era más lista; bien visto, K. P.)

Joseph Marcell: Geoffrey Butler. De la Royal Shakespeare Company; en el Globe Theatre actuó en *Otelo*, *El rey Lear*, *Sueño de una noche de verano*, fue Solly Two Kings en *Gem of the Ocean*, de August Wilson. Los productores dudaban entre él y otro actor. Mi primera demostración de fuerza como príncipe de Bel-Air fue «quiero a Joseph Marcell».

En términos de Hollywood, tanto la concepción como el reparto, el guion, la negociación, el diseño de escenario, el rodaje, la edición y la emisión de *El príncipe del rap en Bel-Air* rondaron el límite de lo milagroso. Las series no se hacen realidad tan rápidamente. Todo salió a la perfección. La fiesta de Quincy había sido el 14 de marzo de 1990, y el guion, las audiciones, el reparto final y la negociación acabaron a finales de abril. Tras finalizar la contratación de personal, la escenografía, el vestuario, etcétera, ya estábamos rodando el piloto a mediados de mayo. El programa se editó y se testó a finales de julio. Lo promocionamos en agosto y se emitió el 10 de septiembre de 1990.

No hubo parálisis por análisis.

Y me encantó.

Esto era lo mío. El mundo de la interpretación desató todos los impulsos artísticos de mi interior. Fue el primer lienzo externo que parecía lo suficientemente grande como para contener todos los paisajes de mi imaginación. La expresión musical siempre me resultó estrecha y restringida por los límites de mis propias destrezas y talentos. Hacer música era como vivir en un gran barrio, mientras que actuar era como si me dejaran libre en un universo infinito. Como actor, podía ser cualquiera, ir a cualquier parte y hacer cualquier cosa: campeón del mundo de boxeo, piloto de combate, entrenador de tenis, defensor de la galaxia, policía, abogado, hombre de negocios, médico, amante, predicador, genio. Incluso llegué ser un pez. Actuar abarca todas las cosas que soy: narrador, intérprete, cómico, músico y profesor.

No me malinterpretes: me gusta mucho hacer música; pero es que me encanta actuar.

Mi madre era una lectora ávida. Pasaba sus ratos libres sumergida en libros de todo tipo, desde Edgar Allan Poe hasta Agatha Christie, pasando por Toni Morrison, Stephen King, Maya Angelou, Sherlock Holmes y la autobiografía de Sidney Poitier. A menudo hablaba de algún libro que «le había llegado al alma» o «simplemente no podía dejar de leer», que la había atravesado y había transformado su manera de ver las cosas o de ser, pero yo nunca había experimentado eso. Cumplí los veintitantos años antes de haber leído un libro entero, de cabo a rabo.

El alquimista, una novela del autor brasileño Paulo Coelho, fue mi primera historia de amor literario. Me llegó al alma y no podía dejar de leerlo. Me atravesó y transformó mi manera de ver las cosas y de ser.

El alquimista es el viaje de un joven pastor andaluz llamado Santiago. Tiene un sueño recurrente sobre un tesoro escondido enterrado en las pirámides de Giza, en Egipto. El sueño lo obsesiona hasta tal punto que acaba vendiendo todo su rebaño, abandona su vida en el sur de España y se propone seguir los susurros de su corazón hasta Egipto, para perseguir lo que Paulo Coelho describe como su «leyenda personal», su llamamiento divino, lo que yo me figuro como su destino, su dharma.

Pero el viaje de Santiago no es fácil. Yo me alegré, me mofé de él y hasta pasé miedo a cada paso de ese peligroso camino en el que lo amaban, lo odiaban, lo ayudaban y también le ponían obstáculos. Me sentía como si fuera Santiago y mi tesoro estuviera enterrado en algún lugar debajo del letrero de Hollywood. *El alquimista* es probablemente el libro que más me ha influido. Fortaleció mi espíritu de soñador y le dio sentido a mi sufrimiento. Si Santiago pudo sufrir, sobrevivir y perseguir su tesoro, yo también podía hacerlo.

Un alquimista es un químico espiritual, un maestro de la transmutación. La gran hazaña de un alquimista es que puede hacer lo imposible: convertir el plomo en oro. Este concepto revolucionó mi mentalidad: la capacidad de convertir en oro las cosas que te dé la vida.

Gigi tomaba el último medio vaso de jugo de uva de marca Welch, lo mezclaba con el último trago de jugo de piña de Dole, añadía unos sobres de Kool-Aid, cortaba unas rodajas de limón y la otra mitad de la naranja que se estuviera comiendo, y lo agitaba todo con un toque del ginger ale de Canada Dry. Luego lo congelaba y sacaba la mejor paleta helada del mundo. Todo esto después de que miraras en el refrigerador cinco veces y cada una de ellas le dijeras que no había nada.

Quincy Jones es un alquimista, y había prendido fuego en mi mente. Nunca había conocido a nadie como él. Yo también quería ser alquimista. Quería poder transformar cada cosa que la vida me diera en oro.

El universo me había dado una segunda oportunidad, y juré por Dios que no necesitaría una tercera.

ONCE

ADAPTACIÓN

JL se negaba a venir a Los Ángeles.

«Eso de la tele» lo desconcertaba, todo sucedía demasiado rápido. Además, se le hacía muy raro y se sentía fuera de lugar. Un día estaba en la fiesta de cumpleaños de Quincy Jones y al siguiente tenía mi propia serie en la tele. No había plan, no había estrategia y aún no nos habíamos acabado de recuperar de la debacle económica y creativa de DJ Jazzy Jeff and the Fresh Prince. Y ahora encima pretendía que lo dejara todo y se mudara a Los Ángeles, porque Quincy Jones era un... «alquimista».

Tanya y yo ya nos habíamos mudado a Burbank, a un departamento a solo un paseo de la NBC. Estaba plenamente centrado en la televisión y en lograr que el episodio piloto fuera espectacular.

—Hombre, tú lo que tienes que hacer es estar en el estudio, haciendo lo que mejor se te da —me imploraba JL.

—J, escúchame, ¡el futuro está aquí! Estamos acabados en el mundo de la música.

—No, eso no es verdad... De todos modos, puedo hacer desde Filadelfia lo que sea que necesites que haga.

—Es que no lo entiendes, hay que estar aquí. No funcionan con reuniones programadas, no lo hacen así. ¡Toman las decisiones en fiestas de cumpleaños y en jodidas cenas!

JL me conoce mejor que nadie. Me veía (y a veces aún me ve) como a un artista impetuoso al que había que proteger de sí mismo. Él se consideraba el último bastión de la cordura, la última barrera que podía impedir que Will se despeñara y los arrastrara a todos con él. Creía que el tornado de cambio que se había desencadenado ponía en peligro nuestra recuperación, y la idea le resultaba insoportable.

Omarr se mudó de inmediato. Charlie venía todas las semanas.

(Una anécdota de *El príncipe del rap en Bel-Air*: en los créditos de apertura, cuando «unos tipos del barrio me metieron en un problema», el que hace el helicóptero conmigo y precipita mi destierro a California es Charlie Mack.)

Se me ocurrió que, si conseguía que Jeff viniera a Los Ángeles, JL no tendría más remedio que aceptar que todos estábamos allí. Así que, sin ni siquiera molestarme en comentarlo con Jeff, visité a los productores de la NBC para venderles el personaje que quería que interpretara en la serie. Les expliqué que era mi compañero de escenario y que él era una estrella aún mayor que yo en la comunidad del hip-hop. Los fans se volverían locos cuando vieran a Jeff en la serie.

Obviamente, les preocupaba añadir a una serie en horario de máxima audiencia a otro pandillero más de Filadelfia sin la menor experiencia como actor. Pero esa fue mi segunda demostración de fuerza como príncipe de Bel-Air. Accedieron a regañadientes a «probarlo» en seis episodios, o una cuarta parte de la primera temporada.

Contentísimo, llamé a Jeff para darle la buena noticia.

—Eh, amigo, gracias... Pero creo que eso de actuar en la tele no me llama, no es lo mío. Eso es algo más tuyo. Yo me quiero dedicar a la música.

No daba crédito.

—Jeff. Te puedes dedicar a la música en Los Ángeles, aquí hay más estudios de grabación que tiendas de licor e iglesias en Filadelfia. Además, te pagarán diez mil dólares por episodio. ¡Es dinero fácil, hombre!

Silencio.

—¿Jeff?

—Que no, que no me llama, hombre... Los Ángeles no es para mí. Yo soy de Filadelfia.

Quería gritarle: «Pero ¿qué mierda me estás contando? ¡Si estás arruinado! ¡Que estás de vuelta en el sótano de tu madre! ¡No te queda otra!».

Sin embargo, lo que dije fue:

—Pues bueno. Ya hablamos luego.

Por aterrador que pueda resultar el cambio, también es absolutamente inevitable. De hecho, de lo único de lo que podemos estar seguros es de la transitoriedad de las cosas. Si no estamos dispuestos o somos incapaces de pivotar y adaptarnos a los incesantes flujos y mareas de la vida, no disfrutaremos de nuestra estancia aquí. A veces, la gente intenta jugar con las cartas que le habría gustado tener en lugar de con las que le han repartido. La capacidad para adaptarse e improvisar es, posiblemente, la habilidad más importante de todas las que tiene el ser humano.

Hay una parábola budista que me ha guiado en más de una transición arriesgada: un hombre está de pie, en la orilla de un río peligroso y embravecido. Es la temporada de lluvias y, si no cruza a la otra orilla, ya se puede ir despidiendo. Construye una balsa y cruza el río sin más dificultad. Aliviado y contento, se felicita a sí mismo, se carga la balsa a la espalda y se dirige hacia el bosque.

Sin embargo, mientras intenta avanzar entre la espesa vegetación, la balsa choca contra los árboles, se engancha a las lianas y le impide continuar. Solo hay una forma de sobrevivir: tiene que abandonar la balsa. La misma embarcación que ayer le salvó la vida lo matará hoy si no la suelta.

La balsa representa las ideas obsoletas y las maneras de pensar antiguas que ya no nos resultan útiles. Por ejemplo, la misma identidad airada y agresiva que cultivamos durante la infancia para protegernos de los abusivos de patio y de los depredadores destruirá todas nuestras relaciones adultas si no la dejamos ir. Hay estrategias que resultan absolutamente útiles y necesarias en ciertas etapas de la vida. Sin embargo, llega un momento en el que, si no las dejamos atrás, morimos.

En otras palabras: adaptarse o morir. La decisión de JL y de Jeff de quedarse en Filadelfia me parecía una sentencia de muerte para ambos. No lo iba a permitir, ni hablar.

El príncipe del rap en Bel-Air tuvo que ir con el pie sobre el acelerador desde el principio. Por lo general, las series de esta envergadura recibían la luz verde con unos nueve meses de antelación. En nuestro caso, el calendario de rodaje truncado y prácticamente imposible de cumplir obligaba a tomar sobre la marcha decisiones relativas a todos los aspectos de la producción. En ausencia de JL, Benny Medina asumió las tareas de representante y se convirtió en el contacto para todo lo concerniente a Will Smith. Benny sabía lo que se hacía y cómo conseguir que las cosas salieran. Pero me dolía estar en Los Ángeles sin JL ni Jeff.

Tenía que traerlos conmigo, así que hice un último intento desesperado: le dije a JL que grabaría otro álbum si accedía a pasar una semana al mes en Los Ángeles. En aquella época ya no veía la música como un elemento importante en mi futuro, pero eso no se lo dije. Lo necesitaba en Los Ángeles.

Ahora me quedaba convencer a Jeff.

—A ver, haz solo tres episodios. Si no te gusta, solo son tres. Y, si te encanta, te alquilas algo aquí, volvemos a hablar con los productores y te conseguimos más. ¡Y podemos grabar! ¿Qué es lo peor que te puede pasar? ¿Que ganes sesenta mil dólares por aparecer en una serie de emisión nacional? Y, si eso no te convence, piensa esto: más chicas.

No sé qué parte del argumento lo convenció, pero tampoco me importó: venía conmigo.

(Anécdota sobre *El príncipe del rap en Bel-Air*. Jeff se convirtió en uno de los personajes más queridos de la serie, y además le encantó.

Su escena cómica característica era cuando el tío Phil lo lanzaba por los aires para echarlo de casa. Durante el rodaje del episodio piloto, nadie previó que la escena fuera a tener tanto éxito, así que solo disponíamos de una toma de Jeff en pleno vuelo. El interior y el exterior de la mansión de Bel-Air están en dos ubicaciones distintas y solo tuvimos un día de rodaje en el exterior. Así que tuvimos que usar la misma toma de Jeff por los aires una y otra vez: en cuanto vemos a Jeff entrar en casa con la camisa café y blanca de estampado tribal, sabemos que está a punto de salir disparado.)

El príncipe del rap en Bel-Air se estrenó el 10 de septiembre de 1990 y fue un éxito instantáneo: se convirtió en la serie de estreno con las mejores audiencias de la temporada. Eso garantizaba que habría serie para rato.

Las oportunidades se multiplicaban, pero JL seguía aferrado al escepticismo. Un año después y con diez millones de espectadores semanales, JL aún estaba en casa de su madre, en Filadelfia. Debo añadir, en su defensa, que hacía menos de un año que me había visto quemar tres millones de dólares, no pagar ni un centavo en impuestos, hundir DJ Jazzy Jeff and the Fresh Prince a base de *fingers* de pollo y ron y, acto seguido, mudarme tan tranquilo a Los Ángeles para convertirme en una estrella de la televisión.

Aunque, visto así, lo raro es que me contestara el teléfono siquiera. Pero estaba negando lo innegable: la serie era un éxito, el hierro estaba candente y era el momento de batirlo. Si no, sería trabajo perdido.

Estaba impaciente, concentrado y emocionado por la nueva vida que se abría ante mí. Sin embargo, el reciente fiasco personal y profesional me había enseñado una lección tan dura como universal: nada es para siempre. Todo sube y baja: por muy cálido que sea el verano, el invierno llegará inexorablemente. Me prometí que jamás me volvería a dormir en los laureles; que, cuando las cosas fueran bien, plantaría y cuidaría las semillas de «lo siguiente». Y, si tenía criterio y conectaba con los movimientos de la industria, sabría identificar el momento ideal para cosechar «lo siguiente», justo antes de que lo anterior se marchitara. Mi carrera musical se había disparado para luego caer a plomo, y era consciente de que algún día sucedería lo mismo con mi carrera en la televisión. Estaba a punto tocar el cielo, sí, pero algún día volvería a descender a los infiernos. Me pregunté: *Después de la televisión, ¿qué podría ser lo siguiente para mí?* Solo había una respuesta: el cine.

Llegué a otra conclusión, si bien más profunda y también más problemática: la ley universal de la transitoriedad regía también el amor y las relaciones. Me prometí que nunca más me volverían a descubrir con los pantalones bajados y sin la mirada puesta ya en el siguiente amor. Me habían roto el corazón, y estaba seguro de que volvería a suceder. Sabía que habría una primavera de encuentros maravillosos, un verano cálido y vertiginoso, un otoño melancólico y un invierno helado y letal. Decidí que la única defensa emocional ante esa brutal certidumbre cósmica era adelantarme al ciclo de destrucción. Tenía que ser como Tarzán y lanzarme hacia la siguiente liana en cuanto dejara ir la anterior. Si me aferraba a lo que nacía al tiempo que soltaba lo que moría, evitaría y me ahorraría la crudeza del invierno y mantendría indefinidamente la vitalidad y la felicidad de la primavera.

Las comedias son, sin lugar a dudas y de forma indiscutible, el mejor trabajo del mundo.

La semana laboral de la nuestra consistía en cinco días durante los que producíamos un solo episodio. El lunes, los actores, los productores y los guionistas nos sentábamos alrededor de una mesa para leer el guion en voz alta. Todos aportábamos comentarios y los guionistas preparaban un guion nuevo, que estaba listo a la mañana siguiente. El martes y el miércoles eran para disfrutar: en el set, los actores intentábamos insuflar vida a las palabras. Esta era la parte que hacía de las series de humor el mejor trabajo del mundo. Nos pagaban por reír, por gastar bromas, por jugar, por crear, por debatir, por crecer y por querernos. Al final de la jornada, interpretábamos el capítulo ante los guionistas para enseñarles lo que se nos había ocurrido. Y luego, el martes y el miércoles por la noche, ellos hacían los cambios necesarios y mejoraban el guion.

El jueves era para el aspecto técnico. Los técnicos de luces y de sonido, los cámaras, etcétera, decidían cómo gestionarían la acción de las escenas. Y entonces llegaba el viernes: la grabación en vivo con público en el estudio.

Estar un viernes por la noche en el set de *El príncipe del rap en Bel-Air* era como estar en la mejor discoteca de la ciudad. Todo el que era alguien se conseguía una silla durante nuestros rodajes. Los mejores monologuistas, las estrellas de Hollywood más espectaculares, atletas profesionales, músicos... Un quién es quién de lo mejor de lo mejor.

Y luego estaba nuestra ventaja competitiva única: todos los que componíamos el reparto cantábamos y bailábamos. Así que, entre escena y escena, Alfonso imitaba a Michael Jackson; Joe Marcell cantaba sintonías hilarantes de programas británicos que nadie conocía; James Avery hacía exhibiciones de bailes de toda la vida; Janet Hubert-Whitten se había formado como bailarina en el Alvin Ailey, además de como actriz y cantante en la Escuela Juilliard; e incluso Tatyana, que entonces tenía once años, se mostraba dispuesta a participar. Y, por si todo eso no fuera suficiente para que el público del estudio se muriera de risa, entonces lanzábamos la bomba atómica: DJ Jazzy Jeff and the Fresh Prince actuaban en vivo todos los viernes por la noche. Los momentos entre las escenas eran tan icónicos como todo lo que se veía en la pantalla.

Era el cielo. Una familia nueva, un hogar nuevo, una vida nueva.

«Quiero una parte del negocio de Will Smith.»

Ese era el mensaje que un infame pandillero de Los Ángeles que se había labrado su reputación a base de amenazas, extorsiones violentas y cobros de «tarifas» de «protección» había enviado a JL, que decidió no responder. La violencia y la intimidación no eran nada nuevo para nosotros. Contábamos con un montón de gente más que dispuesta a venir de Filadelfia a «ocuparse del asunto» si era necesario.

Sin embargo, Los Ángeles era otro mundo. Había un descaro y una omnipresencia que nos generaban cierta inseguridad. En Filadelfia, era fácil identificar y evitar las zonas peligrosas: sabías que, si no recogían la basura, si había coches estacionados en la banqueta y edificios abandonados en la misma manzana que domicilios familiares, tenías que tener cuidado. Y, por supuesto, estaban los bloques de viviendas sociales. Todos sabíamos lo que eran. Sin embargo, en Los Ángeles, los «peores» barrios tenían césped y palmeras. Los robos de coche con violencia en pleno día eran muy habituales. Te podían agarrar en cualquier sitio. No sabíamos por dónde se podía conducir ni qué ropa había que llevar... todo resultaba peligrosamente confuso. Ninguno de nosotros llevaba armas en Filadelfia. Todos llevábamos armas en Los Ángeles.

JL ya había recibido cinco mensajes. «Quiero una parte del negocio de Will Smith. Te conviene responder.» Habíamos oído hablar de este tipo. Se quedaba con el dinero de los demás, obligaba a ceder derechos de autor y extorsionaba a profesionales de toda la industria. Éramos nuevos en Los Ángeles y no queríamos problemas. Pero si los problemas nos querían a nosotros, tampoco nos íbamos a esconder.

JL decidió responder el teléfono

—James Lassiter. ¿En qué puedo ayudarte?

—Cuesta mucho dar contigo —dijo el tipo—. Quiero participar en el negocio de Will Smith.

—De acuerdo —respondió JL, que se detuvo unos instantes para decidir qué paso dar—. Creo que algo podremos hacer.

—Bien, bien... —dijo el otro.

—Pero tengo un socio —le interrumpió JL—. Yo no tomo las decisiones finales, tendrás que hablar con él.

—De acuerdo. Organízalo.

—Por supuesto, ahora mismo. Mi socio trabaja en el FBI —prosiguió JL impertérrito—. Ahora le digo que te llame. Estaré de acuerdo con el trato que hagan.

No volvimos a saber de él.

Las amenazas son una cosa. La violencia es otra muy distinta.

Sin embargo, cuando creces en entornos violentos, la mente se adapta y percibe amenazas en todas partes. Llegas a la conclusión de que no te pueden tomar desprevenido ni una sola vez. Comienzas a responder de la misma manera ante las amenazas percibidas que ante la violencia real, aunque en realidad sean cosas muy distintas. Ya lo dice la canción: «Que me busquen doce antes que me carguen seis».

Era miércoles y estábamos en el set, trabajando y dándole vueltas a qué podíamos hacer para que una escena funcionara. El guion no estaba resultando auténtico ni divertido, así que decidí modificarlo. Cuando los productores llegaron y vieron todos los ajustes «unilaterales» que había hecho, llamaron al instante a la dirección de la NCBP (la división de producción de la cadena), que exigió que detuviéramos la producción de inmediato y fuéramos al despacho.

Benny Medina, JL, Jeff Pollack (el socio televisivo de Benny Medina) y yo nos dirigimos hacia la «reunión de emergencia» en el despacho del ejecutivo. Había dos sofás, uno frente a otro y separados por una mesa de centro de madera, y un enorme escritorio de vidrio esmerilado en un extremo.

El ejecutivo estaba de pie, apoyado en el escritorio y de cara a los sofás, con una postura que sugería que él mandaba y que estaba molesto. Entramos y nos sentamos delante del «director». JL y Benny se pusieron en un sofá y Jeff Pollack y yo en el otro, frente a ellos.

Nada de formalidades, de saludos ni de escuchar nuestra versión de la historia. Sin rodeos.

—Así que te crees muy importante, ¿no? —me preguntó.

Permanecí en silencio, porque no acababa de entender qué me preguntaba exactamente. Empezó a dar vueltas alrededor de los sofás. Era como una escena sacada de *La fortaleza del vicio*, cuando Wesley Snipes intenta que alguien le explique cómo se infiltró un topo en su banda.

—Así que crees que puedes cambiar de forma unilateral los diálogos que te dé la gana en una serie de la cadena, ¿eh?

En ese momento, estaba a mis espaldas. Miré a JL a los ojos. «¿Es que este sujeto me piensa dar un puñetazo?»

JL me miró como diciendo «No te preocupes. Lo tengo controlado. Al menor movimiento, me encargo de él».

—Cientos de millones de dólares, un montón de socios, infinidad de veteranos de la industria... ¿y quien decide el guion eres tú?

A esas alturas, se había colocado detrás del otro sofá y detrás de JL. Lo miré como él me había mirado a mí. «Al menor movimiento, me encargo de él.»

El ejecutivo, que había seguido cercando los sofás, volvía a estar a mis espaldas. Jeff Pollack, el único blanco del grupo, comenzó a justificarse.

—Creo que no te han explicado toda la situación, la complejidad de...

—No, un momento, Jeff, creo que ya sé todo lo que tengo que saber... —dijo el ejecutivo. Ahora estaba detrás de mí, a la altura de mi hombro derecho, y cada vez alzaba más la voz—. Lo he visto ya mil y una veces, carajo. Se creen que no pueden desaparecer tan deprisa como aparecieron...

Delante de JL, sobre la mesa de centro, había una de esas bolas de nieve de cristal. Debía de pesar unos dos kilos. JL la agarró subrepticiamente y se la guardó en el regazo. Nos miramos. Su mirada era distinta ahora.

«Haz lo que gustes.»

Me levanté de un salto, me giré, le di la vuelta al sofá y me enfrenté al ejecutivo.

—¿Qué carajos quieres hacer, cabrón de mierda? —le espeté.

JL también se puso en pie de un salto, blandiendo la bola de nieve.

—Deténganse, deténganse —imploró Benny Medina.

—Apártate, Jeff —dijo JL.

Jeff había venido con nosotros y no acababa de entender el tono y la energía de JL hacia él, sobre todo porque lo único que había hecho era ponerse en pie. Pero JL tenía una bola de nieve de dos kilos en la mano, así que Jeff obedeció y se volvió a sentar.

—¿Con quién crees que estás hablando? —le grité al ejecutivo.

Ahora que echo la vista atrás, reconozco que me di cuenta de que la mirada del ejecutivo era de rendición y de que no entendía lo que estaba pasando. Era evidente que nunca le habían llamado «cabrón de mierda» y que no quería problemas.

—¿Se puede saber qué quieres? —Me había desfasado del todo. Me percaté de que el ejecutivo quería responder, aunque aún no había terminado de asimilar el «¿Qué carajo quieres hacer, cabrón de mierda?».

—Will, ehm, creo que hemos empezado con mal pie —dijo con voz conciliadora, mientras se apoyaba la mano izquierda en las lumbares.

—¡Pues sí! ¡Ahí, de pie, gritándonos como si fuéramos imbéciles! ¡Si quieres hablar conmigo, antes te sientas!

—Pero, Will —dijo con voz aún más tranquilizadora—, me acaban de operar de la espalda, fue una intervención importante. El médico me dijo que tengo que estar de pie cuando...

—Te digo que te sientes para hablar conmigo, ¡carajo! —rugí.

—Pero, Will, el méd...

—¡QUE TE SIENTES DE UNA PUTA VEZ!

Se dirigió con cuidado hacia el borde del escritorio de cristal, se apoyó con suavidad en la mano para equilibrarse y, con una mueca, descendió lenta y dolorosamente hasta sentarse en el borde de la mesa.

Benny ya había tenido suficiente.

—Ya está bien. Váyanse —dijo—. JL, deja la bola en la mesa.

Jeff se interpuso entre el ejecutivo y nosotros dos y nos hizo un gesto para que saliéramos del despacho. Obedecimos.

—Lo lamentamos muchísimo —susurró James mientras salíamos.

—PERO ¡¿QUÉ MIERDA FUE ESO?!

Jeff Pollack empezó a gritar a pleno pulmón en el estacionamiento. Esta fue la única vez que oí a Jeff alzar la voz.

—Pensaba que me iba a dar un puñetazo —dije en mi defensa.

Aunque ya conocía la expresión «tirarse de los pelos», esa fue la primera vez que lo vi en la vida real. Jeff se estaba tirando de los pelos con las dos manos, y con tanta fuerza que parecía que se los iba arrancar.

—¿Un ejecutivo de televisión de sesenta y cuatro años de edad con problemas de espalda «te iba a dar un puñetazo»?

JL y yo nos miramos. En el despacho estábamos seguros, pero ahora, en el estacionamiento, empezábamos a ver que el argumento no se sostendría ante un tribunal.

—Entonces, ¿qué quería, ahí de pie, cercándonos, como si fuera a hacer algo? —le pregunté, en un último intento de defender mi percepción.

—¿QUÉ MIERDA CREES QUE IBA A HACER? ¡Se acaba de someter a una intervención invasiva de descompresión lumbar!

—Bueno, chicos, deténganse un momento —dijo Benny, que se apiadó de nosotros—. Tengo que llamar a Quincy.

Mierda. Quincy.

Intenté llamarle para hablar yo con él antes.

—Quincy está al teléfono, Will. ¿Le digo que te llame cuando cuelgue?

No, mierda, no. Dile que cuelgue a la NBC para que le pueda explicar mi versión de la historia antes.

—Sí, claro, estupendo. Gracias.

Tras los peores treinta minutos de mi vida, me devolvió la llamada.

—Creoquelacaguéperobiencagada —balbuceé.

—No te preocupes, la gente se insulta cada día —respondió Quincy—. Eso sí, nunca le pongas la mano encima a nadie. Ya hablé con ellos, está solucionado. ¿Qué pasó en el set?

—Cambié algunas frases del diálogo, porque querían que dijera un montón de tonterías. Intentan decirme cómo tiene que hablar un chico de Filadelfia. Y es que no es así, no es real...

—Ah, entonces fue una cuestión de diferencias creativas... —señaló Quincy.

—Si es así como lo llaman en Los Ángeles...

—¿Llevas el guion encima? —me preguntó Quincy.

—Sí, tengo una copia.

—Bueno. ¿Qué dice en la portada?

—Eeeh —dije desconcertado—. *El príncipe del rap en Bel-Air.*

—De acuerdo. ¿Y quién es el príncipe en cuestión? —soltó Quincy.

—Yo.

—¡EXACTAMENTE! Nadie sabe mejor que tú qué diablos tienes que decir. Si pudieran hacer lo que haces tú, no te habrían contratado. Di lo que quieras decir y dilo como quieras decirlo. Y si alguien tiene algún problema, que me llame.

Apenas tenía veintidós años y Quincy Jones me acababa de conceder autoridad para decir lo que quisiera en una serie de televisión de una cadena nacional. Me había apoyado a mí en lugar de a los productores, guionistas, ejecutivos, patrocinadores... Me había puesto por delante de todos.

Había apostado por mí.

—Sí, señor —respondí.

JL y yo quedamos muy afectados por lo mal que habíamos interpretado la situación de la bola de nieve. Veníamos de hogares violentos, de barrios violentos y del violento mundo de la música. No nos había parecido en absoluto descabellado que un ejecutivo se pudiera poner agresivo. Nos habíamos sentido acorralados y vulnerables. JL y yo habíamos tenido la certeza absoluta de que ese ejecutivo me iba a agredir.

Es sorprendente lo sesgada que puede ser nuestra percepción de las cosas cuando vemos el presente a través de la lente del pasado. Aprender a dejar en la mesa la bola de nieve fue un proceso de rehabilitación psicológica muy difícil para nosotros.

Tal y como había pactado con JL, Jeff y yo comenzamos a trabajar en nuestro cuarto álbum, *Homebase*. Sin embargo, ahora tanto Jeff como yo estábamos en la televisión, lo que significaba que teníamos que robar tiempo a nuestro trabajo principal para hacer música.

Estábamos acostumbrados a contar con plazos creativos abiertos; en el pasado, dedicábamos meses enteros a idear, a componer y a grabar (y a comer *fingers* de pollo). Ahora, como teníamos unos límites de tiempo muy específicos, debíamos estar absolutamente concentrados y atentos hasta el último segundo en el estudio de grabación. Parafraseando a mi padre: «Uno puede hacer pendejadas, pero no cuando va como alma que lleva el diablo». El resultado fue que, en comparación con *And in This Corner...*, para *Homebase* grabamos el doble de canciones en la mitad del tiempo y por una cuarta parte del presupuesto. Ah. Y las canciones eran mucho mejores.

Otro efecto secundario del éxito en televisión fue que ya no sentíamos la presión de necesitar que el disco fuera el éxito. Si fracasaba, fracasaba. Lo que pagaba el alquiler (y los impuestos) era el dinero de *Bel-Air*. Disfrutábamos otra vez, éramos Jeff y yo siendo Jeff y yo de nuevo, recuperamos lo que nos había hecho grandes. Volvíamos a casa.

También fue la primera vez que abrimos el proceso creativo a productores nuevos y a otros artistas. Yo había estado trabajando en Chicago para perfilar mi voz en el álbum con Hula y Fingers, dos productores jóvenes de Jive Records. Jeff estaba haciendo las últimas mezclas en Nueva York y yo tenía un boleto para el vuelo de las seis de la tarde de Chicago a Los Ángeles. Hula, Fingers y yo habíamos salido de fiesta a lo grande la noche anterior, para celebrar que habíamos terminado *Homebase*. Me había quedado sin voz de tanto gritar en la discoteca. De camino al aeropuerto, pasé por el estudio para recoger un par de CD del álbum secuenciado, para escucharlo en el avión. Hula me dio el CD, lo metí en la mochila y me encaminé a la puerta.

Fingers me vino a buscar.

—Oye, hemos estado trabajando en otra canción. Jeff dice que le gusta. Nos dijo que te la demos, para ver si querías añadir algo rápidamente.

Estaba agotado y afónico y tenía ganas de volver a casa, a Los Ángeles. Además, el álbum ya estaba terminado. Fingers me tendía un CD con «Sin título» escrito con rotulador encima. Ver las palabras «Sin título» me exasperó. Solo pensar en tener que escribir otra canción me provocaba náuseas. No quería seguir.

—Mira, Fingers... Te lo agradezco, amigo, han hecho un trabajo espectacular. Pero estoy hecho mierda. Fíjate en la voz que llevo. No podría cantar nada ni aunque quisiera. Creo que solo escribiría otra canción si bajara Jesucristo a darme el CD en persona —dije.

Se echaron a reír, pero por educación tomé el CD.

Cuando llegué al Aeropuerto Internacional O'Hare de Chicago, una hora antes del vuelo, me encontré con el anuncio de que el vuelo 1024 a Los Ángeles se retrasaría noventa minutos.

¡Carajo! ¿Por qué pasa siempre lo mismo? Cuantas más ganas tienes de llegar a casa, más se retrasa el vuelo.

Busqué un rincón tranquilo, me puse los auriculares y decidí escuchar «Sin título». La canción comenzaba con la voz de Fingers seguida de una batería electrizante y los vítores de un coro.

Druuuuuuumz, pleeeeeease
Aaaaaaaaa, yeah!

Y, entonces, una seductora voz femenina:

Summer, summer, summertime
Time to sit back and unwind

«Madre mía de mi vida.»

Imagino que debía de parecer un loco en la sala de espera del aeropuerto. Tenía esa cara que se nos pone a los músicos cuando una canción nos impacta. Es como cuando hueles algo picante. Me iba a estallar la cabeza.

Saqué a toda prisa la libreta de rimas de la mochila y las dos horas siguientes fueron poco menos que una intervención divina. Más que escribir «Summertime», la canalicé. La mente me transportó a los maravillosos veranos en Filadelfia. Me sentía flotar entre los recuerdos de los veranos de mi infancia y la mano no era más que una compañera de viaje que me intentaba seguir el paso. «Summertime» es la única de todas mis canciones que he escrito de principio a fin sin parar y sin necesidad de editar o cambiar ni una sola palabra. La letra tal y como aparece en la versión final es exactamente tal y como salió. Fue una corriente de conciencia pura. Más adelante, aprendí un término que resonaría profundamente con mi experiencia en el Aeropuerto O'Hare esa noche: *escritura automática*, que es una capacidad psicológica teórica que permite a la persona producir palabras escritas de forma inconsciente. (Los escépticos lo llaman «autoengaño»; yo lo llamo «otro Grammy» y «mi primer álbum en el número 1».)

«Los pasajeros del vuelo 1024 pueden comenzar a abordar...»

Carajo.

Sabía que la canción era un bombazo. Y si no la grababa hoy, no aparecería en el álbum. Oía la voz de Quincy resonando en mi cabeza: «¿Qué vas a hacer, chico de Filadelfia?».

A la mierda.

Me levanté, me subí al coche y volví al estudio.

Tenía la voz destrozada. El tono de voz que me había hecho famoso era agudo, rápido y envuelto en una sonrisa. Sin embargo, esa noche, cada vez que intentaba conectar con esa energía en el estudio la voz se me quebraba y me fallaba. Hula y Fingers me repetían que no me preocupara y que la grabara en ese registro más grave. «Danos un poco Rakim», dijeron.

Esa era exactamente la dirección que debía tomar. Rakim era, con diferencia, mi rapero preferido entonces. Así que me serené y decidí jugar con las cartas que me habían repartido en lugar de con las que me habría gustado tener.

Mi voz en «Summertime» sacudió al mundo del hip-hop. Salió el 20 de mayo de 1991 y, en menos de un mes, había llegado al número 1 de la lista Hot R&B/Hip-Hop y al número 4 del Billboard Hot 100. Jeff y yo rodamos el videoclip en Filadelfia, con nuestros amigos y nuestra familia de verdad.

Homebase llegó a disco de platino en dos meses. Ganó un American Music Award y nuestro segundo Grammy. (Una anécdota de Jazzy Jeff and the Fresh Prince: boicoteamos la ceremonia cuando ganamos nuestro primer Grammy con «Parents Just Don't Understand», y la nominación de «Summertime» competía con «O.P.P.», el monstruoso éxito de Naughty by Nature. Estaba seguro de que íbamos a perder, así que no fui. Jazzy Jeff and the Fresh Prince tenían dos Grammys y aún no habían puesto el pie en la ceremonia ni una sola vez.)

Mientras tanto, en mi otra carrera...

Estudiaba el guion obsesivamente. Esos primeros días de *El príncipe del rap en Bel-Air*, la posibilidad de fracasar me daba verdadero pavor, así que memorizaba el guion completo. No solo mi parte, sino la de todo el mundo. Era lo único que me ayudaba a mantener a raya la ansiedad. Si algo salía mal, sería culpa de otro, no mía.

Quizá me pasé un poco. Estaba tan preparado que, inconscientemente, articulaba en silencio los diálogos de los otros actores frente a la cámara mientras ellos los pronunciaban.

Por suerte, cuando vemos la televisión, sucede algo muy peculiar: centramos la mirada en la persona que habla. Es una forma de lo que se conoce como «ceguera por falta de atención». Daniel Simons lo describe así en la revista *Smithsonian*: «Esta clase de ceguera no es consecuencia de limitaciones visuales, sino de limitaciones mentales. Solo vemos conscientemente una pequeña parte del mundo visual y, cuando centramos la atención en una cosa, no vemos otros estímulos inesperados en el campo visual, ni siquiera los que nos gustaría ver».

El episodio 5 de la primera temporada, «Compañero, dulce compañero», es un ejemplo perfecto de este fenómeno. Don Cheadle interpreta a Ice Tray, un colega de Filadelfia. Si te fijas, verás que articulo el diálogo de Don. Sin embargo, y aunque estoy en primer plano y en el centro de la pantalla, moviendo la boca como un idiota, seguramente no te diste cuenta al ver el episodio en casa, porque tenías la mirada, y la atención, puestas en el actor que hablaba en ese momento: ceguera por falta de atención. Te invito a que recuperes ese episodio y veas el papelón que hago en esa escena.

Se eligió por votación a Karyn para que me diera las embarazosas noticias. Por supuesto, lo negué y quedé horrorizado (un horror que sigo sintiendo a día de hoy) cuando me mostraron la dolorosa evidencia. Todavía soy incapaz de ver ese episodio.

Un set lleno de actores extraordinarios y con formación teatral, y el rapero torpe va y articula sus diálogos. Como colofón, la serie lleva el nombre del torpe.

Tardé un par de semanas en dejar de hacer el loro. Me pasaba las escenas mordiéndome el labio con tanta fuerza que por poco me hago sangre, pero lo conseguí.

Hay pocas personas en el mundo a las que haya querido impresionar más que a James Avery. James tenía más años de experiencia como actor de los que yo llevaba en este mundo y era mi ejemplo, el culmen de la presencia dramática. Anhelaba desesperadamente que me considerara un buen actor.

Pero nada de lo que hacía impresionaba a James Avery.

Interpretaba a mi figura paterna en la serie y, poco a poco, fue asumiendo esa función fuera de cámara. Era muy exigente y me empujaba sin cesar a «dominar mi instrumento» como actor.

«Puedes hacer chistes con los ojos cerrados. Tienes un don natural, y verlo es maravilloso. Pero ahí dentro tienes un talento más profundo —decía mientras me golpeaba enfáticamente el pecho con el dedo índice—, un talento que aún no puedes ni siquiera imaginar. Y no lo encontrarás nunca si no lo buscas. Hay una gran diferencia entre el talento y la habilidad. El talento viene de Dios, naces con él. La habilidad viene del sudor, de la práctica y del compromiso. No desaproveches la oportunidad. Perfecciona tu técnica».

Uno de los momentos de mi carrera de los que me siento más orgulloso es también uno de los capítulos más famosos de *El príncipe del rap en Bel-Air*, «Papá tiene una nueva excusa». En el capítulo, Lou, el padre biológico de Will, interpretado por Ben Vereen, regresa a su vida y vuelve a pasar tiempo con él. Will está encantado de haber recuperado a su padre, pero el tío Phil se muestra escéptico, lo que abre una brecha entre los dos.

El padre de Will, que conduce un tráiler, lo invita a viajar con él durante el verano. Will está muy ilusionado y acepta la invitación, haciendo caso omiso a los consejos del tío Phil. El clímax del episodio sucede cuando su padre le pone una excusa, cancela el viaje y desaparece de nuevo. Will queda desconsolado y el tío Phil intenta reconfortarlo.

Esta fue la escena dramática más exigente de toda la serie para mi personaje. Éramos James Avery y yo, frente a frente. Los maestros de la actuación disfrutan de las escenas en que se enfrentan a otros maestros. Pero yo no era un maestro, era un chiquillo asustado a la sombra de un gigante. Cuando los actores tenemos escenas de este tipo, lo sabemos con semanas de antelación. Todo el mundo lo sabe. La anticipación desata el caos en el sueño, el apetito, la memoria, los nervios... En el set, las escenas dramáticas tienen la energía de un combate de boxeo: los actores y el equipo de rodaje se inclinan hacia delante en los asientos, para ver si serás capaz de lograr la interpretación. Pero el público del estudio no tiene ni idea y uno quiere sorprenderlo, dejarlo atónito.

Era viernes por la noche. El público estaba ahí y el episodio iba genial. Llegó la última escena.

Había estudiado día y noche. Estaba preparado. Y entonces, en la primera toma, me bloqueé. Se me quedó la mente en blanco y me salté la segunda frase. Estaba nervioso, me esforzaba demasiado, hablaba demasiado rápido, tropezándome con las palabras. El director gritó «¡corten!» rápidamente, para no estropear la sorpresa al público. Estallé.

—¡CARAJOOOOO! —aullé a pleno pulmón—. ¡CARAJOOOO! —Tenía las venas del cuello hinchadas, los puños cerrados con todas mis fuerzas.

—¡EH! —gritó James, lo que me devolvió de inmediato a la realidad—. Tranquilízate —susurró. Y luego señaló con el índice y el corazón a sus propios ojos, la señal universal para decir «Céntrate en mí». Se inclinó hacia mí——. Úsame. Mírame a los ojos y háblame a mí.

Lo miré a los ojos y, de algún modo, me sumergí en su fuerza, sin apartar la vista de él, hasta que sintió que me había transmitido la energía suficiente.

La siguiente toma es lo que apareció en el episodio:

Tío Phil: Lo lamento, si hubiera algo que yo pueda hacer...

Will: No, no puedes hacer nada, tío, ya no es como cuando tenía cinco años. Ya no puedo sentarme todas la noches a preguntarle a mi mamá «¿Cuándo va a venir papá?». Ya no lo necesito. Nunca me enseñó cómo encestar el balón, pero aprendí, ¿no? Soy buen basquetbolista, ¿no es cierto? Tuve mi primera novia sin él, ¿cierto? Aprendí a conducir, a rasurarme y a luchar sin él. ¡Pasé catorce años de cumpleaños sin él. Nunca me envió ni una maldita tarjeta! ¡Así que al diablo! ¡No me hizo falta ni me hará!

Tío Phil: Will...

Will: ¿Sabes una cosa, tío? Pasaré la universidad sin él, tendré un gran trabajo, me casaré con una linda chica, tendré muchos niños y seré mucho mejor padre de lo que él fue. ¡Y te aseguro que para eso no lo necesitaré porque no hay ni una maldita cosa que me pueda enseñar sobre el amor a los hijos!

Tras un segundo de silencio, Will empieza a llorar y pregunta: «¿Cómo es posible que no me quiera?».

El tío Phil lo envuelve en un abrazo afectuoso. La cámara se aleja poco a poco y se centra en la estatua de un padre y un hijo que Will había comprado para regalársela a su padre. Mientras me abrazaba, James Avery me susurró:

—Eso sí que es actuar.

DOCE

DESEO

*¿Q*ué quiere?

Esta es la pregunta más importante que cualquier actor se pueda plantear acerca del personaje que se esté preparando para encarnar. Este «anhelo», o búsqueda dramática, constituye el primer pilar de la conducta. El deseo abre la ventana a la verdad esencial de la personalidad. Si queremos entender por qué alguien hizo algo, basta con encontrar la respuesta a esta pregunta: «¿Qué quería?». El propósito general de un actor es desvelar el «sistema de deseos» que se entretejen (y en ocasiones también colisionan) en la mente del personaje, para construir su motivación psicológica. Actuar es como construirse una personalidad nueva desde cero.

(Una vez que se tiene una comprensión fundamental de la motivación principal del personaje, llega la segunda pregunta y, con ella, lo más divertido de la interpretación: «¿Por qué lo quiere?». Pero de eso hablaremos más adelante.)

La guerra entre el deseo y el impedimento constituye el cuerpo y el alma de la narración dramática (a veces, los impedimentos son internos y, entonces, la cosa se pone interesante de verdad). En el mundo del cine, hay un axioma muy sencillo que describe la estructura del viaje de un gran personaje: *alguien anhela algo desespera-*

damente y va por ello contra todo pronóstico. (Otra variación es: *alguien cae en un agujero e intenta salir.*) Si piensas en cualquier película que te haya gustado, en cualquier personaje con el que te hayas sentido identificado alguna vez, es porque quería algo con lo que podías conectar y lo dio todo, arriesgando su integridad y su vida para conseguirlo.

Lo que se cumple en las películas también se cumple en la vida: dime qué deseas y te diré quién eres.

—¿Se puede saber qué estamos haciendo? —me preguntó JL de repente.

—¿A qué te refieres?

—Me refiero a todo. Hay demasiada gente, pasan demasiadas cosas... Así no sé funcionar. Si quieres que te ayude, tengo que saber a qué te estoy ayudando.

—Las cosas van muy bien, J, creo que no lo ves.

—No —insistió JL—. Lo veo. Lo veo por todas partes, pero lo veo desenfocado y veo que vamos camino de hacer la misma mierda que hicimos la última vez. No pienso pasarme la vida así, improvisando. Necesito saber cuál es el objetivo.

No entendí la pregunta. Pensé que estaba asustado. Sabía que no gestionaba bien la desorganización. Era un minimalista, casi un asceta: poseía muy poca ropa, mantenía su dormitorio siempre impecable y todo en su vida tenía un lugar y un propósito. Y, cuando las cosas no estaban ordenadas de un modo que él pudiera comprender, se alteraba, se ponía muy nervioso y, al final, se alejaba. Así que intenté darle una respuesta sencilla que lo estabilizara.

—El objetivo es no estar en la ruina, J —le dije—. Que podamos divertirnos, viajar y vivir como queremos vivir. Que no nos sigan sangrando a impuestos.

—Técnicamente, eso son cinco objetivos. Y ese es el problema que tengo. ¿Cuál es el sueño? ¿Qué intentamos construir? ¿Qué quieres? —siguió presionando, sin ceder.

Nunca lo había dicho en voz alta. Me lo había dicho mentalmente varias veces, para ver cómo sonaba la frase en mi cabeza, pero nunca le había dado voz.

Una vez, mi madre sacó unas cincuenta fotos de la familia, donde aparecíamos mi hermano, mis hermanas y yo en distintos momentos de nuestra infancia. Las extendió sobre la mesa y, con cara de pilla, me miró y me preguntó si veía algo peculiar. Examiné todas las fotos, como un detective en busca de una pista que lo ayudara a resolver el caso. Al cabo de unos minutos, me rendí.

—No, no veo nada raro, mamá.

—Fíjate en tu hermano y tus hermanas. ¿Ves que en algunas fotografías están mirando a un lado, haciendo muecas o escondiéndose detrás de alguien? No hay ninguna sola foto tuya en la que no estés mirando directamente a la cámara.

Siempre he sido muy consciente de las cámaras. Siempre me ha encantado actuar. Me gustan las cámaras y, lo que es aún más importante, yo les gusto a ellas. Hasta donde me alcanzaba la memoria, albergaba un sueño secreto. Ni siquiera me sentía cómodo soñándolo. No me merecía soñar algo tan grande. Sin embargo, en los momentos de mayor silencio, a solas, sentía ese anhelo constante, una brújula emocional que apuntaba siempre al cartel de Hollywood.

Quería hacer lo que hacía Eddie Murphy. Quería hacer sentir a la gente lo que yo había sentido la primera vez que vi *Star Wars*.

Quería ser Eddie Murphy en *Star Wars*.

Así que, por primera vez, lo dije en voz alta, a JL:

—Quiero ser la mayor estrella de cine del mundo.

JL es de esas personas que casi nunca reacciona externamente. Su cara estándar es la cara de póquer. Permanece impasible tanto si le dices «JL, tienes a tu madre al teléfono» como si le dices «JL, el horno acaba de explotar y la casa entera está en llamas» o «Quiero ser la mayor estrella de cine del mundo». Nunca revela lo que piensa, así que siempre te tienes que inclinar hacia delante, para intentar atisbar un indicio, por minúsculo que sea.

Me incliné. Mucho.

—Ese sí que es un objetivo —dijo.

En *Los 7 hábitos de la gente altamente efectiva*, Stephen Covey dice que las personas solo tenemos dos problemas: o bien sabemos lo que queremos, pero no cómo conseguirlo, o bien no sabemos lo que queremos.

Una de las principales claves del éxito reside en tener clara la misión. Saber lo que queremos nos marca la dirección en la vida: podemos elegir de forma deliberada cada palabra, cada acción y cada asociación y aprovecharlas para precipitar el resultado deseado. Qué comemos, cuándo dormimos, adónde vamos, con quién hablamos, qué permitimos que nos digan, quiénes son nuestros amigos... Todo se puede acumular y aprovechar para impulsar incluso los sueños más descabellados.

(Sin embargo, el deseo es una espada de doble filo. Pero de eso hablaremos más adelante; en esos momentos, aún no lo sabía.)

Cuando JL tiene un objetivo en mente, demuestra una capacidad para educarse y transformarse como no he visto en nadie más. Dedicó los meses siguientes a leer todos los guiones de Hollywood. Los antiguos, los nuevos, los malos, los buenos, los de películas ya estrenadas con éxito, los de películas fallidas que no se habían estrenado nunca, los de películas que se habían estrellado y los de películas entre lo uno y lo otro. Debió de leer unos cien guiones y comentamos lo bueno y lo malo de cada uno.

Teníamos un objetivo, y la primera pregunta que nos planteamos fue: «¿Qué es lo que hace de alguien una estrella de cine (en contraposición a ser un actor, sin más)?».

Las estrellas de cine tienden a interpretar personajes que caen bien y que encarnan y representan lo mejor de la humanidad: el valor, el ingenio, el éxito contra todo pronóstico... Me encantaba la idea de ser mejor persona en el cine de lo que era en la vida real. Podría proteger a la gente, matar a bichos malos y volar, y todas las mujeres me adorarían. Tendrían que hacerlo: lo pone en el guion. Se me ocurrió una manera de describir lo que, para mí, eran las tres claves del estrellato: saber pelear, ser divertido y ser bueno en la cama.

Esos tres pilares sostienen también los tres anhelos humanos más profundos: saber pelear proporciona seguridad, integridad física y supervivencia. Ser divertido reporta alegría, felicidad y poco contacto con todo lo negativo. Y ser bueno en la cama trae consigo la promesa del sexo.

Y, como reúnen esas cualidades, las grandes estrellas de cine hacen las mejores películas del mundo. Las estrellas de cine sientan traseros en las butacas.

La siguiente pregunta evidente era: «¿Cuáles son los elementos clave de las mejores películas?». JL hizo una lista de las diez películas más taquilleras de la historia del cine, para ver si podíamos encontrar algún patrón. Lo vimos claro como el agua: diez de las diez películas más taquilleras de la historia tenían efectos especiales. Nueve de diez tenían efectos especiales y bichos. Ocho de diez tenían efectos especiales, bichos y un arco argumental romántico.

(Más adelante, nos dimos cuenta de que las diez películas más taquilleras de la historia trataban del amor, solo que entonces no supimos verlo.)

Sabíamos lo que buscábamos. Ahora solo teníamos que encontrarlo y convencer a quien fuera que lo tuviera de que nos lo tenía que dar a nosotros.

El problema era que las mejores películas del mundo eran también las más caras de producir y de promocionar, lo que significaba que eran propuestas muy arriesgadas. Podían catapultar la carrera de todos los participantes, pero también hundirla. Yo, un joven negro y sin experiencia, pretendía convencer a los estudios para que apostaran ciento cincuenta millones de dólares en el proceso de producción y otros tantos millones en el de promoción a mi encanto, mi atractivo y mi modestia.

Tanya fumaba marihuana. (Yo no lo he hecho nunca.) Creo que el alcoholismo de mi padre me había vuelto muy sensible a todo el consumo de sustancias a mi alrededor. Había intentado aceptar que fumaba, pero ahora, con la claridad de mi nueva visión, pude darme cuenta de que el hecho de que mi novia fumara marihuana no me iba a ayudar en absoluto. Quería una familia. Quería comenzar mi vida. Le dije que lo tenía que dejar.

Mi exigencia no fue demasiado bien recibida.

—Eres un puritano —me dijo—. Solo es marihuana, no voy por ahí inhalando coca en los baños.

—La droga es droga —respondí yo, como si acabara de decir algo muy profundo.

—No, no lo es —repuso indignada—. No es para tanto.

—Sí, sí que lo es, es muy serio. Te huelo esa mierda hasta en los pelos de la nariz —dije yo—. Hagamos un trato. Pasa treinta días sin fumar. Demuéstrame que no eres adicta, y entonces hablamos —le propuse.

Se paró a pensar unos instantes. Creo que habría sido capaz de hacerlo, pero que algo en la inflexibilidad de mi postura activó una resistencia profunda en su interior. Me quería y quería complacerme, pero no estaba dispuesta a dejarse controlar por mí.

Aún la puedo ver frente a mí: con los brazos cruzados, la cabeza ladeada, consciente de que estaba a punto de tomar una decisión importante. Entonces, con suma tranquilidad, dijo:

—No.

Saber lo que quieres te deja muy claro lo que no quieres. E incluso las decisiones dolorosas se vuelven sencillas (que no fáciles).

—Bueno —respondí.

¿Has visto alguno de los documentales de National Geographic sobre la migración del salmón de Alaska? ¿Esos donde los hambrientos osos pardos aguardan en el centro del río, esperando a que los salmones salten del agua y caigan directamente en sus fauces?

Así es como Alfonso Ribeiro y yo solíamos esperar junto a las puertas de la oficina de casting de *El príncipe del rap en Bel-Air*.

Todas las actrices negras de Hollywood hicieron el peregrinaje por esos pasillos sagrados. Un día de 1990, Alf y yo estábamos allí sentados, almorzando. Alf filosofaba sobre algo. Es una persona profundamente apasionada y tiene opiniones muy claras. Estaba convencido de que, si decía las cosas en voz lo bastante alta y si hacía descender la mano derecha como una guillotina sobre la palma abierta de la izquierda con la suficiente vehemencia, lo que fuera que estuviera diciendo se convertía en verdad.

Entonces la vi llegar. Casi me atraganté con el pollo frito y los waffles de Roscoe.

—¿Quién diablos es esa? —le susurré a Alf entre mordida y mordida—. No es de Los Ángeles. —(Los de la Costa Este nos reconocemos entre nosotros.)

Estaba enojada. Al parecer, la agente de casting le había dicho que no era lo bastante alta para ser mi novia en la serie. Era una de las cosas que odiaba de Hollywood; que, de algún modo, su estatura (o falta de la misma) fuera de una importancia más vital para el arte que su abundante talento.

No tenía ni idea de lo que acababa de pasar y me metí en el río.

—¿Cómo te va, pequeña? —pregunté con lo que ahora sé fue una pésima elección de adjetivo.

—Vamos, hombre, quítate de ahí —dijo mientras me hacía a un lado con la mano como quien espanta a una mosca. Y se fue.

Esa fue la primera vez que vi a Jada Pinkett.

Fue amor a primera vista.

Alfonso se enteró de que Jada había conseguido un papel en una comedia titulada *Un mundo diferente*, la enésima serie derivada de *El show de Bill Cosby*. Conocía a uno de los guionistas de la serie y averiguó cuándo rodaba Jada. Era perfecto: nosotros rodábamos los viernes, pero *Un mundo diferente* se rodaba los jueves, así que Alf y yo podíamos ir después de trabajar.

A estas alturas, *El príncipe del rap en Bel-Air* estaba triunfando y a Alf y a mí nos asaltaban por las calles de Hollywood. El plan era ir al set de *Un mundo diferente* y sentarnos disimuladamente entre el público. Eso me daría la oportunidad de usar todo mi poder principesco. El público estallaría cuando apareciéramos; Jada oiría los aplausos y el júbilo durante su escena, miraría al público y, entonces, se daría cuenta de que el motivo era yo (y Alf).

Así que me colgué al cuello la cadena de oro de veinticuatro quilates, «The Fresh Prince» bailándome sobre el pecho, la «T», la «F» y la «P» centelleando con la claridad de los diamantes VVS1, con las tallas redondas fulgurando y emitiendo destellos, listo para impresionar, para dejarla en la lona.

Todo estaba saliendo a la perfección. Alf y yo entramos y el set estalló. No vi a Jada, pero ella sabía que estaba en la sala. Hice callar al público.

—Tranquilidad, gente, están intentando grabar —susurré magnánimamente mientras Alf y yo nos sentábamos en la esquina derecha de la primera fila. La escena de Jada no llegó hasta la mitad del rodaje, pero allí estaba ella, en toda su gloria de la Costa Este. Era fuego: su acento, sus gestos, su cabello, su actitud. Era como estar de vuelta en casa.

Entre escena y escena, Alf aprovechó para ir a buscar a su amigo guionista, Orlando Jones, que estaba hablando con una bellísima mujer de piel caramelo en el centro de la primera fila. Era obvio que tampoco era de Los Ángeles, lo podía ver por la ligera incomodidad que le provocaba la grandiosidad de todo. Me acerqué, le dije «¿Cómo te va?» a Orlando y me presenté a la mujer.

Se llamaba Sheree Zampino y era de Nueva York. No del Nueva York de verdad: de Schenectady (cerca de Albany, ¡casi en Canadá!).

—Vamos a ver —le dije—. Nos acabamos de conocer, así que por esta vez lo dejaré pasar. Pero la próxima vez que alguien te pregunte de dónde eres, te prohíbo que digas «Nueva York», cuando sabes que en realidad eres de Schenectady.

Si hubiera estado bebiendo agua, la habría escupido para no atragantarse. Se echó a reír a carcajadas, como si acabara de dar voz a uno de sus propios susurros secretos. Se oyó la campana que pedía al público que volviera a las butacas para que el rodaje pudiera continuar, pero ella aún no se había logrado calmar. Tenía que estar callada, pero yo no estaba dispuesto a permitirlo, ni hablar. Así que me incliné hacia ella, para susurrarle al oído:

—Es engañoso y, además, una clamorosa distorsión de la verdad. Si vas diciendo que eres de Nueva York, la gente piensa en el

Bronx, en Brooklyn... caramba, ¡incluso en Staten Island! Entonces, todos creen que eres genial. ¡Y luego se enteran de que eres de Schenectady!

A estas alturas, casi se ahogaba de la risa y me suplicaba que callara. Pero no tenía la más mínima intención de hacerlo.

—Es que, vamos, no deberías ir por ahí mintiendo a la gente. Schenectady no es Nueva York ni lo será nunca. Y ahí estás tú, representando... a Canadá. Deberías llevar un suéter con una hoja de maple y dedicarte a vender miel.

Por suerte, la escena terminó y pudo reírse con ganas. El rímel se le había corrido, tenía los ojos rojos y apenas podía respirar cuando dijo lo que todo cómico que ha contado un chiste alguna vez en su vida desea escuchar, la aprobación definitiva en el mundo de la comedia:

—Eres un payaso.

No conocí a Jada esa noche. Sheree y yo nos fuimos juntos antes de que el rodaje hubiera acabado. Nos reímos durante toda la cena y seguimos riéndonos durante todo ese otoño. Tres meses después, nos habíamos casado.

Willard Carroll Smith III nació el 11 de noviembre de 1992. Lo llamamos «Trey» desde que nació, porque era el tercer Willard Smith.

From the first time the doctor placed you in my arms
I knew I'd meet death before I'd let you meet harm
Although questions arose in my mind, would I be man enough?
Against wrong, choose right and be standin' up?
From the hospital that first night
Took a hour just to get the car seat in right
People drivin' all fast, got me kinda upset
Got you home safe, placed you in your basonette
That night I don't think one wink I slept
As I slipped out my bed, to your crib I crept
Touched your head gently, felt my heart melt

'Cause I know I loved you more than life itself
Then to my knees, and I begged the Lord please
Let me be a good daddy, all he needs
Love, knowledge, discipline too
I pledge my life to you [11]

«JUST THE TWO OF US»

Así es como hice público el nacimiento de Trey y como me convertí en padre.

Sin embargo, esa primera noche fue mucho más tumultuosa emocionalmente de lo que esos versos sugieren. Sheree dormía y teníamos a Trey en una cuna diminuta en la habitación de al lado. No podía dejar de mirarlo. Estaba aterrado.

Era lo que había querido durante toda mi vida. Y ahí estaba yo, con mi hijo, mi mujer, mi familia. Era mi turno. Estaba temblando, abrumado por la inmensidad de ser el responsable de esa diminuta vida humana. Me arrodillé, sollozando inconteniblemente, y le pedí a Dios: «Por favor, ayúdame a hacerlo bien. Ayúdame a ser un buen padre».

Recorrí mentalmente, como un dron, los giros y recovecos de mi infancia. Había hablado tan mal de mi padre... y ahora era yo el que estaba ahí. ¿Sería lo bastante inteligente como para poner a mi hijo a construir un muro? ¿Podría llevar comida a la mesa y mantener las luces encendidas sin falta? ¿Sería lo bastante fuerte para repeler a alguien que quisiera matarlo?

Eran las tres de la madrugada y estaba de rodillas. Volvía a ser un niño pequeño. Nunca había necesitado tanto a mi padre. Entonces

---

11 Desde el primer momento en que el médico te puso en mis brazos / Supe que moriría antes de dejar que nadie te hiciera daño / Aunque las preguntas se amontonaban en mi mente, ¿sería hombre suficiente? / Contra el mal, elige el bien y mantente erguido / Al salir esa primera noche del hospital / Tardé una hora en poner bien la silla del coche / La gente conducía muy rápido, me ponía nervioso, no daba una / Te llevé a casa y te metí en la cuna. / Pasé la noche en vela / Me levanté y a tu cuna me acerqué / Te toqué la cabeza con suavidad y sentí que el corazón se me derretía / Porque supe que te quería más que a mi propia vida. / Entonces, de rodillas, le rogué al Señor / Que me dejara ser un buen padre, ser todo lo que necesites / Amor, conocimiento y también disciplina / Te dedicaré toda mi vida. *(N. del T.)*

sentí que, de repente, algo encajaba en las profundidades de un lugar en el que, hasta entonces, nada había encajado. Una decisión, una convicción inamovible. Me sequé las lágrimas, me levanté y acaricié a Trey en la cabeza. Lo supe. Solo había dos posibilidades: 1) sería el mejor padre que había pisado el planeta o 2) moriría en el intento.

Puedo contar con una mano, literalmente, las veces en mi vida que me he enfermado. No me enfermo nunca.

Era viernes por la noche, la noche de rodaje de *El príncipe del rap en Bel-Air*. Llevaba todo el día vomitando. Apenas me podía mover; estoy casi seguro de que fue una intoxicación alimentaria. Me quedé en el camerino durante la preparación del rodaje y los ensayos, para conservar la energía y poder brillar ante el público en vivo.

Sheree había venido al set para cuidarme. No entendía por qué no podíamos rodar otro día.

—¿Cómo me ibas a respetar si lo hiciera? —dije entre náusea y náusea.

Trabajar enfermo, lesionado o en situaciones difíciles se volvió una cuestión de honor para mí. Quería crecerme allí donde mi competencia era dudosa. Quería que mi mujer supiera que era invencible. Las mujeres (y los europeos) siempre menean la cabeza o describen este rasgo como algo negativo. Pero, a un nivel primitivo, cuesta muchísimo no respetar a un guerrero.

Los viernes por la noche se habían convertido en oportunidades clave para forjar relaciones profesionales. JL invitaba a patrocinadores, a ejecutivos y a todos a quienes quisiéramos impresionar en el mundo del espectáculo. Nuestra estrategia consistía en invitar a las familias completas. Cuando los hijos y la pareja de alguien se la pasan fenomenal, es más fácil que esté dispuesto a hacer negocios contigo, y, en la época, no había nada mejor que las noches de viernes en *El príncipe del rap en Bel-Air*. Esa noche en concreto tenía que ser una gran noche, pero sentía que me moría. No podía entretener a nadie.

Sheree tomó las riendas. Nunca había visto esa faceta de su personalidad. Trasladó las reuniones de mi camerino a un espacio que organizó en el escenario. Encargó más comida y pidió al resto de los miembros del reparto que asumieran parte de las tareas de seducción. No era que lo hiciera por su marido. Lo disfrutaba. Iba de pareja en pareja, de familia en familia, hablando de cualquier tema que interesara a sus interlocutores. Enseñó a los niños el escenario, intercambió números de teléfono con las mujeres y se aseguró de que todos se la pasaran en grande. Lo tenía todo controlado, así que pude aparecer durante diez minutos, acabar de cerrar los tratos y empezar a rodar.

Sheree era la anfitriona perfecta, la encarnación de la mujer que tenía en mi cabeza. Como Tgia y Pooh Richardson, Sheree y yo éramos un equipo en el proyecto «Convertir a Will en la estrella de cine más grande del mundo».

Compramos un departamento en Toluca Lake. Estaba estratégicamente ubicado a nueve minutos de NBC Burbank, donde se rodaba ahora *El príncipe del rap en Bel-Air*. La proximidad me permitía estar el máximo tiempo posible en casa y en el trabajo. Una logística excelente. Además, el departamento estaba a solo siete minutos de los departamentos en Buena Vista donde vivía toda mi tribu de Filadelfia y a solo quince minutos de Hollywood, al otro lado de la colina, por lo que era el lugar ideal desde donde preparar mi inminente invasión cinematográfica.

Un sábado por la tarde, estaba estudiando el guion para la lectura del lunes. Sheree estaba cocinando, una de las múltiples facetas de su espíritu creativo.

Me encantaba la artista que llevaba dentro. Había estudiado en el Instituto de Tecnología de la Moda (que sí estaba en Nueva York). Confeccionaba su propia ropa y sabía pintar; era la primera vez que había visto a alguien colgar sus propias obras en las paredes de su casa. Me encantó. También era una artista marcial: su padre era 9.º dan e instructor de taekwondo, y Sheree era más que capaz de defenderse si era necesario.

Sheree tenía un instinto maternal muy profundo. Su padre era italiano y la abuela Zampino había sido un ama de casa extraordinaria. La parte italiana de la familia de Sheree era la propietaria del supermercado L&M en Schenectady, por lo que siempre había habido toneladas de comida en casa y el corazón de la familia estaba firmemente anclado en las horas de comer. Cuando los padres de Sheree se separaron, su madre se reincorporó al mundo laboral y la cocina pasó a ser el reino de Sheree. Le encantaba cocinar y alimentar a la gente; era la única persona que conocía capaz de transformar restos de comida en un manjar delicioso, a excepción de mi abuela Gigi. Todas las semanas celebrábamos fiestas para ver los episodios de *El príncipe del rap en Bel-Air*. Sheree tomó las riendas de forma instintiva, cocinando para todo el mundo y haciendo que la casa siempre fuera acogedora y cálida. Siempre había como mínimo cinco tipos de Filadelfia en la casa, merodeando por la cocina, listos para abalanzarse sobre el siguiente manjar delicioso que Sheree les lanzara.

La visión de Sheree de una vida feliz era un cuidado alegre y armonioso: atender a los demás, ocuparse del hogar. Le encantaba la vida sencilla de madre y esposa. Yo quería conquistar. Mi definición de amor era proteger y proveer, garantizar el futuro físico y económico de la familia. Mi lema era: «Disfrutar de la comida es mucho más difícil cuando uno tiene que comerla en una tienda de campaña bajo un puente».

Omarr estaba montando un pequeño estudio portátil en el garaje cuando sonó el teléfono.

—¡Eh, Will! ¡Es JL! —gritó Omarr.

Corrí a tomar la llamada.

—¿Qué cuentas, J?

—Nada, solo quería asegurarme de que estás en casa, tengo que hablar contigo. Ahora mismo.

—¿Por qué? ¿Qué pasa? ¿Qué ocurrió? —pregunté, nervioso.

—Tengo que hablar contigo en persona. Voy para allí.

Clic.

No soporto que me hagan eso. Carajo, no me llamen con esa voz de urgencia y me dejen pegado al teléfono si no me van a decir qué pasa. *¡Estamos al teléfono! ¡Dime qué carajos pasa!* Por suerte, la excelente logística significaba que solo tendría que esperar nueve minutos: los dos que JL tardaría en llegar al coche y los siete del trayecto desde los departamentos en Buena Vista. (Ahorraríamos tiempo en mi extremo de la ruta, porque lo estaría esperando en la puerta.)

Nueve minutos después, JL se estacionó. Parecía estar... bien, así que no era nada de salud. Se veía ansioso, pero no asustado; estaba medio sonriendo, pero triste a la vez. A todas luces, era algo que me podría haber dicho por teléfono.

—¿Qué hay, J?

Nos saludamos a la manera de Filadelfia, mitad choque mitad abrazo. JL prefería la variación en la que le agarras la mano al otro y mantienes un brazo cruzado sobre el pecho, para darte a ti la sensación de abrazo, al tiempo que él mantenía su espacio personal.

Se lanzó de lleno.

—Mira, lo que pasa es que... hay un estudio que quiere que coprotagonices una película de gánsteres, se titulará *8 cabezas*. Están dispuestos a pagarte diez millones de dólares.

—¡NO JODAS! —grité mientras me sujetaba la cabeza con las manos.

Fui a chocarle los cinco a JL, pero él los chocó con desgana.

Me agarró la mano y me dijo:

—Vine porque te quiero aconsejar que no aceptes el papel.

—¿Cómo?

—Creo que no deberías aceptar el papel. No es el adecuado.

Aún lo tenía de la mano, y solo quería arrancarle el brazo del hombro y azotarlo con su propia extremidad mutilada. En lugar de eso, respondí con calma:

—Pues a mí me parece de lo más adecuado, J.

—No, no lo es... Da la imagen equivocada. Lo leí cinco veces. He intentado con todas mis fuerzas que me parezca bien, pero no. De hecho, iba a rechazarlo sin decirte nada... Mira, al final, la decisión es tuya. He estado contigo durante todos estos años, así que...

seguiré ahí decidas lo que decidas, pero te aconsejo que digas que no. Si de verdad quieres ser la mayor estrella de cine del mundo, no hagas esta película.

—J, es mucho dinero, hombre.

—Tom Cruise no aceptaría el papel.

Rechazamos *8 cabezas*.

JL era mi representante y cobraba un quince por ciento de comisión. Cuando me aconsejó rechazar *8 cabezas*, renunció a cobrar un millón y medio de dólares. (¿He mencionado ya que seguía viviendo en casa de su madre, en la misma habitación que cuando era un niño?) Se arriesgaba conmigo porque creía en la visión. Creía en mí.

Aproximadamente un mes después, JL me llamó muy nervioso. Esta vez se comportó como un ser humano y me dijo lo que pasaba... por teléfono.

—La encontré —dijo emocionadísimo. (JL nunca se emociona.)

Me ofrecían un papel secundario en la adaptación cinematográfica de la obra de teatro con que John Guare había quedado finalista en el premio Pulitzer, *Seis grados de separación*.

—Ahí es donde queremos estar —me dijo—. Aún no te toman en serio como actor. Tenemos que ir a contracorriente, evitar los papeles estereotípicos. Hay que conseguir que se olviden de que tienen delante a un rapero. Tenemos que conseguir que vean a una estrella de cine. Además, estarás protegido por los protagonistas, son todos actores veteranos: Stockard Channing, Donald Sutherland e Ian McKellen. Es un pedigrí increíble. Quiero que todos te vean codeándote con actores de ese nivel. Tenemos que sorprenderlos, hacer que te presten atención. Y todas y cada una de las frases que pronuncia tu personaje son brillantes, es de los guiones mejor escritos que haya visto jamás. De hecho, la película trata de tu personaje. Te convertirá en una estrella.

—¡Carajo, J, con esta sí que estás impactado!

—Te lo estoy diciendo, esta es «la» película —dijo alzando el puño al aire.

—¡Vamos a lo importante! ¿Cuánto?

—Buena, esta es algo distinta...

—Sí, eso ya lo entendí, J, pero ¿cuánto? —insistí.

Acepté *Seis grados de separación* por trescientos mil dólares.

JL había cumplido su parte. Me había encontrado un material exquisito junto a artistas de fama mundial. Ahora me tocaba a mí.

Mi infancia militar entró en acción. Tenía una misión: tenía que bordar ese papel. JL y yo volamos inmediatamente a Londres para ver a Stockard Channing en las últimas semanas de representación de la obra en los escenarios del West End. Una vez fijada la programación del rodaje, Sheree, Trey yo nos mudamos a Nueva York.

Seis grados de separación trata de un acaudalado matrimonio blanco que vive en el Upper East Side de Nueva York. Son mayores y se sienten solos: hace poco que sus hijos han abandonado el nido, que ha quedado vacío. Se pasan el día coleccionando y vendiendo obras de arte famosas. Entonces, una noche, un joven negro llama a su puerta. Está sangrando, porque acaban de darle un navajazo para robarle. Afirma ser amigo de sus hijos, en Harvard, e hijo de Sidney Poitier. El matrimonio lo acoge y, a lo largo de la película, se descubre que Paul (mi personaje) es un estafador. Sin embargo, y a pesar de que Paul ha engañado al matrimonio, él y Louisa, interpretada por Stockard Channing, se enamoran inesperadamente.

El personaje era tan distinto a mí y su experiencia vital me resultaba tan ajena que me impulsó a usar la actuación de método (de la que no sabía nada en absoluto). Memoricé todo el guion, me lo aprendí palabra por palabra. Me prometí a mí mismo que no me saltaría ni una sola frase durante el rodaje.

Durante los meses de preparación, pasaba a diario cuatro o cinco horas seguidas sin salirme del personaje. Ni una sola vez, ni un solo momento. Tanto si entraba en una joyería como en una panadería, intentaba discernir qué le gustaría a Paul y qué no. Quería sentirme cómodo siendo él en la vida real, en situaciones reales; en lugar de limitarme a pensar lo que pensaría Paul, quería aprender a sentir involuntariamente lo mismo que sentiría él.

Fue divertido... al principio. Pero luego, poco a poco, de forma imperceptible, perdí el contacto con lo que me gustaba y no me gustaba a mí, perdí el acceso a la entonación y al ritmo de mi propia voz, perdí el contacto con Will Smith. Sheree empezó a decir cosas como: «¿Por qué me miras de esa manera?» o «No me hables así». Yo no me daba cuenta en absoluto, no entendía lo que quería decir. Creía que iba y venía entre Paul y yo, pero lo cierto era que Will Smith había ido desapareciendo gradualmente. De pronto, Sheree se había encontrado viviendo con un desconocido.

Tendemos a pensar en nuestra personalidad como en algo fijo y estable. Pensamos en lo que nos gusta y en lo que no, en nuestras creencias, en nuestras nacionalidades, en nuestras afiliaciones políticas, en nuestras convicciones religiosas, en nuestros gestos, en nuestras preferencias sexuales, etcétera, como si fuera algo consolidado, como si fuéramos nosotros. Sin embargo, la mayoría de las cosas que consideramos que son «nosotros» son, en realidad, hábitos y patrones aprendidos y totalmente maleables, y, cuando los actores nos aventuramos a ir más allá de los confines de nuestra conciencia, nos arriesgamos a perder el rastro de migajas de pan que nos señalan el camino de vuelta a casa. Nos damos cuenta de que los personajes que interpretamos en la película no son tan distintos a los que interpretamos en la vida real. Will Smith no es más «real» que Paul, ambos son personajes inventados, ensayados, representados, reforzados y refinados por los amigos, los seres queridos y el mundo exterior. Eso a lo que llamamos «yo» es un constructo muy frágil.

Sheree y yo estábamos en los primeros meses de matrimonio y teníamos un bebé recién nacido, e imagino que la experiencia le resultó, como mínimo, inquietante. Se había casado con «Will Smith» y ahora vivía con «Paul Poitier». Para empeorar aún más la situación, durante el rodaje me enamoré de Stockard Channing. No como «Will», sino como «Paul». No podía desconectarlo.

El rodaje terminó y Sheree, Trey y yo regresamos a Los Ángeles. El matrimonio había comenzado con turbulencias. Anhelaba desesperadamente ver a Stockard y hablar con ella. Solo la vi una vez y no dije ni una palabra al respecto, pero es una veterana y sentí que sabía lo que había sucedido. Si no mencionó a Sheree y a Trey cincuenta veces, no lo hizo ninguna.

Por suerte, había llegado el momento de volver a trabajar en *El príncipe del rap en Bel-Air*.

—¿Se puede saber qué diablos estás haciendo? —soltó Alfonso.

—¿Qué quieres decir, Alfonso? —pregunté.

—¡ESO! Quiero decir, justo eso. ¿Por qué hablas así?

—¿Por qué hablo cómo?

—¡ASÍ! —exclamó Karyn, sumándose a la conversación.

—Como si te hubieran metido un palo de escoba por el culo —dijo Alfonso, frustrado.

Había perdido el contacto con el Príncipe. No recordaba cómo caminaba, cómo hablaba ni cuáles eran sus Jordan preferidos. Siguió así durante los diez primeros episodios de la cuarta temporada. Había perdido el sentido del humor, el sentido del tiempo, la fanfarronería, el carisma y la capacidad de improvisar.

El reparto y el equipo técnico estaban aterrorizados. Esa fue la temporada en que Alfonso empezó a brillar de verdad. Durante los primeros episodios, los guionistas se tuvieron que alejar de mi personaje y dar más protagonismo a Carlton. Alfonso estuvo más que a la altura y asumió el peso cómico. Nadie entendía qué sucedía; nadie asociaba mi conducta en el set de *El príncipe del rap en Bel-Air* con mi mal concebida incursión en el mundo de la actuación de método en *Seis grados de separación*.

Era incapaz de soltar una broma aunque me fuera la vida en ello. Lo peor era que yo no veía lo que para los demás era tan evidente. Sin embargo, si mucha gente te dice que estás borracho, puede que sea buena idea que te sientes un rato. Así que contraté inmediatamente a cinco o seis de mis amigos de Filadelfia para que colaboraran con el equipo de guionistas y con el equipo de producción y para que me acompañaran en el set, mientras reaprendía a interpretar el personaje de «Will».

Funcionó y, hacia mitad de la temporada, algo volvió a encajar. Tenía una escena con Karyn y mi personaje intentaba convencerla para que tuviera una cita con uno de sus profesores, pero resultaba que tenía una verruga horrible junto a la aleta izquierda de la nariz, algo que para ella era un no absoluto. Mi personaje le suplicaba que le diera una oportunidad y, en un momento de inspiración cómica que me salvó el trasero, improvisé: «Estás haciendo una montaña de una verruga».

El público estalló en carcajadas. Will había vuelto. La actuación de método había desaparecido para siempre.

Aunque no quiero evadir en absoluto mi responsabilidad por el deterioro de nuestro matrimonio, creo sinceramente que los primeros meses de nuestra unión se vieron perjudicados por mi desaparición en el personaje de Paul en *Seis grados de separación* y que Sheree y yo nunca pudimos cerrar la brecha que se abrió entre nosotros.

Seis grados de separación se estrenó a finales de 1993, con un éxito de crítica generalizado. Stockard Channing fue nominada a un Oscar por su interpretación y los críticos escribieron entusiasmados acerca de mi sorprendente interpretación de Paul. JL tenía razón. Mi nombre empezaba a sonar en Hollywood como el de un actor de verdad.

Alcanzar objetivos exige una organización estricta y una disciplina inquebrantable. Yo dependía cada vez más de la estructura y del orden, pero Sheree era una artista: cocinaba por intuición, no siguiendo recetas; era mucho más fluida e intuitiva y menos estructurada que yo. Me volvía loco. Las 6:17 no son las seis en punto.

Era viernes, noche de rodaje. Mi barbero había tenido un accidente de tráfico y, aunque estaba bien, no me podría peinar para el capítulo. Faltaban cinco horas para que empezara el rodaje de una comedia de ámbito nacional y un joven rapero de Filadelfia se iba a ver obligado a salir en antena sin su degradado.

Ni hablar del peluquín.

Hice llamadas de emergencia para que alguien me encontrara a un barbero. Me dijeron que había uno, Slice, que era el mejor haciendo el degradado de Filadelfia. Así que lo llamé.

—Eh, Slice, ¿qué pasa, colega?

—¿Qué cuentas, Will?

—Tengo un problema. Te necesito, hermano.

En aquella época, mi degradado era legendario. Cortarme el pelo, a mí, para *El príncipe del rap en Bel-Air*, no solo era un reto, sino también una catapulta para cualquier joven barbero de Hollywood.

—Carajo, Will, me encantaría, hombre —dijo Slice—. Pero tengo que hacer un corte en San Diego. Me pagan un buen dinero. Y me toca con los niños el fin de semana...

—¿San Diego? Hombre, eso son dos horas en coche entre ir y volver. Tienes que quedarte aquí, ganarte dinero local.

—Créeme, claro que preferiría dinero local... ¿Piensas que me iría a San Diego si no lo necesitara de verdad? Tengo a los niños, le tengo que dar un respiro a la madre de mis...

—¿Cuánto te paga? Mira, me da igual cuánto sea. Te pagaré el doble. Ven y consigue dinero de aquí.

Slice iba a cobrar quinientos dólares por el corte en San Diego. Le prometí que le pagaría mil si venía directamente al set. No llevaba dinero encima, así que llamé a Sheree.

—Amor, ¿cuánto dinero llevas encima?

—Creo que unos dos mil, ¿por qué? —me respondió.

—Mira, te voy a enviar a un sujeto, Slice. Llegará dentro de una hora o así, dale mil.

—Muy bien —dijo.

—Gracias, te quiero. Hablamos luego.

Slice vino al set, me cortó el pelo a la perfección (¡hizo honor a su nombre!), le di la dirección de casa y grabé el episodio.

Mi barbero aún no se había podido reincorporar al trabajo el viernes siguiente, así que llamé a Slice.

—¿Cómo vas, hombre? Soy Will.

—Ey —dijo con frialdad.

—Te necesito otra vez, amigo. Tienes que volver a hacer esa maravilla que haces.

—Ya —dijo—. No creo. —Algo iba mal.

—¿Por qué, hombre? ¿Qué pasa?

—Me hiciste una putada, amigo.

—¿Que te hice qué? —respondí, sin entender.

—Me jodiste bien jodido.

Clic.

Repasé toda la interacción de la semana pasada y, hasta donde yo sabía, todo había ido bien. Así que, perplejo, llamé a Sheree.

—Oye, cariño, ¿pasó algo con Slice la semana pasada?

—Mmm, no —dijo tratando de recordar—. Solo que no tenía el dinero que pensaba que tenía.

—Bueno, ¿cuánto le diste? —le pregunté.

—Cuatrocientos; solo tenía mil.

—¡Te dije que le dieras mil dólares! —grité.

En aquella época, por mis problemas con Hacienda, no teníamos tarjetas de crédito y lo pagábamos todo en efectivo. Y era viernes por la noche antes de que los cajeros automáticos estuvieran por todas partes, así que no habríamos podido sacar más dinero hasta el lunes a las nueve de la mañana.

—¡Era todo lo que tenía! —repuso ella.

—Tenía a sus hijos el fin de semana. Le había prometido los mil dólares. Hice que dejara otro trabajo.

—Bueno, pues yo también tenía a un bebé al que dar de comer el fin de semana. Y no le iba a dar todo el dinero que tenía. ¿Qué quieres que haga?

—¡Quiero que hagas lo que dices que vas a hacer, carajo! ¿Así que no le pagaste al hombre y no me llamaste, no me dijiste nada? ¡Rompiste mi palabra!

—Will, no soy tu chica de los recados...

—Nadie dijo que seas una chica de los recados.

—No exageres, olvídalo. Ni que se fuera a morir.

Esta fue una de las pocas ocasiones de mi vida en la que mi ira ha llegado a un diez sobre diez. Por lo general, mido mis palabras. En esa ocasión no las medí.

—¿Sabes qué? ¡Quizás, algún día, valdrás para algo! —espeté, antes de colgar de un golpe.

Si Dios me concediera la posibilidad de retirar una frase de mi vida, de eliminarla, de hacer como si no la hubiera pronunciado nunca y que la otra persona no la hubiera oído jamás, sería esta.

Algo se rompió en el matrimonio, algo que nunca pudimos reparar. (Más adelante, Sheree me confesó que había sido la vez que más herida se había sentido en toda su vida adulta.)

Sheree y yo nos deterioramos rápidamente a partir de entonces. Discutíamos por cualquier cosa, nada era demasiado trivial para provocar una discusión: recuerdo que una vez la critiqué por cómo fregaba una sartén... Nos pasábamos días enteros sin dirigirnos la palabra. Llegamos a inventar un «juego» al que «jugábamos» cuando teníamos invitados, lo llamábamos «¿Sabes lo que menos me gusta de ti?». «Ganaba» el que provocara más «risas» entre nuestros invitados.

Volvía a estar en el remolino de la muerte del amor. Fue una marea violenta que arrastró nuestros sueños al fondo del océano. Sheree se llevó a Trey a Schenectady, para aclararse las ideas. Nuestro matrimonio le resultaba cada vez más insoportable. Necesitaba alejarse unas semanas para decidir qué quería hacer.

El Baked Potato era un pequeño club de jazz en Studio City. Tisha Campbell y Duane Martin, dos buenos amigos míos, estaban allí y me llamaron para que fuera. Me extrañó la insistencia con que me instaban a que fuera.

Aunque lo cierto es que los clubes de jazz no eran lo mío, me aseguraron que me alegraría de haber ido. Así que, poco después de las ocho de la tarde, crucé la puerta y me dirigí hacia su mesa. Duane, Tisha y Jada Pinkett. De repente, los clubes de jazz eran lo mío.

Duane siempre estaba en medio de algún trato, negociando una adquisición u otra, gestionando una banda al tiempo que compraba el local donde esta iba a actuar. Tisha era una celestina. Sabía que Sheree y yo estábamos en plena crisis y se quería asegurar de que, si acabábamos mal, solo pudiera pensar en Jada.

No nos informaron ni a Jada ni a mí de sus planes.

Durante el último año, había visto a Jada algunas veces por la ciudad, nada demasiado memorable. Los holas y adioses informales de Hollywood. Aún me parecía extraordinariamente bella. Aún destilaba estilo. Aún desprendía esa deliciosa energía de la Costa Este. Sin embargo, había algo distinto. Algo más profundo, más hondo, justo por debajo de mi umbral de percepción. Quizá solo fuera que ahora yo era mayor, que ahora era padre, quizá estaba más abierto o, quizá, desde mi dolor veía su dolor...; pero la sentí de otro modo. Solo tenía veintidós años, pero parecía que sus ojos hubieran presenciado siglos de historia. Parecía que conocieran secretos y dificultades mucho más allá de su edad.

Hablamos de todo. Conectaba conmigo, y charlamos de todo tipo de temas y cuestiones, desde Tupac al *apartheid*, pasando por el baloncesto universitario, Ganesh y el misticismo oriental. Era como si hubiéramos subido a un avión privado, a solas, con la satisfacción de poder sumergirnos en el deleite de las preguntas, sin la presión de tener que buscar respuestas. La respuesta era estar juntos.

Las horas pasaron como si fueran minutos. Podía sentir el potencial de nuestra energía combinada. Erigí mentalmente ciudades e imperios mientras nos reíamos, reflexionábamos y debatíamos. Tenía un cuerpo diminuto, pero un alma fortísima. Era muy segura de sí misma, era estable, no flaqueaba. Como la piedra angular de diez toneladas que sostenía la Gran Pirámide.

Más adelante, Jada me contó que había oído resonar una voz en su interior, con claridad y sin sentimentalismos, una voz que se limitaba a anunciar: «Este es tu marido». Por el momento, decidió no atender a la profecía. Para empezar, yo ya estaba casado. Así que volvimos suavemente de nuestro viaje interior privado y regresamos a los duros asientos de metal. Prolongamos la despedida, ninguno de los dos se quería ir. La acompañé a su coche y la seguí con la mirada mientras se alejaba. Esa noche llegué a casa aturdido, aplastado, atrapado entre el júbilo y la realidad. Había conocido a una reina con la fuerza suficiente para soportar el peso de mis sueños. Pero no podía ser.

Unos días después, Sheree volvió de Schenectady y decidimos quedar en nuestro restaurante favorito, The Palm. Tenían las mejores langostas de la ciudad, eran enormes. Siempre pedíamos una, eran del tamaño perfecto para compartir.

Supongo que tenía la esperanza de que el tiempo de separación y el tintineo de los tenedores entrecruzándose sobre nuestro plato preferido reavivaran y reconectaran nuestros corazones heridos. Había depositado toda mi fe en el poder revitalizante de la mantequilla fundida y de los absurdos baberos de plástico.

Fui el primero en llegar. Sheree había dejado a Trey directamente en casa de su madre desde el aeropuerto. Entró. Estaba guapísima, como siempre. Nos abrazamos y nos sentamos. Yo ya había pedido; le gustaba que la hiciera. Hablamos de Trey y de Schenectady y del nuevo *dojo* de su padre. Trey y él se la habían pasado en grande. Le había comprado su primer *karategi* diminuto.

Todo era perfectamente agradable, pero, de repente, me empecé a marear. Tenía en la boca un sabor raro, seco, metálico. Intenté respirar hondo para que se me pasara. *Mierda, me voy a desmayar*, pensé.

—¿Te pasa algo? —preguntó Sheree, preocupada.

Sensación creciente de vértigo, falta de respiración, gotas de sudor en la frente...

—No, nada —mentí—. Solo tengo que ir un momento al lavabo.

Corrí a los baños y me encerré en uno. Me senté para intentar recuperar la respiración. *¿Qué mierdas me pasa?* Me eché a llorar. Durante los veinte minutos siguientes, me purgué, pasando del llanto desconsolado a la risa histérica y viceversa sin parar. *¿Estoy teniendo un ataque de ansiedad?*

Poco a poco, mi verdad emocional adquirió una claridad vívida y tridimensional.

Supe con una certeza absoluta que Jada Pinkett era la mujer de mis sueños. Sin embargo, me había comprometido con Sheree ante Dios. Y no iba a faltar a la palabra dada por nada del mundo. La dureza de esta realidad hacía que se me desbordaran las lágrimas. Y las carcajadas eran mi forma de maldecir lo absurdo de esa realidad.

La histeria remitió pronto. Me sequé las lágrimas y salí del baño dispuesto a pasar el resto de mi vida con Sheree Smith.

TRECE
DEVOCIÓN

Recibir los papeles de divorcio es lo peor. Es una declaración pública de que eres una mierda embarrada en la suela de un zapato, de que no mereces que te quieran. Y, por mal que haya ido la relación, siempre es una sorpresa. Ya sabías que iba mal, pero, carajo, ¿de verdad iba tan mal?

Y los dioses del divorcio son despiadados: por arte y gracia del servicio de correos de Los Ángeles, recibí los papeles el 14 de febrero. San Valentín. Como si no hubiera más días en el año.

Sheree ya se había hartado. Y yo no daba crédito a lo que estaba sucediendo. La separación de mis padres había marcado el punto más bajo de mi vida, pero ahora me sentía aún peor. Había repetido el ciclo. Me sentía traicionado. Estaba en plena negación. Estaba furioso. Iba a cargar a mi hijo con el mismo lastre que me había llevado a pensar en quitarme la vida.

Sheree decía que no estaba enamorado de ella, sino de la idea de ella, de lo que creía que tenía que ser una esposa. «Cualquiera podría ocupar mi lugar», me dijo una vez.

Sheree solía decir que era una «esposa de reparto», la mujer que interpretaba el papel de «esposa perfecta en la perfecta vida de Will Smith».

Hacía poco que Sheree y yo habíamos comprado una casa en Encino y estábamos en plena renovación. Sheree ya se había mudado allí y se había llevado a Trey. Tenía la sensación de que me había destrozado la vida, de que estaba destrozando a mi familia. Me había prometido a mí mismo que jamás permitiría que me sucediera algo así. Y ahí estaba: aún no había cumplido los treinta y mi familia se había roto en mil pedazos.

Me quería morir.

Llamé a Quincy.

—Ey, chico de Filadelfia, ¿cómo vas?

—Sheree me pidió el divorcio.

—Mierda. ¿Y cómo estás?

—Estoy muy jodido, amigo. Abogados y toda esa mierda. Ni siquiera me quiero divorciar.

—Te entiendo, hermano. ¿Me permites un consejo? —me interrumpió Quincy.

Aguardé, expectante. Nunca había necesitado tanto un buen consejo como en ese momento.

—Dale a tu mujer la mitad de tus cosas y pasa página —me dijo.

¿Cómo?

—Ninguno de mis divorcios ha durado más de un día. En cuanto alguien da muestras de que no quiere estar conmigo, le doy la mitad de lo mío y le enseño la puerta... Y ahora te diré algo que no te vas a poder creer. —Bajó la voz, como Morfeo intentando asegurarse de que podría soportar lo que me aguardaba si tomaba la pastilla roja—. Pasarán todas las Navidades juntos. Cuando tienes hijos con alguien, estás atrapado.

Quincy llevaba tres divorcios a sus espaldas.

—Mira, tengo a una exmujer al otro lado de la calle. A otra a una manzana de distancia. Y tengo hijos en tres casas distintas. ¡Y aún somos una familia! Creen que si se divorcian de ti te perderán de vista. Pues no. Te va a ver colgado en carteles, en anuncios de televisión, por todas partes... Dale la mitad de lo que tienes, dile que ya la verás en Nochebuena y pasa página. El año que viene ya habrás vuelto a ganar todo ese dinero. Dale el dinero y a otra cosa, mariposa.

Ese no era precisamente el consejo que esperaba recibir. Quería que me dijera cómo podía arreglarlo. Cómo hacer que Sheree cumpliera lo prometido. Estaba convencido de que solo había dos opciones: o completar la misión o morir. ¿De dónde diablos había salido la tercera opción de rendirse?

Y, por cierto, la mitad de *Thriller* debió de ser mucho dinero.

De haber sabido que el divorcio era una opción, no me habría casado nunca.

Si rendirse es una posibilidad, todos la eligen. Es la salida fácil. ¿Quién iba a elegir correr a las cinco de la madrugada pudiendo elegir no correr a las cinco de la madrugada? Si rendirse es una opción, uno nunca hace el esfuerzo. La única manera de obligar a una mente imperfecta a esforzarse y a tener éxito es eliminar cualquier otra opción. En mi opinión, sentamos los cimientos de las interacciones humanas de éxito cuando nos miramos a la cara y sabemos que estamos a punto de intentar algo que es muy difícil, casi imposible. Nos miramos a los ojos, nos damos la mano y sabemos que moriremos en el intento antes que rendirnos.

Y eso era lo que creía que habíamos hecho Sheree y yo. Lo veía como algo evidente. Los votos dicen «hasta que la muerte nos separe». Dios me da la razón. Los votos no van dirigidos a nuestra pareja, sino a lo más débil de nosotros mismos. ¿Cómo no nos vamos a rendir si rendirse es una opción?

Si decimos que lo haremos o moriremos en el intento, es porque la alternativa a no hacerlo es morir. La mente intenta protegernos de lo difícil, defendernos del dolor. El problema es que los sueños nos aguardan al otro lado del dolor y de las dificultades. Por lo tanto, una mente que intenta buscar el placer, la comodidad y la salida fácil envenena sin darse cuenta sus propios sueños. La mente se convierte en una barrera que nos impide hacer realidad nuestros sueños, en un enemigo interior.

Si fuera fácil, todos lo conseguirían.

Profesamos votos porque sabemos que va a ser un camino duro.

No es necesario pronunciar voto alguno para hacer cosas fáciles. Nadie ha dicho nunca: «Me comprometo a terminar hasta la última migaja de pastel. A Dios pongo por testigo de que no dejaré nada en el plato. ¡Y juro que, mañana por la mañana, me saltaré el gimnasio y me quedaré tan a gusto en la cama!». Si fuera fácil, los votos no serían necesarios. El motivo por el que los votos son tan extremos («en la salud y en la enfermedad, hasta que la muerte nos separe») es porque la vida es extrema. No hay otra cosa que nos pueda mantener aquí. En eso consiste la devoción. No me opongo al divorcio y no me opongo a rendirse en la batalla, pero tiene que ser al final de la batalla, no cuando aún nos estamos poniendo la armadura, no la primera vez que tenemos miedo, no a la primera baja. En mi experiencia, la mayoría de las personas se divorcian demasiado pronto, antes de haber tenido la oportunidad de aprender las lecciones que las ayudarán a no repetir exactamente los mismos errores en relaciones futuras.

Aún no sé con certeza en qué estaba pensando. Quizá fuera el dolor. Quizá estuviera delirando. O quizá no estuviera pensando en absoluto.

Quizá no necesitaba pensar, porque lo veía con claridad. Veía la Estrella Polar entre la niebla.

El 19 de febrero, solo cinco días después de haber recibido los papeles del divorcio, llamé a Jada. Hacía meses que no la veía ni sabía nada de ella. El teléfono sonó durante lo que me pareció una eternidad.

Clic.

—¿Sí?

—¿Qué cuentas, Jada? Soy Will.

—¡Eeeey! —dijo. En su voz aún resonaba la magia de nuestra noche en el Baked Potato—. ¿Qué tal?

—Bien. Y ahora que hablo contigo, aún mejor.

Echando la vista atrás, creo que tal vez hubiera estado bien darle algo de contexto, ofrecerle una advertencia de algún tipo.

—¿Sales con alguien?

Jada dudó, en parte sorprendida, en parte confundida.

—Eh... no. ¿Por qué?

—Genial. Pues a partir de ahora vas a salir conmigo, ¿de acuerdo?

—Eh... Bueno... De acuerdo —respondió, con la sensación de que había algo muy importante en juego, pero también de que ese no era el momento de preguntar.

—Bien. Estoy en el trabajo. Te llamo luego, ¿te parece?

—Bien.

Lo que entonces no sabía era que Jada estaba en Baltimore. Hollywood la había dejado tan desanimada y desilusionada que había abandonado y había vuelto a casa. Había comprado una maravillosa granja de principios de siglo con dos hectáreas de terreno en Maryland y justo acababa de empezar a renovarla. Había decidido construirse una vida sencilla y tranquila.

Cuando me colgó, fue directamente al aeropuerto y voló a Los Ángeles. No durmió ni una sola noche en su casa de Maryland.

Nunca había creído en todo eso de las vidas pasadas. Siempre que oía a alguien decir cosas como «Seguro que nos conocimos en una vida pasada», pensaba que era una cursilería. Sin embargo, los primeros meses con Jada me transformaron de ateo en agnóstico.

Encajamos de un modo muy natural y nuestras energías se combinaron exponencialmente y de tal manera que parecíamos más viejos amigos que nuevos amantes. Disponíamos de un lenguaje sin palabras, y todo aquello que nos proponíamos prosperaba.

Mi divorcio con Sheree aún no era definitivo, por lo que Jada y yo decidimos que sería más prudente ser muy discretos acerca de nuestra relación. (Los dos nos estábamos volviendo bastante famosos y creímos que no daría buena imagen.) La maravillosa (si bien no intencionada) consecuencia fue que pasábamos a solas todo el tiempo que estábamos juntos. Los primeros tres o cuatro meses fueron un torbellino todo lo salvaje y romántico que nuestros cuerpos podían soportar. Viajamos a refugios secretos y exóticos (Cabo, islas privadas en el Caribe, Aspen, fincas aisladas en Maui) y descubrimos las bondades de los aviones privados. Usábamos alias para hacer las reservas en hoteles (que revelaría ahora de no ser porque los seguimos usando). Bebíamos a diario y acabábamos en la cama varias veces al día, cada día. Durante cuatro meses seguidos. Me empecé a preguntar si se trataba de alguna especie de competencia. En todo caso, en lo que a mí respectaba, solo había dos posibilidades: 1) iba a satisfacer sexualmente a esa mujer o 2) moriría en el intento.

Sin embargo, el alma y el corazón de nuestra unión era entonces, como sigue siendo ahora, una conversación intensa, luminiscente. Incluso ahora, mientras escribo estas líneas, si Jada y yo iniciamos una conversación, se prolonga durante al menos dos horas. Y no es raro que hablemos durante cuatro, cinco o seis horas seguidas. El gozo que sentimos al reflexionar sobre los misterios del universo vistos en el espejo de las experiencias del otro nos produce un éxtasis desenfrenado. Incluso cuando estamos en profundo desacuerdo, no hay nada en este mundo que ninguno de los dos disfrute más que la oportunidad de crecer y aprender del otro a través de una comunicación apasionada.

Riiiiiiing.
    —¿Sí?
    —Hola, Don Juan.
    —¡Eh, Gigi! ¿Cómo estás?
    —Oh, yo estoy bien. Pero ¿qué me dices de ti? ¿No tienes nada que contarme? —respondió Gigi, con un tono de voz que sugería que conocía la respuesta. Pero yo no tenía ni idea de a qué se refería. Esta no era una de nuestras conversaciones normales. Era obvio que tramaba algo.
    —Eh... ¿no? —contesté con cautela mientras repasaba mentalmente a qué metedura de pata se podía estar refiriendo—. ¿O sí?
    —Bueno, un pajarito me ha dicho que tienes novia, y que la tienes desde hace un tiempo ya.
    Mierda. Mi hermana Ellen...

—Bueno, sí, no... Eh...

—¿Es que ahora nos ocultamos cosas? —me preguntó.

Mis defensas se vinieron abajo.

—Bueno, no, Gigi, es solo que...

—Bueno, el pajarito me ha dicho que estás saliendo con una actriz.

—Gigi, el pajarito se llama Ellen. Es la única persona que te cuenta todo lo que me pasa.

Mi hermana Ellen está en todo. Siempre lo ha estado. En todas las fiestas, en todos los chismes, en todos los rumores... Cuando algo sucede, ella está ahí, ella lo sabe. Si fuera policía, la delincuencia caería en un 40% en su primera semana de trabajo. Lo sabe todo de todo el mundo en todo momento. Además, Ellen era una fan acérrima de Jada Pinkett. Ellen es Peaches en *Shame, detective privado*. No podía creer que estuviera escondiendo a Jada de la familia, así que fue de soplona.

—No oculto nada, Gigi...

—Como quieras. Bueno, envíame un boleto de avión para que pueda ir a conocerla. Mañana.

—Bueno, sí, Gigi. Te quiero. Nos vemos mañana.

—Yo también te quiero.

Clic.

Jada y yo llevamos más de veinte años discutiendo acerca de la historia que viene a continuación. Es tan polémica que incluso se me pasó por la cabeza no incluirla en el libro. Sin embargo, al final he decidido dejar que seas tú, querido lector, quien zanje la cuestión de una vez por todas. Así que estate atento. Has sido elegido Tribunal Supremo en esta historia. La pregunta, respetado juez, es muy sencilla: «¿Esta broma es divertida o no?».

Gigi llegó a la soleada ciudad de Los Ángeles al día siguiente, temprano por la mañana, y vino directamente a mi casa. Acababa de comprar una en Westlake Village, un barrio a una hora al noroeste de Los Ángeles. Desayunamos, la casa le encantó. Percibí que, por encima de todo, se quería asegurar de que yo estaba bien.

Jada trabajaba ese día, así que tenía pensado ir a su casa cuando acabara, arreglarse y venir a la mía para conocer a mi Gigi. Ya había oído todas las anécdotas que has leído en el libro y tenía muchas ganas de conocerla al fin.

Gigi no era muy aficionada al cine y no sabía quién era Jada Pinkett, así que decidí enseñarle una de las películas más conocidas de Jada.

A las tres de la tarde, Jada me llamó desde su casa de Studio City, a exactamente cuarenta y cuatro minutos puerta a puerta de la mía.

—Hola, cariño. ¿Sales justo ahora? —le pregunté.

—No, en unos quince minutos —respondió.

—Genial. Nos vemos en un rato, entonces. Te quiero.

Las pesadillas de Jason era la última película de Jada. Es una historia de amor muy bonita entre Lyric, interpretada por Jada, y Jason, interpretado por Allen Payne. A los sesenta y tres minutos de película, Jada tiene una escena de amor muy gráfica que se ha convertido en una de las escenas de amor más icónicas del cine afroamericano. Así que, cuando Jada dijo que saldría de casa en quince minutos para emprender el trayecto de cuarenta y cuatro minutos hasta la mía, pulsé el botón del *play* en *Las pesadillas de Jason* y Gigi se puso a verla.

Quince y cuarenta y cuatro son cincuenta y nueve minutos, así que me encomendé a los dioses de la comedia para que hicieran su parte con el tráfico, el estacionamiento y luego quizá un beso y un abrazo en la puerta. La escena cómica estaba en marcha.

Los dioses de la comedia cumplieron con creces. En un momento de increíble sincronicidad cómica, Jada entró en el salón de mi casa exactamente sesenta y tres minutos y medio después, mientras Gigi se encomendaba a Dios y a todos sus santos al ver a Lyric y a Jason revolcarse completamente desnudos (¡ni siquiera llevaban calcetines!) sobre la hierba.

Jada se quedó congelada. Miró a Gigi. A la pantalla. A Gigi otra vez. Horrorizada. Me miró a mí. A la pantalla. A Gigi. A mí.

—Gigi, te presento a mi novia, Jada —dije, rebosando de tanta alegría que apenas me tenía en pie.

Gigi se recostó en el sofá, se cruzó de brazos y soltó:

—Cuando yo era joven, los actores no se tenían que quitar la ropa para hacer películas.

Jada sonrió como pudo y le dio un tímido abrazo.

—Will —dijo Jada con tranquilidad—, ¿podemos hablar un momento en la otra habitación?

—Ahora venimos, Gigi —dije.

Jada y yo fuimos al dormitorio.

—¿Cómo carajos se te ocurrió hacer eso? —medio susurró medio gritó.

—Cariño, te prometo que fue divertido.

—¿QUÉ?

—Cariño, de verdad, es una broma, no pasa nada. Nos vamos a casar. Vamos a tener hijos. Es una anécdota. La contaremos durante años. Así conociste a Gigi. ¡Así es como te conoció ella a ti! Confía en mí, es divertidísimo...

—¡VETE A LA MIERDA CON TU DIVERTIDO!

—Bueno, quizás hoy no te lo parece, pero...

—¡NO ME LO VA A PARECER NUNCA! Juegas por encima de tus posibilidades.

—La vida se hace a base de recuerdos —respondí—. Ahora estás muy enojada, pero cuando se te pase, ya verás, es divertidísimo. Es perfecto. Un día, cuando lo recordemos, nos echaremos a reír juntos y no podremos parar.

Gigi quiso mucho a Jada. Tuvieron una relación maravillosa. Años de alegría y de risas en familia. Forjaron un vínculo extraordinario que se hacía más profundo cada vez que se veían. Creo fervientemente que ese primer encuentro sentó las bases de la profunda conexión que desarrollarían más adelante.

Sin embargo, y después de todos estos años, Jada no se ha reído ni una sola vez, ni le ha salido ni una sola carcajada, ni siquiera media sonrisa, al recordarlo. Así que, señoras y señores del jurado, les pido humildemente que miren en su interior y, si consideran que estoy equivocado, aceptaré la censura del tribunal. Sin embargo, siento que el honor me obliga a plantear la siguiente pregunta, que es casi retórica, para cerrar la argumentación y poner fin al debate entre Jada y yo: «¿No es para morirse de risa?».

Jada creció con Tupac Shakur. Eran muy amigos y fueron juntos a la preparatoria Baltimore School for the Arts. Dos jóvenes soñadores que lucharon para escapar del peso del maltrato y del abandono hasta que se convirtieron en «Tupac» y «Jada». Aunque nunca tuvieron nada sentimental, el amor que sentían el uno por el otro era legendario. Eran la definición del «contigo a muerte».

Cuando comenzamos a salir, su conexión era una verdadera tortura para mí. Él era *¡TUPAC!*, yo era yo.

Tupac tenía una pasión valiente y embriagadora, una moralidad militante y la voluntad de luchar o morir por lo que creía correcto. Tupac era como Harry, hacía que me percibiera a mí mismo como un cobarde. Detestaba no ser lo que él era en el mundo y sentía unos celos terribles. Quería que Jada me mirara como lo miraba a él.

Así que, cuando Jada y yo nos comprometimos el uno con el otro y las exigencias de nuestra relación llevaron a que estuviera menos disponible para él, mi mente inmadura lo entendió como una especie de victoria retorcida. Jada era el modelo que seguir, la más grande, la reina de las reinas. Si me elegía a mí en lugar de a Tupac, no podía ser un cobarde. Pocas veces me he sentido tan validado.

Estuve en la misma estancia que Tupac en muchas ocasiones, pero nunca hablamos. El amor que Jada sentía por Tupac me impedía entablar amistad con él. Era demasiado inmaduro.

—Will, tienes a Martin Lawrence al teléfono.

Aún no conocía a Martin y no tenía ni idea de cómo había conseguido mi número. Sin embargo, era absolutamente consciente de la envidia que ardía en mi interior. Era un genio de la comedia. Era el campeón del pueblo y la estrella de su propio programa en Fox,

Martin. La comunidad negra sentía por él el amor y el respeto que yo había anhelado toda la vida.

Éramos los dos actores de televisión negros más importantes de la época. *El príncipe del rap en Bel-Air* tenía mejores audiencias, pero la reputación de Martin como cómico entre el público no tenía parangón: era el tipo más divertido de la tele. Lo estudiaba a diario, me fijaba en sus gestos, en sus inflexiones vocales, en cómo estructuraba las escenas... En el fondo, sabía que era más gracioso que yo, y no lo soportaba.

—¡Marty Maaaar!

—¡Big Will-aaaay!

No sé si es posible decir que quieres a alguien tras solo seis segundos de conversación telefónica, pero, por algún motivo, ambos estallamos en carcajadas al oír como cada uno decía el nombre del otro. Hace casi treinta años que nos saludamos así y nos reímos todas y cada una de las veces.

—¡Marti Maaaar!

—¡Big Will-aaaay!

Me invitó a cenar a su mansión de Beverly Hills. Martin también había nacido y crecido en la Costa Este (justo en las afueras de Washington D. C.) y en cuanto entré por la puerta me sentí como en casa. Sus hermanas son como mis hermanas, su hermano es como mi hermano, sus amigos tienen Jeff, JL, Omarr y Charlie Mack escrito en la frente. Nos entendimos al instante.

—Me pasaron este guion, y me encanta —dijo Martin—. Lo van a producir Don Simpson y Jerry Bruckheimer. Se titula *Dos policías rebeldes*. Iba a llamar a Eddie para intentar hacerla con él, pero mi hermana me dijo que ni hablar, que tengo que hacerla contigo. Y lo he estado pensando. Fíjate en lo que hemos conseguido cada uno por nuestro lado. ¿Te imaginas lo que podríamos hacer juntos?»

—¡Buah! —respondí—. Podría ser la bomba. ¿De qué va la historia?

—Va de dos policías de Miami que tienen que intercambiarse las vidas para resolver un asesinato. Uno está casado con hijos y es un hombre de familia. El otro es un donjuán con dinero. Lee el guion y dime qué personaje prefieres. Los diálogos y las escenas aún no acaban de estar bien, pero si trabajamos juntos en ello, podemos arrasar.

—Lo leeré ahora mismo. Pero si no es esta, te prometo que trabajaremos juntos.

—Deja toda esa palabrería de Hollywood, Big Willie, ¿hacemos la película o qué?

Nos reímos al unísono.

—Ah, con que ni siquiera lo puedo leer, ¿eh?

—Los diálogos no funcionan tal y como están. Tenemos que meternos y arreglarlos. Escúchame bien. Los dos actores de televisión negros más importantes juntos en una gran producción de Hollywood. La gente se volverá loca. Vamos, Big Willie, ¡no dejes pasar el tren!

Don Simpson y Jerry Bruckheimer habían pensado en Jon Lovitz y en Dana Carvey como protagonistas de *Dos policías rebeldes*. (Sí, ya sé que habría sido una película muy distinta.) Pero tal y como acostumbra a pasar en Hollywood, el trato se rompió y Martin se hizo con el control del guion.

Nadie estaba del todo seguro de mí. Ni el estudio ni los productores, nadie. Nadie a excepción de Martin. Llegó hasta el punto de empezar a decir a todo el mundo que no haría la película si no era conmigo. Lo había considerado mi competencia directa y acabó siendo uno de los mejores amigos y aliados que haya tenido jamás en Hollywood.

Las dudas se aplacaron, los tratos se cerraron y, un día, nos encontramos sentados a la mesa de lectura del guion de *Dos policías rebeldes*. El director era novato, esta sería su primera película. Sin embargo, había ganado premios con un videoclip que había dirigido para Meat Loaf. Tenía un presupuesto de cincuenta mil dólares y consiguió filmar un accidente de avión. Sin efectos especiales. Estrelló un avión y lo rodó. Para un videoclip de música pop. Su valentía visual, su ingenio cinematográfico y la ingeniería fiscal hicieron de Michael Bay la elección unánime.

Comenzó la lectura de guion. Todos podíamos sentir el barril de pólvora de posibilidades creativas, pero no hallábamos la chispa que lo prendiera. Los mismos diálogos que habrían sido perfectos para Dana Carvey y Jon Lovitz sonaban pesados, forzados y nada realistas cuando los pronunciábamos Martin y yo. La lectura terminó y Don Simpson enrolló ceremoniosamente su guion, se dirigió al bote de basura, tiró el guion dentro y anunció a actores, equipo, estudio y director: «No vamos a rodar ni una sola palabra de esta mierda».

Y se fue.

Cabría pensar que ver a un importante productor de Hollywood tirar un guion a la basura tres semanas antes de empezar a rodar habría puesto nerviosos a dos actores jóvenes y a un director que aún no había hecho ni una sola película.

Sin embargo, sucedió justo lo contrario. Michael estaba acostumbrado a hacer videoclips y se sentía cómodo ante la adversidad: nunca había tenido suficiente dinero ni suficiente tiempo, y siempre le había tocado improvisar. Martin y yo veníamos de la televisión. Estábamos acostumbrados a ir sobre la marcha, a que nos pasaran un guion nuevo cinco minutos antes de una escena. Estábamos acostumbrados a improvisar, a recurrir al ingenio y solucionar los contratiempos.

Era un reto y una invitación. Combinamos todos nuestros recursos: Jerry y Don acudieron a guionistas con experiencia de su red en Hollywood; Martin y yo pedimos ayuda a los mejores entre nuestros equipos de televisión; Michael Bay reunió a un equipo flexible y espabilado. Rodábamos de día y, de noche, trabajábamos juntos para crear lo que rodaríamos por la mañana.

Martin y yo teníamos tanta química que Michael acabó por desentenderse de los diálogos específicos. Al cabo de poco tiempo, confiaba en que Martin y yo apareceríamos con algo genial. Un día, en el set, todos esperaban a que Martin y yo termináramos de decidir qué queríamos decir exactamente en la escena siguiente.

Al final, Michael gritó:

—¡Me importa una mierda lo que digan, pero vamos a rodar ya!

Todo el rodaje de *Dos policías rebeldes* fue emocionante y educativo a su manera frenética y alocada. No había tiempo para la parálisis por análisis. Teníamos que decidir, rodar y pasar a lo siguiente.

Un día, Michael y yo tuvimos uno de nuestros mayores enfrentamientos. Era la primera vez que hacía ejercicio. Había subido cinco kilos y tenía músculos por primera vez en la vida. Hay una escena muy conocida en la que mi personaje persigue un coche a pie por un puente. Michael me exigía que rodara la escena sin camisa.

—Vamos, Mike, eso está muy trillado.

—¿Muy trillado? Es Miami y tú eres un policía duro. Quítate la camisa y punto, carajo.

Aún me sentía algo inseguro con mi nuevo cuerpo. La idea de pasarme el día a pecho descubierto me intimidaba.

—Mike, es que cuando lo veo en las películas no me gusta nada —insistí—. El bobo ahí, con aceite por encima, como si ir sin camisa por una iglesia abandonada, con rayos de luz que entran por los ventanales entre el polvo, con palomas volando y toda esa mierda fuera de lo más normal.

—¡Que no, que no y que no! —gritó Michael—. ¡Sin camisa! Que te la quites. Confía en mí y haz lo que te pido. ¡Estoy intentando convertirte en un superhéroe!

—No es para tanto. ¿Y si me pongo una camiseta ajustada? —propuse.

—¡Llevas camisetas ajustadas durante toda la película! ¡Que te la quites!

Al final, nos encontramos a medio camino. Llevaría camisa, pero desabrochada. Yo ya no tenía la sensación de estar completamente desnudo y vulnerable y Michael sabía que la camisa ondearía como una capa cuando corriera.

La escena estaba preparada. Lo que no le había dicho a nadie era que había estado entrenando en secreto con el entrenador de atletismo de la UCLA. Siempre, ya desde que era pequeño, había detestado cómo corren los actores en la pantalla. A excepción de Carl

Weathers en la playa con Sly en *Rocky III*, no puedo nombrar ni una sola escena de una película en la que creyera que un actor corría bien. Me había prometido a mí mismo que, la primera vez que corriera ante las cámaras, me parecería a Carl Lewis. Llevaba cuatro meses entrenando, rodillas en alto, codos en alto. Estaba listo.

Estábamos a punto para el primer pase. Michael gritó «¡AC-CIÓN!». Un Ford Bronco cruza a toda velocidad el puente peatonal de Miami y, en la distancia, Mike Lowrey aparece en escena dando zancadas perfectas, cual esprínter olímpico. Doscientos metros a la carrera, a toda velocidad, los codos hacia atrás, las rodillas arriba, pistola en mano, camisa ondeando a la espalda.

—¡CORTEN!

Michael Bay cruzó la calle, sonriendo como un niño de doce años que acabara de encontrar las *Playboys* escondidas de su padre. Me había quedado sin aliento. Lo había dado todo. Estaba con las manos apoyadas en las rodillas, agachado e intentando recuperar la respiración. Michael se acercó y me erguí poco a poco.

—¿Cómo quedó? —pregunté.

Me dio una palmada en el torso desnudo y gritó a pleno pulmón:

—¡TE ACABO DE CONVERTIR EN UNA PUTA ESTRELLA DE CINE!

El proceso de divorcio fue largo, absurdo e innecesariamente tedioso. No seguí el consejo de Quincy Jones. Regateé cada centavo y discutí cada decisión, cada idea. La rapidez con que el amor se disuelve en los litigios es asombrosa y grotesca. Sin embargo, al cabo de cuatro meses verdaderamente penosos, los documentos definitivos estaban listos para la firma.

Sheree y yo no habíamos intercambiado demasiadas palabras durante el proceso. Así que, cuando me llamó para decirme que quería hablar conmigo, me sorprendió.

—Llevo unos meses yendo al psicólogo —dijo—. Empecé a ir porque quería encontrar la manera de hacer que todo sea menos doloroso para todos. Y me he mirado de frente al espejo.

—Bueno... —contesté, esperando que cayera el hacha.

—Me he dado cuenta de que no hice todo lo que podría haber hecho para que el matrimonio funcionara. Ninguno de los dos lo hizo. Sé que ya tenemos los papeles del divorcio, pero también tenemos un hijo. Y creo que, por él, deberíamos hacer todo lo posible para que la familia siga unida.

No daba crédito. *¿Qué se supone que tengo que hacer con esto ahora? Jada y yo nos queremos. Pero si hay una posibilidad de mantener unida a la familia... ¿Cómo podía decir que no?*

Le dije a Sheree que necesitaba algo de tiempo para procesar lo que me acababa de decir.

Llamé a Jada inmediatamente. Se lo expliqué todo. No dijo ni una palabra. Me di cuenta de que se había echado a llorar. Que intentara contener los sollozos y las lágrimas hizo que escucharlo me resultara aún más insoportable. Estabilizó la voz, se recompuso y se aclaró la garganta. Entonces habló.

—Sheree tiene razón. Si tienes un hijo con alguien, es responsabilidad tuya hacer todo lo que esté en tu mano para construir un hogar afectuoso para él. Yo crecí sin mis padres. Te quiero. Y estoy destrozada. Pero nunca le haría eso a Trey. Sheree y tú tienen que arreglarlo.

Quedé abrumado por la generosidad de Jada. Por su voluntad de dejar a un lado sus propias necesidades en aras de lo que creía que era lo correcto. A través de las lágrimas y con el corazón roto, encontró valor gracias al amor y a la bondad.

Saqué un bolígrafo y firmé los papeles del divorcio.

CATORCE

AUGE

J ada y yo estábamos profundamente dormidos. Las dos semanas anteriores habían sido las más duras de toda mi carrera profesional. Jornadas de dieciséis horas, sin descanso el fin de semana, quince días seguidos. Estaba destrozado.

El teléfono sonó a las tres de la madrugada. Esas llamadas en plena noche siempre son terribles: alguien está en la cárcel, en el hospital o algo peor.

—¿Hola? —contesté con un susurro adormecido, rasposo y esperanzado.

—¡EH! ¿VISTE LOS NÚMEROS? —gritó una voz como si fuera mediodía y estuviéramos en un campo de futbol americano.

—¿Cómo? Ah, papá. ¿Qué dices?

—¡QUE SI VISTE LOS NÚMEROS! —repitió.

Se acababa de estrenar *Día de la Independencia*. En Filadelfia eran las seis de la mañana y la película había roto todos los récords de taquilla habidos y por haber. Estaba en las noticias de todo el mundo.

—Papá, aquí son las tres de la madrugada...

—¡TE DIGO QUE SI VISTE LOS NÚMEROS, CARAJO! —Parecía empeñado en obtener alguna respuesta.

—No, papá. Aún no los he visto. JL ya me...

—¿Te acuerdas de lo que te decía? Que la suerte no existe. Que cada uno se labra su propio destino. ¿Recuerdas que te lo decía?

—Sí, papá, me acuerdo. Pero ¿podemos...?

—¿Te acuerdas? La suerte no existe. Solo lo que tú hagas. ¿Recuerdas que te lo decía?

—Claro que sí, papá, lo decías todo el rato, pero...

—¿Recuerdas que te lo decía? Que la suerte no existe. Que la suerte es la unión de la preparación y la oportunidad. ¿Te acuerdas?

—Que sí, papá, que sí...

—Pues bueno, que sepas que no decía más que un montón de pendejadas. Eres el tipo con más suerte que haya conocido en mi puta vida.

Esa fue una de las veces que mi padre y yo nos reímos juntos con más ganas. Oleadas de carcajadas incontenibles que pasaban a risas más contenidas y que luego, sin mediar palabra, sin previo aviso, volvían a explotar en pura histeria. Años de disputas no resueltas purificadas de algún modo con cada aluvión de risas. Creo que estuvimos así, riendo y sin hablar, durante diez minutos.

Aunque nunca hablamos de ello, *Día de la Independencia* representó una victoria importante para él, una validación. Puso los signos de exclamación a una historia que hacía tiempo que se contaba acerca de sí mismo. En su mente, algo estaba completo al fin.

Poco después, vendió ACRAC. Se había acabado lo de vender hielo y refrigerar casas.

Se empezó a llamar a sí mismo «Fresh King».

Los diez años siguientes de mi carrera profesional fueron una conquista absoluta, aplastante y sin paliativos de la industria del entretenimiento.

Dos policías rebeldes; *Día de la Independencia*; *Men in Black (Hombres de negro)*; *Enemigo público*; *Las aventuras de Jim West*; *Ali*; *MIIB: Hombres de negro II*; *Dos policías rebeldes II*; *Yo, robot*; *El espantatiburones*; *Hitch*; *En busca de la felicidad*; *Soy leyenda* y *Hancock*. Más de 8 000 000 000 de dólares de taquilla en todo el mundo. Y no es que quiera presumir, pero esa cifra es de hace casi treinta años, cuando las entradas valían menos de la mitad de lo que valen hoy. Si ajustamos la inflación..., bueno, tampoco hace falta que nos pongamos tan exquisitos, no viene de un dólar arriba o abajo.

Dos nominaciones a los Oscar, por *Ali* y *En busca de la felicidad*.

Más de treinta millones de discos vendidos, con «Men in Black», «Gettin' Jiggy Wit It», «Just the Two of Us», «Miami» y «Wild Wild West» liderando la carga. Por no mencionar la sintonía de *El príncipe del rap en Bel-Air*, que técnicamente cuenta como grabación. En ese caso, es la mayor canción de rap de la historia. Pero bueno, no nos pongamos exquisitos con eso tampoco.

Me estoy adelantando a mí mismo. *Día de la Independencia* se acababa de estrenar. *El príncipe del rap en Bel-Air* iba por la sexta temporada. JL nos había conseguido una silla en la mesa de los mayores. Ahora nos representaban Ken Stovitz y Richard Lovett en la agencia más potente de Hollywood: CAA. Incluso había saldado las cuentas con Hacienda. Me había quedado sin un centavo, pero a partir de ese momento ya podía empezar a ganar dinero de verdad.

Dos policías rebeldes había llegado a las salas de cine en 1995 y había sido un éxito rotundo. Aunque no había sido un tsunami, sí que había hecho temblar la tierra. Crecí como un sujeto desgarbado, torpe y orejón. Sin embargo, cuando me metí a escondidas en una sala el fin de semana del estreno de *Dos policías rebeldes* y llegó la escena en la que corro sobre el puente con la camisa abierta, oí a una mujer negra de unos cuarenta y tantos años exclamar: «¡Madre mía, ese Will!».

Estuve a punto de gritar: «¡AQUÍ ME TIENE, SEÑORA!».

Era la primera vez que una mujer respondía de manera sexual ante mi virilidad. Hasta ese momento en mi vida, me había valido del sentido del humor para atraer a las mujeres. Y ahora me acababan de convertir en un hombre-objeto. Era genial. Solo podía pensar: *Oh, Michael Bay, cuánta razón tenías y qué equivocado estaba yo. Gracias.* A partir de entonces, los directores tuvieron que insistir para que no me quitara la camisa a las primeras de cambio.

Nos estábamos preparando para comenzar la sexta temporada de *El príncipe del rap en Bel-Air* y acababa de firmar para *Día de la Independencia*, que se rodaría en el verano de 1995. La sexta temporada era la última que teníamos contratada. La pregunta era inevitable ¿habría una séptima?

La audiencia de *El príncipe del rap en Bel-Air* había ido cayendo poco a poco, pero de manera constante. Las tramas eran cada vez más sentimentaloides y costaba mantener la frescura inicial. Por otro lado, todos estábamos ganando más dinero del que habíamos ganado en ninguna temporada anterior.

En *Happy Days* hay un episodio en el que Fonzie salta literalmente por encima de un tiburón con un par de esquís acuáticos en los pies y ataviado con su característica chamarra de piel. Ahora, en el mundo de la telecomedia se usa la expresión «saltar el tiburón» como una metáfora que señala el principio del fin, el punto en el que una serie de televisión deja atrás su mejor momento y en el que cada vez cuesta más capturar lo que fuera que hiciera especial a la serie. El problema es que, cuando sucede, no te das cuenta. Siempre crees que puedes recuperar la magia.

Todo el que ha actuado en una comedia de televisión puede señalar el episodio en el que la serie ha saltado el tiburón. En nuestro caso, fue el episodio 15 de la quinta temporada, cuando me disparan y Carlton empieza a llevar pistola, «Balas sobre Bel-Air».

Había cumplido la promesa que me había hecho a mí mismo de no quedar atrapado en un ciclo de deterioro sin tener enfilado el siguiente proyecto. La serie podría haber aguantado perfectamente otra temporada. Era mi familia. Los quería. Pero trabajar en el cine era una opción viable ahora. Estaba ante una encrucijada.

John Amos, el legendario actor que interpretó a James Evans en la icónica comedia de los setenta *Good Times*, coprotagonizó tres episodios en *El príncipe del rap en Bel-Air*. Su personaje fue célebre y brutalmente exterminado como consecuencia de una disputa contractual. Al final, la serie fue cancelada a media temporada, sin episodio final, sin despedidas, sin montajes de momentos memorables. Se acabó y punto. John Amos había oído los rumores acerca de la posibilidad de una séptima temporada. Un día, entre ensayo y ensayo, me pidió que lo acompañara a tomar el aire en el estacionamiento.

—Es uno de los mejores sets en los que he trabajado —dijo John—. Es evidente que todos se quieren mucho.

—Sí, es cierto. Todos hemos llevado los personajes a nuestra vida real.

—Quizá me esté metiendo donde no me llaman —prosiguió—, pero a ninguno de esos ejecutivos, productores u hombres de negocios les importan una mierda ni tu familia ni tú. No permitas que acaben jodiendo tanto esfuerzo y pasión. Tienes la responsabilidad de asegurarte de que tu gente pueda dejar la serie con dignidad.

Recuerdo que la muerte de John Evans en *Good Times* me irritó mucho, incluso de pequeño. De niño no habría usado la palabra *dignidad*, pero ahora, al echar la vista atrás, veo que percibí con el corazón esa falta de respeto. Como fan, sentí que la historia era un insulto, una bofetada. El personaje de John desapareció sin pena ni gloria y, casi veinte años después, el propio actor ponía palabras a la sensación que me había dejado un vacío en el corazón. Había sido un ataque a su dignidad. Sentí el dolor de John, que quizá pensaba que había fallado a su familia televisiva.

La semana siguiente reuní a todo el reparto. Les dije que la sexta temporada sería la última y que debían aprovechar el año para hacer los planes o preparativos que consideraran necesarios. Les prometí que nos iríamos con elegancia y con gracia.

El último episodio de *El príncipe del rap en Bel-Air* se emitió el 20 de mayo de 1996, un final de temporada de una hora de duración. La semana de rodaje fue la más emotiva de toda mi vida profesional hasta la fecha. Reímos, lloramos, rememoramos, nos quisimos. Y nos despedimos.

Me despedí con dignidad de mi familia televisiva.

Mientras, en mi familia de la vida real, tenía que pagar la pensión alimenticia. No a mi exmujer por mi hijo. Eso habría sido lo normal y lo correcto. No. Tenía que pagar mi pensión alimenticia a mi madre por mí mismo.

Con intereses y comisiones de demora.

Exacto. Ahora lo explico.

Harry se había graduado en contabilidad en la Universidad de Hampton y se había encargado de gestionar las inversiones de la familia. Ahora iba a meter a la familia en el mercado inmobiliario y su primer proyecto oficial iba a ser ayudar a mamá a conseguir la casa de sus sueños. Encontraron una casa rural antigua en Bryn Mawr, Pensilvania. Mamá se quedó prendada y, la mañana de Navidad de 1997, la sorprendimos con las llaves.

Cuando se mudó desde Woodcrest y mientras revisaba cajas viejas, mi madre encontró los papeles del divorcio no ejecutado con mi padre. Casi veinte años antes, habían pasado por todo el proceso de divorcio, pero, por algún motivo, nunca llegaron a firmar el documento final. Mi madre no se dio cuenta hasta ese momento de que, técnicamente, no estaba divorciada. Así que firmó los papeles de divorcio... y los envió al juzgado.

Estaba en el set de rodaje de *Las aventuras de Jim West* cuando me llegó una llamada urgente de mi padre, exigiendo una reunión familiar obligatoria e inmediata, sin la presencia de mamá. Aún con las espuelas puestas, me uní a la llamada donde ya aguardaban Harry y Ellen.

—¿Han hablado con su madre? —preguntó.

—Mmm, hablamos con ella casi a diario. ¿Pasó algo? —contesté yo.

—Envió los papeles del divorcio y les quería preguntar qué creen que tengo que hacer con ellos —respondió.

Un poco de contexto: hacía ya veinte años que mis padres se habían separado. Apenas habían intercambiado tres palabras durante los últimos diez. Y dos de esas tres palabras no se pueden reproducir en un libro. Mi padre tenía otra familia. Ahora tenía otra hermana maravillosa, Ashley. Por lo tanto, nosotros, sus hijos, nos quedamos comprensiblemente confusos. Y, como sus hijos, cada uno tendíamos a desempeñar el papel que nos correspondía. Ellen nunca tenía tiempo para sus tonterías. Harry siempre se quería enfrentar a él y cuestionar todas y cada una de sus palabras. Y yo intentaba mediar. Por lo tanto, como norma, yo solía hablar primero.

—Bueno, ¿qué quieres decir exactamente, papá? —pregunté con amabilidad y afecto, a sabiendas de que algo se me escapaba.

Entonces, mi padre repitió lo mismo, alzando ligeramente la voz, con un tono más agresivo, como si el volumen y la entonación fueran la causa de mi confusión.

—Dije que tu madre envió los papeles de divorcio y que quiero saber qué piensan que tengo que hacer con ellos.

Los hermanos rompimos filas de inmediato.

—Ahora no tengo tiempo para esto, ya hablamos luego —dijo Ellen.

Estábamos sufriendo bajas rápidamente. Tenía que resolver la situación lo antes posible.

—Bueno, papá. Ya te oímos, lo que pasa es que mamá y tú apenas han hablado en veinte años. Así que solo quería...

—Lo que quiero es que me digan qué creen que debo hacer con los papeles del divorcio.

Harry ya había tenido suficiente y espetó, indignado:

—¡PUES FIRMARLOS!

—Ah, ¿que los firme, así, sin más?

Francamente, me estaba empezando a perder.

—A ver, papá, no entiendo la pregunta. La relación entre mamá y tú...

—Ah, ¿tú también crees que debería firmar?

—Bueno... ¿sí?

—¿Y TIRARLO TODO POR LA BORDA COMO SI NADA?

Aún no sé qué le pasaba por la cabeza a mi padre. Quizá, la firma tenía una cualidad definitiva y extraña que le costaba asimilar. Tal vez fuera por eso por lo que no los había firmado nunca. Pero la primera ficha de dominó ya había caído.

Cuando mamá envió los papeles al juzgado, activó todos los mecanismos de la Commonwealth de Pensilvania. Mi padre había cuidado de nosotros, pero nunca nos había pasado la pensión oficialmente, algo que salió a la luz al revisar la documentación. Informaron a mi madre que, teniendo en cuenta los intereses y las penalizaciones por demora, mi padre le debía casi ciento cuarenta mil dólares. Y ella quería hasta el último centavo. Según las leyes de Pensilvania, si él se negaba o no podía pagar, lo podían arrestar y meter en la cárcel, además de embargarle los bienes.

—Mamá —le supliqué—. No seas así.

—¿Que no sea cómo? Me debe dinero y lo quiero.

—Mamá, no tiene ciento cuarenta mil dólares...

—Bueno, pues ese es su problema, no el mío —soltó.

—Vamos, mamá. Tienes una casa nueva, todo va bien. No compliquemos las cosas.

—Es que no es complicado en absoluto. O me paga o va a la cárcel.

Mamá no cedía. Demasiados años soportando la mierda de papá...

—¡Y no le vayas a ayudar tú, Will! —me dijo mientras me apuntaba con el dedo, como Celie de *El color púrpura*—. Deja que se espabile y se las arregle para pagarme lo que me debe.

Estaba entre la espada y la pared. Mi padre no tenía ciento cuarenta mil dólares y mi madre no estaba dispuesta a ceder lo más mínimo. Y no había forma humana de que yo fuera a dejar que mandaran a mi padre a la cárcel. Así que, a escondidas, cual Ponzi, por la puerta de atrás, transferí ciento cuarenta mil dólares a la cuenta de mi padre. Inmediatamente, escribió un cheque a nombre de la Commonwealth de Pensilvania por todo el importe pendiente y la Commonwealth de Pensilvania transfirió a mi madre toda la pensión alimenticia atrasada.

Me convertí en la primera persona de la historia de Pensilvania que pagó su propia pensión alimenticia. (Nota: Cuando mi madre se enteró de que había pagado la deuda de papá, se enojó muchísimo. Y me envió de inmediato un cheque por valor de ciento cuarenta mil dólares, lo que la convirtió en la primera persona de la historia de Pensilvania que devolvió a su hijo la pensión alimenticia atrasada que este se había pagado a sí mismo.)

Deberíamos contar la anécdota durante el Mes de la Historia Negra.

Planet Hollywood iba a llegar a Sídney (Australia) en mayo de 1996. Se trataba de un restaurante temático que celebraba la historia de la fábrica de sueños, y tres de los fundadores del proyecto eran tres de las mayores estrellas de cine del momento, los Tres Sabios, los Reyes Magos de Hollywood: Arnold Schwarzenegger, Sylvester Stallone y Bruce Willis. Me invitaron a la inauguración, así que anulé todos mis planes y despejé la agenda para aprovechar la oportunidad de compartir espacio con esos tres maestros que me podían mostrar el camino que debía seguir.

La inauguración del restaurante fue un acontecimiento tan espectacular como el estreno de una gran película. Alfombras rojas, focos, muchísima prensa, fans gritando y pidiendo autógrafos... Me abrí camino hasta una sala verde en la parte trasera del restaurante. Los tres estaban allí. Juntos. Arnold, Bruce y Sly. Activé mi Charlie Mack interior y los interrumpí a media conversación.

—Ey, hola. Enhorabuena por el restaurante, es...

Respondieron a mi entusiasmo juvenil con educación y una sutil actitud de «Eh, uno no interrumpe a tres de las mayores estrellas de cine del mundo cuando solo ha hecho una película y una serie de televisión».

No me di por aludido y seguí adelante.

—Una pregunta rápida: quiero hacer todo lo que están haciendo ustedes. Quiero ser la mayor estrella de cine del mundo. Y si hay un trío de ases icónicos que me puedan ayudar a conseguirlo, son ustedes.

Se echaron a reír. Imagino que pensaron que la audacia de la pregunta se merecía una respuesta honesta. Se miraron entre ellos y, de algún modo, usaron el lenguaje secreto y no verbal de las mayores estrellas de cine del mundo y decidieron que fuera Arnold quien me respondiera.

Imagina lo siguiente con la voz de Arnold:

—No eres una estrella de cine si tus películas solo tienen éxito en Estados Unidos. No eres una estrella de cine hasta que incluso la última persona del último país del planeta sabe quién eres. Has de recorrer el mundo, dar la mano a todo el que te encuentres, besar a todos los bebés. Piensa en ti como un político en plena campaña para ser la mayor estrella de cine del mundo.

Bruce y Sly asintieron.

—Gracias, chicos. Lamento la interrupción; pueden seguir hablando.

Salí de allí sintiéndome como el niño del anuncio de Coca-Cola de la década de los ochenta, ese con «Mean» Joe Green. Mean Joe era un jugador de futbol americano muy famoso, y le lanzaba la camiseta al niño después del Super Bowl. Arnold me acababa de dar la clave que se convertiría en mi arma secreta durante las dos décadas siguientes.

Me parecía absolutamente lógico. Las productoras de cine invertían más de ciento cincuenta millones de dólares en forrar todos los países del mundo con los carteles de sus películas. Solo me tenía que subir al carro de su inmensa inversión financiera. Tal y como yo lo veía, no me dedicaría a promocionar películas, sino que usaría esos ciento cincuenta millones dólares para promocionarme a mí mismo. En lo que a mí respectaba, la película no era el producto. El producto era yo. Y estaba muy agradecido a las compañías de cine por la inversión que hacían en mi futuro.

Me di cuenta de que otros actores detestaban viajar, la prensa y los eventos de promoción. Me parecía de locos. JL y yo hicimos números y, por ejemplo, calculamos que una película que en principio se preveía que podía alcanzar unos diez millones de dólares de taquilla en España lograría sin problemas entre quince y veinticinco millones si viajabas al país, asistías a un estreno, pasabas un día con la prensa y participabas en un par de eventos con fans. (Tampoco va nada mal aprenderte un par o tres de frases en el idioma del país y pronunciarlas ante las cámaras para que salga en las noticias.) Si multiplicas eso por treinta países en todo el mundo, hacer acto de presencia en los países podía disparar una taquilla global potencial de unos doscientos cincuenta millones de dólares a más de quinientos millones de dólares.

Como yo era una de las partes interesadas, una porción de esos dólares adicionales iba a parar a mi bolsillo. Por no mencionar que, como me convertía en una gran estrella de cine en todos los países, la siguiente compañía con la que firmara una película me pagaría más que a cualquier otro actor, porque sabría que podía duplicar o incluso triplicar los resultados mediante las promociones globales.

Así, rodaba *El príncipe del rap en Bel-Air* entre semana, iba directamente al aeropuerto desde el set, volaba a Europa por la noche, aterrizaba el sábado, me pasaba el día haciendo entrevistas, asistía a un estreno, me pasaba la noche firmando autógrafos, iba directamente al aeropuerto, me subía al *jet*, memorizaba mis diálogos para el siguiente episodio de *El príncipe del rap en Bel-Air* durante el vuelo y aterrizaba en Los Ángeles justo a tiempo para acostarme el domingo. Entonces, me levantaba el lunes por la mañana y vuelta a empezar.

Me habían entregado el Santo Grial del estrellato. Estudié a la competencia para ver quién más lo sabía, quién más conocía el secreto... y vi que Tom Cruise era el líder de la manada.

Comencé a seguir con discreción todas las actividades promocionales de Tom en el mundo. Cuando llegaba a algún país para promocionar una película, pedía a los ejecutivos locales de la compañía que me dieran una copia de la agenda promocional de Tom en el país. Me había prometido a mí mismo que haría dos horas de promoción más que él en todos y cada uno de los países.

Por desgracia, Tom Cruise o bien es un cíborg o bien hay seis como él. Me pasaban informes de que pasaba hasta cuatro horas y media en alfombras rojas de París, Londres, Tokio... En Berlín, Tom firmó literalmente todos los autógrafos que le pidieron, hasta que ya no quedó nadie que aún quisiera uno. Las promociones globales de Tom Cruise eran las mejores de Hollywood.

¿Cómo podía superarlo? ¿Qué tenía yo que él no tuviera?

Entonces, di con ello.

La música.

Empecé a montar escenarios y a actuar en vivo, daba conciertos gratuitos junto a la sala del estreno para los fans que no podían entrar a ver la película. Una vez, reunimos a diez mil personas en Piccadilly Circus (Londres). Fue una locura de tal nivel que, al final, la policía tuvo que venir para que paráramos. En Berlín sucedió lo mismo. La Plaza Roja de Moscú vivió el mayor estreno de Hollywood celebrado allí hasta la fecha. Tom no podía hacer eso. Tampoco Arnold, Bruce o Sly. Había encontrado mi propio camino para salir de la sección de las noticias de cine y saltar a los titulares. Y cuando tu película pasa de ser entretenimiento a ser una noticia, se convierte en un fenómeno cultural.

Los efectos especiales de *Día de la Independencia* superaban todo lo que se había hecho hasta entonces. La promoción de la película mostraba una nave extraterrestre sobrevolando la Casa Blanca y haciéndola añicos con un solo disparo láser. El público enloqueció.

Día de la Independencia recaudó trescientos seis millones de dólares en Estados Unidos. La compañía estaba satisfecha y había recuperado toda la inversión. Entonces llegó el momento de las promociones globales. Setenta y dos millones en Alemania, cincuenta y ocho millones en el Reino Unido, cuarenta millones en Francia, veintitrés millones en Italia, noventa y tres millones en Japón... Al cabo de un mes, ya era la segunda película más taquillera de toda la historia, con más de ochocientos diecisiete millones de dólares de recaudación (una cifra inaudita entonces). Y todo eso con un presupuesto de setenta y cinco millones de dólares.

Habíamos dado con la fórmula. *Día de la Independencia* tenía efectos especiales, extraterrestres y una historia de amor y, cuando a todo eso añadimos nuestra apisonadora de promociones globales, dos palabras: tierra quemada. Había pasado de pobre a rico y de rico a actor arruinado sin experiencia para, de pronto, protagonizar la película más taquillera del mundo. Y solo tenía veintisiete años.

Me sentía invencible, pero ya me había sentido así antes. Ya sabía lo que era tener el viento a favor. Sin embargo, esta vez había pisado el acelerador hasta el fondo y no tenía la menor intención de levantar el pie hasta que las ruedas salieran volando. A todo gas.

Contar la siguiente historia sin disimular su naturaleza gráfica con eufemismos e insinuaciones (y, por lo tanto, diluir su potencia) o sin ser tan explícito que ofenda a los lectores más sensibles (y, por lo tanto, sabotear las ventas del libro) es muy difícil. Sin embargo, fue una experiencia tan clave y asombrosa en mi vida y en mi relación con Jada que no me queda otra opción que tentar a la suerte y lanzar los dados literarios.

Estábamos en Cabo San Lucas (México), uno de nuestros rincones preferidos. Habíamos alquilado una hacienda maravillosa en las colinas y habíamos pasado una tarde muy movida con nuestro amigo José Cuervo. (Esto es un eufemismo.)

Jada estaba encima de mí mientras la deliciosa marea nos empezaba a inundar simultáneamente. (Insinuación.)

—¡La marea! —dijo—. ¡Sube la marea!

—¡Sí, ya sube! —respondí.

El majestuoso movimiento culminó y el cuerpo de Jada se estremeció de la cabeza a los pies. De pánico. Su rostro transmitía un terror absoluto.

—Estoy embarazada —dijo.

—¿Qué?

Primero pensé que me estaba tomando el pelo, así que me eché a reír.

—¡No, no, no, no! No puede estar pasando. ¡No puede estar pasando! —dijo, mientras se mecía y se agarraba dos mechones de cabello.

A estas alturas, me estaba muriendo de la risa.

—Will, no tiene gracia. Sentí como si se cerrara una caja fuerte, una de esas grandes ruedas con engranajes que giran y la bloquean. Lo noté. Te digo que estoy embarazada.

—Cariño, no soy ni mucho menos un experto en fertilidad —dije mientras intentaba contener las carcajadas—, pero estoy bastante seguro de que mis nadadores aún están en plena carrera. Creo que, científicamente, es imposible que estés embarazada.

—Conozco mi cuerpo, Will —espetó—. ¡Estoy embarazada! —Se dio la vuelta y se echó a llorar.

No entendía qué diablos estaba pasando. Pero Jada hablaba muy en serio y estaba asustada de verdad. Quería ayudarla, así que le acaricié la espalda y le dije:

—Levántate y ponte a dar de brincos.

—¡Will! ¡Para ya! ¿Qué vamos a hacer?

Pensé que las cosas estaban llegando demasiado lejos y que me tenía que plantar.

—Jada, no te alteres —le dije con voz muy seria—. Entiendo que lo estás pasando mal. Pero no estás embarazada. No ocurre tan rápido. Es imposible.

Jaden Christopher Syre Smith nació el 8 de julio 1998, casi a los nueve meses. En nuestra familia, hablamos de esta concepción como de «el milagro».

Pero el camino a ese nacimiento tuvo muchas curvas.

Jada no creía en el matrimonio convencional y despreciaba los ritos tradicionales. Además, cuestionaba la viabilidad de la monogamia como una estructura que garantizara el éxito a largo plazo de las relaciones de pareja.

Jada había soñado con una ceremonia sencilla y alternativa: se veía en una montaña, vestida de blanco, solo ella y yo. Sin pastor, sin familia, sin testigos... solo nosotros dos y Dios. Había estudiado la evolución del derecho matrimonial desde la esclavitud y la era de la Reconstrucción hasta nuestros días y había desarrollado una intensa aversión a la idea de tener que pedir permiso al gobierno para sellar su compromiso con el hombre al que amaba. Jada quería mirarme a los ojos, prometerme amor eterno ante Dios y, entonces, seguir con la complicada tarea de construir una vida juntos.

Jada no esperaba en absoluto que el amor y la familia fueran pan comido. Ese era otro de los motivos por los que detestaba las bodas tradicionales. Pensaba que el acaramelamiento y la escenografía de las bodas clásicas eran símbolos engañosos que ocultaban la gravedad de lo que sucedía. Afirmaba que las bodas de verdad tendrían que ser maratones: «Deberíamos correr una maratón de verdad juntos. Y, si los dos llegamos a la meta, significará que nos hemos ganado el derecho a casarnos. Hay que saber que el otro es un superviviente».

Aunque entendía lo que quería decir, siempre acababa pensando lo mismo: *Esto es lo menos romántico que me han dicho... Si fuera por ella, nos envolveríamos en esas mantas brillantes de papel de aluminio para prevenir la hipotermia y nos llenaríamos las piernas de mierda...*

Nunca me pasó por la cabeza decirlo en voz alta, claro está.

Gammy, la madre de Jada, me llamó desesperada y al borde de las lágrimas.

—Will, te tienes que casar con Jada —suplicó—. Entiendo todas esas moderneces de las que hablan, pero tienen que celebrar una boda. Como la gente normal. En una iglesia, con un pastor y con pastel.

—Gam, estoy contigo —respondí—. Ya le di el anillo. ¿Y acaso crees que me atrae lo más mínimo la idea de decirle a Gigi que voy a tener un hijo y que no me voy a casar?

—Will, es mi única hija. Por favor te lo pido, convéncela para hacer una boda. Quiero ver cómo se casan. Toda la familia quiere estar con ustedes y apoyarlos.

—Te entiendo, Gam. ¿Ya le dijiste a Jada lo que piensas?

—Sí, ya se lo dije —contestó—. Pero no lo quiere entender.

—Bueno, Gam. No te preocupes. Algo haremos.

Jada se mantuvo firme tanto como pudo, pero, pronto, la presión para casarnos la superó. Estaba en el segundo trimestre, cansada e incómoda, y no quería discutir más. Tampoco soportaba la idea de romperle el corazón a su madre y, en el fondo (aunque nunca se lo dije), sabía que yo también quería una boda. Así que accedió a celebrar una ceremonia tradicional en Baltimore, el día de Año Nuevo, con una condición: Gammy se tenía que encargar de todo. Jada aparecería, caminaría hasta el altar, comería pastel, gritaría «¡Feliz Año Nuevo!» y se iría.

Gam estaba en las nubes. Aún hoy, Jada se refiere a ese día como «la boda de Gammy».

Fue maravilloso. Nos casamos en un castillo histórico a las afueras de la ciudad y la ceremonia fue muy íntima, aunque no tanto como Jada hubiera querido. Hubo unos cien invitados entre amigos y familiares, tuvimos un pastor y contamos con la licencia matrimonial emitida por el Gobierno. Y, aunque el acontecimiento en sí fue alegre y lleno de amor, también fue la primera de las muchas y dolorosas concesiones que Jada tuvo que hacer en contra de sus propios valores a lo largo de nuestros años juntos.

Se había subido al tren de Will. No había marcha atrás.

No todas las formas de fama son iguales.

La fama de la música es rápida, del momento, inmediata. Se consume con rapidez y mantenerla es muy difícil. Sin embargo, cuando llegas al corazón de alguien a través de la música, te quedas allí para siempre. Cuando una de tus canciones se une a la experiencia vital de alguien, no hay nada que pueda romper esa unión. Y cuando haces música animada, tu fama se convierte en sinónimo de diversión, te conviertes en el alma de la fiesta. Probablemente eso explique por qué los músicos populares se asocian con tanta frecuencia al sexo, a las drogas y al alcohol. Si practicas sexo o consumes drogas o alcohol, es muy probable que quieras hacerlo al son de la música.

La fama de la televisión es algo distinta. Cuando estás en la televisión, la gente se acostumbra a verte en su sala, en su dormitorio o en su cocina. Se acostumbra a verte en ropa interior, piensan en ti como en un amigo. La fama de la música lleva a que la gente grite y te ovacione, pero desde la distancia. Si Beyoncé o Kanye no te firman un autógrafo, piensas «Bueno, claro, es normal. Es Beyoncé. Es Kanye». Por el contrario, cuando eres un famoso de la tele, la gente espera que respetes su «amistad». Los fans de la televisión se sienten mucho más insultados cuando les niegas el acceso a ti.

Y luego está la fama del cine, que ya es harina de otro costal. La gran pantalla tiene algo que exalta a quienes vemos proyectados sobre ella. La fama del cine raya en la adoración... y eso no siempre es positivo. Cuando eres un famoso del cine, tu presencia te abre paso entre la multitud, literalmente. Aunque, en otras ocasiones, la multitud se abalanza sobre ti y te aplasta.

La fama del cine genera veneración. Cuando era un músico famoso, los fans me llamaban «Fresh Prince»; cuando me hice famoso en la televisión, la gente me gritaba: «¡Ey, Will!». Sin embargo, ese lunes por la mañana después de que *Día de la Independencia* hubiera batido todos los récords de taquilla fue la primera vez que me llamaron «señor Smith».

La fama del cine también afectó a mis relaciones personales. Cuando era un músico famoso, tanto mi familia como mis amigos lo veían como algo genial y divertido. Cuando me empecé a hacer famoso en la televisión, sentí que se abría una sutil distancia entre nosotros. De todos modos, como las noches de viernes en *El príncipe del rap en Bel-Air* estaban tan orientadas a la familia, reconectábamos y sentíamos el mismo vínculo de siempre. Por el contrario, la fama en el cine provocó un cambio fundamental. Amigos, familiares y conocidos de toda la vida pasaron a ubicarse en uno de dos campos: o bien me trataban con tanto respeto y deferencia que parecían desconocidos y yo era incapaz de encontrar a la persona que quería detrás de esa nueva conducta, o bien me trataban sin el menor respeto, como para demostrarme que para ellos no era una estrella de cine.

—Tengo otra —dijo JL.

Estaba grabando en Nueva York. JL había interrumpido una sesión de estudio. JL nunca interrumpía las sesiones de estudio.

—Me gusta mucho —continuó—. Tiene todos los ingredientes: un guion fantástico, un director muy bueno y a Steven Spielberg como productor. Pero hay un problema... De todos modos, no quiero influirte de antemano. Léelo y llámame en cuanto lo termines.

Se trataba de un guion para otra película de ciencia ficción. Trataba de una «agencia del gobierno secreta que autoriza, controla y restringe la actividad alienígena en el planeta Tierra». El director, Barry Sonnenfeld, me había elegido. No se trataba de una audición. Era una oferta.

Leí el guion esa misma noche. Todo sonaba genial. Comedia. Criaturas. Espacio. Pero me preocupaba lo mismo que a JL. Me preocupaba que la película se pareciera demasiado a *Día de la Independencia*. Y, como *Día de la Independencia* había sido un éxito tan colosal, me daba la sensación de que volver al mismo recurso de los alienígenas solo podía dar como resultado algo más pequeño y de menos éxito. Me parecía que, en el mejor de los casos, sería un movimiento en lateral. *Dos policías rebeldes* era una película sobre una pareja de policías. *Día de la Independencia* era una película de extraterrestres. Y este guion era para una película sobre una pareja de policías que se enfrentaba a extraterrestres.

Le dije a JL que no lo veía claro. Lo pensamos durante el fin de semana y el lunes rechazamos la oferta.

—Tienes a Steven Spielberg al teléfono, Will.

Estaba en Nueva York, grabando en un estudio lleno de locos del *hard rock* y el hip-hop.

Mi ego no se podría haberse hinchado más.

—Vaya... ¿es que a ustedes no los ha llamado nunca?

Salí para atender la llamada y en los diez metros que había entre el estudio y el teléfono el ego se me deshinchó por completo, a toda velocidad.

—Hola, señor Spielberg, ¿cómo está usted? —dije con el tono de voz más deferente que fui capaz de producir. Acababa de rechazar su película. No quería ni pensar en la posibilidad de haber quemado todos mis lazos con él.

—Hola, Will. Llámame Steven. ¿Cómo estás?

—Muy bien, señor Spielberg, gracias por preguntar.

—Más bien, ¿dónde estás?

—En Nueva York.

—Estupendo. Así lo podemos hacer en persona.

Oh, oh.

—¿Hacer qué?

—Bueno, rechazaste mi película y me gustaría que habláramos un poco —explicó con buen humor. Nos reímos un poco. Su risa me sonó a: «¿Serás tarado? Sabes que soy el de *Tiburón*, ¿no?».

—Bueno, no, es exactamente así... lo que pasa es que... —dije, diciendo absolutamente nada.

—Solo te quiero enseñar algunas imágenes y hablar de ello. Barry y yo somos vecinos. ¿Puedes venir a los Hamptons?

—Eh, claro. ¿Cuándo les queda bien?

—¿Qué te parece hoy mismo?

¿Qué les pasa a todos estos con lo del «ahora mismo, hoy, nada de parálisis por análisis»?

—Puedes venir en helicóptero. Estarás aquí en una hora y de vuelta en tres. ¿Qué te parece?

No era la primera vez que veía esa película.

—Sí, señor Spielberg. Muy bien. Ahí estaré —contesté.

Aterricé en la finca de Steven Spielberg en los Hamptons menos de una hora después. Ahí estaba, esperando, vestido con unos pantalones de mezclilla y una camiseta vieja, como si no fuera Steven Spielberg.

Su casa era como un templo dedicado al cine al estilo de Cape Cod. Carteles originales de películas clásicas, fotografías de él junto a los grandes de Hollywood, un despacho con la maqueta de E. T. que habían usado en la película, dibujos conceptuales del tiburón mecanizado de *Tiburón*...

Mirara donde mirara, veía la grandeza del cine. Sin embargo, lo que más me sorprendió fue la modestia de Spielberg. Ahí estaba, Steven Spielberg, el director de cuatro de las películas más importantes de toda la historia, y lo que transmitía era, sobre todo, la alegría infantil que le producía el cine. Estaba nervioso y emocionado. Quería mostrarme su visión para *Hombres de negro*.

Nos sentamos en su despacho. Me sirvió limonada con gas. Creo que fue la primera vez que bebía limonada con gas. De lo que sí que estoy seguro es de que fue la primera vez que bebía limonada con gas casera. Estaba tan buena que me tomó desprevenido.

—A ver. Explícame por qué no quieres salir en mi película de extraterrestres.

—Bueno, no es que no quiera salir en ella. El guion me encantó, en serio. Y me siento muy, pero que muy halagado por el hecho de que hayan pensado en mí.

Se dio cuenta de que dudaba.

—Dime cuál es el problema y veremos si tiene solución.

Le expliqué todas mis preocupaciones respecto a *Dos policías rebeldes* e *Día de la Independencia*, las similitudes y el miedo a quedar encasillado como el «tipo de los extraterrestres».

Me escuchaba con mucha atención. Mirando atrás, creo que esa es una de las habilidades que hace de él un maestro de la dirección de cine: se pasa la vida escuchando a actores, directores, guionistas, ejecutivos de estudio y productores; identificando problemas y encontrando soluciones para sintetizar la brillantez de todo un equipo en una creación única.

Hizo una pausa larga, para reflexionar con detenimiento sobre lo que me preocupaba. Finalmente, habló.

—Muy bien, Will. Lo entiendo. Del todo.

Gracias a Dios.

—Aah, menos mal. Te lo agradezco mucho, porque sabes, te respeto muchísimo —dije—. Casi me explota la cabeza pensando en esto.

Nos echamos a reír.

—Pues no lo pienses con tu cabeza. Piénsalo con la mía. —Lo dijo en broma, pero en mi cabeza sonó con la claridad de la Campana de la Libertad de Filadelfia... y esta vez, mi cabeza estalló.

Indiana Jones, Jurassic Park, Encuentros cercanos del tercer tipo, Tiburón, El color púrpura, La lista de Schindler, Rescatando al soldado Ryan, ah, y *E.T.* Me di cuenta de que si mi participación en la película dependía de la decisión de alguien, tal vez no debería ser de mí.

Pasamos toda la tarde juntos. Conocí al director, Barry Sonnen-feld. Condujimos por los Hamptons y fuimos a buscar a los hijos de ambos a la escuela. Actué como un verdadero fan ante Spielberg. Hablamos de su proceso, de cómo elige los conceptos y desarrolla los guiones, de sus opiniones acerca de las tramas y de los personajes, de lo que hace que una película sea un éxito y de lo que diferencia a los actores de las estrellas de cine. Creo que Barry es uno de los hombres más divertidos del planeta. Tiene un sentido del humor muy ingenioso y con varias capas. Somos polos opuestos, pero nuestra armonía cómica encajó al instante. Nos hacíamos reír mutuamente. Me encantaba cómo me veía.

Me dieron una lista de películas que ver y de textos que leer y me conectaron con lo que se convertiría en la estructura conceptual básica de cómo elegiría y haría películas durante el resto de mi carrera a partir de entonces. La teoría del monomito de Joseph Campbell, el periplo del héroe tal y como se presenta en *El héroe de las mil caras*.

El héroe de las mil caras, publicado en 1949, se convirtió en mi segunda historia de amor literaria. No exagero cuando digo que aposté toda mi carrera profesional en el cine a este libro.

La obra de Joseph Campbell revela una estructura argumental oculta en la mitología, las leyendas y los cuentos clásicos de todo el mundo. Esta pauta, este patrón narrativo, aparece en todas las culturas de todos los tiempos. Campbell plantea la teoría de que el motivo por el que esas ideas, arquetipos, patrones y temas son tan universales en nuestras narraciones es que son universales en la experiencia humana.

La mente humana es una máquina de contar historias. Estamos programados para crear narraciones. Lo que llamamos «memoria» e «imaginación» son, básicamente, historias que concebimos en nuestra cabeza como mecanismo de supervivencia para protegernos y para prosperar. Somos lo que Jonathan Gottschall llamó «animales que cuentan historias». Nuestra mente aborrece la abstracción.

Desde el principio de los tiempos, el ser humano ha usado los personajes y los relatos para dar sentido al misterio de la vida. Necesitamos que nuestras vidas signifiquen algo. Si no podemos moldear nuestras experiencias en una historia que otorgue a nuestra existencia un propósito, lo vivimos como una enfermedad mental.

Campbell identifica diecisiete etapas que abarcan lo que denominó «monomito» o «el viaje del héroe». (En su importante interpretación de la obra de Joseph Campbell, *El viaje del escritor*, Christopher Vogler redefinió las etapas y las redujo a doce. El libro de Chris se ha convertido en un estándar de Hollywood y es un libro de texto clásico en la formación de guionistas de todo el mundo.)

La pauta narrativa del periplo, o viaje, del héroe es la siguiente: un héroe recibe una «llamada a la aventura». Le sucede algo que lo obliga a embarcarse en un viaje a un mundo lleno de peligros y sucesos extraordinarios. Se enfrenta a dificultades, pruebas y encrucijadas; se encuentra con aliados y con enemigos (quizá incluso con el amor), y todo ello culmina en un «calvario». Cuando demuestra ser lo suficientemente sabio y fuerte para superar sus heridas interiores (traumas) y los obstáculos externos, y cuando sobrevive al calvario que casi le cuesta la vida, resurge con un «tesoro», al que Campbell llama «elixir»: una sabiduría y un conocimiento extraordinarios. Ahora puede «volver a casa» con la «recompensa» y hacer lo único que hace que la vida merezca ser vivida: ayudar a otros a encontrar el camino.

Hay historias que nos resbalan. No las entendemos, no conectamos con ellas, no significan nada para nosotros. Por el contrario, otras calan, superan nuestras defensas y llegan hasta nuestros rincones más secretos, anulan el cerebro e inducen reacciones físicas: lágrimas, escalofríos, risas y suspiros. Nos alientan y nos provocan placer y euforia. Nos inspiran. Nos motivan a ser mejores. Las grandes historias iluminan la verdad y, al final, hacen que queramos ver la película una y otra vez, y otra, y otra.

La lista de los éxitos de Hollywood que siguen el paradigma del periplo del héroe es tan larga que es imposible enumerarlos todos. Por nombrar solo algunos: *El mago de Oz*, *Matrix*, *Tiburón*, la saga de

Star Wars, Titanic, Corazón valiente, las películas de Harry Potter, *Rocky*, la saga de *El señor de los anillos, El rey león, Buscando a Nemo, Forrest Gump, Los increíbles, El silencio de los inocentes, Mulán, Gladiador, Aladdin, Indiana Jones, La bella y la bestia*, y *Danza con lobos/Avatar* (siempre las veo una detrás de otra).

El periplo del héroe se convirtió en mi mapa para crear personajes apasionantes y centrarlos en historias que resonaran de forma universal, en películas que trascendieran el idioma, la edad, la raza, la religión, la cultura, la nacionalidad, la educación y el estatus económico. Joseph Campbell y Christopher Vogler habían codificado los elementos que componen la historia de la lucha universal, de cómo el ser humano se transforma y renace como la mejor versión de sí mismo. Para mí, eso era oro cinematográfico y la clave para satisfacer los deseos de seres humanos de todo el mundo. La estrella de cine representa al guerrero en la lucha a vida o muerte contra la brutalidad de la condición humana.

Es el viaje de la oruga que se convierte en mariposa. Es la historia de Jesucristo, de Buda, de Mahoma, de Moisés y de Aryuna; es la historia de Cassius Clay volviéndose Muhammad Ali; es el arco universal de transformación; es la historia de Santiago en *El Alquimista*.

Hombres de negro cumplía todos los requisitos. Era una película con efectos especiales, extraterrestres, amistad (una forma de amor) y un periplo del héroe perfecto. Iba a ser la prueba de fuego para la eficacia de la «fórmula de Will Smith para el éxito en el cine».

Hombres de negro se estrenó el 2 de julio de 1997. Era el mismo fin de semana en el que *Día de la Independencia* había llegado a los cines el año anterior. No todos los fines de semana son iguales en Hollywood. El del 4 de julio es el más cotizado de todos. Es el fin de semana en el que los estudios lanzan las películas en las que lo han apostado todo. Las vacaciones de verano hacen que todos los días sean viernes, y la recaudación de taquilla de un 4 de julio puede ser un doscientos o un trescientos por ciento superior a la de cualquier otro fin de semana. Cuando el estudio decide estrenar tu película

ese fin de semana, lo apuestan todo a ti. Decidí reconocer pública-
mente esa presión. Empecé a hablar del fin de semana del 4 de julio
como el «fin de semana de Big Willie» en todas mis entrevistas.

Les encantó. Llegó a todos los titulares. (En el Reino Unido, tuvo
un beneficio promocional añadido, si bien no intencionado, porque
«*big*» significa «grande» en inglés, y, en inglés británico, «*willie*» es una
manera de aludir al miembro masculino. Así que parecía que estaba
invitando a todos los fans británicos a que se unieran a mí en un fin de
semana dedicado a un enorme miembro viril.)

El estreno de *Hombres de negro* acumuló la energía de un campeonato de boxeo. Era yo contra la taquilla. Intentaba llevar al
mundo de los estrenos de cine la misma emoción que Muhammad
Ali llevaba a los combates por el título. Quería llegar como el circo
de Barnum y Bailey, desfilar por países y ciudades de todo el mundo, ser un director de pista que dinamizara y liderara un circo global.
Quería orquestar un evento de una envergadura, un alcance y una
vistosidad como el mundo no había presenciado hasta entonces.
Estábamos preparados, y Big Willie ardía por entrar en acción. (Esta
última frase está dedicada a mis amigos británicos.)

Omarr era el más joven del grupo. Había empezado como bailarín
y, ahora que Jeff y yo actuábamos mucho menos, lo había traído
como asesor de vestuario de *El príncipe del rap en Bel-Air*. Omarr
tiene un estilo fantástico y me ayudó a desarrollar mi imagen.

Sin embargo, hacía un tiempo que planeaba en silencio y en
secreto un cambio de carrera. JL y yo estábamos cada vez más cen-
trados en la televisión y en el cine, y él se quería encargar de producir y gestionar mi carrera musical. Había estado cortejando a los
Trackmasters, unos productores de música de Nueva York muy
prometedores que habían trabajado con Nas, LL Cool J y Foxy
Brown y que tenían una visión para mi regreso a la música.

Omarr estaba deseando dejar de ser «el pequeño Omarr». Se
daba cuenta de que la situación estaba candente y quería tener la
oportunidad de contribuir.

—Hermano, escúchame —me dijo—. ¿Te acuerdas de la que se armó con el tema de *El príncipe del rap en Bel-Air*? Mira, tenemos que sacar sí o sí una canción para *Hombres de negro*. Confía en mí, será increíble. Toda la música que se hace ahora es demasiado triste y seria, da bajón. Puedes ir contracorriente.

Cuando eres famoso, todo el mundo tiene una idea. Todo el mundo tiene una nueva propuesta de negocio, una demo o una manera mejor de hacer las cosas. Con los amigos y la familia esto llega al extremo, porque se sienten con derecho a decírtelo y tú te sientes obligado a atenderles. Así que escuché con paciencia el discurso de Omarr.

Entonces, me presentó su idea con un *sample* de «Forget Me Nots», de Patrice Rushen. La cantante de la demo entra: «Here come the Men in Black». Miré a Omarr con ese rostro de músico clásico, meneando la cabeza y arrugando la nariz como si algo oliera mal.

Nos metimos en el estudio con los Trackmasters. Modernizaron la batería y la orquestación. Era la bomba. Escribí y grabé la letra de «Men in Black» y escuchamos la mezcla en bruto de dos pistas. Me acerqué a Omarr y le dije: «Acabas de conseguir un nuevo trabajo».

(Más adelante, Omarr hizo lo mismo con Jaden y Justin Bieber en *The Karate Kid* con «Never Say Never», película número uno, canción número uno.)

Hay pocas cosas más explosivas en el mundo del entretenimiento que una película de éxito combinada con una canción de éxito. Piensa, si no, en *El guardaespaldas* y «I Will Always Love You», de Whitney Houston; en *Purple Rain* y «Purple Rain», de Prince; en *Rocky* y «Eye of the Tiger»; en *Fiebre de sábado por la noche*; en *Footloose*; en *Vaselina*... Lo entiendes, ¿verdad? La alquimia de la historia y de la banda sonora es como un tornado que se alimenta a sí mismo y que arrastra consigo todo el dinero del fin de semana.

La relación simbiótica entre película, canción y videoclip era la tormenta perfecta de la promoción. La canción funciona como una colosal promoción radiofónica para la película y, básicamente, es gratis. El videoclip sirve como un avance de la película y la película hace que los fans compren el álbum y pidan la canción y el videoclip en la radio y en la tele.

Estábamos preparados con todo el equipo. Ahora solo quedaba esperar al 4 de julio, quiero decir, al fin de semana de Big Willie.

QUINCE

INFIERNO

El chico y su padre habían sido encarcelados injustamente. El rey griego que los había mandado a prisión era un canalla: había usado acusaciones falsas, les había rescindido la libertad condicional y ni siquiera les había ofrecido un abogado de oficio. Se enfrentaban a la cadena perpetua.

Padre e hijo decidieron escapar. El padre era un gran artesano, un inventor genial. Era capaz de diseñar, construir o arreglar cualquier cosa. Y se negaba a permitir que su hijo se pudriera en esa celda apestosa. Así que fabricó dos pares de alas hechas con plumas y cera para escapar volando de la prisión. Sin embargo, antes de emprender el vuelo, el padre advirtió muy seriamente a su querido hijo: «No te acerques demasiado al sol, porque el calor fundiría la cera. Y no vueles demasiado bajo, porque te arriesgas a que el agua de mar moje las plumas».

Sin embargo, Ícaro, el hijo, no tenía la menor intención de ser prudente. Despegó, voló sobre los gruesos muros de piedra, ascendió más allá de las torres. ¡Libertad! Y se alzó hacia el vasto éter azul. Cuanto más alto subía, más en las nubes tenía la cabeza. La felicidad, la exaltación y la emoción del vuelo inundaron de adrenalina sus venas inmaduras. Se convirtió en la proverbial polilla que se acercó demasiado a la llama. El sol estaba cada vez más cerca y era cada vez más ardiente y cegador, pero Ícaro seguía ascendiendo, volando cada vez más alto, hasta que la cera de las delicadas alas se empezó a fundir, a desintegrarse, a caer al mar. Ícaro comenzó a perder altitud, poco a poco al principio, casi imperceptiblemente. De repente, estaba cayendo en picada. El mar se aproximaba. El sol se alejaba. El desastre se cernía sobre él. Ícaro se estrelló y murió.

La cuestión era que yo me sentía muy bien volando tan cerca del sol. El problema era que todos los que me rodeaban eran mis alas.

Una encuesta a profesionales de la industria del cine concluye que Will Smith es la estrella más rentable de Hollywood. [...] Se clasificó a los actores en función de su capacidad para atraer financiación a sus proyectos, del éxito de taquilla, del atractivo para distintos segmentos demográficos y de otros factores. [...] Smith fue el único que consiguió un 10. REUTERS

Smith es el primero [...] de más de mil cuatrocientos actores en activo [por delante de Johnny Depp, Brad Pitt, Leonardo DiCaprio, Angelina Jolie, Tom Hanks, Denzel Washington, Meryl Streep, Jack Nicholson, Tom Cruise o Matt Damon] en lo que se refiere a garantizar el éxito económico de proyectos cinematográficos. FORBES

«Podemos afirmar que Will Smith es el amo del fin de semana del 4 de julio», dijo Jeff Blake, presidente de marketing y distribución mundiales de Columbia Pictures. THE NEW YORK TIMES

El fin de semana de Big Willie fue una locura total. *Hombres de negro* recaudó cincuenta y un millones de dólares durante los tres primeros días solo en Estados Unidos. Llegó al número uno en más de cuarenta países de todo el mundo y al final recaudó doscientos cincuenta millones de dólares en el mercado nacional y casi seiscientos millones de dólares en todo el mundo. (Se vendieron más de cinco millones de copias de la banda sonora. Para aprovechar el momentum, inmediatamente después lanzamos *Big Willie Style*, del que se vendieron más de doce millones de copias en todo el mundo.)

Era oficial. Era unánime. Era la estrella de cine más grande del mundo mundial.

Sin embargo, quiero dejar claro que no lo digo para impresionar. No lo digo por presumir. No es una demostración de fuerza ni un regodeo ególatra. No es más que puro contexto histórico, un marco de situación, una estructura, para darte, querido lector, más perspectiva y una impresión más detallada de hasta qué punto ya no había marcha atrás.

Algo cambió en cuanto la vi.

Ni siquiera intentaré explicarlo. Sin embargo, no volví a ser el mismo nunca más. Sabíamos que esperábamos una niña, pero no tenía ni idea de lo que eso me iba a causar por dentro.

Durante el nacimiento de mis dos hijos, había pasado por distintos niveles de terror y de confusión. Trey nació por cesárea de emergencia y fue directamente a la UCI de neonatos. Mi primera imagen de él incluye un tubo intravenoso insertado por la coronilla. Cuando Jaden nació, Jada la pasó muy mal y centré toda mi atención en ella, no en el nacimiento de mi segundo hijo. Los recuerdos de ambos partos están salpicados de flashes fragmentados de miedo.

Así que esta vez, hecho todo un veterano del ala de maternidad y liberado de todas las fobias que asaltan a los padres novatos, prometí una atención completa y total. Quería estar presente e implicarme en todo momento.

Willow Camille Reign Smith nació el día de Halloween del año 2000. La fecha prevista de parto era el 11 de noviembre, el cumpleaños de Trey, pero incluso en el útero tuvo muy claro que eso de compartir cumpleaños no iba con ella. Se presentó con dos semanas de antelación, como una diva.

Fui la primera persona que la tomó en brazos. Era diminuta. Toda ella me cabía en la mano, con las piernas y los brazos colgando del borde. Quince segundos después ya tenía apodo, que sigo usando a día de hoy: mi chícharo. Sus preciosos ojos esmeralda intentaban enfocar. No me podía ver, pero parecía que, de algún modo, sabía que era suyo.

Siempre disfruto contando las historias de los partos de mis hijos, en parte para plasmar los accidentados viajes a la paternidad, pero sobre todo para avergonzarlos delante de sus amigos. El resumen de la historia que cuento sobre el de Willow es: salió, la tomé, la miré embelesado y grité a pleno pulmón: «¡DIOS MÍO!, ¿DÓNDE ESTÁ EL PENE?».

Willow no soporta que cuente la historia, por lo que me resulta aún más divertida y lo hago a la menor ocasión (en libros y cosas así, por ejemplo).

El nacimiento de Willow alteró la dinámica familiar. Hasta entonces, habíamos mantenido un equilibrio frágil. Sheree y yo habíamos tenido un hijo y Jada y yo teníamos un hijo. Todos nos esforzábamos mucho en cultivar la sensación de que pertenecíamos a una familia singular. Aunque al principio fue complicado, Jada y Sheree estuvieron de acuerdo en que Jaden y Trey se debían considerar hermanos del todo. Jada incluso se negó a aceptar el calificativo de «madrastra». Aún hoy, Trey se refiere a ella como su madre de regalo.

Cuando Jaden nació, nos intentamos asegurar de que Trey se sintiera parte del proceso en todo momento. Hablamos con una psicóloga para que nos ayudara en la transición que supuso el nacimiento de Jaden y nos sugirió que Trey, que entonces tenía seis años, participara en la elección del nombre. Nos explicó que si Trey formaba parte del proceso, empezaría a pensar inmediatamente en el nuevo bebé como en su hermano. Elegir el nombre suscitaría una sensación de propiedad y de conexión.

Jada y yo llegamos a casa, emocionados con la idea de implicar a Trey. Estaba en su habitación, jugando al *Mario Kart* en su nuevo Nintendo 64. Lo encontramos sumido en el estado catatónico que caracteriza a los varones preadolescentes adictos a los videojuegos.

—¡Trey! —exclamé.

—Hola, papá —respondió sin apartar los ojos de la pantalla.

—¡Tenemos una sorpresa para ti! Queremos que seas tú quien elija el nombre de tu hermano.

—Bueno —respondió impasible el pequeño cavernícola semi-comatoso.

—Trey, deja el juego un momento —dijo Jada.

—Bueno —contestó—. Dame un segundo.

—Trey, es importante —dije, cada vez más frustrado al ver que un niño de seis años estaba echando por tierra mi genial estrategia psicológica—. Tenemos que elegir un nombre para tu hermano...

—¡LUIGI! —gritó. Y se puso a jugar otra vez.

Jada y yo nos miramos, horrorizados. Estábamos pensando exactamente lo mismo: *¿Quién había visto alguna vez a un negro que se llamara Luigi?*

Jada intervino.

—Trey, ¿no hay ningún otro nombre que te guste? —preguntó, con su mejor voz de madre dulce.

Trey, que percibió el rechazo implícito al nombre propuesto, dejó de jugar al instante.

—¡Dijeron que se llamaría como yo quisiera!

—Bueno, sí, Trey —dije yo, apelando a mi mejor voz de padre dulce—. Solo es por saber si hay algún otro nombre que también te guste. Por si, cuando lo veamos, Luigi no le queda muy bien...

—¡QUIERO LUIGI! ¡ES MI NOMBRE PREFERIDO! —aulló Trey.

—De acuerdo, de acuerdo. Tú decides —dijo Jada con tranquilidad.

—¡Esa psicóloga se va a enterar de lo que es bueno!

—Will, tranquilízate, ahora la llamo —dijo Jada, mientras marcaba el número con dedos temblorosos.

No podía dejar de recorrer la habitación, de un lado a otro, viéndome obligado a presentar a mi hijo como Luigi Smith porque le había pagado cuatrocientos dólares a una psicóloga para que me viera la cara sobre cómo poner nombres a los bebés.

—¡Nos tendremos que mudar a Palermo!

La psicóloga se disculpó profusamente, pero nos ofreció otra solución: le teníamos que comprar a Trey un cachorro lo antes posible. La teoría era que, si «Luigi» era su nombre preferido, no querría esperar a que su hermano naciera para usarlo. Querría llamar Luigi al cachorro. Entonces, le podríamos pedir otro nombre para su hermano y, esta vez, seríamos más cuidadosos a la hora de guiarlo a una opción más acertada.

Salimos de casa a todo correr y compramos un precioso lhasa apso gris y esponjoso.

—¡Trey, tenemos otra sorpresa para ti!

—¡UALAAA! —exclamó, mientras corría a abrazar a su nuevo cachorro.

—¿Cómo quieres llamarlo? —le azuzó Jada, introduciéndose de nuevo en el campo de minas afroitaliano.

Y, de nuevo, Trey gritó:

—¡LUIGI!

Jada había completado con éxito la primera fase de la misión. Ahora me tocaba a mí.

—No, un momento. Trey, tu hermano no se puede llamar como el perro.

—¡Quiero que mi perrito se llame Luigi! —repitió Trey enfáticamente.

Fase dos completada. Ahora, por la tercera, la más crítica de todas.

—Bueno, pues entonces tendrás que elegir otro nombre para tu hermano —dije—. Tengo una idea, a ver qué te parece. Yo escogeré uno, Jada otro y tú otro. Así elegiremos juntos los tres nombres del bebé.

Trey se acababa de hacer amigo de un niño de su clase que se llamaba Christopher. Así que, por obra y gracia de un creador bondadoso, Trey gritó:

—¡CHRISTOPHER! Quiero que mi hermanito se llame Christopher.

—¡SÍ! —gritó Jada, que se tuvo que contener para no alzar el puño al aire.

Al final yo elegí «Jaden», Trey «Christopher» y Jada «Syre»: Jaden Christopher Syre Smith. (Para que conste en la historia, JL se negó a llamar a Jaden otra cosa que no fuera Luigi hasta que cumplió los quince.)

El nacimiento de Willow inclinó la balanza del precario equilibrio de nuestra familia y, de repente, por primera vez, desde dentro y desde fuera, daba la impresión de que tenía una familia «nueva» y una familia «vieja». Cuando la prensa hablaba de «la familia de Will Smith», lo más habitual era que usaran imágenes de Jada, Jaden y Willow conmigo y dejaran fuera a Sheree y a Trey. Los medios de comunicación preferían la simetría y la convencionalidad del grupo nuclear.

Cuando el calor de mi fama mundial llegó a ebullición, el caldero del escrutinio público hizo lo mismo. Las frágiles alas de cera que mantenían unida a mi familia se empezaron a ablandar. Sheree y Trey comenzaron a alejarse de los focos, pero es que bajo los focos también estaba yo. Me tomé su distanciamiento como algo personal. *¿Qué quieres decir con que no quieren venir al estreno de mi película? Quiero que mi familia esté en la alfombra roja junto a mí. Así es como se come en esta familia.*

—Quiero que nuestro hijo tenga una vida normal —dijo Sheree un día—. Quiero que vaya a clase, que vaya a la iglesia, que tenga amigos normales...

—¡Esa no es su vida! —respondí.

—Esa no es tu vida, Will. Pero puede ser la de Trey. Por eso tiene una madre y un padre. No quiero que se pase la vida de ciudad en ciudad, de set en set, sin estabilidad.

—Mi hijo tiene que estar conmigo. Soy el hombre con el que tuviste un hijo. Así que soy el padre que tiene tu hijo. Y, para poder ejercer como tal, necesito que se pueda mover cuando yo me muevo.

—¿Y qué pasa con la escuela, Will? —preguntó Sheree.

—Tatyana tenía un tutor que venía al set de *El príncipe del rap en Bel-Air* y entró en Harvard. Claro que tiene que estudiar, pero la escuela no es el único sitio donde los niños pueden recibir una educación.

—Will, te he visto en el set —me interrumpió Sheree—. No podrás estar para él. Se quedará con el tutor o la niñera a la que hayas contratado. ¿Sabías que en Los Ángeles también se hacen películas? ¿Alguna vez te ha pasado por la cabeza la posibilidad de quedarte en Los Ángeles para criar a tu hijo?

El muro emocional contra el que me doy una y otra vez mientras escribo el libro es que ahora sé cuál es la respuesta correcta a muchas de estas preguntas. Sin embargo, en la confusión del ayer, provoqué muchos problemas innecesarios.

«¿Alguna vez te ha pasado por la cabeza la posibilidad de quedarte en Los Ángeles para criar a tu hijo?»

Esto es lo que tendría que haber dicho:

—Para empezar, los quiero a los dos. Sé que esta no es la vida que imaginamos ni tú ni yo, pero es la que nos ha tocado vivir. Sé que da miedo. Pero los quiero a ti y a Trey y los querré durante toda mi vida. Si quiero garantizar lo mejor para nuestra familia, necesito viajar y necesito poder moverme por el mundo. Al mismo tiempo, quiero que sepas que te entiendo y que entiendo lo que te preocupa. Ir en contra de lo convencional asusta, lo sé. Sé que te estoy pidiendo que me acompañes en un viaje sin mapa, peligroso y con muchas curvas. Es aterrador no llevar a tus hijos a escuelas tradicionales o no saber en qué ciudad dormirán el mes que viene. No tengo todas las respuestas, pero te prometo que, si me acompañas y me apoyas en este viaje, preferiría morir antes que dejar que nuestra familia no prospere.

Lo que dije fue muy distinto:

—Claro que sí. Si te parece, lo vendemos todo y vivimos de lo que tú ganes.

—Oye, hermano, si dices que te lo conté, lo negaré —susurró Harry—. Le enseñé una finca a Jada y dice que es demasiado grande.

Pero te conozco desde que nací y siempre has tenido Southfork entre ceja y ceja. Lo encontré.

Harry dirigía la división inmobiliaria de la familia y le había encargado que encontrara mi Southfork particular. Conocía desde pequeño mi obsesión con *Dallas* y mi fantasía de tener una propiedad con nombre. Había visto un rancho de ciento tres hectáreas a cuarenta y cinco minutos al noroeste de Los Ángeles.

—Jada me pidió que no te lo enseñe, así que, por respeto a ella, no te lo enseñaré. Pero aquí tienes la dirección. Es todo lo que siempre habías soñado.

Harry es como JL. No adorna sus descripciones. Si decía que era «todo lo que siempre había soñado», lo que quería decir era «sal rápido y visítalo hoy mismo».

En la finca había cinco casas, un lago espectacular, establos, senderos, abundante fauna y flora de chaparral. La primera vez que la visité, una cierva preciosa se acercó a la puerta. Lo entendí como una señal. Me encantaba. Tenía a la mujer perfecta, tres hijos maravillosos y era la mayor estrella de cine del mundo, sin discusión. La cereza del sueño de mi vida sería Her Lake, una casa con nombre.

A Jada le encantaban los caballos. Yo temblaba de la emoción. Podía verla viniendo a desayunar a lomos de un pura sangre, como Sue Ellen. Esta compra sería la manifestación material de mi amor por Jada. En esa tierra sembraríamos las semillas de nuestras esperanzas y allí alzaríamos el refugio de nuestras aspiraciones en flor. Her Lake. En cuanto vi el lago de la finca, supe que era para ella. (Pensé en ponerle el nombre en español, *Su Lago*, pero recordé que yo no dejaba de ser de Filadelfia y ella de Baltimore.)

Jada no quería la finca. Al mirarla, solo veía las cincuenta personas que necesitaríamos para gestionar, mantener, proteger y cuidar ciento tres hectáreas de terreno, caballos, cinco edificios y un montón de ciervos envalentonados que llamarían continuamente a la puerta. Además, sabía que yo pasaría al menos seis meses del año fuera, trabajando, por lo que la responsabilidad de Her Lake recaería sobre sus hombros.

No soportaba la idea.

Yo acababa de estar en la India por primera vez en mi vida. Harry y yo nos habíamos quedado un buen rato contemplando el Taj Mahal, maravillados no solo por los detalles estéticos y por su belleza, sino por la magnitud del amor que había impulsado su construcción. Mucha gente no lo sabe, pero el Taj Mahal es un mausoleo diseñado, construido y mantenido para una mujer: Mumtaz Mahal, la esposa favorita del emperador Shah Jahan. El emperador quedó tan afectado por la muerte de su amada esposa que encargó la construcción del Taj Mahal. Conservó su cuerpo durante los más de veinte años de construcción (entre 1632 y 1653), gastó treinta y dos millones de rupias (casi mil millones de dólares al cambio de hoy), empleó a veinte mil de los mejores artesanos del mundo e importó mármol italiano (algo nada fácil en la India del siglo XVII, por no mencionar que la India contaba con su propio mármol de Makrana que habría podido usar también). Todo para crear una tumba privada merecedora del amor que había perdido.

Me identifiqué con Shah Jahan. Quería que todo aquello en lo que participara resistiera el paso del tiempo. Quería que todo lo que me rodeara fuera lo más grande y magnífico que nadie hubiera visto jamás. Impulsado por una pasión ardiente, mis impulsos creativos forjarían la mejor expresión de todo lo que tocara: cine, música, familia, hijos, negocios, matrimonio...

El sueño de la familia Smith me inspiraba y me consumía. Y Her Lake era un imperativo.

—Will, no me gusta —dijo Jada—. No la quiero. Es demasiado grande, demasiado cara. Y tú no vas a estar. Es demasiada gente, demasiado espacio, demasiado ruido. ¡No!

—Cariño, te lo prometo —dije—. No ves lo que yo veo. La estás viendo como está ahora. No puedes ver lo que hay en mi cabeza.

—No sé qué quieres que te diga. No me gusta. No la quiero.

Esta fue la segunda gran cesión de Jada. La siguiente parada en el tren de Will, en aceleración constante.

En retrospectiva, todo es evidente. A todos mis jóvenes lectores varones: no es no. Nunca sale nada bueno de gastarte el dinero que tanto te ha costado ganar en una «casa familiar» en la que tu mujer no quiere vivir. Estarás pagando la entrada de la discordia y, durante años, pagarás una hipoteca de infelicidad.

O peor.

Una de las discusiones más importantes entre Jada y yo fue en una sesión de terapia durante la que hablamos de prioridades. Ambos teníamos lápiz y papel y el ejercicio consistía en hacer una lista de nuestras prioridades por orden de importancia. Jada y yo escribimos febrilmente y, al cabo de unos minutos, el terapeuta nos pidió que intercambiáramos las listas.

Sorprendentemente, ambos habíamos escrito solo cuatro prioridades. Leí lo que Jada había escrito y sentí que me inundaba la confusión. Ella leyó lo que había escrito yo y se le anegaron los ojos de lágrimas. En los veinticinco años que llevamos juntos, nunca la he visto tan dolida como en ese momento. Las prioridades de Jada eran:

1. Los niños.
2. Will.
3. Yo.
4. El resto de la familia y los amigos.

Yo había escrito:

1. Yo.
2. Jada.
3. Los niños.
4. Mi carrera profesional.

El terapeuta nos recordó que el ejercicio era una oportunidad para conocernos mejor el uno al otro. Dijo que debíamos reservar los juicios y mantenernos abiertos al proceso de exploración y de descubrimiento. Luego, preguntó cuál de los dos quería ser el primero en hablar.

—Cariño —dije—. Veo que no estás bien. ¿Qué es lo que te afectó tanto de lo que escribí?

Jada apenas era capaz de hablar.

—No puedo creer que te hayas puesto por delante de los niños —dijo con voz temblorosa.

—¿Qué quieres decir? —respondí—. Quiero a los niños tanto como tú. De hecho, a mí me sorprendió que te pusieras en tercer lugar. No tiene ni pies ni cabeza. Es como en los aviones: antes de intentar ayudar a nadie, te tienes que poner la máscara de oxígeno tú. Claro que los cuidaré a todos, pero, para eso, tengo que cuidarme a mí.

—Eso explica muchas cosas —dijo Jada.

—Creo que lo estás entendiendo mal, cariño.

—No, nada de eso. Lo estoy entendiendo exactamente como lo escribiste en el papel.

—Jada, lo que quiero decir es que si no vas al gimnasio, si no comes bien, si no das prioridad a cuidar de tu salud física y mental, no serás tan buena madre como podrías ser. Para cuidar a los hijos, antes tienes que cuidar de ti misma.

Intenté reformularlo y aclarar lo que quería decir. Pero se le había roto el corazón. Ni siquiera intentó secarse las lágrimas.

A lo largo de los años, he hablado con muchos artistas, músicos, innovadores, atletas, pensadores, poetas, emprendedores y grandes soñadores de todo tipo. Y la misma conversación secreta se da una y otra vez: «¿Cómo podemos perseguir y materializar plenamente nuestra visión al tiempo que cultivamos el amor, una familia próspera y relaciones plenas?». Y es que todo el que ama a un soñador se enfrenta a una realidad muy dura. El sueño va por delante de todo lo demás.

Hacer realidad mi sueño se había convertido en un acto de supervivencia. Mi sueño me había salvado la vida durante las noches más oscuras. Era mi luz, mi sustento. Imaginar días mejores me había ayudado a seguir viviendo. Era mi único propósito. Veía mis esperanzas como el boleto a una vida mejor, a la alegría, a la plenitud, a la estabilidad, a la seguridad. Hacer realidad mi sueño era, para mí, la única vía al amor y a la felicidad. Fracasar equivalía a morir. Creía que, una vez que hubiera llegado a la cima de la montaña, nunca volvería a tener miedo. Nunca volvería a estar triste. Nunca me volverían a maltratar, a faltar al respeto o a dejar de querer. Todo aquello por lo que merecía la pena vivir estaba en la cima de la montaña. No había nada que no estuviera dispuesto a perder por el camino o a abandonar para llegar allí. Y cualquiera que se opusiera o interfiriera con mi progreso era mi enemigo.

Sin embargo, la dicotomía era esta: mi mujer formaba parte de mi visión; mi familia formaba parte de mi visión. Mi imagen ideal consistía en alcanzar la alegría, la plenitud y la prosperidad para todos nosotros. Era mi visión, pero no era egoísta, porque la perseguía por todos los que me rodeaban. (Aviso de *spoiler*: las cosas son algo más complicadas que una dicotomía.)

No entendí eso de que uno se podía llegar a avergonzar del éxito hasta que «Gettin' Jiggy Wit It» llegó al número 1. Era mi primer número 1 en el Billboard Hot 100. Y había tantas cosas que iban perfectamente bien en mi maravillosa vida que, bueno, me daba vergüenza.

Siempre recordaré la imagen de Michael Jordan encogiéndose de hombros después de lograr su sexto triple en la primera mitad del partido de una de las finales de 1992 contra los Portland Trail Blazers. Parecía incapaz de fallar, y eso que no era necesariamente un lanzador de triples. Y aunque elegía los tiros, aunque había entrenado y practicado los tiros y aunque lanzaba los tiros decidido a anotar los puntos, estaba tan sorprendido como el resto de que todos entraran en la canasta.

Para ponerlo todo en perspectiva cronológica: *Día de la Independencia* se estrenó en julio de 1996, la canción «Men in Black» salió a mediados de junio de 1997, la película *Hombres de negro* se estrenó dos semanas más tarde, y lanzamos *Big Willie Style* en noviembre de 1997, justo después de comenzar a rodar *Enemigo público*.

Me casé con Jada el 31 de diciembre de 1997.

Lanzamos «Gettin' Jiggy Wit It» en enero de 1998 y la acogida fue bastante decente. Aunque superó febrero sin pena ni gloria, ese mismo mes recibí mi tercer Grammy por «Men in Black», así que tampoco nos preocupaba demasiado que «Jiggy» no fuera un exitazo. Entonces, las ruedas del destino empezaron a girar. En un episodio de *Seinfeld*, Jerry se intenta ligar a una chica que parece que lo ignora. Jerry le pregunta si hay algún problema y la chica le responde que no sabe qué quiere de ella. Y él dice enfáticamente: «*I'm trying to get jiggy with you*» («Quiero hacer el *jiggy* contigo»).

A los fans les encantó la redefinición picante de la palabra *jiggy*. La semana siguiente, Stuart Scott (el locutor de la ESPN) estaba presentando los mejores tiros a canasta de la semana en la NBA cuando dijo del que quedó en primer lugar: «*And he's gettin' jiggy with it!*». Las ventas del álbum y del sencillo se dispararon y, en marzo, «Gettin' Jiggy Wit It» ya era número 1.

Me daba vergüenza, pero eso fue solo el principio.

Ah, por cierto, en esa época Jim Carrey se convirtió en el primer actor en ganar veinte millones de dólares por película y subió así el listón de las tarifas para lo mejor de Hollywood. Por tanto, era obvio que si Jim valía veinte, las conversaciones conmigo empezaban en... veintiuno.

Ser un padre fantástico era clave en mi visión de una vida perfecta. Me encantaba la idea de enseñar, crear, moldear y cultivar el corazón y la mente de mis hijos. Debía entrenar a los niños para que se convirtieran en hombres. Tenía la responsabilidad de enseñarlos a «cazar», a sobrevivir y a navegar las aguas del mundo material. Empecé a ver a Sheree como a un obstáculo que me impedía forjar a Trey como a un joven guerrero. Mi padre me había criado en la camioneta y me había enseñado a mezclar cemento en la tienda. Me había forjado en el fragor de la batalla cotidiana. «Mi hijo estará allá donde esté yo, esa es la única manera en que puedo enseñarle cómo es la vida», le dije.

La relación entre Sheree y yo se deterioró hasta el punto de que las discusiones sobre la crianza de Trey eran prácticamente diarias. Sheree quería que respetara los horarios de irse a la cama de Trey, pero a mí no me importaba a qué hora se acostara siempre y cuando se levantara y cumpliera con sus tareas. Ya aprendería a acostarse pronto cuando tuviera que madrugar y enfrentarse a mañanas horrorosas. Sheree quería que limitara las horas que pasaba ante la pantalla, pero yo pensaba: *¿Y si es un genio de los videojuegos y está destinado a inventar la próxima PlayStation?* Quería alinearme con su amor por los videojuegos, presentarle a programadores y a diseñadores y avivar las llamas de su pasión por los videojuegos.

Sheree quería que lo presionara con la escuela y que lo motivara a sacar buenas notas, pero, para mí, la escuela convencional no era un imperativo para el éxito. Me preocupaba más que desarrollara su pensamiento crítico. Entendía la escuela como un obstáculo para pasar tiempo con él y enseñarle la realidad de las cosas. Quería que viera el mundo como una escuela en la que cada persona era un maestro y cada lugar, un aula.

Los conflictos consecuencia de la disparidad entre los estilos de crianza y las visiones del mundo de cada uno culminaron en una batalla por la custodia de Trey. Trey tenía nueve años y sus padres luchaban por obtener su custodia completa. La emoción en las disputas de este tipo es tan extrema que apenas queda espacio para la cordura. Se convierten en una especie de juego de suma cero y el niño se encuentra en el medio. ¿Cómo de agresivo estás dispuesto a mostrarte con tu ex, a riesgo de que tu hijo salga perjudicado si yerras el tiro? La respuesta está distorsionada por la ilusión de que lo único que motiva tu conducta es la voluntad de proteger a tu hijo, por lo que te sientes justificado en el uso de una violencia emocional cada vez más elevada. Al fin y al cabo, la culpa es de tu ex. Los ex son la causa de todo. Es evidente y todo el mundo lo ve salvo ellos.

Llamé a mi padre. Me escuchó con calma y con paciencia, como veterano de una cruenta guerra muy similar.

—Mira, hijo —comenzó, con una delicadeza nada habitual en él. Entendía mi estado de ánimo y sabía que tenía que ir con cuidado—. No puedes ganar. No puedes pelear con la madre de tu hijo. El niño te odiará toda su vida.

Había dado de lleno en la diana de mi corazón. Sabía que era así. Lo había vivido.

—¿Qué se supone que he de hacer, entonces? —pregunté—. ¿Dejar que haga lo que quiera con mi hijo?

—Tienes que esperar. Cuando cumpla los trece, no podrá hacer nada con él y tu hijo te buscará. Entonces te tocará a ti. Pero, de momento, déjala que haga lo que crea conveniente. Aprovecha los espacios que te queden.

Cuando lo pienso, aún me debato acerca de si tomé la decisión adecuada. Pero dejé de enfrentarme a Sheree. Accedí a mantener la custodia compartida, pero la residencia principal de Trey sería en casa de su madre. Eso significaba que no podía salir del estado de California sin que ella lo autorizara, algo que era muy poco probable que sucediera durante el curso escolar. La consecuencia fue que me podía pasar tres o cuatro meses seguidos sin ver a Trey. Estamos hablando de cuando aún no existía FaceTime. La otra consecuencia no prevista era que, como Willow y Jaden estudiaban en casa, estaban conmigo a todas horas.

Sin embargo, y tal y como mi padre había predicho gracias a la sabiduría que tanto le había costado adquirir, Trey preguntó si se podía venir a vivir conmigo tres semanas después de haber cumplido los trece. Tal y como había dicho mi padre, ahora me tocaba a mí. Fue una gran alegría y un periodo muy emocionante. Jaden y Willow estaban encantados de tener a su hermano en casa para siempre. Sin embargo, la brecha que había entre Trey y yo era ancha y profunda. Oscuras semillas de malentendidos, de resentimiento y de desconfianza habían echado raíz. Aunque tardarían años en dar fruto.

Will, es una emergencia
Llámame ahora mismo!!!

Salvando el mundo en *Día de la Independencia* con ayuda de
Judd Hirsch (izquierda) y de Jeff Goldblum (derecha). La temperatura
en el salar de Bonneville era de 43 °C, y el resplandor de la sal nos quemaba
la piel bajo la barbilla. (Por no mencionar a uno de los miembros
del equipo que llevaba shorts anchos sin calzoncillos.)

Año Nuevo de 1997.
Cada vez que veo esta
fotografía, pienso: *Más
vale que coman tanto
pastel como les quepa...
¡Van a necesitar esos
hidratos de carbono para
resistir la carrera que se
les viene encima!*

Jaden Christopher Syre Smith nació el 8 de julio de 1998. De haber sido por Trey, se habría llamado Luigi.

Trey y el pequeño «Luigi».

Jaden siempre ha sido mi hijo más tranquilo.

Willow Camille Reign Smith nació en Halloween del año 2000.

Jaden, Sheree, Willow, Trey y Jada.

Con Jada y los niños.

Mamá y Gigi, la excelencia negra.

Darrell y yo corriendo a 2 700 metros de altitud en Colorado. —Escribe su nombre —me dijo Darrell. Tomó una fotografía—. Tienes que recordar por qué estamos sufriendo.

Aterrizaje en Maputo (Mozambique), para la última escena de *Ali*. Con JL, Charlie Mack, Darrell Foster y Bilaal Salaam.

Me sorprendí de lo innato de la comprensión entre Muhammad Ali y yo. Me di cuenta de lo similar que era nuestro sentido del humor. La conversación era fluida y cómoda. El actor que había dentro de mí dijo: *Oh, mierda. Creo que puedo hacerlo...*

Uno de los mejores momentos de mi vida: mi padre, Trey y Sheree con Nelson Mandela. A la derecha, el director de *Ali*, Michael Mann, y su mujer, Summer.

«¿Qué quiere decir esa expresión?», le pregunté una vez a Nelson Mandela. Me miró fijamente, como si quisiera discernir si le había formulado por accidente la pregunta acertada o, si hablaba en serio, si estaba preparado para oír la respuesta. «Si vienes a pasar un tiempo conmigo, te lo enseñaré», dijo Madiba.

Con Jada y JL en Aspen.

Durante el año, Jada era Peaches de *Shame, detective privado.*
Una superestrella del gueto. Pero, en cuanto las primeras campanillas del trineo
empezaban a repicar, se transformaba en una señora blanca de mediana edad
del Medio Oeste. Con Jada y mi madre. Tengo a Willow en brazos.

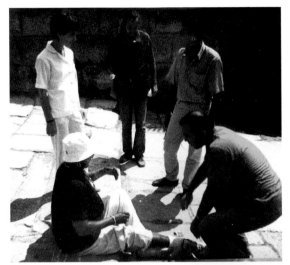

El momento justo
después de que mi
madre tropezara y
cayera en las ruinas de
Éfeso (Turquía).

Jada en el escenario del Ozzfest
con su banda, Wicked Wisdom
(#abs).

Jaden y yo noqueados en el set de *En busca de la felicidad*, en San Francisco en 2005. ¿A que no has visto a nadie haciéndose mejor el dormido?

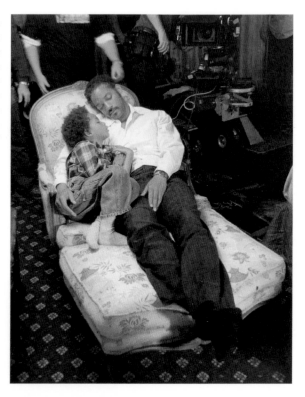

Willow y yo en el set de rodaje del videoclip de «Whip My Hair».

En el escenario de la 40.ª ceremonia anual de los Grammys en 1998. Hay pocas cosas más explosivas en el mundo del entretenimiento que una película de éxito combinada con una canción de éxito.

Jay-Z, Jada, Willow, yo y Beyoncé el día que Willow firmó su primer contrato discográfico con Roc Nation.

Por si tienes curiosidad, estaba tocando «Gin and Juice», de Snoop.

Scoty Sardinha, mi primer «guardaespaldas» calzado con chanclas.

Con Michaela Boehm. Es una pelirroja de melena rizada y de poco más de metro y medio cuyo acento austriaco otorga autenticidad psicoanalítica a todo lo que dice.

Mi postura de esto-lo-veo-todos-los-días en el Taj Mahal. Solo necesito dos mil dólares delante de mí en el suelo.

Mi padre y yo
en el set de
*Hombres
de negro 3*.

Papá en su departamento junto al río en Filadelfia.

El Día del Padre
de 2021.

Mi madre con todos sus hijos y la mayoría de sus nietos. Desde la izquierda:
Jade, Ashley, Trish, Jaden, Dominic, Skylar, Mia, Willow, Langston, yo, mi madre,
Caila, Pilar, Kyle, Pam, Trey, Sabrina, Ellen, Dion, Eddie, Harry, Sheree y Tyler.

Recibir el SMS de Ellen fue como recibir la descarga de un desfibrilador. Vive con mi madre.

—Ellen, ¿qué pasa?

—MamáestabadecruceroenTurquía... —respondió histéricamente.

—Ellen —contesté con un temple de hielo—. Sea lo que sea que pasó, lo solucionaremos. Pero necesito que respires, no he entendido nada.

La serenidad y el equilibrio con que respondí me sorprendieron hasta a mí. Quería estar al mando. Quería ser responsable. Me gustaba ser la única persona en la que Ellen quisiera confiar para solucionarlo. Y, por primera vez, empezaba a pensar que se me daba bien solucionar cosas.

—Mamá estaba de crucero en Turquía —sollozó Ellen—. No sé qué pasó, solo sé que está en el hospital.

—Bueno. Tranquila. Respira. ¿Quién está con ella?

—La tía Florence.

Durante los últimos años, mi madre se había dedicado a viajar y a explorar. Cada cumpleaños, cada Navidad, cada celebración, las sorprendía a sus amigas y a ella con alguna nueva aventura. La habían apodado «la probadora de viajes». Ahora estaba en Turquía con Florence Avery, la madre de James Avery. Se habían hecho compañeras de viaje y James siempre bromeaba al respecto: «Tu madre ha arrastrado a la mía a dar la vuelta al mundo con el presupuesto de Will Smith. Yo no me lo puedo permitir... ¡Encárgate de las dos!».

En la primera parada del crucero por Turquía, fueron a visitar las ruinas de Éfeso. Mi madre se había emocionado tanto al ver las columnas que no advirtió un escalón desgastado. Tropezó y se golpeó el tobillo contra el suelo irregular.

Llevaron a mi madre al hospital más próximo, que carecía del personal y del equipo necesario para tratar su herida. A esas alturas, el tobillo se le había inflamado muchísimo y la habían enviado de vuelta al barco. El médico del barco vio que se había roto el tobillo y le dijo que tenía que ir al hospital estadounidense de Turquía para que se lo enyesaran bien.

Ellen y yo estábamos en Londres. Mamá era diabética y, como su estado empeoraba y las barreras médicas para viajar no hacían más que aumentar, organicé una evacuación en un avión medicalizado al Reino Unido. Diez días después, estábamos de vuelta en Filadelfia.

La diabetes de mi madre complicó significativamente la recuperación del tobillo, porque reducía el flujo sanguíneo que necesitaba para curarse. Además, le habían fijado el tobillo a la tibia con un estabilizador externo que le había provocado una osteomielitis, una infección del hueso cuyo empeoramiento puede causar pérdida de masa ósea y necrosis (la muerte del hueso). Aunque los médicos hacían todo lo que estaba en sus manos para salvarle el tobillo, comenzó a sonar la palabra que tanto temen todos los diabéticos: *amputación*.

Mi madre llevaba en el hospital casi dos meses. La inmovilidad estaba empezando a resultar insoportable para una mujer que había descubierto la alegría de recorrer el mundo.

—¿Cuánto más voy a tener que estar encamada? —preguntó.

—Bueno, estamos intentando aumentar el flujo sanguíneo al tobillo, pero es posible que tardemos al menos tres meses en saber si la intervención ha funcionado o no —respondió el médico.

—Y, cuando pasen esos tres meses, ¿qué probabilidades hay de que me puedan salvar la pierna?

—Serán del cincuenta por ciento.

—Entonces, si lo he entendido bien, es más que probable que, después de pasarme tres meses más en la cama, me tengan que amputar la pierna igualmente. ¿Es eso?

—Bueno, sí, es una posibilidad, pero...

—Que me la corten ya —lo interrumpió bruscamente.

—Mamá, espera, deja que acabe de decir lo que... —intervine.

—No voy a desperdiciar mi vida metida en la cama. Que me la corten ya. Estoy organizando un crucero para junio.

Es la frase más épica que he oído nunca.

Le amputaron la pierna justo por debajo de la rodilla. Siete semanas después, le hicieron las pruebas para la primera prótesis. Y, a los cuatro meses, estaba lista para reanudar el crucero con Florence Avery.

Tres días después de sacar a mi madre de Turquía, un terremoto de magnitud 7.8 sacudió al país y mató a veinte mil personas. El médico que la trataba en Filadelfia le contó que el hospital donde había estado ingresada en Turquía había quedado reducido a ruinas.

—Y yo solo he perdido una pierna —dijo mi madre—. Gracias, Dios mío —susurró.

DIECISÉIS

PROPÓSITO

—**Q**ue no, que no. Ni hablar. Ni pensarlo. No. Quítatelo de la cabeza. Olvídate.

Así reaccioné cuando JL me dijo que Michael Mann quería que protagonizara su inminente película biográfica sobre Muhammad Ali. La mera idea bastaba para que me corrieran escalofríos por toda la espalda. Ali era uno de los seres humanos más admirados y queridos del planeta. Una leyenda viva. Y no iba a ser yo quien echara a perder la representación de su vida y de su legado en la gran pantalla.

Además, todo iba genial. Ya era oficialmente el campeón del mundo de los pesos pesados de la taquilla hollywoodiense. ¿Por qué jugármela? ¿Por qué arriesgar mi título? El nivel de dificultad de interpretar a Ali rozaba lo absurdo. La proporción riesgo-beneficio estaba catastróficamente inclinada hacia el fracaso global y universal, hacia la humillación eterna. En otras palabras, no lo veía nada claro.

No solo tendría que aprender a boxear, sino que tendría que aprender a hacerlo como el mejor boxeador de toda la historia. Ni los mejores boxeadores boxean como Ali. Yo no había boxeado nunca. Él pasaba de los cien kilos de peso. Yo no llegaba a los noventa. Su dialecto y la cadencia de su voz eran muy singulares. Nadie suena como Ali. Gente de todo el mundo le tenía afecto a este ícono revolucionario de la justicia social. Había más videos de Muhammad Ali que de casi cualquier otra persona viva. Y no hablo de videos cualquiera. Se trataba de imágenes clásicas que habían definido una era y que habían quedado grabadas en el corazón y la mente tanto de los aficionados al boxeo como de los que no habían visto un combate. Todo el mundo conocía a Muhammad Ali.

—Esta no, J. No lo veo.

—Creo que al menos te tendrías que reunir con Michael Mann —dijo JL.

—No quiero estar con él y escuchar cómo me vende la película durante una hora cuando sé que le voy a decir que no. Tengo muchísimas ganas de trabajar con él. Pero no en esta película.

—Creo que te tendrías que reunir con él —repitió JL como si no lo hubiera dicho antes y como si yo no hubiera respondido ya que no.

Me detuve unos instantes y, entonces, intenté dejar clara mi postura:

—Que no, que no. Ni hablar. Ni pensarlo. No. Quítatelo de la cabeza. Olvídate.

Colgamos y seguí con mi vida segura, evitando dificultades y aborreciendo los riesgos.

Una semana después, JL me volvió a llamar

Si tuviera que calcularlo, diría que, durante las últimas décadas, he hablado más de mil veces por teléfono con James Lassiter. La duración promedio de las llamadas ha sido de entre siete y doce minutos más o menos, lo que asciende a un total de ciento setenta y un mil minutos. Esto significa que me he pasado aproximadamente unos ciento dieciocho días al teléfono con JL. Por lo tanto, y para dar una idea de lo que es, si juntara todos esos minutos en una sola llamada y empezáramos deseándonos feliz Año Nuevo, al colgar le preguntaría qué planes tiene para Semana Santa. Hemos hablado por teléfono de todos los temas imaginables: nacimientos, bodas, películas, hijos, accidentes, música, dinero, falta de dinero, muerte, tonterías y deporte.

Sin embargo, esta llamada de veintiséis segundos se encuentra, sin lugar a dudas, entre las cinco llamadas más importantes de Lassiter. En su tono de voz estándar, monótono y tranquilo, dijo:

—Muhammad Ali ha dicho que quiere hablar contigo en persona.

Entre nosotros habitan personas, muy pocas, que saben quién y qué son y que tienen meridianamente claro qué han venido a hacer a este mundo: Gandhi, la Madre Teresa, Martin Luther King Jr., Nelson Mandela e incluso agentes de cambio incipientes como Malala Yousafzai o Greta Thunberg. Todas estas personas aceptaron su deber divino y se mostraron dispuestas a sufrir para luchar por lo que creían correcto y para beneficiar a otros. Su convicción es de una potencia embriagadora. Son serenas, decididas y afectuosas incluso en pleno conflicto y ante las peores tormentas. Estar en su presencia basta para que el corazón se inspire y aspire a un propósito superior. Uno quiere servirlas, seguirlas, luchar junto a ellas.

En el zénit de su fama y de su fortuna (y en los años álgidos de su capacidad atlética), Muhammad Ali renunció a todo para oponerse a la guerra de Vietnam. Se negó a alistarse en el Ejército de Estados Unidos alegando motivos religiosos y se declaró objetor de conciencia. En 1967, Ali fue juzgado y condenado a cinco años de prisión por «evadir el reclutamiento». Le confiscaron el pasaporte. Le impusieron multas elevadísimas. Le prohibieron boxear durante tres años.

No estoy evadiendo el reclutamiento. No voy a huir a Canadá. Pienso quedarme aquí. ¿Me quieren enviar a la cárcel? Estupendo, háganlo. Hace cuatrocientos años que estoy en la cárcel. No me importa quedarme en ella cuatro o cinco años más, pero lo que no pienso hacer es viajar a dieciséis mil kilómetros de distancia para ayudar a matar y a asesinar a otros. Si quiero morir, moriré aquí, ahora, enfrentándome a ustedes. Eso si es que quiero morir. Ustedes son mi enemigo, no los chinos, no el Viet Cong, no los japoneses. Se oponen a mí cuando pido libertad. Se oponen a mí cuando pido justicia. Se oponen a mí cuando pido igualdad. ¿Quieren que vaya a no sé dónde a luchar por ustedes contra no sé quién? Ustedes no me defienden ni siquiera aquí, en Estados Unidos, no defienden mis derechos ni mis creencias religiosas. No me defienden ni siquiera aquí, en casa.

Me reuní con el campeón, con su mujer, Lonnie, y con sus hijas, Laila y May May, en Las Vegas.

Ali estaba sentado frente a un plato de caldo de pollo con fideos. Aunque no tenía la menor intención de representarlo en la película, no pude evitar fijarme en cómo iba peinado, en la forma que adoptaban sus labios alrededor de la cuchara, en cómo la mano izquierda se equilibraba sobre la mesa mientras comía con la derecha y en la sorprendente fluidez de sus movimientos. Alzó la mirada y, al verme, su rostro adoptó al instante la icónica mueca de Ali, con los incisivos mordiendo cómicamente el labio inferior.

—¿Quién dejó entrar a ese *tarado*? —gritó mientras se levantaba de un salto.

Era obvio que la familia ya había pasado por esto antes. Cada uno asumió el papel que le correspondía. May May se puso delante de su padre.

—Vamos, papá. Hoy no, por favor —dijo.

Ali hizo ver que forcejeaba con ella para apartarla.

—¿Es que este *tarado* se cree que puede entrar aquí, sin más? Déjenme que le dé su merecido —soltó, sonando exactamente como Muhammad Ali.

Ahora le tocaba a Lonnie. May May y ella intentaron retener a Ali.

—Vamos, cariño —dijo Lonnie con voz amable—. Acábate la sopa. ¿No puede pasar ni un solo día sin que te intentes pelear con alguien?

No me quería quedar al margen, así que decidí intervenir.

—Hazle caso a tu mujer, campeón —dije—. No vaya a ser que sea yo quien te dé tu merecido a ti.

Ali hizo ver que se enfurecía.

—¡Ya está! ¡Se acabó! ¡Déjenme pasar! ¡A ver si puedes hablar con un puño en la boca!

Todos estallamos en carcajadas. Quién sabe cuántas veces habrían interpretado la escena. Sin embargo, en esta ocasión, era el regalo que Ali me hacía a mí. Sabía que repetiría la anécdota durante toda mi vida.

Ali era así. Siempre intentaba darte algo que te hiciera sonreír para siempre. Sabía lo que significaba para la gente, y no había nada que no estuviera dispuesto a hacer para dejar un autógrafo de amor en el corazón de todos.

Cuando se «tranquilizó», me dio un abrazo y se puso a comprobar el estado de mis bíceps y de mis abdominales y a palpar la estructura ósea de mis manos. Alzó las suyas, como si fueran guantes de boxeo.

—A ver qué tal es tu *jab* —dijo Muhammad Ali.

—Bueno, campeón, es que aún no he entrenado ni nada y...

—¡Vamos, vamos, que no me vas a dejar en la lona con la lengua! ¡Enséñame lo que vales! —insistió el mejor boxeador de todos los tiempos.

No tenía ni idea de boxeo ni de cómo dar un puñetazo. Era bastante torpe, pero intenté alcanzar la mano de Ali con el *jab* derecho más lamentable de la historia. Ali empezó a gritar de dolor y se dobló por la mitad, agarrándose la mano. Se me pusieron los pelos de punta.

—¿Han visto eso? —exclamó, señalándome—. ¡Ese chico me acaba de pegar! ¡Yo estaba tan tranquilo y me ha golpeado! ¡Vas a pasar la noche en la cárcel, *tarado*!

Todos volvimos a carcajearnos. Entonces, Ali le anunció a Lonnie:

—Es casi lo bastante guapo para hacer de mí.

Hablamos durante horas.

—Me tienen a dieta —se lamentó Ali—. Lonnie cree que estoy engordando demasiado.

Me reí y le eché un vistazo a su barriga.

—Sí, parece que te estás expandiendo, campeón.

Ali se puso las manos sobre la panza, se la miró y la sacudió.

—Ah, no, esto no es más que un parque para que las mozas puedan jugar.

Me di cuenta de lo similar que era nuestro sentido del humor. La conversación era fluida y cómoda. Tenía un fondo infantil que conectaba con el mío. Su corazón era transparente para mí. Me habló de su infancia y de cómo el boxeo le había cambiado la vida. De su medalla olímpica. De sus dificultades con las mujeres. De la tensa relación con su padre. Me sorprendí de lo innato de la comprensión entre nosotros. El actor que había dentro de mí dijo: *Oh, mierda. Creo que puedo hacerlo...*

—No quiero que ningún otro haga esta película —dijo Ali—. Llevo años rechazando a gente. Pero sería un honor para mí que tú le contaras mi historia al mundo.

Michael Mann es uno de mis directores preferidos de toda la historia: *Fuego contra fuego*, *El último de los mohicanos*, *El informante*, *Hunter*, *Miami Vice*... Nos reunimos en el pequeño almacén donde había montado su oficina en Los Ángeles. La estancia principal era una sala de guerra de casi trescientos metros cuadrados dedicada a Muhammad Ali. Miles de fotografías, libros, recuerdos, artículos de revistas, montones de archivadores de anillas clasificados por colores y a punto de reventar, videos en múltiples televisiones: entrevistas en una, el *jab* de Ali en bucle en otra... Un pesado saco de arena, varias pesas, vendas, guantes y cuerdas rodeaban un cuadrilátero de boxeo en el centro, perfectamente iluminado.

Era como una sala de estrategia del FBI en *Quantico*. El nivel de detalle era abrumador. Cuando llegué, Michael estaba en plena conversación con un señor italiano mayor. Cuatro chamarras de cuero negras colgaban de maniquís frente a ellos. Estaban discutiendo. Michael quería una chamarra idéntica a la que había visto en una fotografía de Ali de finales de los sesenta. El señor italiano, que ahora tenía setenta y cinco años, era el sastre que había confeccionado la chamarra original. Ya había enviado cuatro versiones de la chamarra, pero Michael no había aprobado ninguna de ellas, por lo que decidió traer al sastre desde Chicago en avión, para hablar del problema en persona. El sastre defendía con vehemencia la precisión de su obra y señalaba alternativamente la fotografía de los sesenta y las chamarras. (Por cierto, a mí me parecía que las cuatro eran idénticas.)

—Michael, con el debido respeto —dijo el sastre—. Confeccioné la chamarra original y he confeccionado estas cuatro réplicas. Son exactamente los mismos materiales y el mismo patrón que hace cuarenta años.

—Algo no me cuadra —repuso Michael—. No son iguales.

El debate se fue caldeando hasta que, de repente, Michael lo vio.

—¡Ya lo tengo! —exclamó mientras señalaba el cuello de la chamarra de Ali en la foto—. Las puntadas del cuello de las réplicas son sencillas; pero mira, en la imagen son puntadas dobles.

El sastre entrecerró los ojos y vio que Michael tenía razón. Entonces, recordó que el hilo había cambiado a mediados de los setenta y que había dejado de usar las puntadas dobles. Le dio la mano a Michael y se fue, para confeccionar la chamarra... «bien».

Resultó que Michael Mann era (es) un investigador de nivel científico. Nunca antes había visto (como tampoco lo he visto después) un científico más exhaustivo en el mundo del cine.

Nos sentamos frente al escritorio de Michael.

—Conocí a Malcolm X en 1963 —dijo él—. Soy un año más joven que Ali, así que, en términos generacionales, me encabronaban las mismas cosas que a él. No tengo intención de idealizarlo, le restaría humanidad. Tampoco se trata de una historia de boxeo. Va a ser una historia de política, de guerra, de religión y de rebelión. Quiero crear una visión interior, una perspectiva íntima. Quiero ver su desánimo cuando la suerte lo ha abandonado por completo.

—No tengo ni idea de cómo transformarme en Muhammed Ali —admití.

—Bueno, por suerte, no hace falta que te preocupes de eso

—respondió—. Ya me encargaré yo de crear un plan que te convertirá en Ali. Lo único que tienes que hacer tú es seguirlo.

Michael me explicó que él haría toda la investigación y que juntaría un equipo de profesores, de expertos y de entrenadores de primer nivel. Organizaría mis horarios. Me rodearía de personas que habían estado con Ali. Me elegiría la ropa, reuniría al reparto e incluso decidiría la música que iba a escuchar.

Lo único que yo tenía que hacer era comprometerme con el proceso.

Me encantó cómo sonaba la receta: tomar un comandante firme, añadir un puñado de órdenes claras y una pizca de disciplina y sacudir con fuerza. Podía hacerlo.

—Pero no será fácil —me advirtió—. Vas a tener que darlo todo y más. ¿Has boxeado alguna vez?

—Ni por asomo.

Michael, impasible y, quizá, incluso inspirado por la revelación de mis carencias, levantó el teléfono de su escritorio.

—¿Darrell sigue por aquí? —preguntó, sabiendo perfectamente que Darrell seguía por aquí—. Bien. Dile que venga.

Darrell Foster es el hombre más duro que he conocido jamás.

Nació y creció en las calles de Washington D. C. y sobrevivió a una infancia terrible y marcada por la violencia y el maltrato. «Es un milagro que no esté muerto o en la cárcel», solía decir. «De no haber sido por el boxeo, hombre, no sé... Estos guantes me salvaron la vida.»

Darrell tenía una forma física prodigiosa. Había empezado a boxear a los diez años y, unos años después, era el mejor boxeador *amateur* de su peso de todo el país. A los trece años ganó los Guantes de Oro, que son el equivalente del Super Bowl para los boxeadores *amateurs*. Estaba invicto. Le ofrecieron varias becas deportivas para estudiar en la universidad. Sus entrenadores comenzaban incluso a pensar en las Olimpiadas.

Entonces, a los diecisiete años, Darrell Foster estuvo a punto de matar a su oponente en el ring. Siguió golpeándolo a pesar de que el árbitro le había ordenado que parara. Así, sin más, le arrebataron el deporte al que le debía la vida. Le prohibieron competir.

Darrell pasó a ser entrenador. También alcanzó la excelencia en ese papel. Había crecido con Sugar Ray Leonard (uno de los mejores boxeadores de la historia) y había sido su pareja de entrenamiento. Lo ayudó a ganar un oro olímpico y a convertirse en campeón del mundo en cinco categorías distintas. Cuando Sugar Ray se retiró de la competencia, Darrell se mudó a Hollywood y empezó a trabajar como asesor de cine. Ayudó a entrenar a Woody Harrelson y a Antonio Banderas en la película de 1999 *Hasta el último round*. Y, en el año 2000, cuando Michael Mann necesitó a un peso pesado que lo ayudara a transformar a Will Smith en Muhammad Ali, Darrell fue su primera elección.

Darrell entró en la sala: metro ochenta, ochenta y seis kilos. Era como un cruce entre un pit bull y un ladrillo. Llevaba con orgullo una omega tatuada en el brazo izquierdo (es un Que Dog, un miembro de la fraternidad Omega Psi Phi, lo más duro que hay en este mundo). Su postura era rígida de la cabeza a los pies, cabeza alta, hombros hacia atrás, como un soldado. Como un general. Las manos, en su posición por defecto: un puño a medio formar, por si acaso.

Era una presencia muy intensa.

Me miró de arriba abajo. No parecía muy convencido. Alargó la mano para saludarme. No la mano extendida, un puño. Yo le choqué con el mío.

—¿Cuánto mides? —me preguntó.

—Metro ochenta y ocho.

—¿Y cuánto pesas ahora?

—Creo que unos ochenta y seis...

—Ya, no es suficiente —musitó para sí mientras se acercaba al cuadrilátero—. Descálzate y sube.

¿Qué? Llevo pantalones de mezclilla. Y joyas. Mejor me voy de volada.

Darrell ya estaba subido al ring, esperándome. Michael Mann agarró una cámara de mano. Darrell se puso las patas de oso y dio una palmada con ellas puestas. La explosión retumbó por el cavernoso almacén. El eco parecía decir: *Espabílate, chico guapo.*

A Darrell no le importaba una mierda que fuera la mayor estrella de cine del planeta. De hecho, casi lo consideraba el mayor problema.

Michael Mann me ayudó a ponerme los guantes de catorce onzas (la talla para pesos pesados) y subí al ring.

Será mejor que no me dé.

—El noventa por ciento de la gente es diestra —dijo Darrell con una voz que me pareció innecesariamente estentórea—. Eso quiere decir que, si te van a noqueado en la calle, lo más probable es que sea con un *overhand* derecho. Para poder asestar ese golpe, hay que atrasar el pie derecho, para apoyarse bien y tomar fuerza. Si te fijas, lo verás continuamente en las peleas callejeras. Cuando ves que el otro desplaza el peso hacia atrás, ya sabes lo que se te viene encima. El hueso de arriba es el más duro del cráneo, así que eso es lo que vamos a practicar hoy. Inclina la oreja izquierda hacia el hombro y te daré ahí, en la parte de arriba de la cabeza. Luego, tú harás inmediatamente lo mismo con tu derecha.

Repetimos la secuencia durante una media hora. Darrell hacía ver que estábamos en la calle. Decía idioteces y, entonces, desplazaba el peso hacia atrás y me lanzaba un derechazo que descendía sobre mi cabeza desde arriba. Yo calculaba para que el puño me alcanzara en la sección posterior izquierda del cráneo («el hueso más duro de la cabeza») y, entonces, lanzaba disparado el puño derecho para alcanzarle en el centro de la pata de oso.

—Si aprendes esto —me dijo Darrell—, dejarás tumbados a la mayoría de los matones callejeros.

—¿Es este uno de los movimientos de Ali? —pregunté.

—No te preocupes por Ali todavía. Primero te tengo que enseñar a pelear.

Algo de esa promesa resonó en mi interior. Me iba a enseñar a pelear de verdad. La idea de ser capaz de defenderme físicamente me inspiró veneración e hizo que me sometiera al liderazgo de Darrell.

Michael y Darrell se miraron sin decir nada. Habían visto suficiente. Era obvio que tenían que hablar a mis espaldas. Darrell se empezó a quitar las patas de oso y bajó del ring.

—Nos vemos mañana por la mañana, a las cinco —dijo Darrell.

—¿Qué vamos a hacer a esas horas? —pregunté.

—¿A las cinco? Correr ocho kilómetros. Solo tenemos un año. Tenemos que empezar ya.

El estilo de entrenamiento de Darrell es la inmersión plena. No le pide a nadie que haga nada que él no esté dispuesto a hacer también. Durante el año que siguió, corrió cada kilómetro, dio cada salto de cuerda, levantó cada pesa y boxeó tantos *rounds* como yo. Estuvo junto a mí en cada instante de mi entrenamiento. Comía cuando yo comía. Dormía cuando yo dormía. Trabajaba cuando yo trabajaba. Con frecuencia, citaba el poema «Los sermones que vemos» de Edgar Guest:

Prefiero ver sermones que escucharlos.
Prefiero que caminen junto a mí a que me señalen el camino.
La vista es un discípulo mejor y más dispuesto que el oído,
Los buenos consejos son confusos, pero el ejemplo siempre queda claro.

La verdad es que no me esperaba que fuera de los que citaban poesía.

Darrell tenía la norma de dejar fuera a los actores y organizó un campamento de boxeo real. Todos los personajes que debían aparecer boxeando en la película serían boxeadores profesionales en activo: el excampeón de los pesos pesados Michael Bentt como Sonny Liston; James «Lights Out» Toney (campeón en tres categorías distintas) como Joe Frazier; el campeón de peso crucero de la Federación Internacional de Boxeo Alfred Cole como Ernie Terrell; y Charles Shufford Jr., el boxeador de pesos pesados con una estadística de 17-1, como George Foreman. Libraría contra ellos las peleas principales de la película.

«Aquí no hacemos mierdas de Hollywood. Aquí boxeamos de verdad», decía Darrell. «Nos preparamos para ganar un campeonato. A la mierda la película.»

Todos sabíamos que lo hacíamos por Muhammad Ali. Todos y cada uno de los boxeadores se sentían en deuda con el campeón y estaban entregados a él. Jamás había experimentado una energía semejante en relación con ningún otro proyecto. El propósito de la película ejercía un efecto unificador y electrizante sobre todos nosotros.

Esa primera semana fue brutal. Acababa de terminar un entrenamiento de pies de treinta minutos y estaba agotado, así que me tendí sobre el ring.

Darrell me vio desde la otra punta del gimnasio y me gritó.

—¡Eh! ¡Levántate ahora mismo!

Me levanté mientras se acercaba al cuadrilátero.

—No te acostumbres a estar tendido de espaldas en el ring —dijo—. Peleas como entrenas.

«Peleas como entrenas» era uno de los axiomas clave de Darrell. «Si lo haces una vez, lo harás todas», solía decir. Darrell no quería que me acostumbrara a estar bocarriba sobre el ring, por si me derribaban. Quería que estar tendido sobre el ring me resultara una experiencia completamente ajena, si es que alguna vez acababa tendido sobre un ring.

Su premisa era: los sueños se construyen a base de disciplina; la disciplina se construye a base de hábitos; los hábitos se construyen a base de entrenamiento. Y el entrenamiento sucede en cada segundo de cada situación de la vida: cómo lavas los platos, cómo conduces, cómo presentas una redacción en la escuela o un informe en el trabajo. O lo das todo de ti en todo momento o no lo das. Si no entrenas y practicas la conducta, el interruptor no estará ahí cuando lo necesites.

—El objetivo del entrenamiento es desarrollar conductas automáticas en situaciones extremas —decía—. Cuando las cosas se ponen difíciles, no puedes confiar en la mente racional. Tienes que contar con respuestas reflejas automatizadas que se activen sin necesidad de pensamiento consciente. Jamás desentrenes el instinto asesino.

Los combates con Sonny Liston y Joe Frazier aparecen al principio de la película, por lo que los primeros boxeadores con quienes entrené fueron Michael Bentt y James Toney. Darrell y yo habíamos pasado los primeros tres meses a solas, trabajando los fundamentos básicos: el movimiento de pies y la postura, el trabajo de cardio y la fluidez del clásico *jab* de Ali, al que este llamaba «caricia de serpiente», porque parecía el ataque de una cobra. Michael Mann trajo a un neurocientífico para que me ayudara a «tender nuevas vías neuronales», según decía él. El científico creó un corto de veinte minutos de duración que mostraba en bucle el movimiento de pies y el *jab* de Ali. Dos veces al día, me sentaba en una habitación completamente a oscuras y veía la cinta, fijándome en el movimiento repetido hasta que se me quedó grabado a fuego en el cerebro.

Pasé los primeros meses de entrenamiento delante de espejos, en gimnasios vacíos y en lugares solitarios. También corrimos sobre la nieve a altitudes elevadas en Colorado, calzados con botas de combate. Ese día, apenas podía respirar. Por el contrario, Darrell, que había corrido la misma distancia que yo, parecía recién levantado de una siesta reparadora. Tuve que caer de rodillas, pero a él no le hizo demasiada gracia que me tomara un descansito en la nieve.

—Escribe su nombre —me dijo.

—¿Qué? —susurré, luchando por el oxígeno.

—Ali. Escríbelo.

Me incliné y empecé a escribir lentamente.

A-L-I.

Darrell sacó el celular y tomó una foto.

—Tienes que recordar por qué estamos sufriendo —dijo mientras echaba a correr otra vez.

Cuando comenzaron los entrenamientos grupales, ya no éramos Darrell y yo a solas. Alcé los guantes por primera vez ante campeones de boxeo.

Mientras me ataba los guantes, Darrell se reclinó hacia mí y susurró:

—No son actores. Pelean por instinto. Los puños les saldrán despedidos antes de que hayan tenido tiempo siquiera de pensarlo. Recuerda la primera norma del boxeo: protégete todo el rato.

En el espejo, me empezaba a parecer a Muhammad Ali. Ahora pesaba ciento un kilos de músculo y podía levantar ciento sesenta y cinco kilos en un *press* de banca (una vez). Sin embargo, en cuanto el otro boxeador puso el pie en el ring, el miedo me impidió mantener la postura adelantada. Comencé a inclinar demasiado la espalda hacia atrás.

—¡No pierdas el ángulo de la columna! ¡Inclínate hacia delante! —me gritaba Darrell desde fuera del ring—. ¡Mantente fuera de su alcance! ¡Crea ángulos!

Sin embargo, Michael Bentt no me inspiraba en absoluto la voluntad de inclinarme hacia él. Al final me decidí. *¡A la mierda, inclínate hacia delante!* Ese sencillo ajuste de cinco centímetros activó la derecha de Michael Bentt. La vi venir, pero ya era demasiado tarde. Solo tuve tiempo de bajar un poco la barbilla y prepararme para el impacto. La derecha de Bentt me alcanzó en la frente, pero gracias a que estaba inclinado hacia delante, la cabeza no me salió disparada hacia atrás, sino que se me comprimió sobre la columna. Sentí que una descarga eléctrica me bajaba por la columna y se extendía por los brazos, hasta los codos. En la boca, un sabor metálico, alcalino, como si acabara de chupar una pila de nueve voltios. Por suerte, Bentt vio que me había hecho daño y no siguió con el gancho izquierdo que le había propinado a Tommy Morrison y con el que se había convertido en campeón de los pesos pesados.

Esa era la primera vez que me daban un puñetazo de verdad. Todos los boxeadores de la sala sabían que se trataba de un momento definitorio: huida o lucha. Se hizo el silencio. Darrell subió al ring con tranquilidad y me sentó en una esquina.

—¿Estás bien? —me preguntó. Sabía perfectamente que no estaba nada bien.

Michael Bentt apareció sobre el hombro de Darrell.

—¿Todo bien, amigo? —preguntó con su fuerte acento de Brooklyn.

Yo solo podía pensar en una cosa: *¿Dónde carajos tengo las llaves del coche?*

Cuando miro atrás y pienso en mi vida, veo historias divertidas, experiencias maravillosas, pérdidas trágicas y decisiones críticas que alteraron por completo la trayectoria de mi viaje. Sobre ese ring, junto a Michael Bentt, se me encendió un interruptor que no se apagaría hasta una década después. El guerrero que llevaba dentro tomó el control absoluto de todo lo que había en mi vida.

Me levanté del taburete, miré a Bentt y le dije:

—Buen golpe. Vamos a pelear.

Ese año de entrenamiento y los cinco meses de rodaje de *Ali* supusieron el reto mental, físico y emocional más difícil de toda mi carrera. Pero también el más transformador.

Rodamos *Ali* en siete ciudades y en dos continentes. Comenzamos en Los Ángeles, pasamos dos semanas en Chicago, filmamos unas escenas rápidas en Nueva York y en Miami y, entonces, llegó el momento de la verdad. Íbamos a la patria originaria. Íbamos a África, un lugar que aún no había visitado.

Rodamos la secuencia final de *Ali* en Mozambique. Michael Mann es un purista y quería rodar en la República Democrática del Congo, donde había tenido lugar el campeonato Rumble in the Jungle. Sin embargo, la guerra civil que arrasaba el país obligó a trasladar la producción a Maputo.

Michael quería que viviéramos la experiencia de volar juntos y llegar juntos: Jamie Foxx, Jeffrey Wright, Nona Gaye, Mykelti Williamson, Ron Silver, Mario Van Peebles, Jon Voight y Michael Michele; y yo con JL, Charlie y todos los míos. Michael intentaba orquestar una experiencia emocional similar a la que habían vivido Ali y su equipo. Formaba parte de su genio cinematográfico.

Y funcionó.

Cuesta exagerar la potencia de una primera experiencia en África. No había dado más que un par de pasos al bajar del avión y ya estaba llorando. No sé si es que mis células o mi alma reconocieron su lugar de origen, pero fue una experiencia visceral y abrumadora. Encontramos un lugar tranquilo justo fuera del aeropuerto de Maputo. Nos abrazamos, nos dimos las manos, nos arrodillamos y besamos el suelo. Uno de los trabajadores del aeropuerto nos gritó desde el otro lado de la valla:

—¡Bienvenidos a casa, hermanos!

—Nelson Mandela nos invitó a cenar —dijo JL con su impasible voz de JL.

No pude articular palabra.

—Su esposa actual es Graça Machel, la exprimera dama de Mozambique —dijo como si estuviera leyendo un artículo de Wikipedia—. Tienen una casa cerca de aquí.

—JL, tienes que empezar a transmitir aunque sea un ápice de emoción cuando me dices cosas así —respondí.

Sentía que el mundo entero giraba de otra manera alrededor de esta película. El nombre de Ali abría puertas como no había visto jamás y despertaba la buena voluntad de todas y cada una de las personas a quienes nos dirigíamos. Su legado engrasaba las ruedas logísticas de la producción y la negociación de tratos, de permisos, de ubicaciones y de reparto. Todo y todos querían servir a Ali. Fuera lo que fuera lo que necesitáramos para contar bien su historia, la respuesta era siempre la misma: sí. Y no era ni por su fama ni por sus títulos de boxeo; no era ni por su éxito ni por su dinero. La reacción eternamente positiva surgía de un reconocimiento y de una veneración intensos ante una vida íntegra. Nunca renunció a sus convicciones ni a sus principios, a pesar de injusticias dolorosas, de prejuicios profundos o de la devastación financiera. Era el mejor boxeador de la historia y, sin embargo, siempre decía: «El amor es mi religión».

Todos querían participar y honrarlo.

Yo ya había experimentado el magnetismo de la fama y conocía muy bien el atractivo de la celebridad, del dinero. Sin embargo, esta fue mi primera dosis del poder del propósito y del fulgor del servicio.

Nelson Mandela había pasado veintisiete años injustamente encarcelado por su oposición al régimen del *apartheid* en Sudáfrica. Los años de trabajos forzados en canteras de caliza le dañaron los ojos. Hacia el fin del *apartheid*, fue liberado de la prisión Victor Verster y elegido presidente de Sudáfrica.

Uno de sus primeros actos oficiales consistió en organizar las audiencias para la Comisión para la Verdad y la Reconciliación, donde se sometió a juicio a los organizadores y perpetradores del detestable sistema de segregación y de brutalidad racial. En un acto tan polémico como extraordinario, Nelson Mandela ofreció perdón y amnistía a todos los que confesaran las atrocidades que habían cometido. Fue duramente criticado por ello, pero tal y como escribió en 2012:

> Al final, la reconciliación es un proceso espiritual que exige más que una estructura legal. Ha de suceder en el corazón y en la mente de las personas.

Llegó la noche de la cena. Veinte miembros del reparto y del equipo de producción fuimos a su casa, que estaba en una zona residencial de Maputo. Cuando entré, con Charlie Mack y JL a mi lado, sentí que los ojos se me volvían a inundar de lágrimas.

—Vamos, no hay necesidad de llorar —dijo Charlie Mack—. Este es tu sitio.

—¡Hola, Willie! —dijo Nelson Mandela, mientras me abrazaba, contento—. Ven. Te sentarás a mi lado.

«Madiba», como lo conocen sus amigos más íntimos y sus familiares, me agarró de la mano y me enseñó la casa. Permanecimos tomados de la mano durante, al menos, diez minutos. Donde yo había crecido, los hombres no iban de la mano. La demostración de afecto era abrumadora.

Le presenté a todo el mundo. A su vez, él me presentó a su esposa, Graça, y a su familia. Se sentó a la cabeza de la mesa del comedor y me hizo sentar a su derecha. Todos comimos, hablamos y reímos y él nos felicitó por honrar a Ali. Entonces, ya en la sobremesa, Madiba empezó a explicar con gran detalle los horrores del *apartheid* y de sus veintisiete años en prisión, dieciocho de los cuales los había pasado en la isla Robben.

—Los presos veíamos una película al mes. Eran películas de todo el mundo, pero las estadounidenses eran mis preferidas. Hubo una, titulada *Al calor de la noche* y protagonizada por Sidney Poitier. A mitad de la película, había un salto raro. Era evidente que habían editado la cinta. Sentí muchísima curiosidad y recurrí a todos mis contactos y recursos en el exterior para averiguar qué habían cortado. Aunque tardé semanas en conseguirlo, al final me informaron de que Sidney Poitier abofeteaba a un hombre blanco. Sentí que el alma se me electrizaba. Si los hombres negros en el cine estadounidense trabajaban de igual a igual con sus compañeros blancos, ya solo era cuestión de tiempo. La película me empoderó, me inspiró. —Entonces, hizo una pausa, me miró a los ojos y dijo—: Nunca subestimes el poder de lo que haces.

Después de cenar, los actores y el equipo estiramos las piernas. La velada llegaba a su fin. Madiba y yo compartimos un momento a solas. Se sentó con calma y se acomodó en la estancia. No pude evitar quedarme mirándolo, embobado. Sonreía con la misma media sonrisa y la actitud como de trance que Gigi adoptaba todos los domingos en la iglesia baptista. El ligero ascenso de las comisuras de los labios delataba una serenidad invencible.

El corazón se me disparó al reconocer el gesto. Se dio cuenta de cómo lo observaba y centró su atención en mí. Le pregunté, en tono de broma, pero al mismo tiempo con gravedad:

—¿Qué quiere decir esa expresión?

Me miró fijamente, como si quisiera discernir si le había formulado la pregunta acertada por accidente o, si hablaba en serio, si estaba preparado para oír la respuesta.

—Si vienes a pasar un tiempo conmigo, te lo enseñaré —dijo Madiba.

«Si vienes a pasar un tiempo conmigo, te lo enseñaré.»

Las palabras de Madiba resonaron en mi interior durante toda la preparación del rodaje de las escenas finales de *Ali*, el *Rumble in the Jungle*, Ali contra Foreman. En un ejemplo perfecto de cómo el arte imita a la vida, este, el combate más difícil de toda la carrera de Ali, fue también el más difícil de plasmar ante las cámaras. Tardamos dos semanas. Michael Mann redecoró todo un estadio y sentó a más de veinte mil extras en las gradas. Entre las luces y la humedad, la temperatura en el cuadrilátero superaba los 40 °C y yo perdí cinco kilos el primer día de rodaje. Eso me obligó a duplicar las raciones de pechuga de pollo, brócoli y arroz integral que «degustaba» desde hacía meses.

Un fin de semana, estábamos descansando en la casa que habíamos alquilado en las afueras de Maputo. Llevaba más de un año entrenando con Darrell y los otros boxeadores y todo iba a acabar con esta secuencia final.

La experiencia en África supuso la culminación de un viaje completo. Mis colegas Bilaal Salaam, Dave Haines y Mike Soccio también habían venido y trajeron consigo la chispa de energía fresca que tan desesperadamente necesitaba en ese momento. Sin embargo, allí donde todos veíamos un rodaje más, Darrell veía un campamento de boxeo.

Bilaal acabó perdiendo cuarenta y cinco kilos durante el entrenamiento y el rodaje. Dave Haines era mi suplente (en términos de Hollywood, eso significaba que se colocaba en los sitios donde yo estaría luego para que el equipo pudiera ajustar las luces y los planos y tenerlo todo preparado). Impresionó tanto a Michael Mann que este le ofreció el papel de Rahman, el hermano de Ali, en la película. Durante uno de los combates de entrenamiento, le causé una conmoción cerebral sin querer.

Mike había sido uno de los guionistas de *El príncipe del rap en Bel-Air* y lo contraté para que documentara en video toda la experiencia africana. En lo que a él respectaba, estaba allí como «civil» y, en consecuencia, se había hecho enviar una caja de Snickers desde Filadelfia.

Darrell explotó.

—¡Eh, tú, negro! ¿Qué carajos haces comiendo Snickers? —gritó.

Mike quedó doblemente confundido: en su cabeza, solo había venido a grabar en video. Además, es blanco.

—Will está a punto de subirse al ring con un cabrón de ciento seis kilos que le va golpear la cabeza. Es el reto de su vida. Todos nos vamos a beneficiar de su sufrimiento y tú vas y te subes al puto carro de la puta ley del placer. ¡Lo último que necesita es verte comiendo chocolate! O ayudas o molestas. ¡Y si no estás comprometido con ayudar, ya te puedes ir a tu puta casa!

(Nota al pie n.º 1 sobre África: Mike hizo ejercicio y alcanzó la mejor forma física de su vida. Y menos mal, porque aunque es un guionista fantástico, como videógrafo fue un fracaso absoluto: una vez, durante un safari, un elefante nos empezó a perseguir y Mike se asustó tanto que fue incapaz de tomar la cámara; solo pudimos captar el audio... de Mike gritando y de Charlie Mack gritando «¡Es un puto elefante!» trece veces seguidas.)

Darrell y JL estaban en una sintonía perfecta. JL era consciente de la magnitud de la tarea. Llevaba años luchando por conseguir una disciplina así. El padre de Charlie era boxeador y Charlie se había pasado toda la vida en gimnasios de boxeo, por lo que entendía el concepto de apoyar al campeón para conseguir una victoria colectiva (Charlie y Dave incluso me empezaron a llamar «campeón»). Omarr nunca confiaba en nadie, así que le encantaba cómo Darrell defendía su espacio.

El campamento de boxeo y la mentalidad de apoyo al campeón se convirtieron en la nueva ley del grupo. Todos tenían que correr ocho kilómetros a las cinco de la mañana; todos tenían que entrenar en el gimnasio; todos tenían que comer bien; todos tenían que leer, estudiar y aportar ideas nuevas. Todos tenían que vivir una vida disciplinada y esforzarse por lograr la mejor versión de sí mismos. O eso o a casa. La misión unificada de explicar la historia de Muhammad Ali instauró una manera de estar nueva y fundamental que permanecería en el grupo hasta mucho después de que el rodaje de *Ali* hubiera terminado.

En aquella época, la infraestructura mozambiqueña no estaba preparada para mantener una producción de la envergadura de *Ali*. Tuvimos que reconstruir y remodelar, literalmente, hoteles y viviendas para acomodar a los actores y al equipo. También tuvimos que traer a la mayor parte del equipo y de los trabajadores de la vecina Sudáfrica, lo cual generó una sutil tensión: un contingente de producción sudafricano mayoritariamente blanco trabajando para un reparto y un equipo mayoritariamente afroamericanos y todos apoyados por personal auxiliar mozambiqueño cien por ciento negro. Las fricciones raciales y nacionalistas prendieron desde el primer día

Por el contrario, entre los actores afroamericanos y el equipo mozambiqueño surgió una camaradería casi instantánea. Jamie Foxx se volvió prácticamente mozambiqueño y salía casi todas las noches. Jeffrey Wright pasaba todo el tiempo libre con artistas, poetas y músicos y siempre traía al set a alguien que lo había maravillado. (Nota al pie n.º 2 sobre África: Pierce, mi barbero, se enamoró de una preciosa mozambiqueña llamada Iva y se casó con ella. Ahora tienen dos hijos maravillosos, Madiu y Gaelle.)

Jorge Maciel, un asistente de producción joven, nos cayó bien a todos. Tenía veintipocos años y una de esas personalidades imposibles de olvidar. Como se llevaba bien con todos, se convirtió en el líder *de facto* de los asistentes mozambiqueños. (Nota al pie n.º 3 sobre África: Jorge nos dijo que se quería mudar a Estados Unidos. Le dijimos: «No te preocupes, Jorge. Si vienes, nos ocuparemos de ti». Seis meses después de que termináramos de rodar *Ali*, Jorge se presentó en Los Ángeles. Se fue a vivir con Pierce y yo financié la empresa de limpieza que dirigió y operó durante cinco años, hasta que sintió que había reunido el suficiente conocimiento empresarial para regresar y construir en su Mozambique natal. Ahora financiamos la compañía de transportes que dirige y opera aún hoy.)

La experiencia en África fue espiritual, transformadora y profundamente emocional para todos nosotros.

Un día, Jorge se aproximó a Charlie Mack y le dijo que uno de los miembros del equipo sudafricano había atacado a un joven mozambiqueño del equipo auxiliar. El sudafricano era el responsable de la limpieza y del mantenimiento de los cuartos de baño en el set. Al parecer, el chico mozambiqueño había dejado gotas de orina en la tapa del inodoro. El otro lo persiguió, lo agarró del cuello de la camisa y lo llevó a rastras al baño, donde, al parecer, había limpiado el inodoro con su cara.

Charlie corrió hasta mi tráiler, enfurecido.

—Eh, ven corriendo. Se ha vuelto loco.

No sabía ni quién se volvió loco ni de qué tipo de locura estaba hablando exactamente, pero conocía a Charlie lo suficiente como para saber que no eran buenas noticias. Lo sucedido estaba corriendo como la pólvora por el set y frente al cuarto de baño se había empezado a congregar una pequeña multitud. Cuando llegamos allí, éramos diez. Nos encontramos con quince asistentes mozambiqueños a la izquierda y con treinta sudafricanos blancos a la derecha. Charlie Mack se puso en medio.

—¿Quién fue? —preguntó.

Los mozambiqueños señalaron al presunto culpable. Todos nos acercamos a él.

—Eh, tú. ¿Le metiste la cabeza en la taza a alguien? —preguntó Charlie, que le sacaba una cabeza al individuo.

—No es asunto tuyo —respondió el otro.

—Claro que es asunto mío. Quiero que me metas la cabeza en la taza a mí —dijo Charlie, que ya había invadido el espacio personal del otro.

El sudafricano, incómodo ante la proximidad física, dio dos pasos hacia atrás, a lo que Charlie respondió dando tres pasos hacia delante. Ahora estábamos en guardia con todo el equipo sudafricano y cada uno íbamos decidiendo mentalmente a por quién iríamos si la cosa iba a más.

—¿Qué tengo que hacer para que me metas la cabeza en la taza?

—¿Y si nos calmamos un poco...? —intentó interceder otro de los miembros del equipo, lo cual solo consiguió encender más a Charlie.

—¡TE DIJE QUE QUIERO QUE ME METAS LA CABEZA EN LA TAZA! ¿QUÉ TENGO QUE HACER PARA QUE ME METAS LA CABEZA EN LA TAZA? ¡TU MADRE ES UNA CABRONA HIJA DE PUTA! ¿BASTA CON ESTO? —gritó Charlie, directamente a la cara del acusado—. ¡TU MADRE ES UNA HIJA DE PUTA! ¿ME VAS A METER LA CABEZA EN LA TAZA DE UNA PUTA VEZ? ¡SI ESO ES LO QUE TE GUSTA! ¡QUE ME METAS LA CABEZA EN LA TAZA, CABRÓN! SI TE TIRO LOS DIENTES DE UN PUÑETAZO, ¿ME METERÁS LA CABEZA EN LA TAZA O NO?

Michael Mann apareció justo entonces. Le habían explicado lo que sucedía. Creo que era la única persona en todo Mozambique (a excepción, quizá, de Nelson Mandela) capaz de apagar ese fuego. Michael nos señaló a mí y al jefe del equipo sudafricano.

—Tú y tú, a mi despacho. Los demás, a trabajar.

—Ese tipo se tiene que ir. Pero ya —dije.

—Las cosas no funcionan así —repuso el recién nombrado portavoz del equipo—. Y, con todos mis respetos, lo que pasó no tiene nada que ver contigo. Lo resolveremos internamente.

—Resuélvanlo como quieran —dije—, pero resuélvanlo con su amigo racista bien lejos de aquí. No se puede quedar.

—Yo pienso igual —convino Michael—. No pienso tolerar conductas de este tipo en mi set.

—Ya están otra vez, los estadounidenses y su ridículo racismo —soltó el hombre—. No todos los enfrentamientos tienen que ver con su infantil concepto de raza.

—Espera un momento —dije—. A ver si lo he entendido bien. ¿Me estás diciendo que habría actuado del mismo modo con un miembro blanco del equipo?

—Estoy diciendo que es imposible que puedan entender la complejidad de la situación.

—Bueno, pues a ver si así está mejor —contesté yo—. Ese cabrón está despedido por idiota.

—De acuerdo —respondió el hombre—. Si se va él, nos vamos todos.

Ese «todos» se refería a los cien miembros del equipo sudafricano. Si se iban, no podríamos acabar la película. Decenas de millones de dólares tirados a la basura. Era una amenaza potencialmente catastrófica. Tenía el corazón desbocado. La mente me daba vueltas a una velocidad vertiginosa. Le había prometido a Muhammad Ali que contaría su historia al mundo. Si dejaba que el equipo se fuera, el proyecto estaría abocado al desastre.

Y entonces lo vi, lo supe con la fuerza de un gancho izquierdo caído del cielo: eso era Ali. Ese momento era la clave de todo. Muhammad Ali renunció a todo por ese mismo motivo. A la mierda la película. Ali no querría que el precio de llevar su historia a la gran pantalla fuera aceptar que le metieran la cabeza en la taza a un chico de diecisiete años.

Estaba claro.

—Pues entonces pueden ir haciendo las maletas —dije—. Si me tengo que gastar todo el dinero que voy a ganar con la película en traer a un equipo de Estados Unidos, me lo gastaré. Pero no pienso tolerar que nadie le meta la cabeza en la taza a nadie durante el rodaje de una película sobre Muhammad Ali. Se pueden ir a casa.

Y, sin más, salí del despacho de Michael.

Michael me apoyó plenamente. Al final, solo se fue el veinte por ciento del equipo sudafricano y Michael y yo nos repartimos los sobrecostos. Fueron unos cuantos millones de dólares entre los dos, pero no hubo discusión. Yo empezaba a entender el poder del propósito.

Aunque el propósito y el deseo puedan parecer similares, en realidad son muy distintos. En ocasiones, son incluso fuerzas opuestas.

El deseo es personal, estrecho y afilado, y tiende a la supervivencia individual, a la gratificación personal y a la obtención de beneficios y de placeres a corto plazo. El propósito es más amplio, más ancho, una visión a largo plazo que incluye el beneficio para los demás. Algo más allá de nosotros mismos y por lo que estamos dispuestos a luchar. A lo largo de mi vida, ha habido muchos momentos en los que he actuado desde el deseo, pero en los que me he convencido a mí mismo de que lo hacía desde el propósito.

El deseo es lo que queremos. El propósito es el fruto de lo que somos. El deseo tiende a debilitarse con el tiempo, mientras que el propósito se hace más fuerte cuanto más nos alineamos con él. El deseo nos puede dejar vacíos, porque es insaciable; el propósito nos capacita, es un motor más potente. El propósito contextualiza el sufrimiento inevitable en la vida, le da sentido y hace que valga la pena. Tal y como escribió Viktor Frankl, «el sufrimiento deja de ser sufrimiento cuando encuentra un sentido, como el del sacrificio».

Un fin noble engendra emociones positivas. Cuando perseguimos lo que creemos que es un objetivo profundo y valioso, alimenta lo mejor de nosotros y de los demás.

No soy demasiado dado al arrepentimiento. Sin embargo, Nelson Mandela me envió cada año durante el resto de su vida un mensaje en el que me instaba a pasar un tiempo con él. «Soy un anciano, no tardes mucho.»

Había una parte de mí que no se sentía digna de él. El mundo necesitaba a Nelson Mandela. ¿Quién era yo para arrebatar a nadie ni un segundo más de su tiempo? A lo largo de los años, vi a Madiba en varias ocasiones. Un acto benéfico por aquí, una entrega de premios por allá, cinco, diez minutos cada vez.

El 5 de diciembre de 2013, estaba de gira promocional en Sídney (Australia). Estaba mirando la televisión cuando Jacob Zuma, que entonces era el presidente sudafricano, apareció en pantalla.

—Compatriotas sudafricanos —dijo—. Nuestro querido Nelson Rolihlahla Mandela, el presidente fundador de nuestra nación democrática, nos ha dejado.

Nelson Mandela había muerto en Johannesburgo (Sudáfrica) justo antes de las nueve de la noche, hora local. Se había ido rodeado de su familia y de sus amigos más íntimos. Tenía noventa y cinco años.

Madiba había fallecido. Esta es una de las cosas de las que más profundamente me arrepiento en mi vida.

¿Cómo pude dejar pasar su ofrecimiento? Durante estos años he reflexionado mucho sobre ello. Madiba me tenía en muy alta estima. Me asustaba. Veía en mí algo que yo no había visto aún. Creo que, inconscientemente, no quería pasar demasiado tiempo con él por miedo a no estar a la altura de la imagen que se había hecho de mí. Puede que tuviera miedo de que me pidiera que hiciera o cambiara algo de mi vida que no podría o no querría hacer.

Madiba pensaba que yo era especial. Y yo no quería demostrarle que se había equivocado.

Desde entonces, se me ha aparecido en sueños en múltiples ocasiones, siempre con la misma sonrisa misteriosa. Su energía me comunica: «Cuando estés preparado, seguiré aquí».

DIECISIETE
PERFECCIÓN

AÑO	PELÍCULA	ESTRENO	NACIONAL (USD)	GLOBAL (USD)
2002	MIIB: Hombres de negro II	N.º 1	190418803	441767803
2003	Dos policías rebeldes II	N.º 1	138540870	273271982
2004	Yo, robot	N.º 1	144801023	348629585
2004	El espantatiburones	N.º 1	161412000	371741123
2005	Hitch	N.º 1	177784257	366784257
2006	En busca de la felicidad	N.º 1	162586036	307311093
2007	Soy leyenda	N.º 1	256393010	585532684
2008	Hancock	N.º 1	227946274	624234272

ba a incluir la suma de los totales, pero al final pensé que quizá te gustaría hacerlo con tus hijos. Lo que acabas de ver es, posiblemente, la mejor racha individual de la historia de Hollywood. (Nota: Mi editor me obligó a añadir «posiblemente» en contra de mi voluntad.)

Me tomaba la vida como un campamento de boxeo. Darrell ya

no era solo mi entrenador, sino también mi mentor y mi protector. *Ali* me había valido la primera nominación a los Oscar, lo que, para mí, fue una validación de mi nuevo estilo de vida basado en el campamento de boxeo.

(Anécdota de la familia Smith: La de la nominación por *Ali* fue otra ceremonia de premios más que me perdí. Willow tenía un año y la habíamos dejado en casa con Gammy, que la tuvo que llevar al hospital con treinta y nueve y medio de fiebre. [Tenía una infección de oído.] Jada y yo salimos corriendo de la ceremonia de entrega seis minutos antes de que anunciaran el premio al Mejor actor. Mientras nos alejábamos en el coche, vi en el Jumbotrón cómo Denzel se llevaba mi premio.)

Darrell no se separó de mí durante los diez años siguientes. Me impulsó, me motivó y defendió mi espacio psicológico durante todo mi apogeo cinematográfico. Estaba en todo.

Durante este periodo, mi equipo fue absolutamente imbatible. Nadie se movía como nos movíamos nosotros. Todos en Hollywood intentaban entender cómo conseguíamos ser tan productivos y tener tanto éxito de un modo tan constante.

Todos en mi grupo nuclear (Harry, JL, Omarr, Darrell; mi jefa de equipo, Jana Babatunde-Bey; mis sobrinos Kyle y Dion; mi cuñado, Caleeb Pinkett; el mánager de la familia, Miguel Melendez; mi ayudante ejecutiva, Danielle Demmerella) asumieron la filosofía del campamento de boxeo. Estábamos construyendo nuestras vidas, buscábamos la perfección, nos exigíamos la excelencia mutuamente y a todos los que nos rodeaban y, como con la Junior Black Mafia, o estabas con nosotros o te podías despedir. Desde las relaciones corporativas a los parientes o a los amigos, como Mia Pitts (gestora de propiedades), Fawn Boardley (directora creativa), Judy Murdock (artista de maquillaje), Pierce Austin (peluquero) o Robert Mata (vestuario), y hasta el equipo encargado de limpiar los coches: todos se tenían que comprometer con la excelencia o no podían seguir con nosotros.

Soy un soñador, un constructor. Visualizo grandes proyectos y, entonces, construyo los sistemas que sean necesarios para materializarlos en el mundo real. Ese es mi lenguaje del amor. Quiero ayudar a las personas a las que quiero a construirse vidas extraordinarias. Sin embargo, eso exige que estén dispuestas a esforzarse y a sacrificarse. Y, lo más importante de todo, tienen que confiar en mí. Si no lo hacen, lo interpreto como un rechazo absoluto al amor que les ofrezco.

El equipo decía que estaba ahí «para toda la vida». Estaban conmigo a muerte. Es imposible construir nada de una calidad igual o superior a la calidad de la gente que te rodea.

El éxito plantea una paradoja extraña y perturbadora. Cuando no tienes nada, sufres el temor y el dolor de tener que esforzarte al máximo para lograr tus objetivos. Pero, cuando lo tienes todo, sufres la pesadilla brutal y recurrente de perderlo.

Tenía la mujer, tenía la familia, tenía la propiedad con nombre. Era la mayor estrella de cine del mundo, pero, de repente, empecé a notar la «enfermedad sutil», una mentalidad de pobreza que había entrado como por la puerta de atrás. Todo me parecía extraordinariamente frágil: una lesión, un escándalo, un fracaso comercial... eso era lo único que me separaba de tener que volver a Filadelfia. *¿Y si se repete la crisis financiera de 1929?* Solo hay un miedo peor al miedo a no conseguir lo que deseas: el miedo a perderlo.

Los fines de semana de estreno son lo peor de todo. Un verdadero infierno. Es como la noche de las elecciones presidenciales, todo el mundo alerta, intentando cruzar los resultados de las 18:00 en Miami con los de las 19:45 en Pittsburgh. Primero entran las cifras de la Costa Este y, entonces, contienes la respiración a la espera de las de Chicago y las de Houston. Por muy buenas que hayan parecido las encuestas, por muy seguro de ti mismo que estés, en el fondo sabes que puede suceder cualquier cosa: una tormenta de nieve en el Medio Oeste el jueves por la noche puede cerrar cientos de salas y eliminar de un plumazo el doce por ciento de la taquilla del fin de semana de estreno. Y, en función del género, las críticas de Siskel y Ebert pueden destruir la película. Otro seis por ciento que sale por la ventana.

Antes, el axioma era que «el fin de semana de estreno depende del protagonista y la recaudación final bruta depende de la película». Por lo tanto, a pesar de que intervienen muchos factores más y de que muchas personas serán despedidas si la película no es un éxito de estreno, el rostro del cartel es el que recibe el golpe más fuerte. Da igual el éxito que haya tenido tu película anterior: si esta no es un bombazo aún más grande, estás acabado. Verás camiones de mudanza frente a Her Lake, que descargan caja tras caja con el nombre del recién llegado: «Robert Downey Jr.».

Cuando tenía unos nueve años, mi padre me llevó con él a un trabajo en el sótano del supermercado Shop 'n Bag en la esquina de la calle 48 con Brown. Estoy seguro de que la mayoría de la gente no ha estado nunca en el sótano de un supermercado. De lo que ya no estoy tan seguro es de si seré capaz de transmitir la sensación de estar en uno, pero lo intentaré: imagina una vieja escalera de madera que cruje a cada paso. Faltaban un par de peldaños. Mi padre me lo indicó, pero, para mi joven mente, esos dos agujeros sin fondo eran más que un riesgo de caída: eran puertas abiertas al infierno.

La escalera llevaba a una mazmorra mal iluminada donde los alimentos caducados iban a morir. Estaba a cargo de la linterna, que era imprescindible porque la hilera de focos no era de fiar y parpadeaba ominosamente. Eso era de lo que estaban hechas las películas de terror, y tanto yo como mi padre éramos negros, así que tenía la certeza de que uno de los dos no saldría vivo de allí. Los zapatos chirriaban a cada paso, porque se quedaban pegados al suelo cubierto de porquería. Décadas de botellas de cátsup rotas, de latas que rezuman, de bolsas de chícharos antes congelados y ahora podridos... un depósito de lo invendible.

Esos sótanos acostumbraban a estar muy mal ventilados y a acumular un calor opresivo. El olor se pegaba a la ropa y al pelo... pero a mi padre le encantaba. Era el aroma del trabajo duro. «Así es como hueles cuando haces lo que tienes que hacer para alimentar a la familia.»

Dos líneas de compresores (los motores que hacían funcionar

los refrigeradores y los congeladores del piso de arriba) recorrían ambos lados de este abismo. Apunté con la linterna los números sobre los compresores, apenas visibles bajo el polvo.

—Ahí está, el número diecinueve —dijo mi padre.

Había bandejas de d-CON por todas partes. D-CON era un matarratas muy potente. Cuando los roedores lo ingerían, les quemaba el estómago y los intestinos por dentro y dejaba atrás un cadáver destripado y bastante asqueroso. Directamente bajo el compresor 19 vimos la mitad superior de una rata que, obviamente, se había atiborrado a d-CON. Sin dudarlo ni un instante, mi padre se inclinó, agarró la rata muerta con la mano desnuda y la arrojó a un lado. Se dio dos palmadas en el lateral de los pantalones de mezclilla (imagino que para desinfectarse la mano) y se tendió en el suelo, de modo que la cabeza le quedó exactamente sobre el lugar donde esa media rata había pasado el último mes. Hice bajar como pude el almuerzo de vuelta al estómago y recuerdo con claridad que, en ese momento, entendí que todo eso era por mí, por mi hermano y por mis hermanas; por mi familia. Sin embargo, también recuerdo con claridad que pensé que, de haber sido yo, mis hijos no habrían cenado esa noche.

Creo que el estrés y la incertidumbre consecuencia de toda una vida de dificultades económicas fueron dos de los mayores obstáculos que impidieron a mi padre ofrecer apoyo emocional a su familia. Cuando has tenido que apartar una rata muerta con la mano desnuda para, acto seguido, apoyar la cabeza en el mismo lugar, no te queda demasiado espacio para escuchar a nadie diciéndote que ha tenido un día complicado.

Presenciar las dificultades de mis padres me dejó grabado a fuego que la estabilidad económica era un imperativo para que el amor y la familia tuvieran la menor posibilidad de prosperar.

Estaba en racha, había conseguido la mayor sucesión de éxitos de la historia de Hollywood. Trabajaba entre setenta y ochenta horas semanales. Festivos, fines de semana, incluso las «vacaciones» eran una oportunidad para avanzar. Me había dado cuenta de que la mayoría de las personas volvían de las vacaciones de Navidad más gordas y en peor forma física. Por lo tanto, decidí que, para mí, las vacaciones serían otra oportunidad para aumentar mi ventaja.

Me propuse recibir cada Año Nuevo en mejor forma de la que había despedido al viejo. Hacía ejercicio y, en ocasiones, incluso me abstenía de la cena de Navidad como acto de disciplina personal. A Darrell le encantaba mi severidad y me elogiaba por ella. «Si no comes, yo tampoco comeré», decía. Me pasaba los días estudiando y escribiendo, leyendo un libro o reescribiendo algún guion, entrando y saliendo rápidamente de los festejos que los demás estaban disfrutando.

Decidí dar fiestas de Navidad y de Año Nuevo por todo lo alto. Era el plan perfecto. Jada y los niños tendrían a sus amigos, a sus primos y a la familia durante una semana entera de diversión en la montaña. Yo atraía a mis socios a maravillosos resorts de esquí que pagaba yo. Eso quería decir que ellos disfrutaban de un viaje con todos los gastos pagados tanto para ellos como para su familia, y yo tenía a todo mi equipo en un lugar remoto (cautivos) para poder celebrar con ellos reuniones diarias de estrategia que me ayudaban a adelantar trabajo y a adelantar a la competencia.

La estaba armando en grande, lo estaba ganando todo, y ganar, para mí, significaba que todo en mi vida era perfecto y que todos quienes me rodeaban eran felices.

Pero no todo era perfecto, y no todos eran felices.

A lo largo de toda nuestra relación, las mañanas habían sido el momento en que Jada y yo reconectábamos, construíamos y forjábamos nuestro vínculo. Nos despertábamos antes del amanecer y hablábamos durante horas. Nos contábamos qué habíamos soñado por la noche y compartíamos revelaciones e ideas. Hablábamos de los niños y de lo que fuera que sucedía en la familia.

Sin embargo, en esa época, me di cuenta de que algo había empezado a cambiar. Jada lloraba casi a diario. Ahora, se despertaba sollozando. Una vez, se despertó llorando cuarenta y cinco días seguidos.

—Will, ¿a qué atribuyes tu ascenso meteórico?

—Bueno, la verdad es que me considero bastante normalito en lo que se refiere al talento. Creo que donde destaco de verdad es en mi disciplina y en mi ética de trabajo, que son inquebrantables e inflexibles. Mientras los demás comen, yo trabajo. Mientras los demás hacen el amor, bueno... yo también estoy haciendo el amor, pero le pongo muchísimo empeño.

A los periodistas les encantaba la respuesta y, aunque estaba «bromeando», la realidad de los números era, a mis ojos, muy sencilla: si me levantaba y empezaba a trabajar una hora antes que el resto y me acostaba una hora más tarde que el resto y trabajaba durante la hora de comer, le sacaba quince horas semanales a la competencia. Eso son setecientas ochenta horas productivas más al año que la competencia. Equivale a un mes. Si salía con un mes de ventaja, no me alcanzarían nunca. Y si ellos necesitaban sus fines de semana y sus vacaciones para descansar, estar más guapos y recuperarse y mantener su preciosísimo «equilibrio entre la vida familiar y la laboral», jamás verían otra cosa que mis luces traseras.

Era Nochebuena.

Habíamos alquilado una casa en Aspen (Colorado). Las dos semanas que flanqueaban la Navidad eran lo único que ayudaba a Jada a soportar el resto del año. Tenía dos exigencias no negociables: toda la familia tenía que estar allí durante las dos semanas y teníamos que pasar esas semanas rodeados de nieve. Cada año, decidíamos el lugar en función de las probabilidades de precipitaciones de nieve. No había fiesta, celebración, reunión o acontecimiento que se acercara ni remotamente al valor emocional que Jada otorgaba a las vacaciones navideñas en familia. De pequeña, sus Navidades habían sido «poco festivas», por decirlo de alguna manera. Y, ahora, quería compensarlo con su familia. (Nota: Sheree ha pasado todas las Navidades con nosotros desde hace casi veinte años. Quincy tenía razón.)

Todos teníamos que llevar la ropa navideña que Jada elegía para nosotros. Pijamas de cuerpo entero con patucos. Suéteres feísimos.

Orejas de reno. Paseos en trineo tirado por caballos. Villancicos. Todo era obligatorio. Lámparas del Santa Claus Negro colgadas en todos los dormitorios, Rudolfs activados por movimiento que te daban el susto de tu vida cuando ibas a buscar una galleta a la cocina en plena noche, y un árbol de Navidad de doce metros de altura encajado en el salón y que parecía Shaquille embutido en un Prius.

Durante el año, Jada era Peaches de *Shame, detective privado*. Una superestrella del gueto. Pero, en cuanto las primeras campanillas del trineo empezaban a repicar, se transformaba en una señora blanca de mediana edad del Medio Oeste.

Ese año, Jada había decidido que íbamos a disfrutar de una partida de Monopoly en familia. Permíteme que te dé algo de contexto: soy un as del Monopoly. No es broma. No lo digo por hacerme el gracioso. No es una hipérbole. He estudiado y he trabajado con verdaderos profesionales. Me había propuesto participar en campeonatos internacionales de Monopoly. Cuando caen los dados, no me hace falta contar casillas. Sé que New York Avenue está a seis casillas de States Avenue, solo tengo que tomar la ficha y moverla. También sé que, si caes en la Salida cuando tienes muchas propiedades, no quieres que te salga un siete, porque caerás en Suerte y la tarjeta de la Tasación de propiedades siempre sale. Tampoco quieres un nueve desde Kentucky Avenue, porque te lleva de cabeza a la Cárcel y te quedarás sin tus doscientos dólares.

Nos sentamos y el juego comenzó. Me encontré en la nada envidiable posición de quedar atrapado entre Boardwalk y Park Place. Los meros aficionados creen que Boardwalk y Park Place son propiedades excelentes. Sin embargo, no saben que están valoradas por encima del margen manejable. Los valores de la propiedad aumentan a medida que avanzas desde la casilla de salida, por lo que Boardwalk y Park Place son las más caras de comprar y las más caras de construir. Y, como solo hay dos, pierdes un cuarenta por ciento de probabilidades de que otros caigan en ellas a medida que avanzan por el tablero. Inviertes todo ese dinero y tardas más en construirlas, por lo que llegas a las propiedades de los otros jugadores antes de que las tuyas estén preparadas para recibir a nadie. Y, cuando lo están, la gente las evita durante lo que queda del juego. En resumen: Boardwalk y Park Place son un asco. Te obligan a dejarlo todo para el final de la partida y acabas rezando por un golpe de suerte.

Ese era el lamentable purgatorio del Monopoly en que me hallaba esa noche.

Willow tenía siete años y había levantado el primer monopolio en Illinois Avenue (las propiedades rojas). Yo tenía Virginia Avenue y States Avenue (las lilas), Boardwalk y Park Place y tres líneas de ferrocarril. Pero estaba arruinado. Jaden desconfiaba de mi habilidad con el Monopoly y se mostraba reticente a hacer tratos conmigo. Tenía nueve años y había rechazado todas y cada una de mis propuestas y ofertas para comprarle St. Charles Place y completar así mi monopolio lila. Jada tenía la línea de Pacific Avenue (la verde), pero tampoco le quedaba dinero para construir, así que no suponía una amenaza para mí. Trey tenía Baltic Avenue y Mediterranean Avenue (la morada junto a la salida) y toda la línea de Connecticut Avenue, la azul celeste. Tenía un lado entero y había gastado casi todo su dinero para conseguirlo, pero era el guerrillero sobre el tablero. (Nota: tener un lado entero o una esquina es el Santo Grial del Monopoly. Todos los jugadores caen en tus casillas una y otra vez en su recorrido por el tablero.)

Las casas y los hoteles empezaron a aparecer sobre el tablero y la fragilidad de mi posición centrada en Boardwalk y Park Place era cada vez más evidente. La soga de la competencia se estrechaba alrededor de mi cuello. Era ahora o nunca.

Jada cayó en Pacific.

—¡Sí! —grité mientras aplaudía y hacía que el Rudolf activado por movimiento se girara hacia mí para ver a qué venía tanto ruido.

Pacific era propiedad de Jada, así que nadie entendía por qué me había emocionado tanto. Para el ojo no experto, acababa de caer en su propia propiedad. Pero ellos eran meros aficionados y yo, todo un maestro. Creo que mi alegría sobresaltó a Jada.

—¿Qué te parece tan emocionante? —me preguntó.

—¡Acabas de caer en Pacific! —exclamé lleno de alegría. Estaba encantado de tener la oportunidad de explicar mi lógica y de elevarlos así a mi esfera de comprensión superior del Monopoly—. Pacific está a seis casillas de Park Place y a ocho de Boardwalk. A excepción del siete, el seis y el ocho son los números con más probabilidad estadística cuando se lanzan dos dados. El seis tiene cinco posibilidades: cinco-uno, cuatro-dos, tres-tres, dos-cuatro y uno-cinco. Y el ocho, igual: seis-dos, cinco-tres, cuatro-cuatro, tres-cinco y dos-seis. Cuando vuelvas a lanzar los dados, la probabilidad de que salga un seis es del 13,89 % y la de que salga un ocho es la misma, lo que supone casi un 30 % de probabilidades de que saques un seis o un ocho. Y, cuando lo hagas, te estarán esperando tres de mis casas en cada casilla. Y tú, señorita, estarás acabada. No puedes pagar lo que valen.

Me afané a hipotecar el resto de mis propiedades (cien dólares por cada línea de ferrocarril; setenta por States y ochenta por Virginia). Lo suficiente para pasar de dos a tres casas en Boardwalk y en Park Place, lo que en Monopoly equivale a un crecimiento exponencial: cuando pasas de dos a tres, maximizas la rentabilidad de las inversiones.

—¿Estás seguro de que quieres hacer eso? —me preguntó Jada lentamente.

—¡Por supuesto que sí! —exclamé, con los ojos bien abiertos de la emoción. Le entregué a Jaden (el banquero) los cuatrocientos dólares necesarios para completar la transacción que me salvaría—. ¡Seguro que sacarás un seis o un ocho!

Jada se quedó quieta, sin dejar de mirarme.

—Entonces, ¿estás seguro de que quieres echar a tu *mujer* de la partida *familiar* de Monopoly con tus *hijos* en *Nochebuena*?

Por fin me giré y la miré a los ojos. Antes de que pusiera el énfasis en esas palabras clave (*mujer, familiar, hijos* y *Nochebuena*), estaba totalmente seguro de lo que quería hacer. Ahora estaba casi totalmente seguro.

—Si no aguantas la presión del Monopoly, no te metas en el Monopoly, Jada —dije en broma.

Jada asintió, palpó lentamente los dados y los sacudió muchas veces, demasiadas, en un intento evidente de darme la oportunidad de cambiar de opinión. Pero no lo hice.

Lanzó los dados al centro del tablero. La mística probabilidad del 13,89 % se convirtió en una certeza del cien por ciento.

Cuatro-dos.

Jada entregó sus propiedades al banquero (Jaden), le dio un beso a Willow, le revolvió el cabello a Trey y se fue a la cama.

Sí, querido lector, hoy es evidente. Pero entonces funcionaba con un sistema operativo muy distinto. Mi mentalidad era: «peleas como entrenas». Creía que Jada y mi familia necesitaban que pensara así. Necesitaban que cultivara y mantuviera una mentalidad ganadora. Necesitaban que nunca desentrenara mis instintos guerreros. Era un hombre negro en Hollywood. Si quería conservar mi posición, no me podía relajar. Ni un instante.

Tenía que ser perfecto en todo momento.

Tardé años en darme cuenta de que, en realidad, Jada no jugaba al Monopoly. Conectaba, se vinculaba y disfrutaba del tiempo en familia. Al parecer, yo era el único que jugaba al Monopoly. Desde entonces, he actualizado mi software y he desarrollado un nuevo axioma: «Que nunca te atrapen jugando al Monopoly».

Mi padre me enseñó a jugar al ajedrez cuando tenía siete años. En verano, jugábamos casi todas las noches. Preparaba el tablero en el porche de atrás e íbamos y veníamos entre el tablero y la parrillada. A veces, jugaba con el vecino, el señor John. Cuando jugaba conmigo, jugaba de la misma manera que con él. No creía en poner las cosas fáciles a los niños. Pensaba que quienes dejaban ganar a sus hijos les hacían un flaco favor en lo que concernía a su crecimiento y a su desarrollo, e incluso a su capacidad para sobrevivir en el mundo. Me aplastó partida tras partida, mes tras mes, jaque mate tras jaque mate, año tras año... Hasta que cumplí trece.

Jamás olvidaré ese momento. Me había enseñado la apertura Giuoco Piano y yo llevaba años desplegando fielmente la apertura y la respuesta a la misma. Sin embargo, empecé a practicar a solas la apertura española, que él conocía menos. La partida avanzó poco a poco desde la apertura hasta la mitad del juego. Mi posición era fuerte y mi padre lo sabía. No se acercó a la parrillada y no tocó el Chivas Regal. Su Tareyton 100 ardía, intacto, en el cenicero.

Silencio absoluto. Atención total a cada movimiento.

Su estilo se caracterizaba por un ataque implacable.

«Mételes las piezas por la garganta, que se asfixien con ellas», solía decir. Pero no esa noche. Primero hizo retroceder a su alfil y luego defendió al rey con el caballo.

Era mi movimiento. Lo vi.

Pero él no.

Me quedé bloqueado.

Permanecí quieto, frente al tablero. El corazón se me salía del pecho, los segundos pasaban. No me atrevía a dar el golpe de gracia.

—Carajo —dijo mi padre.

Lo había visto.

Me miró a los ojos. Se dio cuenta de que, si no movía ficha, no era porque no viera el movimiento. Sabía que me daba miedo hacerlo.

—Vamos, muévelo —dijo.

Agarré el caballo y lo coloqué, con sumo cuidado, en su posición final. El fieltro de la base del trebejo era como una guillotina aterciopelada.

—¿Qué se dice? —preguntó.

No era capaz de pronunciar las palabras finales.

—Eeeh..., ¿jaque...?

—Sabes perfectamente que eso no es un jaque. ¿Qué es eso?

—¿Jaque mate?

—¿Por qué lo preguntas? ¡Dilo!

—Jaque mate.

—Sí. Buena partida.

Me dio la mano, tomó el cigarro y la copa y entró en casa.

Nunca volvimos a jugar. Durante años, pensé que era porque era mal perdedor. Sin embargo, a medida que lo fui entendiendo mejor, vi que me quería ofrecer un último recuerdo perfecto de las partidas de ajedrez con él. Quería que mi mente quedara programada para ganar y para saborear la victoria. Había finalizado su entrenamiento con el ajedrez. Era un rito de paso mitológico. Y no quería empañarlo.

—Nada de nuestra vida es mío —dijo Jada—. Yo no quería vivir así. Yo quería una casa de campo pequeña y una vida tranquila.

—Lo entiendo, pero ahora estamos aquí —contesté yo—. ¿Cómo lo arreglamos? Puedes hacer lo que quieras, cariño, ¿qué quieres hacer?

De adolescente, Jada era una apasionada del metal. Tiene uno de los oídos más eclécticos con los que me he encontrado jamás. Siempre había soñado con tener un grupo, pero debo reconocer que me tomó totalmente desprevenido cuando me anunció que estaba formando un grupo de *heavy metal*.

Jada es una poeta y una pensadora brillante. La profundidad de sus letras siempre me ha cautivado y emocionado. Intentaba amarla y apoyarla, así que la acompañé en silencio en su viaje. Entonces, me dio un libro titulado *Mujeres que corren con los lobos*, de Clarissa Pinkola Estés. Había marcado un relato titulado «La Loba»:

La única tarea de La Loba consiste en recoger huesos. Recoge y conserva sobre todo lo que corre peligro de perderse. [...] Cuando ha juntado un esqueleto entero [...] levanta los brazos sobre ella y se pone a cantar [...] con tal intensidad que el suelo del desierto se estremece y, mientras ella canta, el lobo abre los ojos, pega un brinco y escapa corriendo... El lobo se transforma de repente en una mujer que corre libremente hacia el horizonte.

Un esqueleto desmontado, oculto bajo la arena. Nuestra misión es recuperar las distintas piezas [...] buscar la fuerza indestructible de la vida, los huesos... Se podría considerar un cuento milagro [...] un cuento de resurrección. [...] Si cantamos la canción, podremos conjurar los restos psíquicos del alma salvaje y devolverle su forma vital.

Infundir alma a lo que está enfermo o necesita recuperarse [...] descendiendo a las mayores profundidades del amor y del sentimiento hasta conseguir que el deseo de relación con el Yo salvaje se desborde para poder hablar con la propia alma... Eso es cantar sobre los huesos. No podemos cometer el error de intentar obtener de un amante este gran sentimiento de amor, pues el esfuerzo femenino de descubrir y cantar el himno de la creación es una tarea solitaria, una tarea que se cumple en el desierto de la psique.

La idea de que La Loba tenga que cantar sobre los huesos para resucitar las partes de sí misma que han muerto resonó profundamente en mi interior. Si matas un aspecto de una mujer, matas a toda la mujer. La Loba reúne el «esqueleto desmontado» de lo femenino despedazado y comienza a cantar para devolverlo a la vida. Jada había matado partes de sí misma en aras de la familia. Y su grupo, Wicked Wisdom, era la forma de Jada de desatar a La Loba para resucitarse como mujer completa.

Pero yo no estaba preparado para el Ozzfest.

—Yo puedo, papá.

Jaden solía meterse en la cama conmigo mientras yo leía guiones y decidía qué nuevo mundo iba a habitar a continuación. Le gustaba oír las historias tanto o más de lo que a mí me gustaba contárselas. Me miraba fijamente mientras mi mente bailaba, probando cada uno de los personajes.

—¿Tú puedes qué? —pregunté.

—Te oí antes, cuando hablabas con ese señor.

«Ese señor» era Gabriele Muccino, un director italiano al que acababan de contratar para que dirigiera *En busca de la felicidad*. Gabriele no hablaba inglés y tuvimos que recurrir a un intérprete para la primera reunión. Se había tenido en cuenta a los directores más importantes de Hollywood para la película, pero el elegido fue Gabriele.

Todd Black, uno de los productores más importantes de Hollywood, le había enviado a JL un artículo de *20/20* acerca de un tipo llamado Chris Gardner. Chris había pasado de ser un vagabundo que vivía con su hijo pequeño en las calles de San Francisco a convertirse en un agente de bolsa de éxito. El guion era extraordinario. Un periplo del héroe ideal.

Aunque podíamos elegir entre lo mejor de lo mejor de los directores de Hollywood, a mí me había encantado *L'ultimo bacio*, del director italiano Gabriele Muccino, y le pedí a JL que organizara una reunión. Estaba bastante seguro de que no sería él quien acabaría dirigiendo la película, pero hacía poco que había aprendido el poder y la importancia del proceso de exploración. Las reuniones generales con artistas de fama mundial se habían convertido en un procedimiento habitual.

La primera reunión fue un desastre. Gabriele no quería usar el intérprete e intentaba hablar en inglés. El problema era que no sabía inglés. JL y yo ni siquiera intentamos hablar italiano, porque no sabemos italiano. Sin embargo, la pasión artística de Gabriele culminó en dos acciones que lo cambiaron todo: primero nos dio una película italiana, *Ladrones de bicicletas*, de Vittorio De Sica, que había ganado el Oscar a la Mejor película de habla no inglesa en 1950 y, mediante el intérprete, dijo: «Esta es la película que quiero hacer». Y, entonces, me ganó. Dijo: «Si no me eligen a mí, por favor, no elijan a un director estadounidense. Los estadounidenses no entienden la belleza del sueño americano».

Gabriele iba a ser.

—¿Qué te hace pensar que puedes? —le pregunté a Jaden.

Jaden tenía seis años y, a excepción de elaboradas películas caseras, no había demostrado el menor interés por el oficio.

—El señor te dijo que no encuentra a ningún niño que haga de tu hijo. No puede, porque tu hijo soy yo, papá.

—Bueno, en eso tienes razón —dije entre carcajadas—. Pero estamos hablando de actuar, de hacer «como si».

—¡Hacer como si fuera tu hijo! ¡Bah! ¡Si soy tu hijo cada día!

Gabriele Muccino tenía problemas para encontrar al actor perfecto que encarnara a mi hijo. Había visto a casi quinientos niños. Gabriele es un artista instintivo, intuitivo, las cosas tienen que encajar. Jada y yo decidimos dejar que Jaden se presentara a las pruebas.

—*Grazie, grazie, grazie!* —exclamó Gabriele—. Quería a Jaden para el papel desde el momento en que lo conocí, pero el estudio me prohibió pedírselos.

—¿Cómo? ¿Por qué?

—Porque al estudio le parecía una sentencia de muerte para la película desde el punto de vista de marketing. Creían que los espectadores no podrían dejar a un lado los recelos al verlos a Jaden y a ti en la pantalla como padre e hijo.

El estudio también creía que parecería nepotismo y que estaríamos en la picota desde el mismo momento en que lo anunciáramos. Al final cedieron a los ruegos de Gabriele y accedieron a ponernos a Jaden y a mí ante las cámaras, para probar la química.

Era un tema tan sensible en el estudio que Jada y yo nos retiramos por completo del proceso de toma de decisiones. Permitimos que Gabriele siguiera su instinto y eligiera a quien considerara mejor. Jada y yo producíamos la película y yo la protagonizaba, así que había conflictos de interés por todos los lados. Jada y yo acordamos no hablar del tema. Nos limitaríamos a ser padres.

Al final, el estudio pidió a Jaden que se presentara nueve veces a las pruebas, algo sin precedentes. Era muy sencillo: no querían los problemas que se derivarían de elegirlo a él. Sin embargo, a cada prueba y con la inocencia total de un niño de seis años, demostraba que era el mejor actor para el papel. Aun así, tras la novena prueba, el estudio pidió una décima.

Jada se hartó. Informó a Gabriele y al estudio que Jaden ya no estaba disponible para el papel. Entonces, Gabriele, siendo el artista apasionado y ferviente que es, decidió que era emocionalmente incapaz de hacer la película sin Jaden.

El estudio cedió y ofreció a Jaden el papel de Christopher Jr. en *En busca de la felicidad.*

Para mí, era la perfección absoluta. En el set, en el trabajo, con mi hijo. Así era como yo entendía la crianza de los hijos: en el campo de batalla de la vida, con cosas reales en juego, con resultados reales, con presas reales. Podría corregir los errores en directo, podría enseñar en escenarios de verdad.

Esta era mi definición de amor paterno.

El Ozzfest es un festival *heavy metal* itinerante. Fundado por Ozzy Osbourne y su esposa Sharon en 1996, contaba con todos los metales: *trash*, industrial, punk *hardcore*, *deathcore*, *metalcore*, *posthardcore*, alternativo, *death*, gótico y nu. Sharon había visto al grupo de Jada y parte de ella entendió lo que pasaba. Se hicieron amigas y Sharon incluyó a Wicked Wisdom en el Ozzfest de verano de 2005.

El Ozzfest es el acontecimiento menos afroamericano que uno pueda ver después de esa cosa con la escoba y el disco de hockey gigantesco que hacen en los Juegos Olímpicos de Invierno.

—¿Estás segura de que no quieres hacer algo de R&B? —le pregunté con suavidad, pero muy en serio.

—Esta es la música que llevo dentro —respondió Jada con suavidad, pero muy en serio.

Así que hicimos las maletas de los niños y emprendimos el sendero de ladrillos negros hacia la tierra de Ozz.

Nunca había visto esa faceta de Jada.

La Loba estaba desatada. El público del Ozzfest es muy purista, y lo que había comenzado como escepticismo y desprecio se fue transformando, actuación tras actuación, primero en silencio y, al final, en respeto. La energía creativa de Jada estaba resurgiendo. Se le ocurrían ideas para series de televisión y películas que quería escribir y dirigir; llenaba diarios enteros con poesías y dibujos. Ver cómo los huesos luchaban por volver a la vida quitaba la respiración. Jada revivía con cada grito, con cada insulto, con cada gruñido.

Al principio de nuestro matrimonio, Jada y yo habíamos acordado que nunca trabajaríamos a la vez. Siempre habría uno de los dos plenamente disponible para estar con los niños. El rodaje de *En busca de la felicidad* iba a empezar en otoño de 2005. Jada había tenido tanto éxito en el Ozzfest que Guns N' Roses propuso a Wicked Wisdom como los teloneros de su gira inminente. Sin embargo, la gira coincidía de lleno con el rodaje de *En busca de la felicidad*.

En aquella época, yo estaba convencido de que Jada podía elegir. Estaban las dos abuelas y yo iba a estar ahí a cada paso. Jaden y yo compartiríamos tráiler. Todas sus escenas eran conmigo.

Ahora, cuando lo pienso, veo la verdad: Jada se enfrentaba a una realidad horrorosa y no había la menor posibilidad de que permitiera que su hijo de seis años rodara su primera película sin su madre al lado.

Jada rechazó la oferta de Guns N' Roses.

En busca de la felicidad se estrenó en 2006, fue un éxito de crítica y un bombazo de taquilla y me valió mi segunda nominación a los Oscar. Si antes ya me sentía invencible, ahora me sentía invencible *de verdad*. Acababa de rodar una película acerca de un vagabundo negro que consigue un trabajo en los ochenta y, aun así, había pulverizado la taquilla y dejado atrás al resto de las películas de la temporada.

Era imbatible.

La racha continuó: *Soy leyenda* triunfó el fin de semana de estreno con la mejor recaudación de taquilla de la historia para una película estrenada en diciembre. Era una película en la que aparecía yo solo en la pantalla (con un perro) y recaudó unos seiscientos millones de dólares brutos.

Entonces llegó *Hancock*, escrita por Vince Gilligan, célebre por *Breaking Bad*. Trataba de un superhéroe alcohólico y recaudó otros seiscientos millones y pico más solo seis meses después de *Soy leyenda*.

Era imparable. Era la racha más larga de éxitos de cualquier actor de Hollywood en toda la historia del cine. Me había convertido en el actor más rentable de toda la historia. Y aún no había cumplido los cuarenta.

El problema era que había equiparado tener éxito a ser querido y a ser feliz.

Y son tres cosas distintas.

Y, como las había equiparado, acabé sufriendo una versión aún más insidiosa de la «enfermedad sutil» a la que solo puedo describir como «más, más, más y más».

Si tengo más éxito, seré más feliz y la gente me querrá más.

Intentaba llenar un vacío emocional con logros materiales externos. Al final, se convierte en una obsesión insaciable. Cuanto más tienes, más quieres; el anhelo no se satisface nunca. Terminas con una mente consumida por lo que no tiene y lo que no ha conseguido, incapaz de disfrutar de lo que sí tiene.

Soy leyenda había sido el mejor estreno de diciembre de la historia. Cuando JL me llamó para darme las cifras del fin de semana, sonaba tan contento que no parecía él:

—Los tres días han sumado 77 211 321 dólares en tres mil seiscientas salas. Eso son más de 21 000 dólares por sala. Nadie lo había conseguido nunca. ¡Nunca!

Me quedé en silencio y, entonces, reconocí una sutil insatisfacción.

—¿Por qué crees que no hemos llegado a los ochenta millones —pregunté.

—¿Cómo? —preguntó a su vez JL.

—No sé, ¿crees que fue por el final? Creo que si hubiéramos hecho algún cambio al final, si hubiéramos podido hacer que se pareciera a *Gladiador*, quizá...

—¿Me estás vacilando? Es el mejor estreno de la historia. ¡De la historia!

—Sí, ya te oí, solo te hice una pregunta.

Esta es la única vez que James Lassiter me ha colgado el teléfono. En toda nuestra historia.

Estaba sentado con Wayne Gretzky y Joe Montana. Sus respectivos hijos, Trevor y Nick, estaban sobre el campo, con Trey. Por el altavoz, se oyó:

—Montana en profundidad a Smith... *¡touchdown!*

Trey era el receptor abierto del mejor equipo de futbol americano de la preparatoria del Sur de California, los Oaks Christian. Y el hijo de una leyenda del deporte, Joe Montana, le acababa de dar un pase de *touchdown* a mi primogénito. Si mi vida fuera una película, habría mirado directamente a cámara, roto la cuarta pared y espetado: «¿Quién escribió esta porquería?».

A ver si lo había entendido bien: ¿quieren que alguien crea que mi personaje, que creció vendiendo hielo en el Oeste de Filadelfia, va y gana el primer Grammy que haya ganado jamás un rapero; se convierte en estrella de la tele y luego en la mayor estrella de cine del mundo; se casa con una actriz, cantante, artista y poeta preciosa; tiene tres hijos espectaculares, y encima el mejor jugador de hockey en la historia de ese deporte, Wayne Gretzky, le acaba de dar una palmadita en la espalda porque su hijo acaba de recibir un pase de *touchdown* del hijo del mejor *quarterback* de la historia de ese otro deporte, Joe Montana?

Esto no es realista. No pienso rodar ni una sola palabra de esta tontería. Quiero a Aaron Sorkin al teléfono. Hay que reescribir esta porquería inmediatamente. ¡Y que alguien se entere de si Robert Downey Jr. está disponible!

No sé si es por mi propia falta de éxitos deportivos en mi juventud, por la energía mágica que despiden los focos el viernes por la noche o por el sorprendente desarrollo de la habilidad y el talento físico de Trey, pero no había nada en este mundo con lo que disfrutara más que viendo a ese chico jugar al futbol americano. Los reclutadores de las mejores universidades iban tras él, y Wayne y Joe me estaban orientando en el proceso. Cuando nuestros hijos eran pequeños, Jada y yo habíamos practicado una defensa uno contra uno, pero parecía que ahora nos veíamos obligados a pasar a una defensa de zonas. Era como si todos tuvieran algo importante en todo momento. Mientras Trey se preparaba para su última temporada de futbol americano en la preparatoria, Jaden fue elegido por el estudio para protagonizar *The Karate Kid* con Jackie Chan. La familia estaba encantada.

Hasta que caímos en la cuenta. El rodaje incluiría tres meses en Pekín. Los partidos de Trey eran en el Sur de California. Todos estábamos de acuerdo en que Jaden no podía dejar pasar la oportunidad. Lo apoyaríamos como familia. Sin embargo, el año anterior, la familia completa había asistido a todos y cada uno de los partidos de Trey. La idea de que Trey jugara sin su familia en las gradas era inconcebible.

Durante esa época, se fue haciendo evidente que la probabilidad de que Wicked Wisdom regresara a los escenarios se desvanecía a medida que la Familia Perfecta de los Smith™ prosperaba. Sin embargo, yo aún creía que siempre había una solución a todos los problemas. Lo pasaríamos mal, tendríamos que hacer sacrificios, todos sufriríamos un poco, pero yo tenía la visión y, si todos iban a mi lado, seguiríamos ganando, seguiríamos siendo felices. Ganábamos incluso en las gradas. Tenía a Jada a mi derecha y a Sheree a mi izquierda. Éramos la imagen de la familia reconstituida perfecta. Nadie podía hacer lo mismo que nosotros. (Ni siquiera nosotros.)

Mi estrategia para resolver problemas era priorizar. Decidía cuáles eran los problemas más importantes de la lista y me centraba en ellos. Sin embargo, pasaba por alto que cada uno tenía su propia lista.

Jada, Willow, Jaden y yo viajamos a Pekín en junio de 2009; Trey volvió a la escuela en septiembre. Los diez partidos de Trey coincidirían con el rodaje de *The Karate Kid*.

Entonces, la gracia de Dios se reveló en forma de la línea internacional del cambio de fecha. El vuelo de Pekín a Los Ángeles dura doce horas. El avión que salía de Pekín el viernes a las diez de la noche cruzaba la línea internacional de cambio de fecha y aterrizaba en Los Ángeles a las diez de la mañana, justo a tiempo para ir a casa, descansar un poco y llegar al partido de Trey a las seis de la tarde. El vuelo que sale de Los Ángeles el sábado a las cuatro de la tarde aterriza en Pekín el lunes a las cuatro de la madrugada, justo a tiempo para llegar al trabajo. Jaden y yo hicimos este viaje de ida y vuelta diez semanas seguidas. De Pekín a Los Ángeles y de vuelta a Pekín. No nos perdimos ni un partido de Trey.

Me encantaba la vida. Me sentía en la cima del mundo.

Oprah Winfrey nos pidió que fuéramos a su programa: Jada, Trey, Jaden y Willow, incluso Sheree y su marido, Terrell. Un episodio completo dedicado a la Familia Perfecta de los Smith™. Yo era la mayor estrella de cine del mundo. *The Karate Kid*, el primer largometraje que protagonizaba Jaden, estaba a punto de llegar al número uno mundial. Se acababa de estrenar la primera temporada de la nueva serie de Jada, *Hawthorne*, con ella como protagonista. Willow acababa de firmar con Roc Nation para grabar su primer álbum. Trey era la estrella del equipo de futbol americano de su preparatoria. Y, como colofón, ahí estaba mi exmujer, hablando de cómo Jada y ella colaboraban para criar a los niños.

Por fin lo había conseguido. Mi propia versión de *Dallas*. Tenía la imagen completa y era perfecta. Había construido un imperio familiar. Era mucho más de lo que había soñado nunca.

—Me siento como J. R. Ewing —le dije a Jada de broma.

—Te acuerdas de que le pegan un tiro, ¿verdad? —respondió ella.

DIECIOCHO
MOTÍN

Hop up out the bed, turn my swag on
Pay no attention to them haters
Because we whip'em off...[12]

«Whip my hair» fue un éxito mundial y consiguió un disco de platino. Michael Jackson y Stevie Wonder eran los dos únicos músicos de la historia que habían conseguido llevar un sencillo a posiciones más elevadas cuando eran menores que Willow Smith, que había lanzado el álbum a dos semanas de cumplir los diez años. Niñas de todo el mundo daban latigazos con la melena. Estaba en su punto y era el momento de pasar a la acción.

Jada y yo nunca presionamos a los niños para que se dedicaran al mundo del entretenimiento. Si bien es cierto que la fama y la riqueza incomodaban a Jada porque ver a sus hijos convertidos en celebridades le causaba emociones contradictorias, también lo era que parte de mi visión para Her Lake era que fuera un campus creativo, una especie de paraíso para artistas. Quería acortar la distancia entre

12 «Salgo de la cama, con todo mi *swag* / Paso de los *haters* / Porque los machacamos...» *(N. de la T.)*

el punto en el que alguien tiene una idea y el momento en que es capaz de crear arte. Construí un estudio de música; había cámaras y equipos de edición; había cuadernos de dibujo en todas las habitaciones, material de pintura y lápices por todas partes. Y, al final, incluso la sala se acabó convirtiendo en el estudio de grabación de *Red Table Talk*, el programa de Jada. La verdad es que los niños crecieron rodeados de todo esto, por lo que no había nada sobre lo que presionar. Yo me había criado trabajando con mi padre, así que me parecía de lo más normal que los hijos crecieran haciendo lo que hacían sus padres. Mi padre vendía hielo, así que yo lo metía en bolsas. Del mismo modo, era normal que Trey, Jaden y Willow estuvieran en un set de rodaje o en un estudio de grabación. Era el negocio familiar. Era su día a día.

Así que no, no presioné a mis hijos para que se dedicaran al mundo del espectáculo porque fuera un padre enajenado y controlador. En absoluto. Me convertí en un padre enajenado y controlador después de que ellos hubieran decidido entrar en el mundo del espectáculo.

En el caso de Willow, cuando tenía ocho años le dio por cantar. No es raro en una niña de ocho años. A las niñas de ocho años de todo el mundo les encanta cantar y muchas sueñan con cantar sobre un escenario.

La única diferencia es que la mayoría de los padres las apuntan al coro de la iglesia o, como mucho, a la escuela de música.

Yo no soy como la mayoría de los padres.

En aquella época, mi manera de pensar era que lo único que justificaba hacer algo era estar dispuesto a dejarte la piel para ser el mejor sobre el planeta. Creía que siempre había que apuntar a la cima, siempre a lo más alto. No se podía hacer nada a medias.

Willow consiguió abrirle a Justin Bieber en su gira europea, que iba a durar treinta días. Nuestra bebé iba a lanzar el guante (el cabello) al mundo. «Whip My Hair» había desencadenado una locura total. Apariciones en televisión, portadas de revistas, alfombras rojas, alfombras naranjas, reportajes fotográficos... Apareció en *Jimmy Fallon* y en *Ellen* y arrasó en los medios de comunicación europeos. La familia completa voló para asistir a la noche de estreno de Willow en la Birmingham National Indoor Arena, en los Midlands británicos. No cabía ni un alfiler. La estaba armando en grande.

Luego vino Dublín (Irlanda). Otro éxito absoluto. Otro estadio en el que no cabía nadie más, un tsunami sincronizado de trenzas pelirrojas. Creo que la República de Irlanda no había visto nunca, ni ha vuelto a ver, a tanta gente agitando el pelo.

La gira prosiguió y yo veía a mi hija crecer noche tras noche. La voz era cada vez más potente, la presencia en el escenario era cada vez más dinámica, empezaba a aprender cómo activar al público, sabía entrar y salir de las coreografías.

Me sentía como un verdadero genio.

Jada había vuelto a Los Ángeles, por lo que me tocaba hacer de padre. La última noche de la gira, Willow bajó del escenario, rebosante de la euforia posconcierto, y saltó a mis brazos.

—¡Mi amor, lo hiciste genial!

—¡Gracias, papi! —gritó ella.

—¿Te la pasaste bien?

—¡Sí! Fue genial, miré a todas las niñas desde la primera fila hasta arriba de todo. ¡Se sabían toda la letra!

—¡Sí, es verdad! Es de locos, ¿verdad? —dije, recordando lo que había sentido en Detroit cuando el público entonó «Parents». Y seguí—: ¡Bueno! Ahora iremos a casa y nos quedaremos un par de días antes de empezar con el álbum. Y al equipo de Justin le gusta tanto lo que haces que quieren hacer lo mismo... ¡en Australia!

—¡Pero ya terminé, papá! —exclamó con tal expresión de felicidad que casi no me di cuenta de lo que acababa de decir.

—¿Qué dijiste, cariño?

—Que ya terminé. Y que quiero ir a casa.

—Sí, bueno, terminaste durante unos días, amor, pero en realidad acabas de empezar. Aún te quedan unas semanas —dije con el clásico tono de los padres que no se toman en serio a sus hijos.

—No, no, papi. Ya terminé.

—Sí, esta parte sí. Pero le prometiste al señor Jay-Z que harías todo el álbum y más videos...

—No, papi. Se lo prometiste tú... —dijo sonriendo por haberle metido un gol a su padre.

—Cariño, se lo prometimos juntos. Y cuando uno comienza algo, hay que terminarlo.

—¿Es que no te importa que te diga que ya terminé? —preguntó Willow.

—Claro que me importa, cariño, pero no puedes haber terminado.

—Pero ¿por qué, papi? Me la pasé bien y ahora ya se acabó.

—Te entiendo, pero no puedes darlo por terminado hasta que hayas acabado todo lo que prometiste que harías.

La idea le resultaba completamente ajena. Me miró sin malicia, sin ira... solo había en sus ojos una delicada confusión. Y, entonces, cedió.

—Bueno, papi.

Volamos a casa.

La Conquista Europea de los Smith había sido un éxito total. Así que me afané a planear la siguiente fase: la Dominación Mundial. Una mañana, en Her Lake, acababa de colgar a Jay-Z cuando Willow llegó a la cocina para desayunar, dando saltitos.

—¡Buenos días, papi! —dijo con alegría mientras seguía saltando en dirección al refrigerador.

La mandíbula se me dislocó y se me cayó al suelo, donde se hizo pedazos: mi futura superestrella global que iba a conquistar el mundo a base de latigazos de pelo... estaba totalmente calva. Se había rapado la cabeza por la noche. La mente me daba vueltas. Sentí que me mareaba. ¿Cómo iba a dar latigazos con el pelo si no tenía pelo? ¿Quién iba a pagar para ver a una niña meneando la cabeza, sin más?

Sin embargo, antes de que hubiera podido articular palabra, sentí que algo en mi interior se desplazaba y se movía, hasta que, de repente, encajó. En un momento de lucidez y de revelación divina, mi hija había conseguido llegar hasta mí. No estaba enojado. Estaba conmocionado, como cuando vas despistado mirando el celular y bajas de la banqueta justo cuando pasa un autobús y alguien te agarra en el último instante.

Willow fue mi ángel de la guarda. Me agaché, la miré a los ojos y le dije:

—Ya entendí. Lo siento muchísimo. Te quiero.

Por extraño que pueda parecer, en ese momento descubrí las emociones.

«¿Es que no te importa que te diga que ya terminé?»

Sé que parece una locura, pero la pregunta de Willow abrió una fisura del tamaño de la Campana de la Libertad en mi visión del mundo. No era más que una pregunta inocente de una niña a su padre, pero, de algún modo, sabía que era mucho más que eso. Lo que me había preguntado en realidad era: «¿Es que no te importa lo que siento?». Es la pregunta existencial humana más profunda que uno se pueda plantear. Es posible que se trate, incluso, de la pregunta más importante que un ser humano le puede formular a otro. «¿Te importa lo que siento?»

Aunque solo tenía diez años y mi decisión de abandonar la conquista mundial había respondido afirmativamente a su pregunta, me pregunté a mí mismo: *¿Qué habría respondido de haber sido sincero conmigo mismo?* Me sumergí en una introspección profunda y dura acerca de mi sistema de creencias en relación con las emociones. Y la verdad lo que descubrí me consternó.

Aunque nunca lo hubiera dicho en voz alta, la respuesta sincera a «¿Te importa lo que siento?» habría sido algo parecido a:

No del todo, cariño, no. Las emociones ocupan el séptimo lugar de mi lista.

1. Alimento
2. Vivienda
3. Seguridad

4. Inteligencia
5. Fuerza
6. Productividad

Ante todo, lo más importante para mí es que comas... cada día. Lo segundo que más me preocupa es que tengas un techo sobre la cabeza. En tercer lugar, quiero que estés a salvo. En cuarto lugar, me importa que seas inteligente y que entrenes la mente para que seas capaz de resolver los problemas que te puedas encontrar en la vida. En quinto lugar, quiero que seas fuerte, porque el mundo es muy duro. Y, en sexto lugar, me importa que seas productiva, quiero que contribuyas a la familia humana. Estoy convencido de que, si tienes todas esas cosas, serás muy feliz.

Creo que, si me aseguro de que se cumplan los seis primeros requisitos, el séptimo vendrá por sí solo.

No creas que esto solo se aplica a ti: tampoco me importa mucho lo que siento yo. Muchas de mis emociones han sido enemigas de mis sueños y de nuestra prosperidad. No se me antoja correr ocho kilómetros a las cinco de la mañana; no quiero trabajar ochenta horas semanales; no me da la gana que me abucheen en el escenario y me lancen heces o petardos. Y sé que, si me preocupo por lo que siento, no podré alimentar, vestir, dar cobijo y proteger a mi familia. Cuando decido que algo es necesario para nuestra supervivencia y nuestra prosperidad, no me importa lo que siento, no me importa si quiero o no hacerlo. Si es evidente que se trata de una acción que ofrece beneficios supremos, a la mierda con mis emociones. Cuando la gente se preocupa demasiado por lo que siente, nunca siente lo que quiere sentir.

Nota al lector que se pueda haber quedado horrorizado: tampoco me importa lo que sientas tú.

Que no, que es broma.

Lo que pasaba era lo siguiente: había visto cómo las emociones negativas de mi padre habían tomado el control de su considerable inteligencia y cómo lo habían llevado a destruir, una y otra vez, partes maravillosas de nuestra familia. También había estado en la iglesia, sentado, cuando la señorita Mamie conectó con el Espíritu Santo y se vio tan abrumada por las «emociones positivas» que se levantó de un salto y, propulsada por el éxtasis, agitó la mano izquierda con tanta fuerza que casi me rompe la nariz. (Y no se dio ni cuenta.)

A pesar de que lo que siento acerca de las emociones ha evolucionado, aún tengo dificultades para gestionar la emoción extrema, tanto en mí como en los demás. Las emociones son herramientas extraordinariamente valiosas para maniobrar y para hacer realidad los sueños en el mundo. Son como el fuego: se pueden usar para cocinar, para calentar y para purificar. Sin embargo, la experiencia me ha enseñado que, cuando las emociones extremas se descontrolan, pueden reducir tus sueños a cenizas.

Por desgracia, en aquella época no era lo bastante sabio ni disponía de las palabras adecuadas para prevenir los múltiples incendios destructores que estaban a punto de consumir mi vida.

El acto de protesta de Willow inauguró un periodo familiar al que llamo «el motín». La presión se había ido acumulando desde hacía años y, ahora, intentaba contenerla. Pero todo estaba a punto de saltar por los aires.

Estábamos sentados en la cocina. Jada, Willow y yo. Willow comía helado de dulce de leche, jugando con un mechón de mi barba con la mano izquierda y sosteniendo una cucharada de Häagen-Dazs en la derecha.

Lo dijo con suma dulzura, pero ya sabemos que la verdad puede ser muy amarga...

—¿Mamá?

—Dime, cariño.

—Es muy triste —dijo Willow.

—¿Qué es triste, vida?

—Papá tiene una imagen de la familia en la cabeza, ¡y no somos nosotros!

Estaba en la cima de la montaña. Estaba viviendo más allá de todo lo que había soñado jamás. Había alcanzado todos los objetivos, superado todos los obstáculos. Con creces.

Y, sin embargo, todos a mi alrededor eran infelices.

«Papá tiene una imagen de la familia en la cabeza, ¡y no somos nosotros!»

Willow me miró a los ojos, rebosando compasión. Se sentía mal de verdad por mí, con el dulce de leche goteándole por el brazo. Jada se apiadó y desvió la vista, como si, de repente, hubiera advertido algo de suma importancia en la puerta del congelador.

Willow me acarició el rostro.

—No te preocupes, papá. Todo irá bien.

Huelga decir que, desde ese día y hasta hoy, el helado de dulce de leche tiene prohibida la entrada en mi casa.

Empecé a ver emociones por todas partes. Estaba sentado en plena reunión de negocios y alguien decía: «No es personal..., es solo cuestión de negocios». Y, entonces, lo veía. *Mierda, no existe nada que solo sea «cuestión de negocios», todo es personal.* La gente se enoja, se emociona, se frustra, tiene esperanzas, pierde la esperanza, se decepciona, tiene miedo, vergüenza... y todo eso entre las cuatro paredes de las reuniones de «negocios». Todos tenemos emociones y todos tomamos todas nuestras decisiones basándonos únicamente en lo que sentimos. Incluso mi aversión a las emociones extremas... se basa en lo que siento acerca de las emociones. Me sentía como Cristóbal Colón, que descubrió un mundo «nuevo» que ya estaba lleno de gente. La política, la religión, los deportes, la cultura, el marketing, la comida, las compras, el sexo... todo gira alrededor de las emociones.

Entonces, la verdad me golpeó como una bola rápida a 145 kilómetros por hora: a todos nos importa todo una mierda a excepción de lo que sentimos. Lo más importante para todos, en todas partes y en todo momento es sentirnos bien. Elegimos las palabras, las acciones y las conductas que creemos que inducirán en nosotros una emoción que consideramos positiva. No hay nada más importante que sentirnos como nos queremos sentir. Y los demás deciden si los queremos o no en función de lo bien que sientan que validamos sus emociones.

Esta cuestión la he pasado por alto en la mayoría de mis relaciones adultas. Siempre me he preocupado menos de las emociones inmediatas de los demás que de su bienestar general. Las personas próximas a mí se han quejado repetidamente de que sienten que no las tengo en cuenta, y a veces, cuando esto ha quedado sin resolver, la situación se ha ido deteriorando hasta que han acabado sintiendo que no las quería.

Caminaría descalzo sobre brasas por las personas a las que quiero. Estoy dispuesto a morir por mi familia. Pero no, lo cierto es que no siempre he prestado atención a sus emociones. No confío en las emociones. Las emociones vienen y van y son volubles como el tiempo. No puedes planificar a largo plazo basándote en las emociones. Y que alguien sienta algo no significa que ese algo sea verdad. Sentir emociones extremas no nos da automáticamente la razón. De hecho, y por lo general, cuanto más extremas son las emociones, más probable es que estén fuera de lugar.

A los demás les preocupan mucho menos los hechos, las verdades, las probabilidades estadísticas o las intenciones que cómo de bien les hayamos demostrado que tenemos en cuenta sus emociones. Así que, cuando empezamos a decir «Bueno, la cuestión es que...» el otro está pensando: «Llevo diez minutos hablando. Ya te expliqué cuál es la cuestión para mí». O si decimos «Mira, la realidad es esta», el otro piensa: «Cabrón, te acabo de explicar cuál es mi realidad». Otras ofensas clásicas comienzan así: «Si quieres que te diga la verdad, ...», «Si lo piensas bien, ...», «Ya, lo entiendo, pero lo que pasa es...», «Lo entiendo, pero mira...», o «¿Me permites que te sea sincero?». Usar cualquiera de estas aperturas nos lleva de cabeza al paredón. El otro lo entiende como una negación total de lo que acaba de expresar y como una muestra de desconsideración absoluta por lo que siente.

A nadie le importa qué pensamos o qué sentimos nosotros. Les importa qué piensan y qué sienten ellos. Por algo lo han dicho.

La pregunta «¿Es que no te importa que te diga que ya terminé?» es solo la primera de varias preguntas implícitas. Si respondemos que sí, que claro que nos importa, la siguiente pregunta no verbalizada es: «¿Cuánto te importa?».

Y luego: «¿Qué conductas estás dispuesto a cambiar para demostrarme lo mucho que te importa?».

«¿Y qué elementos de tus objetivos personales estás dispuesto a sacrificar para invertir energía en los míos?»

«¿Estás dispuesto a dejar a un lado tus pensamientos y tus emociones para ocuparte de lo que pienso y de lo que siento yo?»

Básicamente, la gente quiere que te comportes de otra manera para que ellos se puedan sentir mejor. Hasta qué punto estés dispuesto a cambiar les dirá hasta qué punto los quieres.

Trey tenía veinte años; Jaden, catorce, y Willow, doce. Empecé a experimentar con la crianza de mis hijos reevaluando las relaciones que mantenía con ellos a partir de la atención y a la consideración que demostraba por sus emociones.

Era un proveedor y un protector nato. Era un maestro de fama mundial. Sin embargo, comencé a percibir las heridas emocionales, algunas sutiles y otras no tanto, de sus infancias. El único consuelo que me quedaba era que, al menos, veía que había ido mejorando. Trey había recibido la versión más ignorante de mis habilidades de crianza. Jaden disfrutó de la ligera mejora que ofrecía Papi Will 2.0 y, aunque Willow se tuvo que rapar la cabeza, consiguió detenerme antes de llegar al punto de no retorno.

Willow se retiró por completo de la industria del entretenimiento a los once años. Yo era consciente de que, en parte, había sido por la presión intrínseca del trabajo, pero también de que, en gran medida, había sido porque se había sentido desprotegida. Aún no lo sabía articular, pero era evidente que Willow no quería participar en nada que alejara mi atención de su corazón.

Sentía que mi familia se alejaba de mí, que cuestionaba mi liderazgo e incluso mi amor. Una noche, durante la cena, Trey me pregunto: «Papá, ¿a qué le rezas tú?». Hacía poco que Sheree había redescubierto la iglesia; había encontrado consuelo y transformación en Jesucristo. Era maravilloso de ver y muy real. Y, aunque me alegraba de que hubiera encontrado una fe renovada y una nueva dirección, me molestaba que hubiera empezado a cuestionar mis elecciones y mis decisiones. En la comunidad negra, cuando alguien descubre la fe en la edad adulta y comienza a señalar tus transgresiones y se empeña en decirte cuál es tu único camino a la salvación, los llamamos «*holy-rolling*», o «apisonadoras de la fe». Y pocas cosas molestan más que ver a uno de tus antiguos compañeros de pecado señalar sin cesar tu pecaminosa vida actual.

Me encantaba que Trey se volcara en la Biblia. Tiene uno de los corazones más puros que haya visto jamás. Me encantaba hablar con él de Abraham y de Isaac, debatir acerca de la justicia que impartía David y cavilar sobre qué significaba la historia de Lázaro. Estaba absolutamente dispuesto a reflexionar sobre la vida de Jesucristo en el contexto espiritual y en el histórico, e incluso en el mitológico si su mente podía asumirlo. A lo que no estaba dispuesto, ni tenía intención de estarlo, era a debatir los deméritos que, según las Santas Escrituras, tenían las decisiones que había tomado en mi vida.

—Le rezo a Dios —respondí.

—¿Estás seguro?

—Mira, vamos a hacer una cosa. Tu Biblia está nuevecita, hay páginas que ni siquiera has leído aún. La mía ya está maltrecha y desgastada, no hay página que no haya leído. ¿Qué te parece si trabajas un poco con tu Biblia y, dentro de unos años, volvemos a hablar del tema?

Había eludido la cuestión, pero no podía dejar de pensar en ello. Me gano la vida concediendo entrevistas. Treinta y cinco años de preguntas en más de cincuenta idiomas distintos. Y la pregunta más importante que me han formulado jamás es «¿A qué le rezas tú?».

La segunda más importante es «¿Estás seguro?».

Decidí que necesitábamos un proyecto familiar. Cuando alguno de nosotros tenía una tarea importante por delante, los demás tendíamos a apoyarlo y a apoyarnos mutuamente. Trey y el futbol americano, Willow y su música, Jaden durante *The Karate Kid*, Jada o yo mismo en el set de rodaje... Trabajar juntos siempre ejercía un efecto estimulante sobre la familia. *Después de la tierra* se convirtió en el proyecto que nos revitalizaría y nos volvería a conectar como familia.

Había visto una serie documental titulada *Sobreviví* que presentaba distintas historias sobre situaciones horribles y peligrosísimas y sobre espeluznantes roces con la muerte. Una de ellas trataba de un padre y de un hijo perdidos en la montaña, a kilómetros y kilómetros de la civilización. El padre había quedado herido tras un accidente y su hijo adolescente tuvo que atravesar solo ese terreno peligrosísimo para encontrar ayuda y salvar a su padre.

Mientras lo veía, me imaginaba una y otra vez a mí mismo, herido e indefenso, y a Jaden escalando por la montaña, intentando llegar a la civilización para salvarme. La imagen se me quedó grabada. Una historia de rito de paso sobre un joven que intentaba salvar a su padre. La idea evolucionó y se transformó en una película, que trataría también de un padre que aprendía a confiar y a depender de su hijo. Sería una metáfora, un medio para salvar nuestra relación.

En aquella época, también estaba experimentando con la posibilidad de mover la historia en el tiempo. ¿Era posible trasladar un club berlinés de la década de los cuarenta, con sus temas y conflictos humanos característicos, y ubicarlo mil doscientos años más tarde, en el futuro, sin perder por el camino ninguna de sus verdades humanas fundamentales? Envié ese episodio de *Sobreviví* a M. Night Shyamalan. Le encantó y pensó que, efectivamente, la historia bien merecía una película. Que Night conectara con la idea me pareció una señal de la divina providencia. Se había comprometido a rodar los interiores de todas sus películas en una sola ciudad: Filadelfia.

Night vivía a las afuera de Filadelfia y yo nunca había rodado una película en mi ciudad natal. Mi familia nuclear y mi familia extendida estarían juntas durante, al menos, tres meses. Pisé el acelerador.

Por otro lado, me acababa de comprometer a guiar al hermano de Jada, Caleeb Pinkett, en el proceso de desarrollo de guiones. Es un apasionado de la historia y los historiadores tienden a tejer personajes y argumentos de gran profundidad. Era el alumno perfecto y mi cuñado. Familia, familia, familia.

A JL no le gustó nada la idea. A JL no le gustó nada el tratamiento del guion. A JL no le gustó nada la cronología. A JL no le gustó nada de nada.

—Solo tienen el concepto —me dijo—. Terminen el guion. Terminen la historia. No den el disparo de salida hasta que no sepan qué carrera van a correr.

No estaba dispuesto a escuchar. Era lo que necesitaba para recuperar a mi familia. Y, además, tenía mi propio motivo secreto: me iba a asegurar de que Jaden se sintiera amado, protegido y cuidado durante todo el proceso. Iba a saber que a su padre le preocupaba lo que sentía. No pensaba dejarle lugar a dudas.

Después de la tierra está ubicada mil años en el futuro, después de que la humanidad haya convertido a la Tierra en un planeta inhabitable. El padre y el hijo se estrellan en el planeta más peligroso del universo: la Tierra. Los interiores se rodaron en Filadelfia y los exteriores en Moab (Utah) y en Costa Rica. Kitai, el personaje de Jaden, tendría que cruzar junglas, ríos, llanuras, cañones y ríos de lava para salvar a su padre herido.

Estaba decidido a crear un entorno alegre y afectuoso para Jaden en el set de rodaje. Costa Rica era una zona caliente (hablo tanto del clima como del ocio) e hice levantar gigantescas tiendas de campaña con aire acondicionado para que Jaden se pudiera refrescar entre toma y toma. Las llenaba de mesas de ping-pong, de comida y de música, por si quería distraerse o echarse una siesta.

—¿Qué carajos te ha dado con las tiendas? —me preguntó Darrell, mientras me arrastraba para hablar conmigo a solas.

—D, hace mucho calor. Solo quiero que esté cómodo.

—¿Cómodo? Hombre, lo vas a volver un blandengue. Interpretas al general al mando de todo el universo. ¿Cómo se supone que te va a salvar después de dormir la siesta en una tienda de campaña? ¡Que se espere bajo el sol, como todos los demás!

Hacía diez años que Darrell era mi mentor, mi entrenador y mi confidente. Me había provocado, alentado y propulsado hasta que había hecho realidad mis sueños más descabellados. Sabía cómo crear ganadores. Había estado ahí, con Sugar Ray contra Marvin Hagler y sabía cómo diseñar soldados. No sé por qué no le expliqué por lo que estaba pasando y por qué hacía lo que hacía. Creo que tal vez me diera vergüenza o pensara que no me entendería. Lo que sucedió fue que Darrell interpretó mi conducta como un autosabotaje. Estaba infringiendo todas las normas que habían definido nuestra conquista.

Esto abrió entre nosotros una brecha que se convirtió en un cisma y, al final, nos separó del todo. Dejamos de trabajar juntos. En la época, ni siquiera pude reunir el valor suficiente para hablarlo directamente con él. Nuestra hiperexitosa colaboración de diez años terminó sin que ni siquiera habláramos de ello.

Más adelante, Darrell me diría: «Me rompiste el corazón y nunca te molestaste en explicarme por qué».

La película fue perfecta en lo que a mi relación con Jaden se refiere. Durante el rodaje de *The Karate Kid*, Jaden se empequeñecía y perdía energía en cuanto yo aparecía en el set; era como si el enemigo acabara de llegar. Era la persona que lo iba a presionar, que lo obligaría a hacer otra toma, que alargaría el rodaje otro mes en China porque no había quedado satisfecho con algo. Sin embargo, en *Después de la tierra* no permití que producción se pasara ni un minuto de su horario de rodaje. Estaba ahí para protegerlo.

Un día, en el set (en lo que fue el culmen de mi labor de padre con él), Jaden estaba rodando una toma en un escenario de sonido mientras yo producía una escena en otro. Aunque no estábamos juntos, veía todo lo que hacía por un monitor. Uno de los coordinadores le pidió que hiciera un movimiento que se sentía incómodo haciendo. Intentó explicar en varias ocasiones que no lo quería hacer, pero el otro no aceptaba un no como respuesta. Vi que discutían por el monitor y activé el sonido.

—Es que no me parece realista —dijo Jaden con respeto.

—Bueno, hagamos unas tomas a ver cómo queda —insistió el coordinador.

Y, entonces, la frase más maravillosa que haya oído jamás de boca de Jaden:

—¿Podría alguien ir a buscar a mi padre?

Cada vez que lo pienso, se me saltan las lágrimas. Había transformado nuestra relación. Había purificado la percepción que tenía de mí. Ya no era el ogro que lo iba a presionar y a castigar, era la persona a la que acudía en momentos de necesidad. Aún lo puedo ver ahí en pie, seguro de sí mismo. Era como si supiera que contaba con un león que lo protegería. No quería lanzarlo sobre nadie, pero sabía que podría hacerlo si lo necesitaba.

Cuando crecí, sabía que contaba con un león. Lo que pasa es que, a veces, me mordía a mí, y lo detestaba por eso.

El rodaje de *Después de la tierra* fue una experiencia mágica para Jaden y para mí. Él acababa de entrar en la adolescencia, era el momento mitológico perfecto. Y yo había conseguido demostrarle cuánto lo quería y cuánto me preocupaba por él. Sin embargo, la preocupación por su bienestar había alejado mi atención (normalmente hiperenfocada) de la historia, del guion y de la construcción global de la película. Como resultado, nuestra luna de miel padre-hijo fue efímera. *Después de la tierra* fue un fracaso absoluto de crítica y de público. Y lo peor de todo fue que Jaden terminó pagando los platos rotos. El público y la prensa lo atacaron con ferocidad. Dijeron y escribieron cosas acerca de él que me niego a reproducir aquí. Jaden había hecho exactamente lo que yo le había pedido que hiciera y lo había llevado de la mano al peor desmembramiento público que hubiera visto jamás.

Aunque nunca hablamos de ello, percibí que se sentía traicionado, que sentía que lo había guiado mal y que había perdido la confianza en mi capacidad de liderazgo. A Jaden le gusta ganar, y no le importa sufrir un poco si con ello se asegura la victoria. (Este es otro de los problemas inevitables que presenta la crianza de los hijos. No hay una solución única que les vaya bien a todos. Cada uno necesita cosas distintas.)

He leído lo suficiente para saber que una de las etapas críticas durante la transformación de niño a hombre es el momento en que el niño se separa del padre, el momento en el que se da cuenta de que su padre no es Superman, sino un ser humano con defectos. Ese es el momento en el que toma la aterradora decisión de separarse de él para vivir y morir por su propia mano.

Cuando eres padre, esperas algo parecido a lo que el mío había hecho con el tablero de ajedrez. Cuando Jaden pidió emanciparse legalmente a los quince años, el corazón se me rompió en mil pedazos. Aunque al final cambió de opinión, no hay nada peor que saber que les has hecho daño a tus hijos.

En aquel momento, llegué a la perturbadora conclusión de que la épica con empatía era un oxímoron y que o bien te preocupabas por cómo se sentía la gente, o bien ganabas.

Pero había que escoger. Era lo uno o lo otro.

La noche del 37.º cumpleaños de Jada, tuve una visión. Vi la fiesta de su 40.º cumpleaños. Era enorme. Era salvaje. Sería el Taj Mahal de las fiestas de cumpleaños. Algo que no podría olvidar nunca. Una demostración pública de amor y de afecto que lo arreglaría todo.

Disponía de tres años para organizarlo todo.

Me encanta planificar eventos, orquestar el espectáculo y la emoción. Creo que los recuerdos constituyen la suma total de una vida feliz, así que siempre intento crear recuerdos tan vívidos como sea posible.

De pequeña, Jada había estado muy próxima a su abuela, que había muerto hacía unos años. Me puse en contacto en secreto con

Karen, la tía de Jada y la archivera de la familia. Tenía fotografías, videos y cartas de la abuela y, hacía poco, había descubierto unas cintas de microcasete en las que había grabado sus pensamientos durante las últimas semanas de vida. Nadie en la familia los había escuchado. Serían el plato fuerte de mi fiesta de cumpleaños para Jada.

La visión ardía: haría un corto documental sobre la vida de Jada. Contraté a un equipo de producción que indagó en la genealogía de su familia y que siguió el linaje de su abuela hasta la era de la esclavitud. A continuación, contraté a un director para que compilara toda la información e hiciera una película.

Sin embargo, la película no bastaba como Taj Mahal por sí misma.

Jada adoraba Santa Fe (Nuevo México) y su escena artística. La llevaría allí para sorprenderla con un fin de semana de cumpleaños de tres días. Reservé un hotel entero e invité a decenas de amigos y de familiares. Por la noche disfrutaríamos de cenas *gourmet* bajo el cielo estrellado, cenas que vendrían seguidas de una sorpresa. La noche del viernes visitaríamos una exposición de arte privada. El sábado por la mañana haríamos un peregrinaje espiritual (una excursión al cerro Picacho). Invité a los pintores preferidos de Jada para que pintaran cuadros personalizados y dieran clases de pintura a la familia. Mary J. Blige le tenía mucho cariño a Jada y accedió a dar un concierto sorpresa el sábado por la noche. Y la joya de la corona del fin de semana sería la presentación del documental sobre la vida de Jada.

Iba a ser mi gran triunfo, la manera de recuperar el corazón de mi mujer.

La primera noche fue maravillosa, una cena íntima a la luz de las velas en una terraza rústica. Éramos unas veinte personas. Quería que la ocasión fuera lo bastante pequeña para Jada, pero lo bastante grande para mí. Un chelista tocó mientras cenábamos. El estado de ánimo era relajado y afectuoso. Todos contaban sus anécdotas preferidas sobre Jada. Todo fue perfecto. La noche del viernes solo había sido el comienzo. El sábado iba a ser verdaderamente espectacular.

Los invitados que faltaban llegaron el sábado por la mañana. Había programado muchas actividades: golf, excursiones, almuerzo, tratamientos de spa... Quería que todos hicieran lo que más desearan hasta que el sol empezara a caer. Entonces, sería mi momento.

La cena era a las seis. Éramos unos cuarenta.

La cena fue perfecta. Todos comentaban lo bonito que era el sitio, lo rica que estaba la comida e incluso oí a algunas mujeres bromear con sus maridos.

«Cuando cumpla los cuarenta, más te vale que me organices una fiesta como la de Will.»

«Bueno, con mis cuarenta metiste la pata, pero, ya que he accedido a quedarme contigo, la fiesta para mis cincuenta se parecerá a esta si sabes lo que te conviene.»

«¿Crees que Will y Jada necesitan una segunda esposa?»

Era el marido perfecto y ni siquiera se daban cuenta de que la fiesta no había hecho más que empezar. La cena había sido mucho más de lo que cualquiera hubiera podido pedir: una exquisita demostración de amor que incluso Shah Jahan hubiera aprobado. Y, justo antes del postre, golpeé suavemente la copa de vino con la cuchara. (Lo había visto en las películas, pero nunca lo había hecho en la vida real. ¡Funciona!)

—Bueno, antes de nada, les quiero dar las gracias a todos por venir a celebrar con nosotros el cumpleaños de Jada. Ahora, síganme al jardín. Tomaremos el postre allí.

Abrí el camino, como el perfecto maestro de ceremonias que era. Un arco de flores de casi veinte metros de largo había permanecido oculto durante toda la cena. Ahora, al desvelarlo, se oyeron exclamaciones de admiración que se multiplicaban. El interior del arco estaba cubierto de fotografías de Jada, una galería que celebraba su fuerza, su belleza y su contribución a nuestras vidas. La iluminación perfecta alumbraba no solo las imágenes, sino también la calidad y la abundancia de mi amor.

El extremo final del arco se abría a un escenario al aire libre. Más exclamaciones de asombro de los invitados. Me daba la impresión de que Jada se la estaba pasando bien, pero estaba muy callada, así que no podía estar del todo seguro. De todos modos, daba igual, porque tenía claro que el documental sería un *home run* emocional de un calibre nunca visto.

Escolté a Jada hasta su asiento en primera fila. La madre de Jada no había visto ni oído nada de las grabaciones de su propia madre, por lo que la senté al lado de su hija. El resto de los invitados se apresuraron a encontrar los mejores asientos posibles. Sabían que estaban a punto de presenciar algo muy especial

Había seguido el linaje de Jada hasta la esclavitud. Había encontrado fotografías e historias acerca de héroes de guerra del ejército de la Unión, de empresarios del Wall Street negro en Tulsa, de esclavos, de médicos, de artistas... todos ellos antepasados suyos. Jaden y yo habíamos volado en secreto a la iglesia de Jamaica donde sus bisabuelos se habían casado.

El punto más cómico de la película fue una reunión entre Jaden, Caleeb, el hermano de Jada y yo con un descendiente de la familia propietaria de la familia de Jada durante la esclavitud. Así que, imagina que eres un dulce contable de sesenta y siete años de edad, que vive en una urbanización diminuta en las afueras de Cleveland (Ohio). Es un miércoles como cualquier otro, estás viendo la tele con tu querida esposa. Le acabas de decir lo bueno que estaba el asado y, entonces, llaman a la puerta. Abres y te encuentras con Will Smith, Karate Kid y el tío de Karate Kid.

Y con los cámaras.

El hombre y su mujer se lo tomaron muy bien. Y resultó que él también había investigado el pasado de su familia, por lo que conocía las historias y los nombres de las personas de las que hablábamos. Nos enseñó fotografías y parafernalia y, al final, conseguimos incluso que se disculpara formalmente ante las cámaras.

—Feliz cumpleaños, Jada —dijo—. Siento mucho el malentendido.

Los invitados estallaron en carcajadas. No daban crédito de hasta dónde había llegado. Oí que algunos decían: «¡Will está loco de remate!», «¡Nunca había visto nada semejante!» o «¿Qué se le ocurrirá para el año que viene?».

Y eso que aún no había terminado.

La sala quedó en el más absoluto silencio cuando se oyó la voz de la abuela de Jada. Las grabaciones estaban dirigidas a familiares concretos, muchos de los cuales se encontraban allí. Por primera vez desde su fallecimiento, Jada oía la voz de su querida abuela, que le hablaba a ella, directamente.

A estas alturas yo ya había visto el video unas cien veces, así que solo tenía ojos para Jada. Todo el mundo lloraba: su familia, mi familia, todo el mundo. Todo el mundo excepto Jada. Estaba inmóvil y evitaba entablar contacto visual conmigo. El video terminó y los familiares y los amigos se pusieron en pie y dieron una ovación.

Entonces, el telón se alzó y apareció Mary J. Blige.

Volvimos a la habitación. Jada aún no había dicho ni una sola palabra. Ni un «gracias» ni un «me encantó». Nada. Se fue a la regadera. Yo me quedé sentado, esperando.

Jada salió del baño una media hora después.

—Mañana no quiero hacer nada —dijo—. Por favor, cancela lo que sea que hayas planeado.

No entendía nada.

—Bueno —dije, reprimiendo mi creciente decepción—. Ahora ya es muy tarde. Esperemos a mañana a ver cómo te encuentras.

Para el día siguiente había organizado una clase de pintura en grupo con una de sus pintoras preferidas, Beth Ames Swartz, que había volado hasta allí especialmente para la ocasión.

—Te lo estoy diciendo ahora. No quiero hacerlo —dijo Jada.

—Bueno, no sabes lo que es, así que no puedes saber si quieres hacerlo o no.

—Es mi cumpleaños, no el tuyo. ¡Anúlalo! —espetó Jada.

—Lo anularé por la mañana. Vamos a dormir y ya veremos cómo te encuentras cuando te levantes —respondí yo.

—¡QUE LO ANULES AHORA MISMO! —gritó Jada.

—¿Se puede saber qué carajos te pasa? —le pregunté.

—Ha sido la exhibición de ego más asquerosa que he visto en toda mi vida —dijo.

—¿Ego? ¿Ego? Eres lo más desagradecida que... ¡No pienso hacer nada más por ti! ¡Nada, ni una puta vez más!

—Estupendo. ¡Yo tampoco quiero nada de ti!

A estas alturas, los dos estábamos gritando a pleno pulmón, algo que no pasaba nunca porque ambos nos habíamos esforzado muchísimo en evitar los campos de batalla verbales que habían atormentado nuestras infancias. Esa noche fue como ninguna otra antes o después. La olla a presión de nuestra imagen perfecta estaba a punto de estallar.

Estábamos tan alterados que se nos olvidó que compartíamos la *suite* del hotel con Willow. Sobre el dormitorio había un pequeño ático. Willow lo había oído todo.

Apareció poco a poco, aterrada, temblando, llorando, tapándose las orejas con las manos.

—¡Basta! ¡Deténganse de una vez! ¡Basta, por favor!

Nunca me he sentido peor padre que en ese momento. Me calmé inmediatamente y me dirigí hacia Willow para intentar consolarla. Se echó para atrás, no quería que la tocara.

—¡Arréglense! ¡Los dos, arréglense!

Y se fue a dormir a la habitación de Jaden.

Jada y yo no cruzamos ni una palabra más en Santa Fe. No cruzamos ni una palabra en el vuelo de vuelta a Los Ángeles. No cruzamos ni una palabra durante los primeros días después de haber llegado a casa.

Nuestro matrimonio no funcionaba. Ya no podíamos hacer como si no lo viéramos. Los dos la estábamos pasando muy mal y era evidente que algo tenía que cambiar.

—Me rindo —dije al fin—. Me rindo en mi intento de hacerte feliz. Eres libre. Te tienes que hacer feliz a ti misma y demostrarme que puedes serlo. Pero me rindo, dedícate a ti, que yo me dedicaré a mí.

Jada y yo estábamos sufriendo la muerte brutal de nuestras fantasías románticas, la destrucción de la ilusión idealizada del matrimonio perfecto y de la familia perfecta.

Ninguno de los dos se quería divorciar. Sabíamos que nos queríamos y que algunos aspectos de nuestra unión eran mágicos. Pero la estructura de la vida que habíamos construido nos asfixiaba. Nos habíamos casado a los veintitantos. Ahora pasábamos de los cuarenta. Nuestro niño interior no había sanado y nos estaba estrangulando. Y eso tenía que parar. Los dos teníamos trabajo por delante y acordamos que no lo haríamos juntos. Fue un doloroso despertar a la realidad de que éramos dos personas distintas, con viajes independientes e individuales. Sencillamente habíamos decidido viajar juntos durante parte del camino.

Lloramos muchísimo, nos abrazamos y acordamos dejarnos ir.

Den su corazón, pero no para que su compañero lo tenga,
Porque solo la mano de la Vida puede contener los corazones.
Y estén juntos, pero no demasiado juntos,
Porque los pilares del templo están separados entre sí.

Jada me envió esta cita de Kahlil Gibran y repitió una y otra vez: «Lo que es real permanecerá».

Habíamos llegado a la conclusión de que nadie puede hacer feliz a nadie. Puedes hacer que sonría, puedes hacer algo que lo ayude a sentirse bien, puedes contar un chiste que lo haga reír, puedes crear un entorno donde el otro se sienta seguro. Podemos y debemos ayudar, ser amables y afectuosos, pero que el otro sea feliz o no escapa por completo a nuestro control. Cada uno ha de librar su propia batalla interior en busca de su propia felicidad.

Acordamos que Jada se haría responsable de su felicidad y que yo me haría responsable de la mía. Buscaríamos nuestra alegría más personal y profunda y, una vez encontrada, volveríamos y nos presentaríamos ante la relación siendo ya felices, en lugar de llegar con copas vacías y suplicando, exigiendo, que el otro satisficiera nuestras necesidades. Sentíamos que este modelo de relación vampírico era injusto, nada realista, destructivo e incluso dañino. Trasladar la responsabilidad de la propia felicidad a otra persona es abocarse a la desdicha.

DIECINUEVE

RETIRO

Había conseguido todo aquello con lo que siempre había soñado: carrera, familia, negocios, salud, superestrellato y una casa con nombre. De hecho, era incluso más y mejor de lo que había soñado nunca. Más dinero, más fama, más propiedades y más éxito. Y además lo había hecho todo de la manera correcta. Había escalado hasta la cima y, al llegar, había descubierto que las nubes ocultaban un pico aún más alto. Entonces, había escalado hasta esa otra cima también. Si no era resucitar a los muertos, ¿qué me quedaba ya por hacer? Lo había hecho más a lo grande y de un modo más espectacular de lo que nadie lo había hecho nunca hasta entonces. Y, probablemente, de lo que nadie lo hará nunca jamás.

¿Por qué estaban todos tan enojados? ¿Cómo era posible que mi vida se estuviera desintegrando... otra vez?

¿Qué se me escapaba?

¿Soy solo yo o todos los que pasamos por una ruptura o por un periodo complicado en nuestra relación de pareja llamamos a nuestros ex?

Imagino que hablar con alguien que te detesta menos de lo que te detestaba en el pasado es un consuelo. Ha procesado la decepción y el asco, los ha pasado por el tamiz de la distancia y el tiempo, ha restado entre el doce y el quince por ciento que ahora ven que fue culpa suya (en realidad se aproxima más al cincuenta por ciento) y, como resultado, los «buenos tiempos» vuelven a relucir en sus recuerdos y sienten cierta nostalgia cuando ven tu número en la pantalla de su teléfono. (Además, ahora odian a su pareja actual, así que tú ya no pareces tan malo.)

Tanya se mudó a Trinidad cuando rompimos. Se quería alejar de Los Ángeles: demasiado ruido, demasiada historia y, probablemente, demasiado Will. Sin embargo, habíamos mantenido una buena relación y, de hecho, la había ayudado en la mudanza, aunque ahora hacía unos años que no la veía. Se había casado y tenía dos bebés maravillosos y tostados por el sol de la isla: Marley y Sekai.

Al teléfono, su voz sonaba distinta, transformada por la vida en la playa: la suavidad y la dulzura del sol, la serenidad... El cambio había afectado incluso a su nombre. Ahora se hacía llamar Tyana, Ty para abreviar, un gesto externo que le permitía mantener su esencia al tiempo que señalaba la purga de venenos pasados.

Ty y su familia habían venido a Los Ángeles a pasar las vacaciones de Acción de Gracias.

—¡Tienes que conocer a Scoty! —dijo—. ¡Hazme caso, van a conectar al instante! —Llevaba años diciéndomelo.

Su marido, Scoty Sardinha, era un artista de Trinidad y Tobago y estaba a todo un mundo de distancia de los ejecutivos, los Lakers y los raperos tornados en actores con los que ella acostumbraba a tratar. Scoty era distinto (ah, y por cierto: aún no lo odiaba, de hecho era justo lo contrario). Hacía años que me hablaba de él, de lo bonito que era Trinidad y de las amistades comunes a las que había acogido en su nuevo paraíso isleño. Queen Latifah acababa de volver de allí y estaba entusiasmada. Queen tiene un gusto exquisito y es muy exigente, por lo que si dice que un sitio le encanta, puedes tener la seguridad de que es extraordinario.

—Necesito que me prestes a tu marido —le dije.

No sé por qué lo dije así, creo que, en el fondo, me encanta lo melodramático. Me fascina dejar grabada una frase inesperada y llamativa en la mente del otro. Creo que, además, es una forma de romper el hielo. Si me sale bien, es tan chocante que elimina el *shock* de la sandez chocante que acabo de soltar.

—Guau, vaya —contestó Ty—. ¿Durante cuánto tiempo lo necesitas y, lo que es aún más importante, para qué lo vas a usar?

La risa siempre llegaba con facilidad a nuestras conversaciones.

—Nunca he estado en Trinidad —dije—. Queen ha vuelto encantada.

—¡Oh, perfecto! —respondió Ty, emocionada. Supe que ya estaba imaginando las fiestas en la playa y las exposiciones de pintura a las que me iba a llevar.

—Volvemos el mes que viene, para Navidad —dijo.

—Quiero que me lleve mañana —respondí con firmeza—. Necesito salir de Los Ángeles.

—Pero ¡qué dices! ¡Mañana es Acción de Gracias!

Ty me conocía lo suficiente como para saber que me pasaba algo. Y me quería lo suficiente como para querer ayudar.

—Bueno, a ver. No digo que no puedan comer. Nos podemos ir después de la cena —dije, para tranquilizarla.

—Yo no me puedo ir mañana —respondió Ty.

—Quiero ir solo con Scoty.

Silencio.

Silencio.

Silencio.

—¿Hola?

Scoty Sardinha nunca había viajado en avión privado. Y hacía casi quince años que yo no iba a ningún sitio sin guardaespaldas.

—Pues claro, hombre —dijo con su relajado acento caribeño y las rastas recogidas en la nuca—. No hay problema. Es mi isla. Conozco a un montón de gente. Confía en mí. Todo irá bien. No te agobies.

Scoty no era en absoluto como los tipos con los que solía salir. Se tomaba las cosas con calma y se sentía muy cómodo dejando que las cosas fluyeran a su alrededor. Yo estaba acostumbrado a enfrentarme al universo para doblegarlo ante mi voluntad a base de disciplina y de esfuerzo. Scoty no tenía el menor problema en dejar que el universo hiciera lo que mejor le pareciera y sentarse, inspirar y reírse un buen rato.

—Prepárate para experimentar el Trinidad de verdad —dijo en algún lugar sobre el golfo de México.

Hacía décadas que no llegaba a ningún sitio donde no me esperaran y se hubieran preparado para recibirme.

—¿Estás seguro de que todo irá bien? Recuerda que soy un poco famoso —le dije.

—¡Que no, hombre! Ya te lo dije. Los de Trinidad somos muy tranquilos, vas a estar más relajado que nunca. Todos van a lo suyo, les va a dar igual que seas Will Smith. Todo irá bien. Confía en mí.

Aterrizamos en el Aeropuerto Internacional de Piarco, en Trinidad, hacia las dos de la tarde.

Se desató el caos.

Todo el personal del aeropuerto estaba en la pista. Los guardias de seguridad nos rodearon y nos llevaron a una sala privada. Scoty entró en *shock*. Nunca había visto nada semejante.

Sacó el celular y llamó a su amigo Jason, que nos tenía que recoger.

Scoty no conocía el Manual de Instrucciones de la Estrella de Cine™, en concreto la sección II de la norma 4: «Organiza todas las salidas y llegadas con antelación». Es muy difícil mover a estrellas de cine entre la multitud. Un apunte: normalmente, las cosas van mejor si llamas al amigo que los ha de recoger a la estrella de cine y a ti antes de que hayan aterrizado en el aeropuerto.

—¡Jason! ¡No, hombre, nooo! —gritó Scoty al teléfono—. ¡Te digo que ya estábamos de camino! ¡Nooo, Jason! ¡Quería decir en el avión, te llamé desde el avión! ¡Vamos, hombre! ¡Es un avión personal, privado! Pero ¿dónde estás? ¿Cuánto vas a tardar en llegar? ¡Jason! ¡Noooo! ¡Es demasiado! ¡Acelera, hombre!

El encanto de Scoty reside en que no considera a nadie como «alguien» o «nadie». Todo el mundo es alguien. No podía recordar la última vez que había cargado mi propio equipaje. Por prosaico que pueda parecer, sin guardaespaldas, sin asistentes, en el extranjero... para mí, era una aventura épica e intimidante.

Cuarenta minutos después, la seguridad del aeropuerto nos escoltaba hasta el SUV de Jason. Una vez sanos y salvos en el vehículo, nos dirigimos al hogar de infancia de Scoty.

Aunque no tenía muy claro qué quería, sí que le había dicho: «No quiero hoteles, ni servicio de chofer ni planes formales». Quería estar en su vida, en su casa, con sus amigos, haciendo lo que haría normalmente si Will Smith no estuviera allí.

Uno de sus amigos de toda la vida, Che Lovelace, era un pintor de cuarenta y tres años de edad cuya familia era muy importante en la escena artística de Trinidad y que esa noche inauguraba una exposición. Dejamos el equipaje en casa de la madre de Scoty y partimos hacia las Aquarela Galleries, que albergaban la exposición de Che. Conducía Scoty.

—Tú tranquilo, siéntete como en tu casa —me dijo—. Mi gente no te dará problemas. Todos respetarán tu espacio, ya verás.

—No sé, Scoty —repuse—. Ya sé que es la primera vez que vengo, pero creo que quizá deberíamos estar preparados para que la gente se altere un poco.

—Nooo, hombre, que no. Aquí no. ¡Aquí es distinto! Esta es mi gente, no están en ese rollo. Mi gente no es así.

Llegamos a la exposición. Aún no había dado dos pasos al salir del coche cuando me vi rodeado de una multitud caótica, colosal. Unas doscientas personas gritando, empujando, agarrando, chillando. Era una gran demostración de amor, pero ya se sabe que, a veces, el amor duele. Las multitudes agitadas pueden ser peligrosas. Scoty entró en modo guardaespaldas y me intentó ayudar a cruzar esa marea de gente, su gente.

Era la primera vez que mi guardaespaldas iba calzado con chanclas.

También era la primera vez desde que era famoso que no tenía apoyo. No tenía guardaespaldas ni nadie a quien llamar. No sabía dónde estaba, dónde estaban las salidas ni dónde estaba la embajada estadounidense. Nada. Casi era como si ni siquiera hablara el mismo idioma. Así se deben de sentir los bebés cuando se ven expulsados de la seguridad del útero.

Era un recién nacido de cuarenta y dos años.

Por fin llegamos a la galería. Ya en la seguridad de la sala VIP del artista, conocí a Che y a su familia: su hermana pequeña, Asha «Lulu» Lovelace; el hijo de Che, Roscoe, y las hijas de Lulu, Ila y Eva. El sol de Trinidad tiene algo que tuesta a los niños a la perfección. Eran los niños más guapos que uno pueda imaginar.

Che es un artista figurativo y su obra combina el realismo y la abstracción. Suele pintar figuras del Carnaval local sobre lienzo y usa colores pastel y pigmentos intensos que captan vívidamente la energía de la vida caribeña. Me perdí en los ojos de una joven en el cuadro *Reina del baile*. Sentí que me daba la bienvenida a la isla. Había acudido mucha gente a ver la exposición, y la muestra de la diversidad del caldero cultural que es Trinidad ya era un lienzo en sí misma.

Al terminar, fuimos a casa de los Lovelace. Un porche. Música, comida y conversación. La vivienda estaba arrebujada en una zona frondosa a la que llaman Cascade, y los muros verdes hacían que el edificio casi se fundiera con la vegetación que lo rodeaba. El «limin» (es como llaman en Trinidad a las reuniones con amigos) tuvo lugar en el porche de madera, abierto por tres lados a un jardín en pendiente y al valle de Cascade. Había una mesa, butacas de jardín reclinables y, mi lugar preferido, una clásica hamaca trinitense.

La familia Lovelace era una familia de artistas, de poetas y de intelectuales. Earl Lovelace, el patriarca, era novelista, periodista, dramaturgo y poeta de renombre. Lulu era profesora de cine en la Universidad de las Indias Occidentales; Walt, el hermano mayor, era director de cine; la casa estaba llena de cuadros de Che. La conversación era animada y expansiva.

—¿Qué es eso que huele tan bien? —pregunté.

—Es una cananga, o ylang-ylang —dijo Lulu—. Esta es su mejor temporada, cuando la brisa sopla desde el oeste.

Nunca había oído la música de la *playlist* de Lulu: artistas senegaleses como Ismaël Lô, Baaba Maal o Youssou N'Dour, todos ellos en armonía con el ylang-ylang, transportándome a una nostalgia dulce. Comida deliciosa, brisas caribeñas, niños de piel de caramelo jugando por ahí.

—¿Te vas a quedar a dormir? —preguntó Ila, con toda la inocencia de sus seis años.

Me reí con esa risa con la que ríen los adultos cuando en realidad no están riendo.

Bueno, Ila, la verdad es que, aparte de una noche en el dormitorio Lincoln después de la ceremonia de investidura del presidente Clinton, no me he quedado a dormir en casa de nadie desde que tenía doce años. Ni siquiera me quedo en las casas de mis padres cuando voy a Filadelfia. Sé que solo tienes seis años, Ila, pero debes entender que transportar a un «ícono global» por el mundo representa una dificultad logística considerable. Para empezar, viajo con diez personas más como mínimo, lo que significa que necesitamos un mínimo de once habitaciones. Y, en la medida de lo posible y por motivos de seguridad, mi equipo reserva plantas enteras en los mejores hoteles del mundo. Por supuesto, mi habitación es siempre la que está al final del pasillo, la de las puertas dobles...

Por no mencionar que a decir verdad no los conozco a ninguno. ¡Si a duras penas conozco a Scoty! Estoy aquí solo y nunca viajo solo. Así que la idea de quedarme a dormir en casa de unos desconocidos (aunque se trate de desconocidos tan amables y bellos como ustedes) me aterra.

Así que sí, Ila, sí. Me voy a quedar a dormir.

—¿Cuál es mi habitación? —le pregunté.

Mi habitación tenía nombre: «la mazmorra». Era un espacio de almacenaje que irradiaba la energía de un parking transformado en cuarto de invitados. Había libros, discos de vinilo antiguos y objetos de cerámica por todas partes. El único mueble era una cama-tatami de madera hecha a mano y que luego supe que era obra de Scoty. Una cortina blanca ondeaba sobre una ventana con reja de hierro forjado y sin cristal: los 28 °C de las noches caribeñas no necesitaban mucho más.

Mi equipaje seguía en casa de la madre de Scoty.

—Mañana te lo traigo —dijo Scoty mientras se iba y dejaba a la mayor estrella de cine del mundo en casa de unos desconocidos y sin ni siquiera un cepillo de dientes a su disposición.

Cuando accedí a quedarme, pensé que era evidente que Scoty estaba incluido en el plan. *No puedo creer que este cabrón me haya dejado aquí... Charlie Mack le meterá la cabeza en el retrete cuando se entere.*

Siempre me he sabido orientar. Mi padre se aseguró de ello. Durante mi infancia, me preguntaba a bote pronto «¿Dónde está el norte?» u ordenaba «Señálame el este». Me dejó muy claro que el pasajero es siempre el copiloto del vehículo en el que viaja. El conductor decide la emisora de radio y ostenta el control sobre la temperatura, pero el pasajero/copiloto es el encargado del mapa y de decir derecha o izquierda (y de los tentempiés: le tenía que ir dando de comer a mi padre mientras conducía).

Sin embargo, esa noche no había luna y había estado distraído durante el trayecto a la casa. Tampoco se podía decir que conociera las constelaciones. Ahí, tendido a apenas un palmo sobre el suelo de cemento en algún lugar del Caribe, me eché a reír. Mi reacción de siempre ante el trauma y la ansiedad. Los primeros resoplidos devinieron en risitas, las risitas en risotadas y las risotadas en histeria.

¿Dónde estoy? ¿Qué estoy haciendo? ¿Qué está pasando? ¿Cómo he llegado hasta aquí? ¡Si ni siquiera sé dónde es aquí! Ninguno de mis seres queridos sabe dónde estoy. Es la oportunidad perfecta para que alguien me asesine en plena noche. A ver, Las aventuras de Jim West *tampoco fue tan mala, ¿no?*

¿Y si entra una mujer en plena noche? ¿Y si lleva un camisón largo de gasa blanca semitransparente? ¿Y si se lleva el índice a los labios? Shhh. ¿Y si me besa? ¿Y si me dice que estoy en el buen camino?

¿Y si le creo?

Dormí unas doce horas seguidas.

Me acosté con cuarenta y dos años. Cuando me levanté, era como si volviera a tener veintiocho. Habría seguido durmiendo, pero el aroma del *choka* de tomate, de las sardinas ahumadas, del *sada roti* y del pan casero, además de las frutas locales de las que ni siquiera conocía el nombre, me activaron como una dosis de dulces sales aromáticas. Scoty apareció cuando ya había hecho el ridículo terminándome tres platos enteros y rebañándolos con el pan que Ila había dejado a medio comer.

Y no traía mi cepillo de dientes.

—Mi colega Jonathan tiene un yate Bertram —anunció Scoty—. Hemos pensado en ir ALI.

La familia Lovelace estalló en aplausos y en exclamaciones de aprobación. Obviamente, ALI era algo bueno.

—¿Qué es ALI?

—A las islas.

Zarpamos hacia las nueve de la mañana: Scoty, Che, Roscoe, Ila, Eva, Jonathan y yo. Al cabo de unos cuarenta minutos, echamos el ancla frente a una cueva aislada de la isla de Chacachacare. Scoty, Che y Jonathan ya habían saltado al agua antes de que el ancla hubiera tocado el fondo del mar. Yo me esforzaba en mantener los ojos abiertos, pero no sé si fue por el relajante balanceo del Bertram o por el asalto glotón a los restos de Ila, pero volví a caer en brazos de Morfeo.

Cuando me desperté dos horas después, el barco estaba vacío. Todos estaban en el agua a excepción de Roscoe, el hijo de cinco años de Che, que se estaba comiendo un mango maduro. O, para ser más exactos, llevaba el mango puesto o el mango se lo estaba comiendo a él. Estaba cubierto de pulpa y de jugo.

Grité a Scoty y a la tripulación:

—¡Eeeeh! ¿Cuál es el plan?

—¿Qué quieres decir?

—¿Que cuál es el plan? ¿Qué vamos a hacer hoy?

—Estamos aquí —dijo Scoty mientras abarcaba el horizonte con el brazo.

—Sí, ya, pero ¿qué vamos a hacer?

Todos se miraban entre ellos. «¿Qué quiere decir?»

—Me refiero a que si tienen motos de agua o algo —expliqué—. ¿Qué hay para hacer por aquí? ¿Cuál es el plan?

—Mira a tu alrededor —dijo Scoty desde el agua—. Estamos reconectando, estamos... *limin*.

¿Qué diablos quiere decir que estamos «reconectando» y «limin»?

Roscoe y su mango habían sido testigos de la conversación. Volví al camarote, me tendí en el sofá y cerré los ojos durante media hora más.

Estos locos *tienen la intención de pasarse todo el día así, sin hacer nada.* Me quería morir. Tampoco tenía señal en el celular, así que nada de SMS o de llamadas. Estábamos a una hora de tierra y a noventa minutos de un aeropuerto. Estaba atrapado. Me sentía como un animal enjaulado. Estaba... enojado. *¿Cómo se atreven a desperdiciar así mi valioso tiempo?*

Me levanté y subí a cubierta. Seguían en el mismo sitio, flotando, chapoteando. No alcanzaba a entenderlo. Estaba nervioso, caminaba de un lado a otro de la cubierta, miraba la hora en el celular. Y, entonces, me detuve en seco: me di cuenta de lo turbulento de mis pensamientos y de mis emociones, que no podían ofrecer mayor contraste con mi entorno y pensé: *Mierda, me estoy comportando como un adicto.* Me era *imposible* quedarme quieto. Tenía la mente hecha un torbellino, necesitaba una actividad, un objetivo, una misión, una tarea, una aventura. Algo que hacer, lo que fuera.

Vi que Roscoe me observaba por encima de la curvatura de otro mango, este más grande que su cabeza. Me miraba con dulzura, como si dijera: «Sabes que pareces un loco de remate, ¿no?»

Me fui centrando poco a poco. ¿Soy un adicto? No tomo drogas, casi no bebo y tampoco soy adicto al sexo como un perro. Sin embargo, no sabía cómo parar, cómo estar quieto o cómo estar en silencio o solo. Era adicto a la aprobación de los demás y, para asegurármela, me había hecho adicto a ganar. Y, para garantizarme una dosis constante de victorias, me había hecho adicto a trabajar, a esforzarme al máximo, a buscar la perfección de forma obsesiva.

Sin embargo, había algo aún más profundo. El ocio era el enemigo, era el lugar donde las cosas se perdían. Cuando había dejado espacio entre Melanie y yo, se había ido con otro. Mi padre veía el espacio entre tarea y tarea en el taller como una demostración de holgazanería. Darrell nunca dejaba que me sentara en el gimnasio, porque el descanso era el resquicio por el que la ley del placer podía introducirse y echar por tierra todo nuestro esfuerzo. No permitía que Jeff dejara espacio entre las pistas de los álbumes, porque pensaba que la pequeña pausa entre una canción y la siguiente era un espacio vacío que llevaba al público a dejar de escuchar. No quería dejar espacios entre la serie de televisión, la siguiente película y el próximo disco porque no quería dar al público la oportunidad de enamorarse de La Roca durante mi ausencia.

Sin embargo, lo más perturbador de esa necesidad de ocupar hasta el último segundo era que me evitaba tener que sentir.

Mi mente divagó hasta la conversación telefónica con JL sobre *Soy leyenda*. La película había pulverizado los récords de taquilla global y ni siquiera así me había sentido satisfecho. La enfermedad sutil perdía sutileza a marchas forzadas. Me pregunté: *¿Cuánto tendría que haber recaudado* Soy leyenda *para haberme quedado contento? ¿Cuánto habría sido suficiente? ¿Cuántas películas consecutivas más han de llegar al número 1 para estar satisfecho? ¿Cuánto dinero necesito para sentirme a salvo y seguro por fin? ¿Cuántos Grammys y cuántos Oscar debo ganar para sentirme querido y aceptado? ¿Cuánto más sanos han de estar mis hijos? ¿Cuántas veces más me tiene que decir «te quiero» Jada? ¿Cuándo será suficiente?*

El problema es que cuanto más se tiene, más se quiere. Es como beber agua salada para saciar la sed. Desarrollamos una tolerancia que nos lleva a necesitar dosis cada vez mayores para conseguir la misma adrenalina.

Empecé a reconocer el juego, el truco, la locura, la zanahoria en el palo. Nunca me habían gustado las películas de vampiros, pero, de repente, entendí su mitología: son una metáfora de la voracidad humana, de la sed insaciable y de la insatisfacción crónica que intentan llenar un vacío espiritual con objetos materiales.

Si una victoria sin precedentes y conseguir todo aquello con lo que siempre había soñado no me daba la felicidad perfecta y el gozo supremo, ¿qué me lo daría?

Miré a Roscoe. En lo que a él respectaba, el mango era la clave de la vida.

—¡Ven! ¡El agua está perfecta! —gritó Lulu.

—No sé nadar —respondí.

Era obvio que nunca habían oído nada semejante de boca de otro ser humano. Primero se echaron a reír y luego se dieron cuenta de que no era broma. Entonces, me miraron como si fuera el protagonista de un anuncio de UNICEF: «Por favor, ayuden a este pobre espécimen de afroamericano urbano. Solo necesita un dólar a la semana para aprender a nadar».

El mar siempre me había dado miedo. Parecía tan vasto e impredecible... Por bello y sereno que pareciera un instante, se podía volver violento y monstruoso al siguiente. Incluso de pequeño, siempre me mantuve alejado del agua cuando viajábamos a Atlantic City.

Recuerdo la vez que estábamos en el Gran Cañón y que mi madre dijo: «El agua excavó todo el cañón». Me pareció una idea aterradora. El mar y el agua... No, no me llevaba demasiado bien con ellos.

Uno de mis recuerdos de infancia más traumáticos es el de casi ahogarme en una piscina pública. Aún me veo bajo el agua, desorientado, sin saber dónde era arriba. Me ahogaba, me iba a morir. Mi madre se levantó de un salto de la hamaca y se lanzó al agua. Vi que su mano se acercaba a mí hasta que me agarró por las axilas y me sacó de la piscina.

Años después, les estaba contando la aterradora experiencia a unos amigos de mi madre cuando vi que el rostro se le contraía en una mueca de confusión. Intentaba ver por dónde iba a salir. No era la primera vez que me miraba así, pero esa vez había algo distinto.

—Sabes que eso no pasó nunca, ¿verdad? —me preguntó con dulzura.

—¿Qué quieres decir?

—Willard, eso no pasó nunca —dijo, ahora con cierta urgencia.

—Lo recuerdo perfectamente, mamá —insistí.

—Nunca has estado en una piscina y nunca has estado en el

mar. Una vez te apuntamos a natación, pero te negaste a meter siquiera los pies en el agua.

—Pero, mamá, lo veo como si fuera ayer. Llevabas un peinado a lo afro y un traje de baño azul.

—Bueno, pues sería tu otra madre, porque esta nunca pasó por eso.

Apliqué un análisis forense a mis recuerdos y, entonces, caí: *Si estaba bajo el agua, desorientado, ¿cómo pude ver a mi madre saltar a la piscina?* Mi experiencia cinematográfica se activó: me di cuenta de que los ángulos de mis recuerdos visuales no se correspondían con mi punto de vista. En mi cabeza, veía el incidente como si hubiera estado junto a la piscina. Las dos imágenes, la mía en el agua y la de mi madre, fuera, eran incompatibles. Era un recuerdo falso. Sin embargo, mi ansiedad respecto al mar y mi miedo y mi aversión al agua eran absolutamente reales.

La revelación me dejó consternado. ¿De verdad era tan poco fiable la memoria? ¿Lo había soñado? ¿Me lo había inventado? ¿Era una experiencia de una vida pasada? Y, de ser así, ¿qué diablos hacía allí mi madre y por qué llevaba el pelo a lo afro?

Fuera como fuera, tampoco importaba mucho. El mar no me gustaba.

La memoria no es un registro impecable de lo que sucede en realidad. No es un video de nuestra experiencia. Vaya, no es ni una fotografía. Es nuestra representación psicológica y artística de la realidad. Es más como un cuadro impresionista abstracto de lo que ha sucedido que una representación pura y sin filtros. Y tampoco es una imagen fija. El cuadro se transforma, se desvanece o se intensifica a lo largo del tiempo. A veces, añadimos a un recuerdo a colores que no estaban allí hace un año o cinco o incluso hacemos un *collage* de recuerdos diversos y creamos una sola obra con ellos.

El problema es que la mayoría de nosotros confiamos plenamente en nuestros recuerdos. Los recuerdos constituyen la base desde la que percibimos la realidad. Entonces, nos comprometemos con esas conclusiones y activamos las emociones necesarias y las acciones y las conductas que creamos pertinentes. Nos movemos por el mundo aferrados a nuestras premisas erróneas y desatamos sobre nosotros las consecuencias cósmicas de las ideas equivocadas.

Confío en el recuerdo de haber estado a punto de morir ahogado. De hecho, estoy plenamente comprometido con la verdad de esa historia. El agua es peligrosa e intentó matarme cuando era pequeño. Así que, cuando mi hermano y mis hermanas jugaban en la playa, en el agua, yo estaba solo, en medio de la arena. De adulto, no dejaba que mis hijos entraran solos en el mar. El miedo y la ansiedad toman las riendas de mi mente y me impiden disfrutar de la belleza del setenta por ciento de la superficie del planeta.

—¡Tranquilo, hombre!

No estoy ni a nueve metros de la orilla, pero el mar está revuelto. El agua me llega a la cintura. Scoty se sienta y el agua le llega al cuello.

—Siéntate y relájate —dice—. No te cubrirá.

—¡Ay! ¡Eh! ¡Algo me está tocando las piernas!

—¡Son algas, amigo! ¡Sargazos! Son un problema, pero lo estamos resolviendo. Vamos, siéntate.

Scoty se inclina, agarra un puñado de sargazos o como se llamen y los arroja lejos. Al parecer, debería estar más tranquilo ahora que están a dos metros de mí. Respiro hondo y me siento. El agua es casi traslúcida y está templada como la de una bañera. Las olas vienen y van, me menean y me sacuden.

—No te resistas —dice Scoty—. Es un flujo. Te lleva, pero te trae de vuelta.

Scoty flota, sereno y en total armonía con el ritmo de las olas, mientras que yo recibo más sacudidas que una pelota de rugby. Y, aunque no me acabo de sentir cómodo en el mar, sí que comienzo a entender la relación entre el ser humano y el mar.

Reconexión y limin.

El ir y venir de las olas es el pulso del planeta. Cuando se pasan el día sentados en el mar, sintonizan con la frecuencia de la Tierra.

Para Scoty, esta alineación es la experiencia más elevada a la que puede aspirar cualquier ser humano. Cuando está en compañía de alguien a quien quiere, lo lleva al agua: surf, pesca, barcos, esquí acuático, natación, reconexión y *limin*.

Me fui de Trinidad teniendo una cosa muy clara: había algo que se me escapaba. Algo acerca de la vida, de las relaciones y, quizá, incluso acerca de mí mismo.

El problema es que aún no sabía qué era ese algo.

En todo caso, había dejado de defender a toda costa mi antiguo sistema de creencias. Estaba abierto a la posibilidad de que, tal vez, la mentalidad del campamento de boxeo no fuera el paradigma ideal para las relaciones domésticas. Aún no sabía cuáles serían las ideas nuevas, pero estaba seguro de que alguna tenía que haber.

> ¿Por qué temes tanto al silencio?
>
> El silencio es la raíz de todo.
>
> Si caes en espiral a su vacío, el estruendo de cien voces te dirá lo que tanto anhelas escuchar.
>
> Rumi

No soporto que me envíen citas de Instagram supuestamente profundas. Siempre tienen un marco con filigrana, siempre vienen sobre un fondo de color malva y con una caligrafía casi ilegible y, si realmente te quieren atrapar, añaden una imagen de un señor oriental muy, pero que muy anciano.

«El silencio es la raíz de todo» no tenía el menor sentido para mí. ¡Me gano la vida haciendo ruido! Me quedé tan confundido que respondí: «¿Qué carajos es esto?».

El teléfono sonó de inmediato.

Era mi colega Antoine.

—Oye no me envíes estupideces pseudobudistas —le dije—. Si me vas a enviar frases, al menos que sean letras de Talib Kweli.

—Acabo de volver de la India —contestó entre carcajadas, sabiendo perfectamente que nadie le había mandado enviarme citas de Rumi.

—Eso no es excusa. ¿Qué se te perdió en la India?

—Hice una cosa que se llama «Vipassana». Es un retiro de silencio de diez días. Sin televisión, sin teléfono, sin hablar. Fue genial. Tienes que probarlo.

—¿Sin hablar durante diez días? ¿Cómo dijiste que se llama?

—Vipassana. Significa «ver las cosas como son en realidad».

Hacía más de un año que Antoine y yo no hablábamos, pero imagino que necesitaba a alguien con quien hablar.

Es raro, pero, cuando buscas algo, los demás se dan cuenta. Es como si esa curiosidad superior emitiera energía a otra frecuencia. En cuanto te abres sinceramente a algo distinto, es como si lanzaras un grito cósmico por un megáfono energético: «¡Eh! ¿Dónde están? ¿No ven que tengo problemas?».

—Sí, bueno. La verdad es que no sé si estoy listo para viajar a la India. Aunque me gusta la idea de ver las cosas como son en realidad —dije.

Había compartido dormitorio con Harry durante toda mi infancia. Si trazo la cronología desde el día en que conocí a Melanie cuando tenía catorce años y hasta mi matrimonio hoy, solo he estado soltero durante quince días en total. No soportaba estar solo.

Quería dar a Jada espacio en Los Ángeles, así que decidí pasar un par de semanas solo (yo, mí, me, conmigo) y ver qué tal me llevaba conmigo mismo. Sin televisión, sin teléfono, sin gente.

Sin hablar.

Me fui a nuestra casa en las montañas de Utah. Aislamiento total a dos mil quinientos metros sobre el nivel del mar. Lo había organizado para que me trajeran comida a la puerta, pero sin contacto humano. A excepción de un paseo solitario por la mañana, no saldría de casa durante catorce días seguidos.

Antoine solo había hecho diez, era obvio que tenía que superarlo.

El primer día fue emocionante. Sin mensajes, sin correos electrónicos, sin llamadas. Era la primera vez en treinta años que me preparaba la comida. Estaba malísima, pero me sentía orgulloso de intentarlo. No tenía ni televisión ni computadoras a excepción del iPad, que había llenado de libros para leer. Fue la primera vez en toda mi vida que leí un libro entero de una sentada: *Cuando todo se derrumba*, de Pema Chödrön.

El segundo y el tercer día tuvieron treinta y nueve horas cada uno, o al menos eso me pareció a mí. Habría sido casi soportable de no ser por la cháchara incesante de las voces dentro de mi cabeza.

El cuarto y el quinto día por poco consiguen que me rinda. Me subía por las paredes. Incluso pensé en tomarme pastillas para dormir durante el día y desconectar un poco. Sin embargo, algo me dijo que eso no acababa de encajar con el protocolo Vipassana. Me había comprometido a catorce días y, como había aprendido hacía ya mucho tiempo, quizá faltaría a la palabra dada a otros, pero jamás a la palabra dada a mí mismo.

El sexto día, me sorprendí frente al espejo, armado con unas pinzas y depilándome las cejas. Ahí supe que tenía problemas.

El séptimo día, me desperté con unas cejas maravillosas y descubrí que se trata de un trastorno que incluso tiene nombre: tricotilomanía (es decir, la compulsión de arrancarse el pelo). Sabía que no lo tenía, pero, eh, siempre quedaba el octavo día.

Octavo día:

Ya está bien, tengo que llamar a alguien.

No, mierda, no voy a llamar a nadie.

¿Por qué tengo ganas de llorar?

El Vipassana es una mierda.

Un momento, ¿a qué hora empecé? ¿Cuento los días a partir de la medianoche o a partir de la hora exacta en que llegué? Entonces, ¿hoy es el octavo o el noveno día?

Antoine es un cabrón.

Y Rumi, también.

Llegado el noveno día, me di cuenta de que los sueños eran más intensos y de que las ideas creativas empezaban a fluir. Llené libreta tras libreta de rimas, canciones, pensamientos, opiniones, películas y poesías.

También comencé a leer sobre la meditación. La idea de «contemplar la mente» me despertó mucho interés, y llegué a conceptos como «observación interior», «introspección», «conciencia» o «atención plena». Disfruté de un momento efímero, brevísimo, de lo que más adelante reconocí como «paz». No duró mucho, pero aprendí a seguir el rastro de ese aroma.

Estos días de soledad en Utah inauguraron el periodo de lectura más intenso de mi vida, un periodo que se prolongó durante años. Una lista muy parcial de los libros que devoré: *Malcolm X. Autobiografía*; *El Bhagavad Gītā tal y como es*; *El camino menos transitado*; *Don Quijote de la Mancha*; *Alma en libertad*; *Las enseñanzas del Buda*; *La Odisea*; *Moby Dick*; *Cómo ganar amigos e influir sobre las personas*; *Los cinco lenguajes del amor*; *Como un hombre piensa, así es su vida*; *El Uno*; *Zen en el arte del tiro con arco*; *La República* de Platón; *El camino del hombre superior*; *Iron John: Una nueva visión de la masculinidad*; *El poder de las palabras*; *Yo sé por qué canta el pájaro enjaulado*; *The Power Path*; *El hombre en busca de sentido*. La lista sigue, sigue y sigue. Creo que, durante los años que vinieron, leí como mínimo unos cien libros.

El décimo día me decidí a meditar por primera vez.

El undécimo día, renuncié a meditar. Me sentía atacado por mi propia mente.

El duodécimo día, volví a probar la meditación.

Leí el libro de Pema Chödrön *Cómo meditar y ser al mismo tiempo un buen amigo de tu mente*.

Pensé que eso de hacer amigos se me daba bien. Así que empecé a intentar escuchar y observar lo que sucedía en mi cabeza. Me di cuenta de algo muy doloroso: no disfrutaba de mi propia compañía. De hecho, quería alejarme de mí a tanta velocidad como me dieran las piernas.

Y, entonces, caí: *Si ni siquiera yo quiero estar conmigo, ¿cómo lo va a querer nadie más?*

VEINTE

RENUNCIA

—¿**Q**ué te haría feliz? No me refiero a «Will Smith», porque Will viene con una mochila muy pesada. Me refiero a ti. Si fueras el amo del universo y pudieras chasquear los dedos para tener la vida que quisieras, ¿cómo sería?

Era una pregunta muy profunda.

Michaela Boehm es una pelirroja de melena rizada y de poco más de metro y medio cuyo acento austriaco otorga autenticidad psicoanalítica a todo lo que dice. Es escritora, oradora y psicóloga y acumula más de tres décadas y de treinta y cinco mil horas en las trincheras con los clientes. Suma a su formación profunda en psicología junguiana, trauma y terapia de pareja la chispa de ser una experta en sexualidad tántrica.

La búsqueda en Google ya me había dejado vulnerable y expuesto, por lo que cuando entró con su bandolera de cuero marroquí café, que tenía una hebilla plateada y unos flecos de pelo de un animal desconocido, y me preguntó de improviso «¿Qué te haría feliz?», me desconcertó al momento. *¿Qué quiere decir con eso? ¿Qué le hace pensar que no soy feliz?* (Quizá había sido que le dijera: «No soy feliz, ¿podrías venir a ayudarme, por favor?»)

Para mí, el mero hecho de imaginar una vida distinta a la que había creado era una blasfemia. Mi imaginación suele ser un arroyo de aguas rápidas y burbujeantes de posibilidades y de potencial. Pero, por algún motivo, la pregunta me catapultó a una región de mi mundo interior salpicada de señales de peligro y cercada con cinta policial allá donde mirara. Tendría que extraer la respuesta del lugar al que solo van los «niños malos», las regiones más turbias, más revueltas y más oscuras de mi psique. Ni siquiera me permitía pensar desde ese lugar. No tenía la menor intención de hablar desde ahí.

Es decir, ¿y si derribaba todos los muros, todas las barreras y todas las barricadas y el demonio del que me protegían tomaba el control? ¿Y si luego no lo podía encerrar otra vez? ¿Y si me gustaba que estuviera libre?

Aun así, me acerqué a ese lugar oscuro, quería saber qué había allí. Pasé por debajo de la primera cinta policial. ¿Qué me estaba preguntando ella, en realidad?

¿Qué vida crearía si todo me importara una mierda?

Entonces, la sombra habló:

—Tendría un harén.

La vulnerabilidad de poner sobre la mesa mis fantasías sin procesar, sin filtrar, me inundó de vergüenza y de ira. Como si me hubiera metido el pie a mí mismo.

¿Y si Michaela era una bruja? ¿Cómo había conseguido que le revelara con tanta rapidez mi sórdido mundo en la sombra?

Michaela ni siquiera pestañeó. Sacó una libreta y un bolígrafo de su mágica bandolera de pelaje multicolor y dijo:

—Vaya, un harén. Qué interesante. ¿Quién hay en el harén?

—¿Qué quieres decir? —pregunté.

—¿Quién compone tu harén? Las mujeres. ¿Cómo se llaman?

Michaela sostenía el bolígrafo sobre la libreta, esperando la respuesta a su pregunta.

Esto es un truco mental Jedi, un sortilegio vudú psicotántrico junguiano. No me va a atrapar.

—No te quedes ahí como si no supieras la respuesta —dijo—. «Sabes muy bien quiénes son esas mujeres, no es la primera vez que lo piensas. Lo has imaginado una y otra vez. ¿Cómo se llaman?

—Es que no... a ver, es que no entiendo por qué tienes que saber quiénes son.

—Tengo que saberlo porque, si no lo sé, no podré dirigir tu harén —dijo como si fuera evidente que eso era un trabajo real—. Mira. Eres Will Smith. ¡Will Smith, por el amor de Dios! Eres una de las personas más ricas y más queridas del planeta. Si tú no puedes tener la vida que quieres, los demás ya nos podemos ir despidiendo.

—Misty Copeland —solté. Se iba a enterar—. Es la bailarina de ballet negra que...

—Sí, ya sé quién es Misty Copeland —dijo mientras apuntaba el nombre—. ¿Quién más?

—Halle —dije con rostro impasible. *¿Quieres jugar, señora bruja? ¡Pues juguemos!*

—¿Sabes? Los harenes no son solo cuestión de sexo —me explicó—. Los harenes se reúnen para tomar inspiración. Necesitas una doctora, una pintora, una arquitecta, un par de abogadas, una música, una poeta... Y no solo mujeres estadounidenses, deberías oír muchos idiomas. Tu harén debería albergar a las mujeres más brillantes, únicas y poderosas del mundo. Tú serás el responsable de proporcionarles recursos y de promover su crecimiento y su desarrollo individual. A su vez, ellas te alimentarán y te entregarán sus dones femeninos y te enviarán al mundo saciado e inspirado.

Michaela escribió febrilmente durante las dos horas siguientes. Sacó una laptop *(¡Es una bruja moderna!)* y me mostró imágenes, videos y charlas TED de algunas de las mujeres más dinámicas y con más talento del mundo. No me podía estar quieto, iba de un lado a otro, riendo, inspirado. Estaba bailando en las sombras. Y, de algún modo, esos demonios interiores que me habían parecido tan oscuros y malvados que ni siquiera me había atrevido a mirarlos ya no me daban tanto miedo, porque estaban iluminados por la luz de la aceptación de Michaela. Cuando terminamos, teníamos unos veinticinco nombres. Teníamos rutas de viaje y eventos mundiales a los que asistir, como el carnaval de Río y el Holi, el festival del color en la India. Teníamos una lista de las personas a las que mi harén y yo deberíamos conocer. Michaela y yo chocamos los cinco y acordamos que, a primera hora del lunes por la mañana, empezaríamos a entrar en contacto con las mujeres.

Lo consulté con la almohada un par de noches y, al final de la jornada laboral del martes, ya había decidido abandonar. Sentía menguar mi entusiasmo a cada hora que pasaba. Todas y cada una de las ecuaciones mentales que hacía con mi harén acababan en catástrofe. Si era incapaz de cuidar y nutrir a una sola mujer, por extraordinaria que fuera, ¿cómo diantres iba a cuidar de veinticinco?

—No quiero un harén —anuncié.

—Claro que no —respondió Michaela—. Pero ¿por qué pensabas que sí?

—Supongo que pensaba que si tengo suficientes mujeres, siempre habrá al menos una que me quiera.

—Si sigues haciendo las cosas para obtener la aprobación de una mujer, nunca serás libre. Es un descenso a los infiernos. Y permíteme que te diga una cosa. Cuando una mujer ve que te puede doblegar, deja de confiar en ti. Has de ser firme. Tu «sí» ha de ser un sí y tu «no» ha de ser un no. Si sigues haciendo malabares y contorsiones y te vendes a cambio del afecto de los demás, nunca serás merecedor de confianza.

Michaela se empezó a referir a mi personalidad de niño bueno como a «Peluchito». Era la parte de mí que siempre quería complacer, la parte de mí que tenía que sonreír fuera lo que fuera lo que estuviera sintiendo, la parte de mí que tenía que hacer cosas que no quería hacer para mantener la paz. No podía estar de mal humor ni tener un mal día. Peluchito no soportaba el conflicto, por lo que estaba dispuesto a mentir si con ello conseguía evitarlo. Firmaba todos los autógrafos, daba todas las manos, besaba a todos los bebés. Peluchito era jovial, inteligente y generoso y tenía mucho talento. Peluchito necesitaba caerle bien a todo el mundo.

Soy muy bueno, soy amable y dispongo de muchos recursos, no tienes de qué preocuparte; soy inofensivo, confía en mí. Atenderé todas tus necesidades.

Peluchito surgió durante mi infancia, como una personalidad

estratégica. Si era lo bastante divertido, lo bastante dulce, lo bastante inofensivo y lo bastante gracioso, no me harían daño, mi madre estaría a salvo y mi familia sería feliz. Nadie me abandonaría nunca.

Peluchito anhelaba aprobación. Era la única forma de seguridad que podía concebir. De adulto, se convirtió en mi armadura y en mi escudo. Asfixiaba mi propia verdad con la esperanza de sentirme seguro, de obtener aprobación y de ser querido.

—Quiero que te experimentes a ti mismo tal y como eres, sin esa necesidad de aprobación —dijo Michaela—. ¿Quién eres en realidad? ¿Qué anhelas desde el fondo de tu corazón? ¿Cuáles son tus valores más profundos y tus objetivos más auténticos? El problema de ser Peluchito es que nunca eres libre para tomar una decisión pura, para tomar una decisión honesta y genuina para ti. Peluchito siempre te obliga a ceder y a hacer lo que sea que te pueda conseguir la máxima aprobación, la mayor cantidad de «me gusta» o las mejores ventas. La necesidad de aprobación de Peluchito asfixia la creatividad de Will. ¿Qué siente Will, qué opina Will, qué necesita Will, qué piensa Will?

Entendí lo que me quería decir. De pequeño había construido una identidad concreta, había decidido que tenía que ser de una manera específica si quería sobrevivir y prosperar en mi entorno. También entendí que, con mucha frecuencia, esa conducta entraba en conflicto con lo que yo pensaba o sentía en realidad.

Sin embargo, al mismo tiempo Peluchito había hecho cosas maravillosas. Había construido Her Lake. Había permitido que Willow dejara de pegar latigazos con el cabello cuando tuvo suficiente. Había suplicado a Jeff y a JL que se mudaran a Los Ángeles. Había duplicado la pensión alimenticia a Sheree cuando Trey se fue a vivir con Will. Había hecho las pruebas en casa de Quincy Jones cuando Will estaba tan asustado que se quería ir. La admiración que sentía por Muhammad Ali había logrado que Will rodara una película que se había negado a hacer por miedo.

—Peluchito ha sido un amigo maravilloso —dijo Michaela—. Lo que pasa es que es él quien ha de estar a tu servicio, no al revés.

Peluchito era el resultado de una mentira, se basaba en la premisa errónea de que había algo en mí que no iba bien, de que era un cobarde. Su cometido era disculparse eternamente por mis defectos y asegurarse de que siempre me sintiera a salvo y querido. E incluso entonces, cuando me empecé a dar cuenta de que tal vez ya no me era útil, una cosa seguía siendo cierta: Peluchito pagaba las facturas.

Peluchito no era el único que me causaba problemas. También estaba su contrapartida en la sombra, a quien Michaela llamaba «el General». Cuando Peluchito fracasaba en el intento de obtener adoración a pesar de haber agotado todas sus reservas de encanto y de magnanimidad, apelaba al General. La tarea del General consistía en clavar la bandera en la cima de la montaña costara lo que costara y en castigar encubiertamente (o no) a todo el que osara disentir (incluido yo mismo). En otras palabras, cuando no conseguía la adoración y la aprobación que anhelaba a pesar de haber reprimido mis verdaderas necesidades por completo y durante tanto tiempo, mi angustia se manifestaba en forma del General.

Como Peluchito ocultaba mis verdaderas emociones (de las que estaba totalmente desconectado), la aparición del General dejaba a todo el mundo consternado y confuso. Era dulzura, dulzura, dulzura y, de pronto, amargura, amargura, amargura.

—Estas identidades han tejido un universo semejante a una tela de araña en la que has quedado atrapado, un laberinto de exigencias, de obligaciones y de expectativas. Y, si te atreves a dar un paso fuera de esos constructos, recibes justo el desdén y la desaprobación que tanto temes. Sin embargo, no eres ninguna de esas identidades. La cuestión es: ¿puedes encontrar en ti mismo la seguridad que anhelas en lugar de buscarla en la aprobación de los demás? ¿Puedes convertirte en un Hombre Independiente? —preguntó Michaela.

Michaela y yo trabajamos juntos durante varios años. Su programa se centraba en la idea de convertirme en un Hombre Independiente. Básicamente, un Hombre Independiente es un hombre que se conoce a sí mismo, un hombre autónomo que tiene motivación interna, está seguro de sí mismo y no se deja influir en absoluto por la aprobación o la desaprobación de los demás. Sabe quién es y sabe qué quiere. Y, gracias a eso, puede poner sus considerables dones al servicio de los demás.

—Has de conectar con tu paisaje interior y cartografiar el terreno de quién eres en realidad, tus verdaderos deseos, tus verdaderas necesidades. Cuando alguien te pregunte cómo estás, no permitas que Peluchito responda automáticamente. Piensa en ello. Narra tus emociones, al menos a ti mismo.

Michaela intentaba que antepusiera la honestidad y la autenticidad a la necesidad de aprobación, para así cultivar la confianza en mí mismo y ganarme la confianza de los demás.

Al principio, enfrentarme a la desaprobación me seguía hundiendo en la miseria. Me resultaba muy difícil ver la decepción en los ojos de los demás o percibir su ira cuando me negaba a satisfacer sus deseos. Intentaba aprender a ser sincero conmigo mismo y a no traicionarme ni negar mis emociones. Dejar de decir que sí cuando en realidad quería decir que no me costaba horrores, así como dejar de decir que no a cosas que en realidad sí quería.

Una de las primeras cosas que desmantelamos fue mi sistema de creencias en torno a la fama, que me llevaba a creer que, cuando estaba en público, no me podía negar a ninguna solicitud de los fans. Si alguien quería una foto, un autógrafo, darme la mano o incluso un abrazo, daba igual que yo estuviera sentado a la mesa comiendo o que no me encontrara bien. Me había obligado a cumplir la promesa de mi imagen.

En 2017, formé parte del jurado en el Festival de Cine de Cannes junto al director y guionista español Pedro Almodóvar, la directora de cine alemana Maren Ade, la actriz china Fan Bing-bing, el escritor surcoreano Park Chan-wook, la actriz estadounidense Jessica Chastain, la actriz y directora francesa Agnès Jaoui, el director italiano Paolo Sorrentino, y Gabriel Yared, un compositor libanés-francés. Era el periodo durante el que estaba practicando el cambio conductual de instaurar y respetar mis límites personales.

Diría lo que sentía en realidad. Diría que no cuando fuera que no y sí cuando fuera que sí.

Era el quinto día y ya habíamos visto catorce películas, diez de las cuales estaban subtituladas y seis eran «experimentales». Las deliberaciones con el resto del jurado fueron las mejores lecciones de cine de mi vida, pero ver y debatir tres películas al día era agotador, tanto física como intelectualmente hablando.

Quedaba una película por ver antes de la cena y necesitaba descansar y recomponerme. Disponía de treinta minutos para ir al gimnasio antes de reunirme con el jurado de nuevo. Me había dicho que ese sería mi tiempo, para mí, y me había prometido que no permitiría que nada ni nadie interfiriera con ello.

Llegué al gimnasio y estaba completamente vacío. *¡Gracias, Dios mío!* Me dirigí al banco de abdominales: haría quince minutos de *core*, quince minutos de cardio y saldría por la puerta. *Perfecto.*

A mitad de la segunda serie, un hombre negro de unos treinta y tantos años y con acento británico entró en el gimnasio y me reconoció al instante. Sacó el celular y se me acercó, impaciente por empezar a grabar.

—Eh, Will —dijo mientras ponía el celular en horizontal—. ¡Saluda a mi primo!

Cuando lo tuve a un par de palmos de mi cara, me levanté, tapé la cámara del celular con la mano y lo empujé hacia abajo.

—Lo siento, de verdad —dije—. Pero estoy entrenando.

—Es solo un video rápido, Will. Mi primo tiene síndrome de Down y te adora. Te prometo que seré rápido. *El príncipe del rap en Bel-Air* es lo único que lo hace sonreír.

Peluchito: Will, haz el video. Ni siquiera es para él. Es para un niño con síndrome de Down.

Yo: Ya, pero me prometí a mí mismo que este iba a ser mi momento privado. Y no puede empezar a grabar así sin más, sin pedirme permiso antes.

Peluchito: Es que se emocionó al verte. Es obvio que es un gran fan. El príncipe del rap en Bel-Air es lo único que hace sonreír a ese niño. No seas un cabrón.

Yo: No estoy siendo un cabrón. Estoy intentando cumplir las promesas
que me hago a mí mismo. Tengo derecho a no dejar que me graben si no
quiero. ¿Es que no tengo derecho a mi espacio personal?

Peluchito: Claro que sí. En tu mansión, en tu limusina, en tu suite, en
tus jets privados... Todo eso que no tendríamos si hubiera permitido que tu
recién encontrado «yo» tomara las decisiones...

—Will, no hay nadie —insistió el tipo—. Solo estamos nosotros dos, por favor. Solo di hola...

Sé que el pobre debió de pensar que estaba loco. Aún tenía la
mano sobre su celular, para bajarlo, con la mirada perdida mientras
seguía librando mi batalla interior.

—Lo siento, hombre, pero no.

Llevo grabado en la memoria el dolor que vi en sus ojos. Aún
hoy se me saltan las lágrimas. Me miró, absolutamente incapaz de
creer lo que estaba sucediendo. «Este no es Will Smith...»

—Pero ¿por qué? —preguntó.

Me detuve un momento. Busqué la respuesta más profunda,
más honesta.

—Porque no quiero —respondí.

Meneó la cabeza, airado, se dio media vuelta y salió del gimnasio. Sabía que había hecho lo que tenía que hacer, que lo había hecho por mí, pero no soportaba que otra persona, un inocente,
hubiera quedado atrapado en el fuego cruzado de mi batalla interior.

No hice los ejercicios de cardio. Me fui a la habitación y me
eché a llorar.

Durante los dos años siguientes, Michaela y yo fuimos inseparables.
Me repetía una y otra vez: «Explora. Experimenta. Vive. Expande».
Había liberado al explorador salvaje que había en mí, cuya visión había
quedado limitada por las obligaciones y las expectativas asociadas
a ser «Will Smith». Michaela me animaba a probar cosas nuevas, a
conocer a gente nueva, a volver a prender la llama de mi espíritu
curioso y aventurero. Comencé a disfrutar de nuevo de los frutos de
la experiencia humana.

—Ahora que por fin estás escapando de los estrechos límites de «Will Smith» —dijo Michaela—, examinaremos en profundidad todas las creencias, constructos y paradigmas que te has impuesto. He visto que repites mucho una frase, «el noventa y nueve por ciento es lo mismo que cero».

—Sí —asentí—. Mi padre lo decía continuamente.

—Bueno, imagino que sabes que, en términos matemáticos, el noventa y nueve por ciento no podría estar más lejos del cero.

Había pronunciado esa frase miles de veces a lo largo de mi vida, pero, por algún motivo, cuando Michaela la dijo fue como si la oyera por primera vez. Había sido un axioma fundacional y estable, uno de los impulsores de mi sistema operativo. Sin embargo, su falsedad era tan evidente que me abrió a reevaluar y a reexaminar todas mis premisas. Si el noventa y nueve por ciento no era lo mismo que cero, ¿qué era el setenta y dos por ciento? ¿Y el veintitrés por ciento? ¿Y el ochenta y cuatro con sesenta y nueve por ciento? Mierda, ¿qué es cero? En lugar de ver todas las situaciones como entidades binarias, las posibilidades eran, de repente, infinitas.

Me di cuenta de que había recorrido el mundo entero pero jamás había estado de vacaciones. Así que empecé a viajar, sin planes. Pasé tiempo en compañía de personas a las que admiraba y a las que quería conocer, sin ningún objetivo económico o empresarial. Visité a Zaha Hadid, la célebre arquitecta anglo-iraquí, la «reina de la curva». Entablé amistad con el pianista de jazz-rock Eric Robert Lewis. Me contó que se había formado como pianista clásico y que los rígidos límites de esa disciplina le habían provocado una crisis nerviosa. Durante su ingreso en un centro de salud mental, el espíritu de Bruce Lee lo visitó y le dijo que usara el piano para combatir a sus demonios. «ELEW», como se le conoce en el mundo de la música, desarrolló un estilo marcial en sus interpretaciones al teclado. Eliminó el taburete y se armó con avambrazos de acero, asumió una postura de kata y empezó a tocar a su manera, con un estilo liberado y único.

Sin embargo, la iniciativa más importante de Michaela llegó cuando descubrió que no sabía nadar.

—¡Pues al agua, pato! —exclamó en una de las rarísimas ocasiones en que la sorprendí de verdad.

Cuando le dije que quería un harén, ni siquiera pestañeó. Por el contrario, cuando le dije que no sabía nadar, se puso a escribir un SMS febril a mi publicista, Meredith O'Sullivan-Wasson, que es amiga de Janet Evans, nuestra nadadora con cuatro oros olímpicos.

—Vas a forjar una relación con el agua, con Ella con mayúsculas —me anunció Michaela—. El agua es la mujer definitiva, un entorno femenino magnífico. Si la entiendes a Ella, nos entenderás a todas. El agua contiene el glorioso caos de la Madre Naturaleza, y no hay fuerza ni intelecto capaces de controlarlo o de manipularlo. No le importa lo que sientas ni cómo quieres que sea. Todo lo que sucede en la psique y en el cuerpo de una mujer sucede en el agua. La belleza, las tormentas, el alimento, el peligro, los estados de ánimo y los patrones meteorológicos, el nacimiento y la muerte. Ella no puede ser conquistada ni sometida. Tu única esperanza es amarla, respetarla y rendirte. Me gusta mucho que tengas que hacer esto, porque te obligará a adoptar una mente de principiante. Tendrás que navegar por sus estados de ánimo y sus emociones y deberás saber cuándo has de renunciar.

Inicié el cortejo de Ella. Tuvimos nuestra primera cita a una hora de Isla Lagarto, en la Gran Barrera de Coral.

Aprendí a nadar y me aficioné al submarinismo. Cuando la relación se volvió algo más seria, viajé a las Maldivas y me encontré en un lugar sacado de *Buscando a Nemo*. Quise explorar su lado más salvaje y nadé entre tiburones tigre de cuatro metros de longitud y trescientos kilos de peso en Tiger Beach, en las Bahamas. Cuando sentí que estaba preparado para disfrutar de sus partes más profundas, llevé un sumergible OceanX Triton a la zona batial, más allá de la banda bioluminiscente, a más de novecientos metros de profundidad. Las criaturas marinas que el fondo oceánico albergaba en su seno desafiaban mi definición de vida. Parecían obra de otro Dios.

Comencé a ver las distintas personalidades de Ella como una

encarnación instructiva del flujo de la vida. Vi que me exigía que me mantuviera plenamente conectado y atento y que me comprometiera por completo a entenderla si quería disfrutar de su belleza y de sus tesoros (sin que me destruyera). Acepté mi impotencia y me sentí extrañamente liberado.

Renunciar siempre había sido una palabra con connotaciones negativas para mí. Significaba perder, fracasar o rendirse. Sin embargo, mi incipiente relación con el agua me empezaba a revelar que, en realidad, mi sensación de control no había sido más que una ilusión. La renuncia pasó de ser una palabra de debilidad a un concepto de poder infinito. Siempre había tenido un sesgo hacia la acción: empujar, tirar, esforzarme, luchar y hacer. Hasta que me di cuenta de que sus opuestos eran igual de poderosos: la inacción, la receptividad, la aceptación, no resistirse, ser. Detenerse era tan potente como avanzar. Descansar era tan potente como entrenar. El silencio era tan potente como hablar.

Dejarse ir era tan potente como aferrarse.

Renunciar ya no implicaba derrota. Ahora era una herramienta de manifestación muy poderosa. Perder podía equivaler a ganar en términos de mi crecimiento y mi desarrollo.

Comencé a entender una frase de Gigi que me desconcertaba: «Déjalo ir y déjaselo a Dios». Siempre me había parecido mal. Era como renunciar a toda responsabilidad, algo que uno dice cuando es demasiado holgazán para hacer lo que ha de hacer para construir la vida que quiere vivir. De repente significaba algo muy distinto, algo mágico.

La energía sigue fluyendo mientras dormimos. Es la energía que calienta el sol, que mueve el océano y que hace latir nuestro corazón. No tenemos que hacerlo todo. No estamos involucrados en la mayoría de las cosas que suceden y, de hecho, menos mal que ocurren mientras dormimos; de estar despiertos, lo más probable es que lo echáramos todo a perder.

Entones se me ocurrió una versión modificada del axioma de Gigi. No es solo «Déjalo ir y déjaselo a Dios», sino «Déjalo ir y deja a Dios trabajar». El surfero y el agua son un equipo. La montaña y el escalador son socios, no adversarios. El Gran Río hace el noventa y nueve por ciento del trabajo. El uno por ciento que nos corresponde a nosotros es estudiarlo, entenderlo, respetar su poder y bailar creativamente con sus corrientes y sus leyes.

Actuar cuando el universo está abierto y descansar cuando está cerrado.

Nunca había oído hablar de ello. Nunca he fumado marihuana, consumido cocaína ni tomado pastillas y, a excepción de un vodka con arándanos de vez en cuando, pasaría sin problemas los análisis de dopaje del Tour de Francia. Por lo tanto, cuando mi amiga Veronica me lo sugirió, me reí educadamente y dije:

—Gracias, pero no. No consumo drogas.

—Ni yo —respondió—. La ayahuasca no es una droga. Es una medicina.

Conocía a Veronica desde hacía años. Nunca nos habíamos acostado, aunque discutíamos como si lo hubiéramos hecho. Estábamos en desacuerdo respecto a todo. A mí me indignaba su pesimismo y ella desdeñaba mi optimismo. Nunca se nos había ocurrido dejar de hablar. Imagino que usábamos nuestras conversaciones como campos de pruebas donde ensayar nuestras teorías sobre la vida. Sabíamos que el otro nunca estaría de acuerdo sin más, así que, cuando una idea recibía el sello de aprobación, podíamos estar seguros de que valía la pena.

Pero ahora había algo nuevo. Su mirada era diferente y su energía no ofrecía resistencia, era flexible. Había tenido una infancia muy complicada que estoy seguro de que había determinado en gran medida su carácter combativo. Sin embargo, ahora la veía serena, estable, con un halo de felicidad innegable. Rebosaba de las ideas nuevas y de la pasión de alguien que había estado en un lugar extraordinario y había experimentado una transformación completa.

La escuché, extasiado. Encarnaba una visión nueva. Su corazón siempre había estado cerrado, parecía impenetrable. Ahora se mostraba abierta, afectuosa, accesible. En el pasado, siempre me sentía como si fuera su padre, empeñado en conseguir que su terca hija pusiera los pies en la tierra. Ahora, me sentía como Matt Damon escuchando a Robin Williams en *Mente indomable*. Estaba cautivado, intrigado. Sentía curiosidad.

—Bueno, pues sí. Quiero hacer lo que sea que hayas hecho tú.

Verónica se rio con la risa que los iniciados dirigen a los no iniciados. Hizo una breve pausa antes empezar a hablar e intentar explicar lo inexplicable.

—La ayahuasca me ha cambiado la vida —me dijo.

—¿Cómo funciona?

—Bueno, es una ceremonia que comienza al atardecer y que dura hasta el amanecer. Tradicionalmente, se celebra en las selvas de América del Sur, aunque ahora se hace sobre todo en las de Perú. En todo caso, sea donde sea, la dirige un chamán. Empiezas bebiendo la infusión más asquerosa que puedas imaginar y, cuando ha pasado una hora, te empieza a hacer efecto y... —Se detuvo, sacudió la cabeza y se estremeció, como si viera cosas que ya nunca podría dejar de ver.

—Y... ¿qué?

—Bueno, pues que te atrapa en tu mente.

—Eso no me atrae para nada —dije.

—La medicina va directamente a lo que sea que te esté preocupando en ese momento —prosiguió—. Lo saca a la superficie y te obliga a mirarlo de frente, a experimentarlo y, en definitiva, a repararlo. No te lo había contado nunca, pero cuando era adolescente, aborté. Es la decisión más angustiosa que he tomado en toda mi vida. Siempre me ha perseguido, me ha atormentado... Hice terapia durante décadas, pero nunca me había podido librar de la vergüenza. Durante la ceremonia de la ayahuasca conocí a mi bebé. Estaba en el cielo. Era muy feliz, y era tan dulce y tan bello... Lloré y me purifiqué durante horas. Me perdonó e incluso me pidió que le pusiera un nombre. Lo llamé Zion. Esa noche me liberó de toda una vida de culpa.

Sentí que anhelaba compartir los frutos de su viaje, aunque dudó un instante.

—Fue brutal —dijo—. Acaba en revelación y curación, pero el

viaje te lleva por los recovecos más oscuros y retorcidos de tu mente. Es muy duro, pero te ayudará a encontrar lo que buscas.

La ayahuasca es una «infusión sagrada». Hace miles de años que las tribus indígenas de la selva amazónica la usan en ceremonias espirituales y en rituales chamánicos. Es una infusión a base de la corteza y los tallos de una liana tropical sudamericana a la que, a veces, se añaden otras plantas psicotrópicas.

El nombre procede del quechua, donde «*aya*» significa «espíritus» y «*huasca*», «soga» (es decir, *ayahuasca* significa «soga de los espíritus»). Contiene un compuesto psicoactivo llamado dimetiltriptamina (DMT) y se la considera una medicina sagrada que se usa en la búsqueda espiritual seria, no para fines recreativos.

Las propiedades curativas de la ayahuasca se usan en la actualidad en el tratamiento del trastorno por estrés postraumático, la adicción a las drogas, la depresión y la ansiedad, entre muchas otras afecciones físicas y psicológicas. (No apruebo ni recomiendo en absoluto el uso de la ayahuasca ni de cualquier otra sustancia sin la prescripción y la supervisión de un médico. De hecho, he dudado mucho acerca de la idoneidad de incluir en el libro mi experiencia con la ayahuasca. Al final, lo he hecho y, si lo escribo, es solo porque esta es la verdad de mi experiencia.)

La habitación estaba a oscuras. Se trataba de una cabaña pequeña: un dormitorio y un cuarto de baño. Cantos tribales peruanos tradicionales y melodías sagradas emergían etéreamente de un pequeño altavoz en una esquina. Las paredes estaban cubiertas de imágenes de dioses. Había instrumentos hechos a mano dispuestos sobre un altar de madera. Mantas, almohadas, cojines y tapetes sobre el suelo.

Era el hogar de la chamana. Se llamaba Beata y tenía unos cuarenta y cinco años. Me recordaba a Meryl Streep (si Meryl se hubiera mudado a Perú a los veintiún años para estudiar botánica y sanación espiritual). Me entregó un bote y una pequeña taza de arcilla.

El hedor de la ayahuasca explicaba por sí solo la presencia del bote.

Beata se sentó frente al altar. Apenas habíamos hablado y me empecé a preocupar por si no sabía que era la primera vez que hacía nada semejante. Había seguido las instrucciones básicas: nada de medicamentos, drogas o alcohol durante las dos semanas anteriores; en ayunas desde las dos de la tarde; sin agua desde las cinco. Llegar a las siete y media vestido con ropa cómoda y esperar la ceremonia, que comenzaría a las ocho. Sin embargo, habría estado bien que hablara un poco más conmigo. Esto era demasiado grande como para que se limitara a estar ahí sentada, tan tranquila. *Oiga, señora. Estoy algo nervioso. ¿Hola?*

—No sé mucho acerca de la ayahuasca —dije—. Investigué un poco, pero... ¿me puede dar algún consejo, guiarme sobre cómo...?

—No —respondió con dulzura.

—Es que me gustaría saber cómo... qué puedo esperar —balbuceé.

—La ayahuasca te guiará —me tranquilizó Beata—. Déjate llevar. Déjate guiar. Yo solo estoy aquí para acompañarte en el viaje.

—Sí, eso lo entiendo —dije sin entender nada en absoluto—. Entonces, ¿qué viene ahora?

Me señaló la taza de arcilla cocida.

—Cuando quieras...

Bebí la infusión.

Diez minutos... nada.

Veinticinco minutos... nada de nada.

Cuarenta minutos... nada de nada de nada.

Quizá a mí no me funciona.

Al cabo de una hora, ya me había aburrido de esperar. Supuse que era inmune. Solo eran las nueve y me había comprometido a estar ahí hasta el amanecer. El tapete del suelo parecía muy cómodo, así que me dije que a la mierda y me puse a dormir.

Me desperté flotando en el espacio exterior.

Me despabilé y me di cuenta de que estaba a billones de años luz de la Tierra. Estaba tan lejos que sabía que nunca volvería a ver nada conocido ni a ninguno de mis seres queridos. Nunca jamás. Aquí me quedaría para toda la eternidad.

Mientras intentaba digerir la magnitud de la tragedia, me comencé a deslizar entre las estrellas infinitas y me di cuenta de que no eran estrellas como las que conocemos. Era como si Picasso se hubiera dedicado a pintar el espacio exterior. Colores, cubos y ángulos. La majestuosidad del entorno me abrumaba. Era el sitio más bello en el que había estado jamás. Estaba distraído y arrobado y, entonces, percibí una presencia a mis espaldas.

Era una mujer. Me di la vuelta, para verla, pero no la podía ver. Sentí la calidez de su energía, cerca de mí, a mis espaldas, todo lo cerca que podía estar sin tocarme. Se alegraba de verme allí y tuve claro que nunca me abandonaría. De algún modo, supe que me había estado esperando.

Su voz me llegó directamente desde detrás del centro de la oreja derecha, como surgida de unos labios a solo unos milímetros de distancia. Me di la vuelta de nuevo, anhelaba vislumbrar aunque solo fuera durante un instante a esa diosa beatífica, pero en cuanto me movía, se movía conmigo. Sabía que no debía verla. Pero lo acepté, porque cada segundo con ella saciaba la sed que había sentido durante toda mi vida.

Lo era todo: amante, maestra, madre, protectora y guía. Era todo lo que siempre había soñado y todo lo que siempre había querido. No me cabía duda de que sabía todo lo que necesitaba saber, cómo llegar a todos los lugares a los que quería ir. Era mi objetivo, mi solución, mi respuesta. Era la cima de la montaña. Era el cielo sobre la cima.

—¿Dónde estamos? —susurré.

—¿Qué quieres decir, tontín? —respondió con una voz que lo fundía todo excepto el gozo.

—¡Este sitio es maravilloso! —exclamé.

—No es un sitio, tontín. —Me seguía llamando «tontín» con cariño.

—Nunca había visto un lugar más bello que este —dije

Se rio.

—¿De qué te ríes? —pregunté.

—¡Esto eres tú, tontín!

—¿Cómo? ¿Qué quieres decir?

—Que esto no es un lugar. Esto eres tú.

El corazón se me aceleró mientras miraba a mi alrededor y asimilaba la grandeza de este paraíso infinito.

—Un momento. ¿Todo esto *soy yo*?

—Sí, tontín.

—¿Yo soy así de bello?

—¡Claro que lo eres! —afirmó.

Sus palabras abrieron las compuertas de la emoción en mi interior. Comencé a llorar, me purgué. Toda una vida de inseguridad, de incertidumbre y de carencias salió violentamente de mí. Al mismo tiempo, la revelación de mi belleza interior me llenó el alma y el corazón de posibilidades.

—Si soy así de bello, no necesito que mis películas lleguen al número 1 para sentirme bien conmigo mismo. Si soy así de bello, no necesito discos de éxito para merecer amor. Si soy así de bello, no necesito que Jada ni nadie me validen. Si soy así de bello y cuento con este santuario interior al que siempre puedo volver, no necesito la aprobación de nadie. Ya me apruebo yo. Soy suficiente.

Esta fue la primera vez que saboreé, si bien brevemente, la libertad. Sentí que me quitaban un yugo invisible. Toda mi necesidad, todo lo que me había llevado a aferrarme, a agarrar, a anhelar, a exigir, a maniobrar, a empujar y a ansiar, todos los deseos insaciables que me habían mantenido en una rueda de hámster de desdicha se desvanecieron. Ya no necesitaba perseguir la proverbial zanahoria.

Ya no tenía hambre.

Es la mejor sensación que he experimentado jamás en mis más de cincuenta años en este planeta.

Durante los dos años siguientes, hice catorce ceremonias. La mujer a la que acabaría llamando «Madre» se me apareció en ocho de ellas, y en cada una me ofreció consejos e instrucciones detalladas. (Tres de las veces en las que no apareció fueron de las experiencias psicológicas más aterradoras que he sufrido nunca.)

En la segunda ceremonia, Madre repitió durante lo que me parecieron cinco horas seguidas «Calla». Lo dijo tantas veces que lo único que quería era darme de cabezazos contra el suelo. Se refería a la incesante cháchara interior que habita en mi cabeza, la que planea, organiza, debate, evalúa, critica, me critica, cuestiona y duda. Me martilleó con la frase, miles de veces: «Calla».

En algún momento, justo antes del amanecer, lo percibí: silencio. Mis compañeros de habitación se habían callado. Sentí euforia. Madre me permitió bañarme en la paz de mi silencio interior durante unos cuarenta minutos. Luego, sin palabras, me explicó por qué debía callar.

Básicamente, me dijo que debía estar quieto y en silencio si quería observar y entender mejor a las personas y las circunstancias que me rodeaban. Me había visto darme contra la pared una y otra vez a lo largo de los años, en mi empeño por imponer mi voluntad al mundo. Si callaba y dejaba de pensar tanto, podría ver y sentir las mareas universales y alinear mis energías con ellas. Entonces, lograría el doble con la mitad de esfuerzo. Oí el eco de las palabras que Gigi me había dicho tantos años antes: «Si dejaras de hablar tanto, tal vez verías venir alguno de esos golpes».

Maximicé el silencio para maximizar mi conciencia. Siempre había visto el mundo como un campo de batalla. Ahora entendía que la verdadera zona de combate era mi propia mente.

VEINTIUNO
AMOR

Enfermedad pulmonar obstructiva crónica. Insuficiencia cardiaca idiopática. Enfermedad coronaria. Fibrilación auricular. Una fracción de eyección cardiaca normal es de entre el cincuenta y cinco por ciento y el sesenta por ciento. La de mi padre era del diez por ciento. Su larga historia de tabaquismo, de inhalar refrigerante y de exposición a sustancias químicas tóxicas sumada a toda una vida de consumo excesivo de alcohol...

—Entonces, ¿cuánto tiempo le queda? —pregunté.

—Tendrías que venir a casa ya.

La doctora Ala Stanford era nuestra médica de familia desde hacía años, durante los que había batallado con mi padre para que hiciera cambios de vida drásticos que lo ayudaran a proteger y mejorar la calidad de su jubilación. Mi padre ya había sobrevivido a dos ataques al corazón cuando yo aún era un niño, y nos lo explicaba como algo de lo que se sentía orgulloso. Contaba que había visto venir el segundo. El brazo izquierdo se le quedó inerte y condujo al hospital usando solo el brazo derecho. Cuando la doctora Ala le suplicaba que cambiara de hábitos, solía responder: «A la mierda; si dejo de fumar y de beber, acabaré saltando delante de un autobús».

—¿Cuánto tiempo, Ala?

—Unas seis semanas.

Acababa de rodar *Belleza inesperada*, una película sobre un padre que tiene que lidiar con la muerte de su hija. Como parte de la investigación para mi personaje, había pasado los últimos cinco meses inmerso en los rituales espirituales, psicológicos y culturales y en las prácticas de curación que ayudan a las personas a superar el profundo sufrimiento de perder a alguien. Me había reunido con sacerdotes, imanes, chamanes, rabinos y gurúes. Había leído una tonelada de libros sobre la muerte: *Sobre la muerte y los moribundos,* de Elisabeth Kübler-Ross; *El libro tibetano de la vida y de la muerte,* del maestro budista tibetano Sogyal Rimpoché; *Martes con mi viejo profesor,* de Mitch Albom; *El año del pensamiento mágico,* de Joan Didion. Llegada la hora de afrontar el papel, me había sentido completamente preparado y seguro de poder transmitir con acierto el arco triunfante que llevaba de la pérdida trágica a la curación perfecta. Había intentado encontrar la solución a la agonía de la pérdida para mi personaje, pero ahora me veía obligado a encontrarla para mí.

Mi padre sabía que se estaba muriendo.

Su cuerpo se había vuelto frágil; el músculo se había deteriorado. La piel le cubría los huesos como una mortaja y estaba recostado sobre una butaca gris azulada reclinada en la posición intermedia, con Don Lemon susurrando de fondo y un Tareyton 100 entre los dedos, a menos de una caja de cigarros del final de su vida. Le había dicho a la doctora Ala que dejaría el tabaco *o* la bebida, que eligiera ella. Basándose en su perfil de medicación, la doctora eliminó la bebida.

—Ey, hola —dijo, enderezándose al verme entrar.

—¿Cómo estás, papá? —le pregunté mientras me acercaba para completar lo que se había convertido en nuestro saludo ritual: él se inclinaba, yo le daba una palmada en la cabeza sin pelo y le daba un beso allá donde solía estar su primera calva.

(Cinco años antes, le había salido una calva tan grande que le llegué a suplicar que se rapara la cabeza: «Vamos, papá, pareces Homie el Payaso. Ese *look* no te queda nada bien». Se negó durante más de un año, hasta que, al final, lo arrinconé en el set de *Hombres de negro*, lo senté a la fuerza en una butaca de barbero y lo rapé. Le encantó y, a partir de ese día, llevó la cabeza así hasta el final.)

El libro tibetano de la vida y de la muerte explica las claves a la hora de ayudar y de facilitar la transición de un ser querido que va a morir. La primera idea que me sorprendió fue que, muchas veces, la persona moribunda necesita nuestro «permiso para morir». El libro plantea que, en ocasiones, la persona se resiste a morir y se aferra a la vida porque cree que no estaremos bien sin él o ella, y esto le puede provocar un dolor terrible en sus últimos días. Si queremos que nuestro ser querido se vaya en paz y deje de resistirse, es necesario que le digamos explícitamente que estaremos bien una vez que se haya ido, que lo ha hecho lo mejor que ha podido en la vida y que, a partir de ahora, nosotros nos encargaremos de todo.

Sogyal Rimpoché afirma algo parecido: «Lo que más necesita la persona que está muriendo es que le demostremos un amor todo lo incondicional posible y que la liberemos de todas las expectativas». Estos conceptos cristalizaron en mi mente la misión que tenía por delante. Iba a dejar a un lado todos mis planes, traumas y preguntas y centraría toda la energía en facilitar a mi padre la transición más compasiva y misericordiosa posible.

Otra de las veces, hacia la tercera semana, le di el habitual beso en la cabeza y me senté en el suelo. Sonaba Chris Cuomo. Había empezado a dejar de comer: tenía delante de sí, intactos, macarrones con queso, ternera a la plancha y brócoli. Si no había tocado los macarrones, es que se encontraba muy mal.

—Papá, oye —dije nervioso—. Lo has hecho bien.

—¿Qué quieres decir? —preguntó.

—Con tu vida.

Creo que no se lo esperaba. Dio una fumada al Tareyton 100 y desvió la mirada hacia la televisión. No parecía preparado para hablar de eso. Pero yo sí que lo estaba.

—Quiero decir que lo has hecho bien y también quiero que sepas que, cuando estés preparado para marcharte, todo irá bien. Me criaste bien. A partir de ahora, me encargaré yo. Cuidaré de todas las personas a las que quieres.

Asintió, sin abandonar la actitud estoica. Tenía los ojos anegados en lágrimas, pero no los apartó ni un momento de la CNN. Daba igual, sabía que me había oído.

El soldado se había ido.

El ogro apenas tenía fuerza para levantar la cuchara. Necesitaba ayuda incluso para ir al baño. En un último intento de mantener un semblante de dignidad militar, me dio instrucciones detalladas acerca de cómo bloquear las ruedas de su silla de ruedas, colocarla en la posición perfecta junto a la butaca reclinable, acordarme siempre de subir el reposapiés izquierdo y dejar bajado el derecho para que pudiera apoyar el pie, y la enorme importancia de que colocara mi rodilla izquierda en el exterior de su rodilla derecha y mi rodilla derecha encajada entre sus piernas para poder levantarlo y moverlo con seguridad, con mi mejilla derecha sobre la suya, dar un paso atrás en un ángulo de cuarenta y cinco grados y girarlo y depositarlo sano y salvo en la silla de ruedas.

Una noche, mientras lo llevaba lentamente de su dormitorio al cuarto de baño, sentí que me inundaba una especie de oscuridad. El camino entre las dos habitaciones pasaba por delante de las escaleras al piso de abajo. De pequeño, siempre me había prometido que, algún día, vengaría a mi madre. Que cuando fuera lo bastante mayor, cuando fuera lo bastante fuerte, cuando ya no fuera un cobarde, acabaría con él.

Me detuve ante las escaleras.

Podría haberlo empujado escaleras abajo. Nadie habría sospechado nada.

Soy Will Smith. Nadie habría creído que Will Smith fuera capaz de matar a su padre deliberadamente.

Soy uno de los mejores actores del mundo. Mi llamada al 911 habría sido digna de un Oscar.

Décadas de dolor, de ira y de resentimiento vinieron y se fueron. Sacudí la cabeza y seguí empujando a mi padre hasta el cuarto de baño. Gracias a Dios, nos juzgan por nuestros actos y no por nuestros estallidos internos alimentados por los traumas.

Fui a verlo todas las semanas durante el siguiente mes y medio. La mirada de alguien que ha aceptado la inminencia de su muerte transmite algo extrañamente esclarecedor y purificante: la conciencia de la muerte concede profundidad y elimina todo lo superfluo. El carácter definitivo de todo lo que se vive hace que cada momento parezca infinitamente importante. Cada saludo es un regalo del Señor. La gratitud que sentíamos al vernos otra vez más nos abrumaba. Y, luego, cada despedida era completa y perfecta, porque sabíamos que bien podía ser la última. Eso otorgaba peso y significado a cada risa, a cada historia. La muerte transforma lo mundano en mágico.

Todos los saludos y despedidas de nuestras vidas cotidianas deberían ser así, porque la realidad es que el mañana no está garantizado. Comencé a recibir todos los saludos con gratitud y a nunca dar por sentados los hasta luegos. El nivel de atención dedicada, de honestidad y de compasión que mi padre y yo compartimos entonces se convirtió en el modelo de amor al que aspiraba en mi vida.

Le habían dado seis semanas y acabó viviendo tres meses. Recuerdo que, la novena semana, emprendí mi viaje semanal para verlo. Las reuniones anteriores habían sido alegres y emotivas, pero ese día lo encontré inusualmente abatido. Sin camiseta. Tareyton 100 entre los dedos. Inclinado sobre la bandeja abatible de madera. La comida intacta.

El habitual beso en la cabeza.

—¿Qué te pasa, papá?

Dejó el cigarro y miró pensativamente en dirección al puente Ben Franklin sobre el río Schuylkill.

—¿Qué me va a pasar? Anuncias a la gente que estarás muerto en seis semanas y, nueve semanas después, aún estás dando molestias. Es humillante.

Creo que es la segunda mayor carcajada que mi padre y yo compartimos jamás.

—¡CORTEN!

Unos diez días después, estaba en el set de *Bright*, una película de Netflix dirigida por David Ayer que combina el género fantástico y el policiaco. Estábamos rodando en el centro de Los Ángeles. Joel Edgerton, el otro protagonista, estaba al volante de nuestro coche patrulla. Era mi compañero en la película.

David Ayer se acercó a la ventanilla.

—Oye, llama a tu padre ahora mismo. Es una emergencia —dijo en voz baja.

Estas llamadas no resultan menos dolorosas por mucho que las esperes. Tenía el corazón en un puño. Llamé a mi padre al celular. Respondió.

—Hola, hijo.

—Ey, papá, dime.

—Creo que va a ser esta noche —dijo.

Sus palabras fueron como una descarga de mil voltios.

—Muy bien —dije con calma. *El libro tibetano de la vida y de la muerte* insistía en la importancia de abrir un espacio de serenidad para la transición de los seres queridos—. ¿Quieres que hagamos un FaceTime? —le pregunté.

—Sí, pero es que, mierda... no sé cómo se hace...

—No te preocupes. Te llamaré yo y tú solo tienes que aceptar.

—¡Ellen! ¡Ven a hacer esta cosa del FaceTime! Will está a punto de llamar... —le gritó a mi hermana, que acababa de llegar.

Mi primo Ricky, un bombero de Filadelfia que había estado cuidando de mi padre, sujetaba el celular.

Eran las dos de la madrugada en un solar vacío del centro de Los Ángeles. Me puse bajo la farola más potente que pude encontrar. Quería que me viera lo mejor posible.

Nos miramos, sin más. Veinte minutos de silencio.

Al final, oí a mi hermana Ellen susurrar:

—Papá, solo se están mirando. ¿No hay nada que le quieras decir a Will?

Mi padre reflexionó, en busca de una última perla de sabiduría. De un último ladrillo. Pero estaba vacío. Negó con la cabeza lentamente, la última rendición.

—Si me faltó algo por decir, pueden estar seguros de que esta noche tampoco va a ser.

Compartimos unas últimas risas, nos despedimos y, cuarenta y cinco minutos después, mi padre murió.

Uno de los principios básicos del cine es «entender el final». Cuando entiendes la conclusión emocional, filosófica y moral de la película, puedes moldear mejor todo lo que ha de llevar hasta allí. Comprender el argumento físico y los objetivos temáticos te ayuda a montar un viaje más resonante y placentero para el público desde el final y marcha atrás. El final de una película es como la frase de remate de un chiste. Quieres que el significado estalle en el corazón y en la mente del público. Imagina cómo sería contar un chiste sin saber el colofón.

La vida es así. Nacemos entre un montón de personajes. Todos te observan. Tú no te puedes comunicar, no puedes hablar, no puedes comer y, sin embargo, parece que todos están emocionadísimos, imaginando todo lo que acabarás haciendo. Así que empiezas a contar tu chiste, sin tener ni la menor idea de cómo lo vas a terminar. Miras a las personas del público y ves que unas veces ríen y otras te abuchean, pero que, en el fondo, esperan que el colofón sea genial. Algunos de nosotros nacemos entre un público que nos quiere y que nos apoya y otros nacemos frente a una multitud de abucheadores. La mayoría aterrizamos en un terreno intermedio.

En sus últimos días, a mi padre no le preocupaba ACRAC. No le preocupaba el dinero. Ni siquiera sentía apetito. Solo tenía una única pregunta, una pregunta ardiente acerca de su final: «¿Ha sido útil mi vida?». Necesitaba saber que nuestras vidas habían sido mejores porque él había estado en ellas. Necesitaba que le aseguráramos que, a pesar de todas sus carencias, de todos sus errores y de todos sus tropiezos, el análisis neto de su patrimonio demostraba que los activos superaban a los pasivos y que su vida había sido valiosa.

Cuando Gigi murió, la experiencia fue absolutamente distinta. Estaba tan segura del amor que había puesto al servicio de su familia y de su comunidad, de lo que había aportado y de su compromiso con los hijos de Dios, que, de hecho, estaba deseando ir al cielo. Para Gigi, *Dios* y *amor* eran dos palabras sinónimas. Eran inseparables, indistinguibles. Adoraba a Dios amando a otros. El amor era el único mandamiento que importaba. A sus ojos, si amabas, no necesitabas el resto.

En su transición no hubo la menor energía negativa. Gigi había vivido una vida tan plena que ni siquiera lloré. Estaba preparada para irse y sentía que su trabajo aquí había terminado.

Vislumbré por primera vez el secreto de «la Sonrisa». Había entendido mal la física de la felicidad definitiva. Pensaba que podía llegar al amor y a la felicidad a base de ganar, vencer, lograr, conquistar y adquirir. Ocho películas de éxito consecutivas, treinta millones de discos vendidos, cuatro Grammys y cientos de millones de dólares te hacen feliz, ¿verdad? Hacen que la gente te quiera, ¿verdad? El error fundamental de esta teoría es creer que «la Sonrisa» viene del exterior, que se adquiere o se consigue a través de fuentes o de condiciones externas. Que alguien te querrá tanto y te adorará tan profunda y completamente que te llenará con la felicidad de «la Sonrisa».

Aviso para navegantes: no hay relaciones, carreras profesionales ni casas con nombre que puedan llenar ese vacío. Nada de lo que puedas recibir del mundo material puede generar paz interior o plenitud. Lo cierto es que «la Sonrisa» se genera hacia fuera. No es algo que consigues, es algo que cultivas cuando das. Al final, no importará lo más mínimo cuánto te hayan querido. Solo alcanzarás «la Sonrisa» en función de lo bien que hayas querido tú.

La física del amor y de la felicidad es contraintuitiva. Mientras permanezcamos estancados en la necesidad de recibir, en el ciclo de aferrarnos y de agarrarnos y de exigir que el mundo y las personas que nos rodean satisfagan nuestras necesidades, estaremos atrapados en la decepción, en la ira y en la desdicha. La maravillosa paradoja es que alcanzamos la plenitud cuando damos, que lo que ofrecemos precipita lo que recibimos. Dar y recibir se convierten en algo simultáneo. Amar y ser amado es la mayor recompensa y el mayor éxtasis que puede experimentar un ser humano. Permitir que lo mejor de nosotros sirva y libere lo mejor de los demás es el más intenso de los placeres humanos.

Cuando digo «amar», me refiero a descubrir, a cultivar y a compartir nuestros dones únicos para alentar y capacitar a nuestros seres queridos. «La Sonrisa» surge del reconocimiento del tesoro único que albergamos en nuestro interior y de la constatación de que el tesoro se multiplica cuando lo entregamos.

Todos tenemos problemas. Todos pasamos por dificultades. La vida puede ser brutal, caótica, confusa y dolorosa. Nuestros corazones pasan hambre. Amar, dar, ayudar, servir, proteger, nutrir, capacitar y perdonar son los secretos de «la Sonrisa». ¿Puedes imaginar cómo te sentirías si alguien te quisiera, te diera todo lo que necesitas, te ayudara, te sirviera, te protegiera, te nutriera, te capacitara y te perdonara?

Para muchos de nosotros, la respuesta a esa pregunta es «no». Pero lo que Gigi sabía, lo que sabían Nelson Mandela y Muhammad Ali (y lo que mi padre supo en sus últimos momentos), es que has de dar para recibir.

Mi padre vertió en mí todo lo que tenía. Y, al final de su vida, vio que lo había usado para construir la mía. Alcanzó la plenitud a través de lo que me ofreció y, a pesar de todo, se sintió satisfecho de cómo me había querido. Y luego, por la gracia de un creador bondadoso, en sus últimos días, cuando ya no le quedaba nada que dar, tuve la suerte de poder darle yo a él.

Los nacimientos, las bodas y los funerales son como una especie de tamiz que separa el oro de la tierra y la grava. La muerte de mi padre fue una llamada de atención para mí. Jada y yo estábamos sentados en su funeral y, de repente, me di cuenta de algo que hizo que un escalofrío me recorriera de la cabeza a los pies: algún día, uno de los dos se estaría despidiendo del otro. Me pregunté: *¿Cómo quiero que acabe nuestra película?*

Nuestro tiempo de separación nos había ayudado a ambos a descubrir el poder que tiene amar desde la libertad. Estábamos cien por ciento comprometidos con el otro y, simultáneamente, éramos cien por ciento libres. Ambos aceptamos que éramos personas imperfectas haciendo lo posible para averiguar cómo ser felices en este mundo. Lo que necesitábamos del otro era un amor y un apoyo incondicionales. Sin juicios, sin castigos. Una devoción total e inquebrantable hacia el crecimiento y el bienestar del otro.

Pasamos a ver nuestro matrimonio como una disciplina espiritual, lo que Bhakti Tirtha Swami llama la «escuela del amor» definitiva. Esta relación es nuestra aula, donde aprendemos a cultivar el afecto, el cuidado y la compasión en las circunstancias más íntimas y más complicadas. Hay pocas cosas en la vida más complejas que estar casado. La intimidad tiende a remover y a exponer nuestras energías interiores más tóxicas.

Si aprendemos a amar ahí, podremos amar en todas partes.

La cuestión es: ¿podemos amar sin condiciones o acaso nuestro amor depende de que la otra persona actúe exactamente como necesitamos que actúe? Es fácil «querer» a alguien que hace lo que queremos que haga y tal y como queremos que lo haga. Pero ¿qué pasa cuando se aparta de esa imagen perfecta? ¿Cómo lo tratamos cuando nos hace daño? Esos son los momentos que determinan si queremos de verdad al otro o no.

El amor es duro. Abrir un corazón herido y exponerlo una y otra vez a la posibilidad de la felicidad del amor exige una valentía colosal. Como diría Charlie Mack, «Dinero con miedo no llama a dinero». El amor exige valor, exige que estemos dispuestos a arriesgarlo todo.

Sin embargo, ser valiente no significa no tener miedo. Ser valiente significa aprender a seguir adelante a pesar del terror. Jada y yo acordamos que viajaríamos juntos durante toda esta vida, pasara lo que pasara.

EL SALTO

Estamos a punto de presenciar lo nunca visto. Han leído sobre ello, han tuiteado sobre ello y, por fin, ha llegado. Soy Alfonso Ribeiro y esto es «Will Smith: el salto», que llega a ustedes desde el Gran Cañón.

»Hoy, el mismo día en que cumple cincuenta años, Will Smith se enfrentará a sus miedos y saltará al vacío desde un helicóptero sobre este cañón increíble. Lo repetiré para que quede bien claro: saltará de un helicóptero a quinientos cincuenta metros sobre el suelo. Me estremezco solo de pensarlo. Es una locura...

—¡Alfonso, hombre! ¡Basta! —ladró Charlie Mack.

—Charlie, estoy en directo. ¡En directo! —siseó Alfonso.

—¡Me importa una mierda, Alf! ¡Deja de hacer como si fuera a salir mal! ¡Como si fuera demasiado peligroso!

—Seguimos; ya saben que el tiempo puede ser complicado en el Gran Cañón. Ayer fue una tormenta eléctrica detrás de otra, pero hoy contamos con un equipo de especialistas expertos que siguen al minuto el viento y la temperatura.

—¡Bueno! ¡Ya hemos cortado, Alfonso! —grita el productor.

—En serio, Alfonso, no sé si me gusta mucho la energía que transmites...

—¡Charlie! ¡Solo hago mi trabajo! ¡Will me pidió que fuera el presentador! —dijo Alfonso, guillotinando la mano izquierda con la derecha—. ¡Quiere que genere suspenso!

—De acuerdo, pero no hace falta que generes tanto suspenso que parezca que se va a estrellar.

—¡En eso consiste precisamente el suspenso, Charlie!

—¿Por qué vas a saltar desde un helicóptero sobre el Gran Cañón?

La primera vez que me lo preguntaron, pensé: *¿Acaso no es obvio? He caído presa de los asfixiantes anillos de anaconda de la crisis de la mediana edad.* Pero estaba en vivo en YouTube, así que no podía decir eso.

Lo que dije fue:

—Durante toda mi vida, he mantenido una relación muy peculiar con el miedo. He atravesado todo el espectro de las reacciones ante el miedo, desde la incapacitación total a la inspiración y, en ocasiones, también la tontería más absoluta. Sin embargo, cuando me plantearon la posibilidad de saltar de un helicóptero sobre el Gran Cañón, el miedo no me incapacitó y, desde luego, tampoco me inspiró. Lo único que pude pensar es: *Es una locura.*

Mi viaje de infancia al Gran Cañón fue una experiencia profundamente significativa. Siempre recordé lo precioso que era, pero también el pánico que sentí ante la idea de acercarme al borde. Harry se aproximó tanto que el tambor se le cayó barranco abajo, pero yo me quedaba atrás, demasiado asustado para poder disfrutar plenamente de la majestuosidad del entorno.

Me he dado cuenta de que, por algún motivo, Dios ha puesto las cosas más bellas de la vida junto a las más terroríficas. Si no estamos dispuestos a enfrentarnos a lo que nos da miedo, a franquear esa línea invisible y a adentrarnos en el terreno que nos asusta, nunca podremos experimentar lo mejor que la vida nos puede ofrecer.

Así que he hecho el esfuerzo consciente de arremeter contra todo lo que me asusta. Y este salto me da mucho miedo. Cuando Yes Theory me retó a saltar del helicóptero, el corazón me dio un vuelco. He aprendido a reconocer la sensación como una señal de que se me acaba de presentar un gran regalo. En cuanto el corazón me da un vuelco, ya está. Tengo que hacerlo. Pero tampoco soy de los que se dejan superar, así que, cuando Yes Theory dijo «salto desde helicóptero», yo añadí: «sobre el Gran Cañón y el día de mi 50.º cumpleaños».

Todos estaban ahí: mi madre, Jada, Sheree, Trey, Jaden, Willow, Harry, Ellen, Pam, Ashley, Kyle, Dion, Gammy, Caleeb, JL, Charlie Mack, Omarr, Scoty y Ty... Mientras miraba los paisajes contrapuestos de amigos, familiares y el Gran Cañón y veía los rostros de la siguiente generación (los hijos de Harry, los hijos de Ellen, los de Pam, los de JL, los de Charlie, los de Omarr, los de Caleeb, los de Scoty y Ty), me di cuenta de algo: estaba en medio de mi sueño. Eso era lo que siempre había querido. Todos mis seres queridos estaban ahí juntos, como una familia, y los había traído al Gran Cañón para que presenciaran la horrorosa muerte sin sentido de su tío Will. Podía oír el boletín de noticias: «En lo que se supone un brote psicótico inducido por las drogas, Will Smith se precipitó a su muerte en un extraño accidente de salto desde helicóptero sobre el Gran Cañón ayer a primera hora de la tarde. Lo sobreviven su esposa, su madre, tres hijos, un pelotón de sobrinos y de sobrinas, parientes, amigos y un escalador que se acercó a ver a qué diantres venían tantas sirenas. Tenía solo cincuenta años. Un ejecutivo de YouTube ha emitido una declaración donde describe a Smith como "un verdadero lunático norteamericano", fin de la cita».

Pero lo que sucedió fue otra cosa. Los niños lo entendieron. Entendieron la necesidad de enfrentarse a las cosas que más pavor les daban para poder superarlas. Mi sobrina Caila se me agarró a la pierna mientras me dirigía hacia el helicóptero. Y cuando crucé el punto más allá del cual ya no me podía acompañar, gritó: «¡Cuando sea mayor seré valiente como tú, tío Will!».

Alfonso: Willow, ¿qué te parece que tu padre haga esto?
  Willow: Si lo hace feliz, yo soy feliz. Y claro, estoy nerviosa,

pero es lo que quiere y hemos venido todos a apoyarlo. Yo solo quiero que haga lo que le plazca.

Trey: A mí me parece perfecto que haga lo que quiere hacer. Quiero decir..., a ver, saltar desde un helicóptero sobre el Gran Cañón... No sé si alguien lo ha hecho antes alguna vez, así que estoy deseando verlo. Siempre nos ha enseñado a conquistar el miedo.

Jada: ¿Quieres aterrorizar a tus hijos?

Will: No, no, no, no. Mis hijos no se asustan...

Alfonso: ¿Cuál es el mayor temor de su padre?

Jaden: Su mayor temor es tener algún temor.

Alfonso: Will, hace mucho que estás en este negocio y tienes muchos fans. Algunos son muy famosos y también te quieren decir unas palabras. Así que escucha bien...

LeBron James: Estás a punto de saltar de un helicóptero sobre el Gran Cañón. Amigo, has llegado demasiado lejos en la vida para dedicarte a estas tonterías ahora.

Michael Strahan: Que hayas cumplido los cincuenta no significa que te tengas que volver loco. Si necesitas hablar con alguien, estoy a tu disposición.

Jimmy Fallon: No quiero que lo hagas. Aún estás a tiempo. Puedes dar marcha atrás. Lanza un maniquí del avión. Haz lo que sea.

Quincy Jones: Feliz cumpleaños, hermano.

DJ Jazzy Jeff: Cuando acabes, pide hora al médico para que te meta un dedo por el trasero. Eso es lo que pasa cuando cumples cincuenta. Que me lo digan a mí.

Alfonso: Sí. Genial. Siempre podemos contar con Jazzy Jeff y sus palabras inspiradoras.

No quería saber nada por adelantado. Solo quería caminar hasta el helicóptero, recibir las instrucciones y saltar. Quería descubrir lo que iba a pasar en vivo, a la vez que la audiencia.

—Hola, Will. Soy T. J., el coordinador del salto. Te explicaré lo básico: vas a saltar atado a una cuerda elástica de sesenta metros de longitud. Contarás con múltiples fijaciones de seguridad: en el pecho, dos en la cintura... La cuerda es una maravilla de la ingeniería, hecha con cientos de hebras individuales cubiertas de látex siliconado para reducir la fricción y el desgaste. Cuantas más hebras, más seguridad. Pesas unos noventa kilos, ¿verdad?»

Sí, exacto. Bueno, menos los ocho kilos de fluidos y materia de otro tipo que estoy a punto de expulsar por culpa del pánico. Pero sí.

—Vas a poner tres G de tensión en la cuerda, que si lo multiplicamos por tu peso, son doscientos setenta y dos kilos de fuerza. En el punto de máxima extensión, habrás caído ciento sesenta y siete metros y rebotarás varias veces antes de terminar colgado a unos cien metros por debajo del helicóptero. Entonces te llevaremos a la zona de aterrizaje, te desengancharemos, te cantaremos feliz cumpleaños y nos iremos a casa. ¿Alguna pregunta?

—Espera, un momento, se me acaba de ocurrir algo horrible —dije—. Cuando empiece a rebotar colgado de la cuerda, no saldré despedido hacia las hélices del helicóptero, ¿no?

—¡Espero que no! —contestó T. J., entre carcajadas—. No, es broma. Es imposible. Cuando aceleras por la fuerza de la gravedad, acumulas energía cinética. La cuerda se estira y absorbe la energía, pero solo en parte. El resto se pierde en forma de calor, por la fricción y la resistencia al aire. Esto significa que el rebote nunca puede ser tan alto como la caída inicial.

—Ah, genial, ya sabía yo que tenía que ser completamente seguro...

—Bueno... Esto es lo básico de los saltos, pero tú vas a saltar desde un helicóptero, lo que tiene sus peculiaridades y lo hace un poco más peligroso. Para empezar, en lugar de saltar desde una posición estable, saltarás desde un helicóptero en movimiento. Las condiciones meteorológicas han de ser las adecuadas y no podemos estar demasiado cerca de paredes o laderas. Pero tú eres el elemento que más me preocupa. Esta cuerda pesa más de noventa kilos. Cuando nos elevemos, habrá tres hombres sujetándola para que no tengas que soportar el peso. Pero cuando la suelten, será como un lastre de trescientos sesenta kilos. Es decir, que saltarás del helicóptero tanto si quieres como si no. La única manera de que te hagas daño es que, cuando la suelten, no saltes. Haré una cuenta atrás desde cinco y, cuando llegue a uno tienes que saltar sí o sí. Si es la cuerda la que tira de ti, saldrá mal.

No pienso saltar, ni hablar. Pero entonces me demandarán. ¿Cuánto tendré que pagar? Una película promedio cuesta unos cuarenta millones de dólares, así que es imposible que YouTube esté pagando más de dos o tres millones por el acontecimiento de hoy. ¿Y qué le sumo? ¿Otro millón en daños y perjuicios? Pues nada, que si me rajo, serán unos cuatro millones de dólares.

Puedo vivir con eso.

Pero, a estas alturas, T. J. ya me estaba sujetando la cuerda al pecho.

—Un momento, ¿no voy sujeto por la espalda o por las piernas? —En todos los saltos que había visto, la cuerda iba fijada a las piernas del saltador.

—Tenemos más o menos la misma edad —dijo T. J.—. ¿Te acuerdas de aquel anuncio de Nestea en el que la gente saltaba a una piscina de espaldas, con los brazos abiertos?

—Sí, me acuerdo, de cuando era pequeño —respondí.

—Cuando llegue a uno, quiero que me des tu mejor salto al estilo Nestea.

—¿TENGO QUE SALTAR DE ESPALDAS?

Ya me habían colocado el arnés y hecho las comprobaciones una, dos y tres veces. El zumbido de las hélices era cada vez más potente. Avancé hacia mi asiento en el helicóptero.

T. J. me detuvo.

—Debido al peso de la cuerda, tienes que ir fuera, en el patín —me dijo.

—¿Qué me estás diciendo? ¿QUE VOY A ESTAR FUERA? ¿Durante el despegue? —dije, y al instante me callé; acababa de recordar que era un héroe de acción internacional.

—Sí. Planta bien los pies en el patín. Te agarras a las asas y yo te engancharé a un anclaje —explicó T. J., como si eso me tuviera que tranquilizar ante la idea de ir en la parte de fuera de un helicóptero mientras despegaba y sobrevolaba el Gran Cañón.

La siguiente sorpresa, y quizá también la mayor, llegó cuando el helicóptero se empezó a elevar. Hay algo muy desconcertante en ir colgado en el exterior de un helicóptero durante el despegue. Estábamos a unos dos metros y medio del suelo cuando el helicóptero se inclinó ligeramente hacia la derecha. Miré abajo, para asegurarme de que tenía los pies bien plantados sobre el patín y, de repente, el suelo desapareció y la garganta de quinientos cincuenta metros se abrió debajo de mí. Las rodillas me flaquearon. Me aferré con más fuerza a las asas de acero fijadas con tuercas y tornillos al suelo del helicóptero.

—¡Se me olvidó decirte que no mires hacia abajo! —gritó T. J. sonriendo. No pude evitar pensar si se le habría olvidado decirme alguna cosa más.

Un piloto rojo brillaba justo a la izquierda. Una cacofonía de jerga militar brotó de las múltiples radios abiertas. Oía los gritos por encima del estruendo de las hélices del helicóptero y del concierto de percusión que estaba dando mi corazón. Entendía alguna palabra suelta aquí y allí: «altitud», «recibido», «cambio», «viento», «prueba», «tormenta».

¿«Tormenta»? Sería terrible bordar el salto y que, acto seguido, me partiera un rayo.

Y, entonces, «luz verde».

El piloto rojo del helicóptero, que había sido la presa Hoover que contenía el torrente de esta locura colectiva, pasó a verde. T. J., con su cara a un palmo de la mía para garantizar que no hubiera fallos de comunicación, me dio la señal universal de «adelante»: el pulgar hacia arriba. Entonces, gritó:

—¡Luz verde! ¿Me recibes? ¡Luz verde!

Asentí. T. J. inició la cuenta atrás.

—¡CINCO! —gritó con agresividad, mostrándome cinco dedos.

Eso de que cuando crees que vas a morir te pasa toda la vida por delante es cierto.

¿Y si salto a mi muerte delante de mis hijos? Vaya manera más idiota de morir. Y, además, sería el peor cumpleaños de toda la historia. Aunque también sería el mayor especial de YouTube de la historia; al menos tendría ese consuelo. Quizá debería haberlo pensado antes y no ahora.

¿Qué dirían mis hijos en el funeral?

—¡CUATRO!

Jada y yo justo hemos empezado a jugar al golf juntos. Le encanta. Aún no ha salido el sol y ya está vestida para una ronda. Después de tantos años, por fin hemos encontrado algo nuevo que nos gusta a los dos. Se supone que tenemos que jugar mañana. Me gusta jugar con ella más que con cualquier otra persona en este mundo.

Es la mejor amiga que he tenido jamás.

—¡TRES!

Pero ¿por qué va tan rápido?

—¡DOS!

Bueno, o moriré o no moriré. No es que pueda hacer mucho para evitarlo si Dios me quiere llamar hoy a su lado. Y si muero, tampoco me enteraré. Así que la pregunta que importa de verdad es: ¿cómo quiero vivir?

—¡UNO!

AGRADECIMIENTOS

Esta es la página más difícil de todo el libro. La cantidad de personas a las que quiero manifestar mi agradecimiento es astronómica, porque son innumerables los ángeles que me han llevado, protegido, alimentado, rescatado y capacitado a lo largo de mi viaje. Para aportar un diminuto grano de arena a los esfuerzos por proteger el medio ambiente, si no los he mencionado en el libro, publicaré en Instagram una lista de agradecimientos que actualizaré con regularidad. Los veo en IG.

CRÉDITOS DE LAS IMÁGENES

ENCARTE I

Páginas 1 a 6: Carolyn Smith

Página 7, arriba: Cortesía del autor

Página 7, abajo: James Lassiter

Página 8, arriba: Cortesía de Sony Music Archives. Fotógrafo: Douglas Rowell

Página 8, abajo, y página 9, arriba: Charlie Mack

Página 9, abajo: Fotografía de Lydell Johnson, cortesía de Charlie Mack

Página 10: Charlie Mack

Página 11, arriba: Barry King / Alamy Stock Photo

Página 11, abajo, y página 12: © 1990 NBCUniversal Media LLC., reproducida con autorización

Página 13, arriba: Sheree Zampino

Página 13, abajo, y página 14, arriba: Cortesía del autor

Página 14, abajo: Ron Galella, Ltd. / Getty Images

Página 15: Cortesía del autor

Página 16, arriba: Bei / Shutterstock

Página 16, abajo: BAD BOYS © 1995 Columbia Pictures Industries Inc. Todos los derechos reservados. Cortesía de Columbia Pictures

Encarte 2

Página 1, arriba: Cortesía del autor

Página 1, abajo: Charlie Mack

Página 2: Cortesía del autor

Página 3, arriba: Donyell Kennedy-McCullough

Página 3, abajo, y páginas 4 y 5: Cortesía del autor

Página 6, arriba: Darrell Foster

Página 6, centro: Charlie Mack

Página 6, abajo: REUTERS / Alamy Stock Photo

Página 7, arriba: Sheree Zampino

Página 7, abajo: Dave M. Benett / Getty Images

Página 8: Cortesía del autor

Página 9, arriba: Carolyn Smith

Página 9, abajo: UPI / Alamy Stock Photo

Página 10, arriba: THE PURSUIT OF HAPPINESS © 2006
Columbia Pictures Industries, Inc. y GH One LLC. Todos los derechos reservados. Cortesía de Columbia Pictures

Página 10, abajo: Fotografía de Alan Silfin, cortesía del autor

Página 11: Timothy A. Clary mediante Getty Images

Página 12: Fotografías de Alan Silfin, cortesía del autor

Página 13, arriba y centro: Cortesía del autor

Página 13, abajo, y página 14, arriba: Fotografía de Alan Silfin,
cortesía del autor

Página 14, abajo: Fotografía de Mike y Moni, cortesía del autor

Página 15, arriba: Cortesía del autor

Página 15, abajo: Fotografía de Max Goodrich, cortesía del autor

Página 16: Fotografía de Alan Silfin, cortesía del autor

Página 453: Santiago Lozano

CRÉDITOS DE LAS CANCIONES
Y LOS TEXTOS CITADOS

«Just the Two of Us» (Versión rap de Will Smith)
Letra y música de Ralph MacDonald, William Salter, Bill Withers y Will Smith
© 1998 BMG Ruby Songs (ASCAP) / Antisia Music Inc. (ASCAP)
Todos los derechos reservados por BMG Rights Management (US) LLC.
Usado con permiso. Todos los derechos reservados.

«Yvette» de Grandmaster Caz, © 1985 Curtis Brown

«La Loba», dentro de *Women Who Run With the Wolves*, de Clarissa Pinkola Estés, Ph. D., copyright © 1992, 1995 de Clarissa Pinkola Estés, Ph. D. Usado con permiso de Ballantine Books, una editorial de Random House, un sello de Penguin Random House LLC y Clarissa Pinkola Estés, Ph. D. Todos los derechos reservados.

«Go See the Doctor»
Letra y música de Mohandas Dewese
Copyright © 1986 de Universal Music – Z Songs